"粤派教育"丛书　熊焰　高慎英　于慧　主编

◎ 广东省中小学新一轮"百千万人才培养工程"第二批初中文科名教师培养项目

找寻"初中名师成长群落"基因之一

熊　焰　桑志军　主　编

·广州·

版权所有　翻印必究

图书在版编目（CIP）数据

找寻"初中名师成长群落"基因之一/熊焰，桑志军主编. —广州：中山大学出版社，2019.12

（"粤派教育"丛书/熊焰，高慎英，于慧主编）

ISBN 978-7-306-06745-6

Ⅰ. ①找⋯　Ⅱ. ①熊⋯②桑⋯　Ⅲ. ①初中—中学教师—师资培养　Ⅳ. ①G635.12

中国版本图书馆CIP数据核字（2019）第239624号

ZHAOXUN CHUZHONG MINGSHI CHENGZHANG QUNLUO JIYIN ZHI YI

出 版 人：	王天琪
策划编辑：	张　蕊
责任编辑：	王延红　姜星宇
封面指导：	李冬梅名教师工作室
封面设计：	林绵华
责任校对：	麦晓慧
责任技编：	何雅涛
出版发行：	中山大学出版社
电　　话：	编辑部 020-84111946，84113349，84111997，84110779
	发行部 020-84111998，84111981，84111160
地　　址：	广州市新港西路135号
邮　　编：	510275　　传　真：020-84036565
网　　址：	http://www.zsup.com.cn　　E-mail：zdcbs@mail.sysu.edu.cn
印 刷 者：	虎彩印艺股份有限公司
规　　格：	787mm×1092mm　1/16　20.75 印张　430 千字
版次印次：	2019年12月第1版　2019年12月第1次印刷
定　　价：	50.00元

如发现本书因印装质量影响阅读，请与出版社发行部联系调换

总　序

教育与文化总是相伴而行、共荣共生的。与文化相比，教育的内涵和外延要更明晰、具体。可以说，文化是一种内涵非常丰富，外延又极其宽泛的社会现象。人类在长期的社会历史发展过程中，形成了不同的大文化圈，大文化圈中又存在着许多的小文化圈。某个特定文化圈中的文化既保持着所属大文化圈的共同特质，又具有鲜明的民族特色和地域特色，置身其中的人类既创造文化，也深深地受文化的滋养与约束。当代著名作家梁晓声在解读"文化是什么"时，用四句话涵盖文化的内涵品质，文化就是"植根于内心的修养；无需提醒的自我；以约束为前提的自由；为别人着想的善良"。可以说，文化之根浸润教育之根，文化对教育有着巨大的影响和价值引领的作用。

作为省属师范类高校，广东第二师范学院在中小学教师和校长培训领域有着诸多思想理论和实践模式创新。在党和国家高度重视教育问题、多次强调发展教育的重要意义的形势下，基于对广东基础教育的责任感、使命感，广东第二师范学院教师研修学院研究团队最先提出基于岭南文化的"粤派教育"理念，努力为广东教育发声。为了进一步改革创新、奋发进取，坚定粤派教育的文化自信，提炼粤派教育的成功经验，创新素质教育的广东范式，建设南方教育高地，以新的更大作为开创广东基础教育改革发展新局面，教师研修学院于2018年分别在肇庆和广州番禺举办了粤派教育高峰论坛，产生了开创性效应。在这样的背景之下，以挖掘岭南文化之根、探寻滋养教育的动力源泉、从文化视角看教育的现实样态与应有之义为宗旨的"粤派教育"就非常值得从理论和实践两个层面进行深入的分析与探究。

这里，有三个关键词需要澄清，即"文化""化""教育"。"文化"乃是"人文化成"一语的缩写。此语出于《易经·贲卦·彖辞》："刚柔交错，天文也；文明以止，人文也。观乎天文，以察时变，观乎人文，以化成天下。"按照《现代汉语词典》（商务印书馆，第6版）的解释，"文化"就是指"人类在社会历史发展过程中所创造的物质财富和精神财富的总和，特指精神财富，如文学、艺术、教育、科学等"。"化""教化"和"化育"三个词的意义大体相同，就是"感化、滋养、养育"。由此看来，教育其实就是一种使人"文"化、在文化浸润中实现文化认同与文化理解的过程。"教育"做动词时的意思就是："按一定要求培养"，"用道理说服人使照着（规则、指示或要求等）做"。

一

关于"岭南文化"有多种理解，我们可以把"岭南"的概念想象成"粤派"，两个概念可以互换，岭南文化和粤文化有一点儿差别，粤的范围较岭南小，但精神上是一致的。

岭南文化是在兼容中迅速崛起的，有学者认为，岭南文化主要经历了古代、近代和当代三次大的兼容，也出现了三次发展高峰。[①] 能够称得上岭南文化名片的重要历史人物主要有：唐代的六祖慧能，明代的陈白沙（陈献章）、湛若水（湛甘泉），清末民初的康有为（康南海）、梁启超、孙中山等。

历史上岭南地区被称为"南蛮之地"，陈白沙是岭南地区唯一获准从祀于山东曲阜孔庙的文人，故称为"岭南第一人"。陈白沙原名陈献章，出生于新会县（今属江门市新会区）新会村，他开启明儒心学先河，创立了"以道为本，以自然为宗，学贵自得，学贵知疑"的"白沙学说"，或称"江门学派"。后经陈献章的衣钵继承人湛若水的完整化、精致化、思辨化的发展，岭南形成了一个异于正统理学的理学新派——陈湛学派。湛若水，字元明，号甘泉（明代时期的新塘镇叫甘泉都），他师承陈白沙，在"以道为本，以自然为宗"的学说上，提出"随处体认天理"的主张，深得陈白沙的赞赏，陈白沙临终前将其讲学场所——钓鱼台，交与湛若水，以示衣钵相传。

湛若水考中进士，被任为翰林院庶吉士，赴京就任，而王阳明正在吏部讲学。当时王阳明34岁，湛若水40岁。湛王二人的相遇，对二人来说，都是人生发展的重要标志事件，相互成就了对方。王阳明遇上湛若水，成为王阳明研究心学的重要转折点，开始归正圣贤之学。之前王阳明涉猎广泛，兴趣多样，被湛若水称为"五溺"：一溺于任侠之习，再溺于骑射之习，三溺于词章之习，四溺于神仙之习，五溺于佛氏之习。

湛若水与王阳明在维护各自学术主张的前提下，又共同推进明代心学的发展与完善。35岁的王阳明遭贬，在贵州龙场悟道，悟出"本心"强大，"心即理"，内心强大与意志力是最重要的。五年后，王阳明遇赦，他与湛若水誓约终生共同求学，致力于圣学的倡明。50岁时，湛若水回到增城。57岁时，王阳明在广西平定宁王之乱后，到增城与湛若水相见，为湛若水撰写诗文《甘泉居记》，回浙江余姚途中，不幸去世。湛若水为王阳明撰写墓志铭。

其实，儒学的这种心学传统并非始于陈献章。在唐代，韩愈感慨"道之不传久矣"，提出要维护儒学"道统"，当儒学面临佛老之学的冲击时，韩愈坚决拒斥。到北宋时期，儒学家不再简单排斥，而是既深入研究佛老学说，又着手重建新儒

---

① 黄明同：《岭南文化的三次大兼容与三个发展高峰》，《学术研究》2000年第9期，第98-101页。

学。南宋时期，形成"陆王心学"和"程朱理学"两大流派。到了明代，陈白沙上承宋儒理学的影响，下开明儒心学之先河，在中国哲学思想史的发展上，具有承前启后的地位和作用。加上湛若水和王阳明对心学体系的系统化和精致化的研究，二人的主张各有侧重，但都致力于彰显和弘扬明儒的心学传统。到了清代，广东南海人康有为同样选择了心学之路。

岭南文化是如何延续、承接中国历史上心学一脉的呢？一个重要的文化源头就要探寻到惠能六祖的《坛经》。六祖惠能，南派禅宗的创立者，广东新兴人，史称"六祖"，中国佛教禅宗、杰出大师。他生于岭南，长于岭南，弘法于岭南，圆寂于岭南。其弟子集其语录编为《六祖大师法宝坛经》，是南禅顿教形成的标志，是唯一一部中国人撰述而被称为"经"的佛教典籍，曾被列入"中国最有代表性的十本哲学著作"之中，而惠能本人被列为"世界十大思想家之一"，与孔子、老子并列为"东方三圣"。

惠能对岭南心学的影响主要体现在方法论上。他的一个信念就是"自我解脱"。这种自我解脱，有时需要借助外缘的启发，如所谓的禅机、机锋，但关键的一步全靠"自修自悟"。自修自悟，如人饮水，冷暖自知，听别人说千万遍不如自己亲身感受来得亲切、深刻。

禅宗思想中国化，首先在于它从生活方式和生产方式上的中国化，禅宗在经济体制上与中国封建社会融洽一致，不劳而食的习惯有所改变，减少了被攻击的口实。其他宗派的寺院经济来源多是靠别人的劳动，与地主和政府有一定的利益矛盾，其发展和生存受到较多限制。在生存竞争中，禅宗的优势更明显：自食其力，可以不受经济来源断绝的威胁，一代一代传下去。修行之人，除了不能结婚生子外，与常人生活没有太多差别。僧人们在日常生活中体悟，在亲身劳作中自修自悟、自我解脱。六祖惠能强调"自度""自悟"的方法论意义为陈献章所吸取。

陈献章融合儒、释、道三教精义，强调"静中养出端倪"，以"宗自然"与"贵自得"为基调，既有庄子"坐忘"的影子，又有佛者"坐禅"的路数，倡导"心在万物上""贵在自得""彻悟自省"。湛若水沿着"宗自然"与"贵自得"的路径，进一步提出"随处体认天理"，鼓励"学贵自得"。

影响岭南文化与教育改革的重要文化之源，就蕴含在强大的心学传统之中。当我们把心学传统与学校教育和人的学习与发展相联系时，就会发现，心学所倡导的"内心强大""意志""自得"和"静悟"等自我修炼和治学方法，对一个人学习、发展非常重要。

由此，岭南文化与粤派教育所强调的第一个纲领，就是想尽一切办法让学生学会"自学"。第一步，要尽可能做到"静"。静能生慧，凝神静气，宁静致远，要安静、沉静、宁静，从身到心。第二步，要努力拓展"能"。丰富知识、提升能力、增长本领、培养多方面兴趣。第三步，要整体感悟，融会贯通，自成体系，

"取之左右逢其源"，超越一切具体知识和细节知识。

二

岭南文化的第二个源头就是南洋精神。"闯关东""走西口""下南洋"都是近代中国老百姓外出务工、人口迁徙的重大历史性事件，而"下南洋"是中国近代史上规模最大、路程最远的一次跨国大迁徙，其路途危险程度和谋生的难度远非国内迁徙可比。与"闯关东""走西口"相比，"下南洋"更为壮观，经历时间更长，历史影响更深远。

中国人下南洋的迁徙历史，打造出中华民族伟大的"迁徙精神"，这是中国人的现实主义、英雄主义和浪漫主义情怀的集中体现，是支撑着中国人追求美好生活、跨越任何艰难险阻所需的勇气、信心和力量。回首中华民族的发展史，总是和大规模的人口迁徙纠缠在一起。每当成千上万的人们开始打点行囊、准备远离故土的时候，历史就从此翻开新的一页。

下南洋的岭南人用自己的勤奋与努力，改变着岭南人的命运。中国人在近代大规模向海外迁移的同时也将中华文化传播到异域，在侨居地形成以中国为认同取向，以儒家思想为价值体系核心，同地兼容吸收异域文化的华侨文化。在中国文化地图上，华侨文化是岭南文化结构的独特形态，广东"侨文化"特色鲜明，它形成于异国，反哺于祖国，集中体现为敢为人先、爱国爱乡、兼容中西、包容开放的文化特质。

近代岭南文化的兼容性和开放性，带来中国思想文化尤其是岭南文化的又一次大飞跃。康有为融古今中外文化为一体，创立近代中国第一个以变革为主旋律的维新思想体系。孙中山在承传中国传统文化的同时，大量地"撷取"西方文化，从而创立了最具时代精神的"三民主义"学说。康有为、孙中山二人创立的思想学说，不仅是近代岭南文化的丰碑，而且是近代中华文化最高成就的体现，岭南文化正因此而取得主流文化地位。

康有为提出"三世说"，即据乱世；升平世（小康社会）；太平世（大同社会），构筑出别具特色的大同理论。他在继承中国传统文化的同时，又大胆地吸取东方与西方各国文化之精华，熔古今中外文化于一炉，树起了中国文化向近代转换的丰碑，建造了近代社会变革斗争的强有力的理论武器，其影响远远超出岭南而及于全国乃至世界。康有为、梁启超组成"康梁学派"，推崇"心学"和《春秋》，重新发现"三世说"。

康有为的"三世说"对岭南文化与教育改革具有重大的意义与价值。他认为乱世、太平世和升平世不只是时间概念，还是空间概念，这是康有为独特的发现。

如果用康有为的"三世说"来解读学校教育与学生成长，可以这样理解：据乱世需要的是刚性气质；太平世需要的是柔性气质；升平世居于中间状态，需要的是双性气质。相应地，据乱世需要刚性教育，需要强调体育、劳动、道德与法制的教育。太平世强调柔性教育，强化的是智育、美育、德育等，倾向浪漫主义教育学派。也就是说，如果在乱世与升平世阶段，不恰当地实施柔性教育，则很容易从文明走向文弱，例如，宋朝文教政策强调"重文抑武"，历史教训就是发达文化和文明并没有带来国力的增强。升平世要求的是努力奋斗、艰苦创业，同时要有忧患意识。升平世需要的是刚柔相济，倡导"新六艺"教育，即文武双全："智育+体育"；劳逸结合："劳动+美育"；通情达理："德育+情感"。升平世既有据乱世的艰难，又有太平世的追求，要德智体美劳全面发展。教育要同时抓两个方面：一方面，要有文化教育，让学生变得文明，让学生学会游戏，学会享受情感生活，可以称之为柔性教育；另一方面，要有野性教育，要重视体育和劳动，让身体保持一定的野性。通过刚柔相济的教育，让国家保持长期的强盛。

三

如何用岭南文化精神引领教学改革的方向与路径？岭南文化的源头是心学，当我们站在心学立场之上，用岭南文化的风格解读和设计教学改革时，就会发现：处理好知识学习中的情理关系、学思关系和知行关系变得特别重要。在情与理之间，情比较重要；学与思之间，思比较重要；知与行之间，行比较重要。行不仅包括学习行动，还包括参与真实的社会实践活动，更重要的是体验职业生涯规划，用生活志向和职业理想带动学习。

基于心学立场的教学改革的方向与相应路径主要有以下三个方面。

第一，激发自信与自学的兴发教学。注重情感教学，整体探究学习，生涯教育与自学。让学生自信，这是情感，"情"通则"理"达；让学生自学，这是思，以"思"促"学"；生涯教育是行，用"行"兴发出"自学"和"自悟"。由此，粤派教育的典型特征之一就是，想尽一切办法让学生自信；想尽一切办法让学生自学；想尽一切办法让学生自食其力。

第二，动静相宜，劳逸结合。睡眠是最好的静修，《黄帝内经》把足够的睡眠当作头等大事，认为"心藏神""肝藏魂"。白天的意识行为，尤其是"聚精会神"的意识行为一直在耗神、费神，使心神或灵魂处于被驱使的劳役状态，只有进入睡眠之后，"神"才成为主角。"静坐"接近睡眠，是人在无法睡眠时让自己暂时处于类似睡眠的催眠状态。"静"可以让躁动的生活重新归于从容淡定。从这种意义上讲，睡眠比运动和学习更重要。动生阳，静生阴。吃饭运动生阳气，睡觉休闲生阴气。动静相宜、劳逸结合的理想状态就是从容不迫，张弛有度。

第三，勇毅果敢，意志力强大。人是否强大，主要指人的精气神、意志力是否强大，身体强壮、知识丰富、能力高超并不等同于意志力强大。孟子倡导"浩然之气"，讲"天将降大任于斯人也，必先苦其心志，劳其筋骨，饿其体肤，空乏其身……"，陈白沙的"心在万物上"等，都是强调一个人只有内心强大、志向坚定，才能拥有强大的意志力，才能成就最好的自己。

置身于粤派教育中的学校、校长、教师和学生,需秉承岭南文化精神,弘扬心学优秀传统,致力于教育实践改进,深化学校教育研究,凸显粤派教育特色。广东第二师范学院教师研修学院结合广东省与广州市"百千万人才培养工程"名校长、名教师培养项目,提出编写校长和教师培训成果系列丛书,并将其命名为"粤派教育"丛书,一方面期望凝聚广东中小学校长、教师优质资源,深化岭南文化与"粤派教育"的系统化研究,生成"粤派教育"理论内涵与实践范式,让"粤派教育"发出应有的声音;另一方面旨在总结、研讨和探究粤派校长和教师专业成长路径,开启粤派校长和教师的成长密码,探寻培养"一大批新时代好校长、好教师"的路径,"创新体制机制,激活一批校长和教师"。

遵循习近平总书记"讲好中国故事"的指示和要有"文化自信"的启示,教师研修学院在汇编"粤派教育"丛书时力求突出区域文化特点,讲好广东校长和教师成长的故事,要求校长和教师总结提炼自己的教育主张、办学特色或教学风格。同时,组织相关专家就案例写作进行系列化指导、整体讲座、分组评审、分科答辩等,期望校长和教师在写作过程中,探寻自我成长的规律、路径、特点,以此振兴杏坛作为,为其他校长和教师"六下功夫"和夯实专业素养提供范例,也为建设广东教育高地、培养德智体美劳全面发展的社会主义建设者和接班人略尽绵薄之力。"粤派教育"整个丛书大体分几个系列,以校长/名师/骨干教师群;区域/项目/学科/幼儿园等为分类线索。设总序,突出粤派教育和岭南文化特色;设分册序,内容包括项目介绍、与总序的衔接回应、板块导读语、供稿教师姓名罗列(按内容顺序);等等。

"教师系列"分学段、学科、区域,各分册独立成书,采用教师叙事研究方式,致力于找寻一些规律性的所谓"粤派教育"的优势特色。各分册既保持统一体例,又允许呈现自己的特色。体例主要以学科板块的形式呈现,每个学科板块包含5~8位教师的成果,同时细分为5~8个方面,重点部分如下:

(1)导读语:教师肖像,教师成长要素、学科特色及教师风格归类小结。

(2)名师成长档案:自拟主标题,以"我"的成长历程为蓝本,关注地域风俗文化对自身成长生活、求学、教学的影响,如何在文化认同的过程中处理文化冲突与文化理解。凸显教师成长要素和关键事件:文化浸润、热爱学习、勤于实践、重视研究、善于反思和注重写作。

(3)学科教育观:自拟主标题,由"我的教学风格解读、我的教学主张与他人眼中的我"整合完善而成,可添加真实的教学案例、教学过程材料等补充说明。如助力学生成长、课堂教学改进、师生关系培育等。

(4)育人故事:自拟主标题,以学生喜欢的教育方式为主线,讲述"我"与学生的故事,如激励学生、指导学生个体学习或班级管理智慧等。

附录——教学现场与反思("我的教学实录",增加本节课的自我反思)。重点反思三个方面：一是课程（文化，含地域文化）资源开发与教学设计；二是课堂教学对话与教学生成；三是教师教学风格与教学艺术。

"校长系列"根据学段或区域或任务驱动，既保持统一体例，又允许各分册呈现自己的特色。主要通过行动研究、叙事研究、案例研究，致力于在以下几个方面找到一些规律性的所谓"粤派教育"的优势特色：地域文化对校长成长的影响，校长关注、思考、研究的主要问题，校长的办学思想、教育哲学，学校改进实践的关键要素与路径等。以校长专业发展阶段和成果类别为依据，通过"校长学习力——我眼中的名校成长基因""校长思想力——办学思想的探寻与凝练""校长行动力——学校改进与教育实践创新"三大子系列呈现粤派教育和岭南文化特色。

本套"粤派教育"丛书努力做到三个超越：第一，超越教学风格或管理风格，打造粤派教育；第二，超越课堂教学或办学经验，展现教育智慧；第三，超越常规培训成果体例，凸显启发性和可读性。

本套丛书之所以能够成书，得益于各方力量的聚合和支持。首先，感谢广东第二师范学院闫德明教授，本套丛书"教师系列"的体例设计有所选择地采纳了其主编的"我的教学风格"丛书的基本框架，并在此基础上进行了创新。其次，感谢华东师范大学刘良华教授，其对粤派教育的开创性研究成果被充分运用到本套丛书的顶层设计之中。最后，感谢长期以来关心支持教师研修学院培训工作的领导、专家和同事，感谢各位主编和供稿的广大中小学校长和老师的辛勤付出，感谢中山大学出版社的鼎力支持。

"粤派教育"丛书编写组
2019 年 3 月

前　言

百年大计，教育为本，建设教育强国是中华民族伟大复兴的基础工程，要以习近平新时代中国特色社会主义思想为指导，认真贯彻落实习近平总书记的系列重要讲话精神，深刻把握教育对中华民族伟大复兴的决定性意义，优先发展教育事业，加强教师队伍建设。兴国必先强师，新时代需要高素质专业化创新型教师队伍。强化教师培训工作，提升教师培训成效，更好地贯彻落实党和国家关于新时代教师队伍建设精神，助力粤港澳大湾区建设，提升广东教育品质，用"四有好老师""四个引路人""四个相统一"和"四个服务"等标准和要求统领教师培训工作，促进教师专业发展。

2015年10月，广东省启动了中小学新一轮"百千万人才培养工程"（第二批名师培养项目），以打造广东省中小学高层次领军人才队伍为目标，系统设计、高端培养，计划到2020年，培养一批师德高尚，具有先进教育理念和丰富理论知识、扎实教育教学能力和教学管理水平、国际视野和开拓创新能力、较大社会影响力和知名度，处于领军地位和发挥示范作用的名教师、名校长和教育家，为建设教育强省，推进教育现代化，打造南方教育高地提供人才保障。

广东第二师范学院充分发挥自身优势，主动承担了广东省百千万人才培养工程第二批初中名师培养项目的培训任务，在培训过程中，不断创新培训模式，致力于名师培养有效路径的探索。本项目以"成为有独特教学风格的粤派专家型教师"为培训主题，以拓宽教育视野、更新教育理念为引领，促进教师知行合一，鼓励教师理论创新与实践改进，积极开展"教学改革行动研究"，以课题研究和项目驱动为基础，坚持理论研修、课题研究和实践改进相结合，以"学习促反思"、以"写作促成长"，融教师学习、实践改进与反思写作于一体，并提供丰富多样的"名师引领"资源，聘请60位学科导师跟进主题研讨和共同学习，同时为每位教师提供个性化指导。经过为期三年（2015—2018）的培训培养，意在帮助每一位培养对象成为风格建构者、实践创新者和思想传播者，助力教师在省思、改进、凝练和叙说中形成个性化的"粤派教学风格"，彰显"粤派教育"的优势亮点，使其成长为能够发挥示范引领作用，具有较高知名度和影响力的专家型教师。

一方水土养一方人，一地文化陶染一地教育。教育根植于文化，文化又滋养着教育生长。岭南文化有着独特的文化底蕴，所呈现出来的"开放""兼容""务实""自励"的文化精神融合地域优势,让广东教育人的文化背景更为丰富多彩。不论来自天南还是地北,五湖四海的教育工作者扎根于此,融合变通,创造着具有广东文化特色的"粤派教育"。

具有自己独特的教学风格是名师的标识。教学风格是指教师长期在文化的感染下,扎根于教学实践过程中形成的,在一定的教学理念指导下,创造性地运用各种教学方法和技巧,所表现出来的一种个性化的教学风貌和格调。广东名师要形成基于广东文化特色的"粤派教学风格",其形成是一个不断探索与批判的过程,一个不断实践与省思的过程,一个不断凝练与升华的过程。"粤派教学风格"的形成,也是一个且行且思的过程,永远在路上,循环往复、层层递进、螺旋上升。

名师教学风格的生成与凝练,不是孤立的教学技能技巧的提升,而是一个人对成长历程、文化浸泡、教育信念的整体思考,基于教学风格,超越教学风格。将名师成长档案、学科教育观与育人故事融为一体,撰写"粤派名师成长案例",找寻"广东省名师成长群落"基因,是我们的期待与努力的方向。

"粤派名师成长案例"主要包含教师叙说自己的成长历程、表达自己的教学风格和教育主张、教学现场与教学实录、教学反思等。个人成长历程的叙说,其实就是一个自我反思和自我发现的过程。从"名师成长群落"的视角看,名师成长的路径与方式是多种多样的,有的教师是在科研兴教中成长起来的,有的教师是从磨课比赛中历练出来的,有的教师是师从名师发展而来的,有的教师在不断培训中提升、成长,等等;在名师成长路上,有的自幼励志成师,有的阴差阳错"误"入师道,有的幡然顿悟、力求成才……最终都因共同的信念汇聚一堂,通过展现他们的历练、境遇和思想,期盼为后来者指明前行的道路,找寻名师成长群落基因,明晰促进教师队伍建设的关键要素,助力教师专业成长。

成就名师的过程同时也是一个自我修炼、示范带学、扩大影响力的过程。本项目名师培养过程注重教师实践创新能力的发展,通过示范带学、学科研讨、跟岗实践等,把外显的教学知识和教学经验转化为内隐的实践智慧。通过三年的研磨和培育,每一位培养对象都不断提炼和表达自己的粤派教学风格,提交"粤派名师成长案例",其重点为三个部分:名师成长档案——讲述个人成长和教学改革历程的真实故事;学科教育观——剖析能够匹配自己教学风格与教学理念的教学主张和学科教学思考;育人故事——通过立德树人故事的讲述,展示自己的教育情怀与教育信念。为了提升名师培养对象的作品感和成就感,项目组邀请学科名师和理论专家,不断对其"粤派名师成长案例"进行审视与指导,选择具有代表性的案例结集出版。

限于篇幅,本项目案例分3册出版。《找寻"广东省名师成长群落"基因之一》包括语文、英语、美术3科,共17篇;《找寻"广东省名师成长群落"基因之二》包括数学、物理、化学、体育4科,共16篇;《找寻"广东省名师成长群落"基因之三》包括信息技术、生物、政治、音乐4科,共15篇。
……

  本丛书是多方协作的成果。本项目首席专家广东第二师范学院熊焰教授、高慎英教授与于慧副教授负责案例的架构设计工作;项目负责人广东第二师范学院唐志文副教授负责案例的修改指导工作;校内外众多学科导师提出了切实中肯的修改指导意见;广东第二师范学院刘碧群、何倩老师在沟通联络、信息整理等方面做了大量工作。各位案例作者非常重视这次出版工作,反复打磨、精心修改,为读者展示了各具特色的粤派名师风采。限于水平,本书难免存在不完善之处,敬请各位同行批评指正。

目 录

◆ 以美引真为教育，丹青笔墨绘人生（李冬梅·初中美术）↗1
　　导读语↗1
　　名师成长档案——以美育人，梦想花开↗2
　　我的学科教育观——形神兼备、以美引真、有美有术↗7
　　他人眼中的我↗9
　　我的育人故事↗11
　　教学现场与反思↗12
　　结束语↗16

◆ 以情境美育之心　守儿童美育之路（王婧·初中美术）↗17
　　导读语↗17
　　名师成长档案——逐梦女孩的深圳教育梦↗18
　　我的学科教育观——艺术生活化　教会孩子观察与发现↗21
　　我的育人故事——播撒爱的教育　享受乐为人师的幸福↗24
　　教学现场与反思——带孩子们来一场视觉盛宴——"服装设计我能行"↗27
　　结束语↗36

◆ 潜心教学育桃李，春风得意又一峰（曾红屏·初中英语）↗38
　　导读语↗38
　　名师成长档案——乐于吃苦　重于求实↗38
　　我的学科教育观↗41
　　他人眼中的我↗43
　　我的育人故事——关爱学生，潜心育人↗44
　　教学现场与反思↗45

◆ 春风化雨暖生心　阳光热情教育人（黄华珍·初中英语）↗50
　　导读语↗50
　　名师成长档案——阳光总在风雨后↗51
　　我的学科教育观↗54
　　他人眼中的我↗57
　　我的育人故事——春风化雨，温情暖生心↗60
　　教学现场与反思↗61
　　结束语↗67

◆ 怀初心与学生同心　创新程与时代同程（欧娟·初中英语）↗68
　　导读语↗68
　　名师成长档案——热爱　追随　专注　创新↗69
　　我的学科教育观——情境浸润培能力　问题开放育思维　文化渗透出
　　　　　　　　　　品格↗73
　　他人眼中的我↗75
　　我的育人故事——风雨后的阳光最温暖↗77
　　教学现场与反思↗80
　　结束语↗89

◆ 研学创新育素养　共生内化齐相长（冼雪玲·初中英语）↗90
　　导读语↗90
　　名师成长档案——且行且思且悟　且学且研且得↗90
　　我的学科教育观↗95
　　他人眼中的我↗99
　　我的育人故事↗100
　　教学现场与反思——Unit 6 Reading（Reriod 1）↗102

◆ 听说读写荼话英语，上善若水温润心田（谢燕玫·初中英语）↗109
　　导读语↗109
　　名师成长档案↗109
　　我的学科教育观↗112
　　他人眼中的我↗116
　　我的育人故事↗117
　　教学现场与反思↗119

◆ 回盼初心互动生成　全心投入润物无声（杨荣·初中英语）↗126
　　导读语↗126
　　名师成长档案——书香门第教师情结↗127
　　我的学科教学观——信息化时代的英语互动生成教学↗130
　　他人眼中的我↗137
　　我的育人故事——爱的智慧——我的班主任的故事↗140
　　教学现场与反思——仁爱英语八年级上册↗142

◆ 严爱相依教书育人，诗意教研幸福人生（冯晓颖·初中英语）↗153
　　导读语↗153
　　名师成长档案↗153
　　我的学科教育观——国际教育本土化的"实践探究者"↗160
　　他人眼中的我↗164
　　我的育人故事↗166
　　教学现场与反思↗168

◆ 让英语走进生活，让生活再现英语（吕丽萍·初中英语）↗178
　　导读语↗178
　　名师成长档案——怀揣儿时梦想，追寻生活化英语课堂↗178
　　我的学科教育观↗183
　　他人眼中的我↗186
　　我的育人故事——巧用契机，回归生活，以爱润心↗187
　　教学现场与反思↗189
　　结束语↗195

◆ 无声世界的筑梦者（李敬梅·特殊教育语文）↗196
　　导读语↗196
　　名师成长档案——执着所爱　矢志前行↗196
　　我的学科教育观——有爱无碍　有教无类　教育康复　融合发展↗201
　　他人眼中的我——热情　敬业　和蔼　公正↗205
　　我的育人故事——坚守山区特校　谱写爱的箴言↗206
　　教学现场与反思↗207

◆ 成就学生　成就教师　成就自我（倪岗·初中语文）↗213
　　导读语↗213
　　名师成长档案↗213
　　我的学科教育观↗219
　　我的育人故事↗221
　　教学现场与反思——小说教学内容确定的尝试↗222
　　结束语↗231

◆ 山水相依，语文相伴（李卓彬·初中语文）↗232
　　导读语↗232
　　名师成长档案——在山水间追求语文的精彩↗232
　　我的学科教育观——山水语文，润物无声↗236
　　我的育人故事——流向心底的"紫藤萝瀑布"↗240
　　教学现场与反思——游山玩水赏《醉翁亭记》↗242
　　结束语↗246

◆ 三尺讲台育人志，一片丹心向艳阳（丘石梅·初中语文）↗247
　　导读语↗247
　　名师成长档案↗247
　　我的学科教育观↗251
　　他人眼中的我↗254
　　我的育人故事——巧摘恋师"无果花"↗255
　　教学现场与反思——课题：《陋室铭》↗258
　　结束语↗263

◆ 坚守语文教且研　重情立德育聋儿（沈秀荣·初中语文）↗264
　　导读语↗264
　　名师成长档案↗264
　　我的学科教育观↗269
　　他人眼中的我↗272
　　我的育人故事——我当"导演"，学生"入戏"学"善良"↗273
　　教学现场与反思↗275
　　结束语↗280

◆ **持守教书道，唯用一好心（郑晓霞·初中语文）** ↗281

　　导读语 ↗281
　　名师成长档案 ↗281
　　我的学科教育观 ↗285
　　他人眼中的我 ↗287
　　我的育人故事——老师，让我唤您一声"姐姐" ↗288
　　教学现场与反思 ↗290

◆ **热忱勤恳迎难上　精深扎实志领航（周华章·初中语文）** ↗296

　　导读语 ↗296
　　名师成长档案 ↗296
　　我的学科教育观——以过程化训练提升学生的语文素养 ↗301
　　我的育人故事——真不是他干的 ↗304
　　教学现场与反思 ↗307
　　结束语 ↗311

以美引真为教育，丹青笔墨绘人生

● 珠海市九洲中学 李冬梅（初中美术）

▶ **导读语** ▶

我是来自珠海经济特区的初中教学一线的美术教师，中学美术正高级，广东省美术家协会会员，教育硕士。

我一直坚信教育是奠基于理想和信念的事业，一名优秀的教师应该坚守自己的教育梦，有了梦想才有目标，才能不断前行。所以在从教的25年间，我逐渐成长为珠海市名教师、广东省新一轮"百千万人才培养工程"名师培养对象、珠海市中小学美术工作室主持人、广东省教育研究院首届特约教研员，并被海南省教育厅聘为2个省直属美术工作室的顾问。曾担任广东省普通高中教学水平评估组专家、广东省第二届师范类大学生教学技能大赛评委等。

近年来我的角色又增加了，受邀到各地做讲座20余场次，到偏远地区示范教学，影响当地的美术教育教学，引领辐射受益人数达千余人次。多次带领团队举办各类大型美术活动，其中2016年在珠海市古元美术馆举办的"自觉精神——珠海首届美术教师作品展"受到社会各界广泛关注。画展主题叫"自觉精神"，实际上也是我个人的一个精神写照，我认为自觉精神是推进教师专业发展的动力机制，教师对教育的自觉程度，往往决定了其专业发展的高度。

我的成长深受3个因素的影响：梦想、伙伴、文化。首先，我是一个有"梦"的教师，是教育理想让我不忘初心、不断成长，也是这份理想激励我自觉前行、扬帆起航。其次，古人云"学贵得师"，我今天的成就，亦离不开前辈导师的指点与引领，以及单位领导和同事们的支持。特别感恩的是我亦师亦友的4位导师：华南师范大学研究生时期的黄丽雅和华年导师、广东省中小学美术骨干教师培训期间的跟岗导师房尚昆特级教师，以及广东省"百千万人才培养工程"项目的实践导师徐日扬老师。最后，我来自素有"浪漫城市"美誉的珠海经济特区，这座海滨城市的风情与南粤地区的历史文化共同彰显着中华历史文化的浩瀚磅礴。作为来南粤地区的"外乡教师"，在南粤文化的滋养下，我逐渐形成了南北兼容的独特魅力。

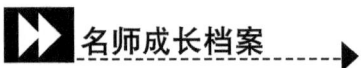

以美育人，梦想花开

一、我对"粤派教育"的认识

自古以来，岭南便是多种文化思潮交织融汇的窗口。历史上，岭南是古代海上丝绸之路的交通要道。近代，岭南得风气之先，成为中西文化交流的重要桥梁。改革开放以来，岭南文化采中原之精粹、纳四海之新风，对岭南地区乃至全国的经济、社会发展起着积极的推动作用。现如今，粤港澳大湾区城市群的建设以创新为核心命题，创新精神愈加发扬光大。岭南文化历史悠久、内涵丰富，本人仅从自身执教学科出发，重点关注其美术方面的特点，见岭南绘画之精微，知精神文化之卓著，跳出岭南看岭南，跳出教育看教育。

正所谓"无新不岭南"。岭南画派善于"融西技于中法"，博采诸家之长，着眼于岭南特有的风物，为中国画坛注入了新的风貌。艺术上，它主张"折衷中外，融合古今"；教学活动上，它主张"有自己的个性与自己的面目"。然而，岭南画派的创始人"二高一陈"（高剑父、高奇峰、陈树人）其实并不赞成"岭南画派"这一称号，认为它失之狭隘，未能体现出汲取外来文化营养、发扬本国传统艺术之共通的理想；与其说是画派，倒不如艺术观念来得贴切。由此可见，岭南画派并不囿于地域疆界，其实际上体现的是一种精神，一种艺术共通、文化共享的艺术观：它兼容并包，内蕴多姿多彩；它贴近生活，关注现实题材；它求新求变，"笔墨当随时代"。

这种开放、兼容、务实和求变的岭南精神反映到教育理念上，就形成了独树一帜的粤派教育。它拓展教育的开放性，博采众长、兼收并蓄；挖掘教育的实用价值，实现学科与现实生活的有机融合；创新教学思维与教学方法，让教育更科学、更高效。这是对冲融合的智慧，是碰撞交流的探索，是"金风玉露一相逢，便胜却人间无数"般的精妙。广东是来自五湖四海的优秀教师的集结地，这些教师为粤派教育注入了不同元素，形成各自独特的教育方式，粤派教师的教育由是得以形神兼备，历久弥新。

在岭南这块土地上，我教书育人二十余载，把最美好的青春献给了这里；同时，这块承载着历史底蕴的沃土滋养我不断成长壮大并开花结果，成长为南北兼具的粤派教师。

二、我的成长历程

根据我美术教师的职业属性，我把我的成长历程按色彩分成了以下几个时期：从不爱教育事业到爱上教育事业的青色期→从合格老师向优秀老师转变的绿色期→从优秀教师走向名师的玫瑰期→从名师到追求卓越教师的红色期。

（一）青色期：从不爱教育事业到爱上教育事业的徘徊阶段

1994年，我于东北师范大学美术系毕业。年少轻狂的我一心想当艺术家，然而本科毕业后却阴差阳错地当了一名老师。尽管有些失落，但我还是给自己设了一个底线——当老师就当大学老师。然而命运又一次跟我开了个玩笑。20世纪90年代末，我随家人迁往了珠海特区。宁静、休闲是我对珠海的第一印象：环岛全览别具特色的亚热带风情，当街品尝原汁原味的可口海鲜，傍晚漫步在绿树成荫的长街，近海聆听水鸟啁啾、渔女晚唱……虽然珠海和大多数的沿海城市并无二致，但它独有的古韵、深厚的历史积淀和交融的文化背景已深深地根植于人们的记忆，让人感受到文化与自然交相辉映的情趣。（这些美好的印象为我后来的课堂教学提供了可贵的素材，在后来的赛课中，我的课例"我心中的大海"就荣获了市级和省级一等奖的好成绩。）

那时的珠海还没有大学，无奈之下，我暂时混入私立学校过渡，并执着地等待再登大学讲台的时机。直到私立学校解体了，我仍未能踏上大学的讲台。直到有一天，我固执的脑袋终于可以接受当中学老师的现实了。正是这个转变，改变了我的一生。我很快爱上了中学教师这份职业，教学工作游刃有余，对自己也充满信心。虽说做艺术家的梦想未实现是一件憾事，但我却在当时认为不够完满的人生道路上，在理想与现实的徜徉中，收获了教育理想。

（二）绿色期：从合格教师到优秀教师的理想阶段

14年前，我凭着自己过硬的教学专业能力及业绩，成了当时珠海美术教师队伍里最年轻的美术高级教师。可能很多人认为拿到高级职称就"华枝春满，天心月圆"了，那时候我也曾有过这样的短暂迷茫。然而我始终认为：一名优秀的教师应该天生"不安分"，会做梦。有梦想才有目标，才会不断增强责任意识和使命感；只有具有强烈的追求、愿望、使命感和责任感，才能提出问题，自找"麻烦"，不断前进。

于是我决定继续前行，积极参与继续教育学习和研修活动，提高理论修养、优化知识架构、涵养内在精神。在专业研修方面，我关注学科前沿以及热点研究话题，立足本专业领域，努力拓展个人研究空间。止步不前不是我的作风，正如莫奈所言："我不会停止不行。我走向这里，走向那里，走向各处。"

我在路上，只因我心怀热念与向往。教育是播种理想的事业，作为教师，不仅自身要有教育理想，还应该把理想的种子播在学生的心中。只有我们的孩子心怀理想，我们的国家、我们的民族才会有希望。教育理想能引导我们去描绘一个个美妙的、诱人的教育目标；教育理想的缺失会使教师失去事业追求，在职业层面止步不前，无法享受真正的教育幸福。只有追求教育理想的教师，才会在艰辛的跋涉中感受到教育的成功，享受到教育的幸福。

（三）玫瑰期：从优秀教师走向名师的幸福阶段

1. 走上幸福的研究之路——在历练中提升

朱永新教授在其《享受教育》里这样说过："有一种态度叫享受，有一种感觉叫幸福。学会面带微笑才能享受生活，懂得播种快乐才能收获幸福。用享受的目光来看待我们的教育，那么我们就会多一种生活的诗意。你就能从平凡中读懂伟大，从失败中咀嚼辉煌。你能读懂每一个孩子的脸庞，走进每个孩子的心房。你会惊奇地发现：幸福从此熙熙攘攘。"

然而现实很容易干涸。很多时候我们日复一日地忙碌于红尘琐事，我们缺少了，或者根本没有时间叩问和追寻教育理想。失却了对教育目标的审视，教育在我们手中似乎已沦为一种机械的劳动，理想中浪漫的水分渐渐被现实挤压得一滴不剩，功利化的教育使我们正异化为追功逐利的工具。在本应快乐的教育中，无论是教育者还是受教育者，都很难找到真正的快乐。

我在学校发的第一本教学随笔的扉页上引用了苏霍姆林斯基的话："如果你想让教育的劳动能够给老师带来乐趣，使天天上课不至于变成一种单调乏味的义务，那你我就应当引导每一位教师走上从事研究这条幸福的道路上来。"

那研究为什么会带来幸福？因为研究使教师职业充盈着自由的快乐，研究使教师职业焕发着创造的幸福！而我是这样寻找幸福的：

（1）在教学中寻找幸福。

偶尔遇到不开心的事，校园里学生们天真的问好声让我再也无法沉着脸，走进教室后便又激情洋溢地投入教学之中。这真是一剂良方，以后再有不顺心的事情，多上课，多看看这些孩子们，你的烦恼瞬间就能烟消云散了。幸福的课堂应洋溢着师生之间独特而鲜活的生命意义；幸福的课堂也应是师生之间的彼此对话、彼此分享。

（2）在教育随笔中寻找幸福。

作为教师，每天花点时间记下教学中的点滴，让自己日后有回忆的资本，那不是一种享受吗？同时，写教育随笔还能磨砺我们的思想。通过写教育随笔来反思自己教育行为的教师，师德会得到提升，师能也会得到发展。动脑子的教育，每一天的太阳都是全新的。孔子的"吾日三省吾身"、陶行知的"每日四问"，都是反思。在反思的过程中，特别是到了"山重水复疑无路"时，忽然发现"柳暗花明又一村""蓦然回首，那人却在灯火阑珊处"——那是我们最快乐、最幸福的时候，因我们享受着在教研中克服困难的快乐与幸福。

2. 做德艺双馨的人师——在教育自觉中不断成长

（1）发掘生活世界的美，以美引真。

艺术源于生活，而高于生活。在教学过程中，我关注学生的生活世界，充分利用社会这个大环境，挖掘地方美术资源，让学生在广泛的文化情境中认识到，美术就在我们身边，生活离不开美术。与此同时，学校的宣传栏、墙面、建筑风格等因素，都构成一个几乎无所不在的校园文化体系，熏陶渐染、润物无声，对学生的知识积累、价值观念、情感倾向等方面都产生潜移默化的影响，留存于他们的品德结构中。正是"校园无小事，事事是教育"。我在发表过的论文《美术教育，辅德以治》中谈道："辅德以治情感为先，只有动之以情，晓之以理才能导之以行。"在育人过程中，我充分发挥教学过程的多功能作用，不仅传授知识，还通过美的教育，促使学生由感受美而入境，到爱美而动情，再到理解美而晓理，达到以美引真、以美导善的效果。

每当我看到自己所培养的一批批学生在美术中感受到快乐幸福，在美术中感悟人生，用美的心态去面对他们自己的人生，工作中所有的辛苦都化作了无尽的甘甜，我也深深地体会到了为人师的意义所在。

（2）秉承专业自觉精神，提升自我。

近几年来，作为工作室主持人，我致力于让更多的老师成为优秀教师、名师。2016年7月，经过历时4个月的筹备，我所带领的珠海市中小学美术教师工作室成功举办了"自觉精神——2016珠海首届美术教师作品展"，并在珠海古元美术馆盛大开展。老师们以独特的审美视角、鲜明的艺术个性和丰富的美术语言，描绘了人们寻梦、追梦、筑梦的美好愿景和实践，这是一次"专业自觉"下的集体成果展示，反映出了美术教师对专业情怀的执着追求和自我认同感。这种自觉精神能促使美术教育发生真正的变化，具有深层次的意义：高质量的美术课堂不能仅仅依靠形式上的教法引导，还应立足对学科内容的深刻理解，如此才能寻得学习艺术的真谛。艺术的魅力在于艺术本身，美术教师只有对艺术有深刻的体验，才能将这种体验通过课堂传达给学生。

（3）以课堂教学为阵地，创新方法。

国家的课程改革最后归集到一点，那就是我们的课堂。课堂影响学生的人生，离开课堂的老师就离开了教育的灵魂。因此，我将课堂作为我专业成长的主阵地，自觉地在教学中反思，在反思中实践。课堂教学重视学生创造能力、审美能力的培养，注重学生个性差异，注重与信息技术的融合等。我参赛的课例"我心中的大海"获校一等奖及省一等奖的好成绩；教学课例"解读西方艺术"被选为教育部高中美术新课程远程教学课例，并接受"新思考远程研修平台"的美术教育专家专访。近年来，我多次承担公开示范课，均受好评，基于"粤教云"平台的课例"美术在你身边"获省一等奖，以及获得"省优""部优"的好成绩。

（4）以教育科研为主轴，科研与专业发展相结合。

我注重教学与教研的有机融合，自觉从教学实践中提炼"真问题"、开展"真研究"、产生"真成果"。将科研与主题研究相结合，能保证研究课题的前瞻性、生命力；将科研与专业发展相结合，能激发研究热情，实现专业发展的成功跨越。立足课堂，积极撰写论文《当代发达国家艺术教育特征及启示》《中学美术校本研修理论与实践探索》《一位美术教师眼中的理想课堂》《聚焦美术的核心素养与绿色教育》《地方美术馆资源与中学美术课程相结合的实践研究》《Forclass 知慧课堂让美术课堂从有效到高效》《以书立品，翰墨育人》等20余篇，均发表在国家、省、市级各类期刊以及国家核心期刊；独立撰写的专著《馆校合作的美术教育》获专著资助项目，并出版发行。以理论为支撑开展课题研究，主持"地方美术馆教育资源与学校美术课程相结合的教学研究""基于'粤教云'平台的云互动美术课堂教学的应用效果研究"等多项立项课题并结题。受邀参与编写广东省教育厅组织的普通高中《艺术》教材、教育部体卫艺司开发的《中小学生美术资源库》教学软件脚本的撰写工作等。

（5）发挥引领辐射，形成一定的社会影响力。

我受邀到各地做讲座20余场次，"我的教育理想""感悟北大，涤荡心灵""美术教师的专业成长""学校美术特色教育建设"等主题讲座均受好评。到偏远地区示范带学，影响当地美术教育教学，引领辐射受益人数达千余人次。

(四) 红色期：从名师到追求卓越教师的升华期

在专业领域不断进步与成长，是我这么多年来一直追寻的方向和目标。我认为，在追寻的道路上我还应坚持以下几个方面：

首先，老师要有想法。对于老师而言，"中国梦"就是教育梦，只有追求教育理想的教师，才会在艰辛的跋涉中感受到教育的成功、享受到教育的幸福，继续努力做一名"实践着的思考者"和"思考着的实践者"。

其次，老师要有做法。"纸上得来终觉浅，绝知此事要躬行。"要在教学反思中寻找幸福，把思想变成行动，把行动变成成果。教学反思作为一种内省，是教师以自己的教学活动为思考对象，审视自己的系列教学活动及结果，进行批判性的回顾与再认知的行为；是一种通过提高自我觉察水平、促进教师成长的有效途径。每一次教学反思，都是一次体验与成长的过程，是一种幸福的研究。

最后，老师要有说法。做出成绩，要分享给大家，与大家共勉，辐射影响更多的人；让他人去追求自己的教育梦想，走上幸福的研究之路。

对美的教育、幸福教育的追求需要教师的智慧，只有这样，才能达到形神兼备，才能在向卓越教师看齐的同时，不断实现与创造自己的人生价值。这些都是我今后继续努力的方向。

▶▶▶ 我的学科教育观 ▶

形神兼备、以美引真、有美有术

一、我的教育主张解读

陶行知先生说:"千教万教,教人求真;千学万学,学做真人。"这句话揭示了教师的职责是教"做真人",学生的职责是学"求真知"。同样,我校珠海市九洲中学的校训也提出:"办真教育,培育真人。"真实是课堂的生命力所在,而关注学生的生活世界和生命价值,也是教学的根本。因此,我的教育主张是追求以美引真的幸福教育。

当前教育的现实让我们不得不思考:教育的终极目的是什么?

乌申斯基说:"教育的主要目的在于使学生获得幸福,不能为任何不相干的利益而牺牲这种幸福,这一点是毋庸置疑的。"苏霍姆林斯基也曾说过:"在教学大纲和教科书中,规定了给学生各种知识,但却没有给予学生最重要的东西,这就是:幸福。""理想的教育是:培养真正的人,让每一个从自己手里培养出来的人都能幸福地度过一生。这就是教育应该追求的恒久性、终极性价值。"1990 年通过的《世界全民教育宣言》也宣称:"教育是人的权利,教育应该造福于人,使人幸福。"追溯教育的产生历史和发展足迹,可以得出这样一个结论:教育是以人的生活为目的,探寻人类的生理、心理、社会的发展轨迹;而幸福是人生的主题,人的生活以幸福为目的。从根本意义上来说,教育就是以人为本,关注人的幸福,培养人们感受幸福、创造幸福和享受幸福的能力。

作为美术老师,应该发挥美术老师独特的育人功能——以美育人、以美引真。没有美的教育,就不可能有完整的教育。幸福是教育的最终目的,它同时也贯穿于整个教育过程,享受教育的幸福是教育的最高境界。

我认为:美的教育 + 幸福的教育 = 理想的教育。

幸福教育作为一种教育理念,是教育对人的发展理解的深化与把握。幸福教育就是以人的情感培养为目的的教育,通过这种教育培养能够创造幸福、拥有幸福的人。

二、我的教学风格解读

我的教学风格具有"形神兼备""纵横捭阖"和"行云流水"的特点。

1. "形神兼备"

"以形写神,形神兼备"是中华民族传统国画艺术的基本造型法则。形,乃指事物可视之形态、形象;神,系指事物隐性之内涵、气韵。为达到形神俱佳,形的表现可以不拘泥于模拟和再现,而是着力于客观物象内在精神和画家主观精神情感的传达。这说明绘画作品形是载体，神才是目的。只有艺术形象形神兼备，作品才富有生命力。

在这里，我把自己的美术课堂比作"国画的写意画"。一方面，要实现知识与能力目标，此为显性目标，亦即"形"；另一方面，更要注重培养学生的情感态度和价值观等综合素质，此为隐性目标，亦即"神"。通过教学内容的"形"来承载教学目标的"神"。

2. "纵横捭阖"

"纵横"即竖和横，"捭阖"是开和合，字面上理解成自如地横竖开合。在这里，指教学手段或方法的灵活运用，驾驭课堂的能力收放自如、张弛有度。

美术课堂形式应不拘泥于教室，可近自然，可近生活。我倡导动态生成的美术课堂，生成是课堂教学活力的源泉，课讲得好、上得妙、效果棒，关键在于一个"活"字。因此，教师要有纵横捭阖的智慧，应学生而发，应情境而变，如此课堂才能焕发勃勃生机。

3. "行云流水"

云本是水，生机灵动，变化万千。在当下全媒体时代语境中，"云"意味着信息的集合与共享，乃至几乎全部社会生活内容的广袤与无疆。于是，云的含义愈发泛化和动人，并被赋予时代的诸多想象与崭新的可能。行云流水，在这里指的是一种蕴藉淡然的境界、一种闳阔高远的视野，也是一种自适自得的态度。行云流水的课堂不是教师作秀的场所，而是师生间心灵对话的舞台，老师的话语不是高谈阔论，而是娓娓道来、云淡风轻，但随时又有可能出现意想不到的美丽风景。一次出乎意料的讨论、一个未曾想到的问题，都有可能使教学之"水"波澜四起，使教学之"云"绚丽壮阔。

如果说形神兼备是课堂教学目标（显性与隐性），纵横捭阖是教学方法，那么行云流水就是课堂的一种境界。唯有行云流水似的教学境界，纵横捭阖的教学技艺，才能承载教学目标神与形的契合。

三、关于"有美有术"的解读

在2018年4月21日的全国学校美育工作会议上，教育部部长谈教育改革发展时提出了5个"术"：第一，教育是道术。教师要努力探索、发现、掌握、运用各自学科、领域、岗位的教书育人规律，把握学生成长规律，真正落实立德树人根本任务。第二，教育是学术。教师要具备深厚的学术功底，具备立德树人的能力和素质。第三，教育是技术。教师要注重自身能力的培养和提升，掌握基本的教学技能，提高教授学生解决实际问题方法的水平。第四，教育是艺术。教师要追求专业成长特色，在教学实践中形成独特的教学特色、育人风格，为教书育人打上个性化烙印。第五，教育是仁术。以爱为核心做学生成长的领路人，将师爱贯穿于学生人生观、价值观和社会观的形成过程中，真正培养出能够担当民族复兴大任的时代新人。

教师不仅要将美的教育贯穿于整个教育过程中，还要做有大智慧的教师。我的导师房尚昆老师将教师的境界形象地比喻成开车：第一层次——四平八稳的教师（方向盘左右老师）；第二层次——有理想、有目标、有方法的老师（人开车）；第三种层次——教活书、有智慧的老师（人车合一）。

由此可见，对美的教育、幸福的教育的追求需要教师的智慧，这样才能达到形神兼备，在教人求真的风格中不断追寻有美有术的最高境界。

他人眼中的我

在导师眼中，我尊师重教，具有专业精神和专业素养；在同事眼中，我理性和感性兼具，是智慧型的教师；在学生眼中，我的课堂生动精彩，讲课娓娓道来，关注学生的创造性思维和综合能力的培养。

一、导师眼中的我

结识李冬梅老师之始，是缘于2015年她被评为广东省"百千万"名师培养对象，而我有幸成为她的学科实践导师。让我印象深刻的是，我和李冬梅老师每次见面或交流时，她一直都非常有礼貌地尊称我为"导师"。我说我们年龄相仿，在学科研究领域方面，我们各有所长、各自精彩，平时都是相互学习研讨，共同交流分享，就不用称我导师，而叫我老师，或者直呼其名就更好啦。但李老师却在这方面一直坚持己见，没有更改，说这是必需的，做学生就一定要尊敬老师。李冬梅老师在10多年前就是广东省普通高中教学水平评估组专家，李老师撰写的学科研究论文屡见于专业权威报纸杂志，创作的国画与水彩美术作品多次入选国际、省、市级大展并获奖，不愧为德艺双馨、业务精湛的"美术名师"。她能取得这样的成绩，和她高度的自觉、对理想信念的坚守、对事业的默默追求分不开。她从不言苦与累，总是笑言这是幸福的研究。祝愿李老师能在今后更广阔的美术教育天地里不断用笔墨描绘自己的人生，实现和创造自己的价值。

——广东省"百千万人才培养工程"美术学科导师　徐日扬

李老师的教学风格亲切自然，语言生动优美，整堂课学生的注意力高度集中，尤其在与学生的交流互动中体现出非常扎实的基本功。教学方法多样，动态生成精彩不断；一气呵成，如行云流水般；以美引真，总能给学生以美的启迪。可以看出李老师非常注重学生创造性思维的培养，以及学生审美能力的提升，通过教学内容的形来达到教学目标的神，可谓是形神兼备，教学效果好。

——杭州市西城区美术教研员　姜冰洁

二、同事眼中的我

李冬梅老师的敬业精神是全校同事有目共睹的，专业能力强、业务素养高、教学能力精湛；有自己的风格和影响力，有自己独特的教学方法，有探索创新精神，有对教育独到的见解，而且有很强的教学研究能力和教学艺术性，是一位充满智慧的老师。不仅在校内成绩优秀，而且在全市、省内外的美术影响力也非常突出。在很多大型的活动中，我们也总能看到她忙碌的身影，为学校和美术教育事业付出了很多。同时，她对同事总是热忱地帮助和关心。

——原学校教研室主任，现珠海南水中学校长，广东省"百千万"项目导师　孙新

我们"科头"李老师总是那样亲切、和善，对工作勤勤恳恳、精益求精。在科组管理中，她总是起到示范带头作用，引领我们开拓视野，让我们在专业上得到很大提升。她善于动脑，积极筹划开展科组活动，出色地完成每一个教学教研任务，科组经常被评为"优秀科组"。

在教学教研上，她是一位非常认真踏实的教师，对每次公开课都非常认真，而且教学每次都很完美，教学节奏收放自如、引人入胜、一气呵成。好的课堂效果和她平时的积累和严谨的态度是分不开的，这些都值得我们去学习。她还利用大量时间不断优化自身知识结构，不断提升自己，并收获成功。

生活中的李老师也总是那样的热情，乐于帮助别人。只要同事遇到了困难，她总是会积极伸出援助之手，尽自己的力量帮助别人。跟她相处久了，让我深深感受到同事间朴实的真情。

——音乐老师　胡凯

我的师傅李冬梅老师一直是大气、美丽、友好、包容并举的好老师。她关心同事，积极与同事交流；在教学方面，李老师更是认真仔细，充分备课，每一环节设计都隐含着更深层次的美术文化。上课形式丰富，收放自如，能关注每个学生的课堂状态，并及时做出相应措施，鼓励学生、引导学生，以美育人，通过美术的教学使学生懂得做人做事的道理，以及学会创造的思维方式。整节课娓娓道来、一气呵成，对听者而言是一种享受。可以说李老师是我教育工作中重要的引路人，是我学习的风向标。

——美术老师　单巧巧

三、学生眼中的我

李老师的美术课堂很活跃，因为老师总愿让我们提出问题。李老师很有耐心，回答我们提出的问题时，觉得不能用语言表达时，就干脆在黑板上画起来，声情并茂、绘声绘色。

老师很愿意听我们分享感受，鼓励我们把看到艺术作品的第一感受和同学们分享。尽管课堂分享较占时间，但她认为正是有这种思维的相互碰撞，才能学到书本上没有的知识，让我们的思维和眼界得到提升。

现在已是初三，虽然暂时没了美术课，但我还是不时地在草稿纸上画着当年在

美术课堂上学过的二方连续纹样、水墨构图，还有我非常喜欢的漫画。

——初三学生　贾昊臻

在初一到初二的学习生涯中，李冬梅老师一直担任我们的美术老师。她深受学生爱戴，带领我们走进美术的世界，并爱上美术。

李老师的课幽默风趣、娓娓道来，让我们饶有兴致。同时她能通俗易懂地讲解美术知识，穿插课本外的知识，让我们开拓美术眼界。

李老师善良、有耐心，并有包容心，乐于为我们解决问题，给我们的作品提改进的意见。她总能那么精准地评价每一件作品，让我们啧啧称赞。

总而言之，我十分喜爱李老师，我们与李老师不仅是师生，更是朋友，我多想在以后的日子里与她一同前行！

——初三学生　李政达

我的育人故事

在我的课堂教学中，我特别关注学生的情感态度价值观的教育。让学生从不善待美术课到爱上美术；从不会留意身边的美术到能主动发现生活中的美，并有意识地美化生活和创造美。

我曾经成功转化过一位后进生小陈同学，他对什么都不感兴趣，对美术课更是从上小学就抵触。我特意安排他做了我的课代表，鼓励他用美的心态去面对自己的人生，要对世界充满好奇心，用美的眼睛去发现生活中的美。渐渐地，他开始充满了好奇心，爱问我一些问题。每次我都抓住机会故意讲得多点，增加与他沟通的时间，他越来越亲近我，并对课代表的任务也越来越上心，同学们都说他像变了一个人。有一天，他有点不好意思地对我说："老师，其实我是不喜欢美术课的，但我特别爱上你的课。"对小陈同学的成功转化，正是美术教育审美教育功能的体现。

美术课本里经常会有一些美术作品，尤其是一些外国美术作品中的雕塑、油画中的人物形象，是裸体的。每当看到这些，学生们的反应都很怪异。有些胆子大的男同学就发出怪叫，有些同学甚至会在课本图片中人物的特殊部位画上符号。遇到这样的尴尬情况，教师如何用更贴切的语言去引导学生？学生眼中的"美"与"丑"到底以什么为标准？

在雕塑欣赏课堂上，当我让学生对雕塑作品进行分类时，一位男同学说："雕塑可以分为穿了衣服的和没有穿衣服的。"他的话音刚落，就引发了一阵热烈的掌声和怪笑。面对学生的反应，我不能回避这个话题，但用什么办法引导学生以正常的态度、健康的审美情趣欣赏人体呢？这时一个调皮的同学开始插话："老师，不是我无知，是我们怕丑。"全班同学又一次大笑。他狡黠地看着我，看我怎样回答。这确实是一个难题，不过我不会被学生牵着走，我的智慧锦囊还没有"资源欠缺"。我微笑着问同学们："你们觉得人体丑吗？"没有人站起来回答，都神秘地笑了。"我这里倒是有几件丑的作品,"我指了指美术教室里摆的石膏头像上那些被学生胡乱添画的胡须,"这些都是你们的杰作,正好利用这个机会,好好让同学们'欣赏'一下。谁来谈谈感受,究竟哪个美哪个丑?"教室里静了下来,学生们刚才的一脸坏笑也消失得无影无踪。

我故意严肃地对同学们说:"对作品的尊重和认同可以看出你的文化修养程度,你可以批评、可以辩论,但是随意涂抹毁坏他人作品的做法是不可取的。"

我继续问道:"雕塑家为什么雕刻不穿衣服的人体?赤裸的人体美吗?""人是万物之灵,不仅人的思想和才智是万物之首,人体也是动物中最美的。我们可以拿人体与任何一种动物躯体进行比较,无论哪种动物躯体,从形态到比例都不及人体美。比如男性发达的肌肉、倒三角的躯体、有力的四肢。又比如女性人体柔美的曲线、正三角形的躯体、丰满的乳房。人体的这些特征是经历了几万年劳动锻炼而自身进化的结果。作者所表现的这些正是对生命力和美的歌颂。"

我注意到,学生们听得认真起来,脸上的羞涩已不见了,看着同学们好奇但又似懂非懂的样子,我又娓娓道来,说到了东西方文化的审美差异,介绍了人体艺术的运动、健康和自然美,以及当时地域的气候特征等。

当然,在一节课有限的时间里,不可能完全让学生理解和接受西方的审美范式,但我欣喜地看到学生的态度正在慢慢地发生着变化,他们面对这些作品时不再躲避,而是能正确地认识和理解多元的美术,这才是我所希望看到的。这正是我上课以形写神、重在传神的一个写照。

孩子天生就有一颗好奇心,一切未知的领域都会成为他们探求的目标,关注人体也是无可非议的正常心理。如果回避或放任自流,对他们的成长是有害的;如果正面引导,以美导善,用美去"抢占"学生的精神阵地,不健康的思想也就退避三舍了。

▶ 教学现场与反思 ◀

一、教学现场

(一)教学主题

教学实录采用了岭南美术2011版七年级下册第六单元第11课《美术在你身边》。重点打破学生对"美术=画画""美术=漂亮"的误区,引导学生正确审视美,明白美术能够传递人类的思想与情感。

(二)课堂环境

选在"粤教云"课室,学生人手一台平板电脑。

设计意图:基于"云互动"的ForClass数字化学习环境的高端形态,是一种感知学习情境、识别学习者特征、提供合适的学习资源与便利的互动工具,是促进学习者有效学习的学习场所或活动空间。这是一种全新的美术课堂教学模式的体验，使美术课堂更加高效。这也是教学方法多样性的一种体现。

（三）主要教学环节

1. 美术门类的探究——美术＝画画？

（1）"分门别类"做调查。

在"分门别类"环节设计了调查问题，让学生在给出的八幅图片中找出哪些属于美术的范畴。ForClass智慧课堂强大的数据统计功能可真实快速地显示出学生的回答，有了这样的数据，老师能快速了解学生对美术的认识程度，注重学生个性化的差异，既而更有针对性地调整接下来的讲课。

（2）穿越到美术馆探究更多的美术门类。

设计意图：发现美。以美引真，走进真实的课堂，充分利用社会这个大环境，挖掘地方美术资源，让美术课堂生活化、现实化，让学生在广泛的文化情境中认识到美术就在我们身边。美术馆作为文化的重要组成部分，承担并高度发挥着社会教育的功能，而美术馆教学活动也成为学校美术课程的一部分。

（3）了解现代美术形式。

① 通过微视频，结合本地美术资源，老师将学生忽视的一个艺术形式定格：装置艺术——耶夫勒羊。

装置艺术概念："场地＋材料＋情感"的综合展示艺术。

耶夫勒羊装置的来历：耶夫勒羊来自瑞典耶夫勒市。耶夫勒市与珠海市于2010年8月正式结为友好城市，为庆祝两市结好五周年，耶夫勒市政府于2015年将耶夫勒羊送于珠海，与珠海市人民共贺中国农历羊年。耶夫勒羊漂洋过海，来到珠海海滨公园亮相，后移至古元美术馆。

这只来自瑞典的巨型"羊"是耶夫勒市的城市标志和耶夫勒人民不屈不挠的精神象征。

②随着科技的进步，信息化、网络技术的不断发展，将装置艺术融入声、光、电、网络技术等多种元素，形成一种新的带有科技性的艺术形式——新媒体艺术。

通过探究，同学们发现了一个误区，那就是我们多年来将美术等同于画画，其实美术是一个非常大的大家庭，绘画只是这个大家庭中的一员，在美术大家庭里，绘画排在第一位。

结论：美术≠画画。

设计意图：探究美。以微视频为载体，记录教师在课堂内外教育教学过程中围绕某个知识点或重难点或教学环节而开展的精彩教与学活动全过程，是课堂教学的有效补充形式。在这种教学模式下，学生的学习主动性更强，效率也更高。这也是教学方法多样化的一种体现。

选择装置艺术，重点来讲，主要是学生不熟悉这种艺术的表现形式。结合当地

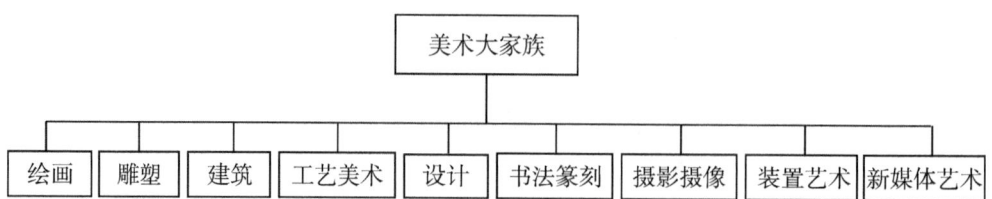

的这个艺术装置，通过这个"形"，使学生了解美术大家庭的新成员，传达出美术的多样性：随着时代与科技的变化与发展，美术的概念得到外延，有了新的内涵。

2. 美术社会功能的探究——美术＝漂亮？

美术对于人们的物质生活和精神生活都有着积极的作用。美术除了具有实用价值外，还具有三大社会功能：审美功能、认识功能、教育功能。

（1）探究许鸿飞的"肥女人雕塑系列"体现的美术功能。

微视频——许鸿飞雕塑世界巡展花絮。

在这个环节中，ForClass 系统再一次展示出其强大的功能。当老师展示出许鸿飞的"肥女人雕塑系列"作品，让学生感受作品是美还是不美时，每位学生都在认真思索作答。老师通过大屏幕再次快速了解全班同学的审美观——同学认为不美的占了大多数。

根据学生的这种审美观，老师解读"胖女人雕塑系列"作品，了解艺术家与大众迥异的审美态度。作者将"肥"与"美"放在一起，他通过厚重躯体与欢快心灵间的鲜明对比，形成反差，那些巨大的团块结构如云朵般轻快地飞扬，丝毫不显笨拙。"肥女人"们或嬉戏、或谈笑风生、或自信奔走，无一不带有强大的情绪感染力，让现代人焦虑的心灵从沉重中得到些许的解脱。

这就是审美功能的体现，打破了人们的审美习惯，并从中得到启迪。

结论：美术≠漂亮。

（2）解读罗中立的油画《父亲》体现的美术功能。

通过《父亲》这件作品，我们重新审视了美术作品的美与丑，并从中得到了教育。这就是美术审美功能、教育功能的体现。

（3）解读古元的版画作品《人桥》体现的美术功能。

古元先生以刀代笔，让我们后来人认识了战火纷飞的年代，并用刻刀记录了中国前进的历史。这就是美术认识功能的体现。

设计意图：感悟美。通过师生思想的碰撞，打破学生对美的认识和误区，让学生重新审视美，提升学生的审美素养。

3. 课堂创作实践

每组学生用身边现有的材料进行大胆地再创造，形成新的艺术形式，并拍下来分享给大家。学生通过平板电脑拍照上传，展示并表达创作感受和情感。

设计意图：创造美。运用生活中的任意元素进行创造，美化我们的生活，以及美化我们的心灵。使学生对美的认知、表达进一步得到升华。

4. 课堂总结及延伸

我们在发现美和探究美的过程中重新认识了美术，了解了美术的新门类以及美术的社会功能。美术不是单纯的绘画，它融入了生活中的一切。希望同学们到生活中多多去寻找美、发现美，关注各种美术现象。因为美术可以帮助我们更好地了解周围世界的美。发现美、探究美、感悟美、创造美，这才是美术的真谛。

二、教学反思

1. 对教材的分析

本单元《发现与创造》为"综合·探索"学习领域，单元内容由"美术在你身边"和"化腐朽为神奇"两课组成。两课的关系是一种递进关系。

本课通过"美术在你身边"的学习、探究，感知生活中的美术现象与美术门类；运用美术课室的教学资源以及当地美术馆资源，让学生进一步认识美术。

美术是人类文化的一个重要组成部分，与社会生活的方方面面有着千丝万缕的联系，因此美术学习绝不仅仅是一种单纯的技能技巧的训练，而应视为一种文化学习，提升学生的素养。包括：

审美素养——对美术的门类及审美功能重新认识。

科学素养——认识新的艺术形式——装置艺术和新媒体艺术，感受被科技发展拓宽的美术创作的表现形式。

人文素养——了解美术的社会功能（审美功能、认识功能、教育功能）。

2. 对学生的分析

初一学生已经具备了一定的观察能力和归纳总结能力，对于身边的美术现象和美术范畴会有一定的认知和感受。但是多数学生对美术的认识仅仅停留在"美术课就是画画课"上，对美术的范畴没有更系统、更清晰的了解。所以老师在课堂上要引导学生"用一双善于发现美的眼睛"感知和探究生活中的美术现象和美术门类及其特征，尤其是挖掘本土的美术现象，贴近学生生活，从而丰富学生的生活经验和审美体验，构建学生的认知体系，拓展学生的学习空间和培养学生的实践创造能力。

3. 对教师上课的分析

本课内容量较大，但老师能巧妙地抓住两条线索来引导学生探究美术门类（显性的形）以及如何审视美术的审美、教育、认识功能（隐性的神韵），通俗易懂地打破了学生长期以来对美术认识的误区，让学生自己去发现美、探究美、感悟美，进而表现美、创造美，从而达到以美引真、"以形写神"的教学效果。

教学方法"纵横捭阖"，应学生而发，应情境而变。教学形式不拘泥于教室，充分利用社会大环境，走进当地的美术资馆，让学生真正地"触摸美术"，让美术课堂生活化、现实化。同时，教师还将信息技术融合到课堂上，基于"ForClass 知慧课堂"系统支撑下的云互动教学模式使老师的讲台变成智能讲台。师生通过云互动，让每一个学生真正参与教学互动中，从而实现真正意义上的智慧课堂，使学生自主深入地探究学习，大大提高了学习效率。

整堂课教师都是通过巧妙的设计环节和层层的设问引出，娓娓道来，引导师生间平等的对话交流，使课堂动态生成不断，充满生机与活力，从而达到"行云流水"的教学境界。

课堂的不足体现在课堂有限的时间与老师美好的想法相冲突。一是在感悟美环节，老师预想给学生留多点时间进行探究与思考，但考虑时间因素，有些结论就由教师直接引出和小结出来；二是学生在创作表现环节展示还不够充分，学生还意犹未尽就要匆匆结束，很多小组好的创意还未及时在课堂上展示出来，在空间上学生取材也受到一定的限制。

结束语

作为一名外地教师，能融入广东珠海经济特区的社会中，我深知这与广东包容、多元、创新的特质是分不开的。在这里，各种思维交融碰撞，万物皆可自在生长；在这里，来自五湖四海的老师安心扎根广东教育事业，并不断前行，一直在路上。在未来的路上，我还会用丹青妙笔描绘粤港澳大湾区的教育蓝图，为加快现代化教育建设添墨加彩。

以情境美育之心　守儿童美育之路

● 深圳市大望学校　王婧（初中美术）

▶ 导读语

我5岁就梦想着做老师，出生于烟台，求学于大连，打拼于深圳，与来自全国各地的教师一起，为深圳教育潜心耕耘18年。

我是一名幸运儿，开放包容的城市给了我拼搏的舞台。在罗湖教育的沃土上，2011年，年仅32岁的我成为深圳市最年轻的中学美术高级教师，继而成长为南粤优秀教师、广东省第四批名教师工作室主持人、广东省"百千万工程"名师培养对象、深圳市名师工作室主持人、首批岭南少儿版画教育名师工作室主持人、深圳市五一巾帼标兵、罗湖区首届功勋教师、罗湖区年度教师。

荣誉取得的背后，是我潜心教研、追求卓越的美术课堂。近年来，我曾荣获中南六省（区）美术合作交流会现场教学比赛一等奖、全国美术教师现场教学比赛一等奖，并多次圆满承担"粤派名师""千课万人""名思教研"等大型全国美术教研活动千人课堂的执教任务。

我为深圳美术学校等高中培养了一批清华、央美等高等院校的好苗子，学生绘画作品在全国少儿艺展中获深圳市唯一金奖，在省市及全国中小学生版画藏书票大赛中屡获佳绩。

我曾经在汶川地震后赴甘肃陇南支教3个月，并多次前往甘肃、贵州等地开展送教活动达20余次。

在教学之余，我笔耕不辍。我的版画作品先后入选台湾国际版画双年展、澳门国际版画双年展、马其顿共和国版画国际双年展，多次受邀前往欧洲参加国际藏书票交换大会。

我，王婧，深圳市大望学校的一名美术教师。

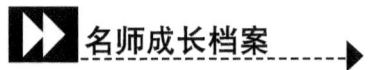 名师成长档案

逐梦女孩的深圳教育梦

在我心中，当老师是我实现人生价值的唯一途径。所以，必须排除万难、坚持到底，用智慧寻找属于自己的教育风格，让自己成为一名学生热爱的好老师！

一、筑梦，肆意成长的岁月

在烟台这座人杰地灵的北方海滨城市，5岁的我每天放学就坐在父亲执教的教室门口，轻声和着高三学子抑扬顿挫的读书声，梦想着能成为一名教师。初中时，因我在绘画方面的天赋，父亲决定支持我的绘画理想，美术成为我高考和未来职业的发展目标。高考时，我一口气填报了5所师范院校的专业单考！大学录取通知书来了，并不如意，我错失了山东艺术学院美术教育专业而来到了大黑山下刚搬迁不久的大连大学，成为师范学院的一名新生。

面对一所崭新的大学，我暗暗发誓一定要修炼好十八般"武艺"，做一名优秀的学子！朗诵、演讲、播音、运动会，凡是比赛，我都参加，这种不惧尝试的热忱一发不可收拾，为我的教育人生埋下了希望的种子。

忘不了，我们通宵达旦，在画室里静心描绘作品的宁静岁月，一张张习作皆如作品般精致。大四时，我就已经跟随导师出版了全国发行的工笔人物画系列教材，那幅《簪花仕女图》成为我一生最值得珍惜的作品。我的执着，让我练就了专业的基本功。

忘不了，大三时去应聘校广播站广播员，站长诧异地问我："大三了，你还来广播站？"我说："大三了，已经错过了2年，我不想再错过。"于是，每一个周三的午间，在轻松的 Lemon Tree 的音乐声中，我主持"服饰沙龙"，娓娓道来。我的态度，让我明白了想做就要果敢去做的快乐。

忘不了，多年后返回母校，在博物馆的墙壁上看到我稚嫩的版画作品悬挂着，树立了我如今开展版画教学的决心。我的版画，让我找到了今日版画教学的特色之路。

年轻的大连大学给了我筑梦成长的岁月，2000年毕业时学校赋予我"辽宁省优秀毕业生"的荣誉，我立志将来一定要成为优秀的美术老师，成为我母校的骄傲。

二、逐梦，教改开启的深圳

2000年，我凭着初生牛犊不怕虎的一腔热情，手持一张中国地图和一张深圳地图，执拗地踏上了前往深圳的绿皮火车。因为我相信改革开放的前沿城市深圳的

包容与豁达、创新与开拓会给21岁的我构筑教育梦想的机会。

一个月的求职路上，我只身前往各学校，上至深圳大学，下至各幼儿园，我珍惜每一次面试、试讲的机会，即使被学校门卫无数次拒绝，我也毫不退缩。因为那时，病榻上做了一辈子老师的父亲对我说："勇敢去飞，天有多高就飞多高，莫回头。"

"教师"是我心中最美丽的梦想，也是对父亲最好的告慰。

让我落土生根的是罗湖区布心中学。虽然是代课教师，我却从不曾忘怀，我告诉自己：夯实专业技能、锤炼教学技巧、丰富课堂经验，借2000年教改春风，为自己在深圳赢得一席之地。

初上教坛，我以求知若渴的心态，迫切地希望通过教改的各项活动，学习名师们的经验，提高自己的教学水平和课堂质量。

2001年，在泰宁小学举行的青年教师课堂教学比赛中，我见识了第二届全国美术教师基本功大赛冠军获得者王忠付老师的风采。在信息技术并不发达的2001年，王老师用小动画解决了近大远小的动漫人物透视教学，让我明白，作为一名美术教师，要拥有超前的眼界，要把教学的思维与时代发展相结合，才能给学生最新视野。

2003年，在翠竹外国语小学，我观摩了第三届全国录像课比赛一等奖获得者张晖老师的现场课《彩墨游戏》，她将音乐与美术相融合，以开放的教学模式、丰富有效的教学手段、激扬充沛的情感投入，带领学生在"玩"中感受与思考，在"玩"中表现与创作，优雅与智慧并存。跨领域的学科融合是我在她身上学到的闪光点。

同样是第三届全国美术教师现场教学比赛一等奖获得者的马琳老师，我不错过她的每一节课。马老师妙语连珠的口才，和面对课堂上学生时精彩生成的有效引导，成了我迅速成长的原动力。

十几年来，在陈勇老师、张海老师、房尚昆老师的指导下，我潜心教学、博采众长，并将我在观摩公开课中所学到的经验反复实践与摸索。每一个深夜里电脑前的守候，是很多和我一样有职业信仰和教育情怀的深圳教师所有的共同体会。

作为一名美术教师，我的职业价值是美术课堂！我要让我的学生在课堂上收获审美与创造的快乐。

三、竞赛，风格形成的历练

2010年，我告别了甘肃陇南支教的艰苦生活，回到深圳。我用了整整半年，以我在陇南支教时曾讲授的《点与线的魅力》一课为例，研究高效教学的方法。无数个夜晚在思考点线面组合的规律与寻找表达和讲授方法中无眠。从区到市的四轮比赛中，我带领学生从传统的手绘到生活中物品的摆放进行反复尝试；从"先讲后教"，到"先玩后学"，再到从学生的游戏中学习与寻找规律。在多次的磨课、研课中,我面对学生的课堂生成更加坦然自如。市级赛课前,布心中学曾小理校长携全体行政人员前往听课,课后近 2 小时的评课几度令我委屈得欲落下眼泪。我经静心思考后再次打磨,才让自己完美蜕变,录像课走上了省级的角逐。

2011 年 11 月,我代表广东省中学组站在了第六届全国美术教师现场教学比赛选拔的赛场上,在黄山之巅与来自全国各地的美术教师同台赛课。走上讲台的那一刻,我告诉自己:课堂将要进行的每一个细节都将是我无从知道却无比期待的,忘记所有预设去与学生在一场生活的游戏中自由交流。课程开场导课环节看似随手画下的线条,变化成生活中不陌生的铁路交通,让学生们眼前一亮,进而与我一起在最真实的生活情境中探索点与线的规律与法则。黄山之行,我代表广东省捧回了"第六届全国中小学美术课现场教学大赛一等奖"的桂冠。

从这以后,我所执教的每一节课都将学生的生活需要与课程目标相结合,情境化教学成为我的特色:在"粤派名师"大讲堂"海风海潮渔歌"上,我带领海边孩子寻找海的元素;在全国"千课万人"美术研讨会"黑白木刻初体验"上,我带领孩子从四大文明探索到国际视野;在"名思教研"的千人课堂"服装设计我能行"上,结合生活情境设计教学任务单,我成为深圳美术教育的一张名片。

四、起航,昂首引领的姿态

2000 年的布心中学,没有画室,没有美术学具,没有学校行政部门给予的任何教学任务的安排,我和同事文章老师带领 50 余名热爱绘画的孩子或蹲、或坐、或趴,在校园的台阶上进行写生训练,成了校园里面最靓丽的一道风景线。5 年后,布心中学被深圳市教育局授予首批"深圳市美术书法特色学校",这是罗湖区唯一获此殊荣的初级中学。在这里,我成长为最年轻的深圳市美术高级教师,区美术学科创意小版画工作室、罗湖区美术术科研训基地、罗湖区名教师工作室主持人,被授予罗湖区首届十佳功勋园丁。

教学相长,笔耕不辍的我,在收获了一批批学生考入美院的喜讯的同时,我的版画作品在深圳市鹏城金秋优秀美术书法作品展、省美术书法摄影联展、全国青年小版画藏书票大赛中摘银夺铜,并入选台湾国际版画双年展、第二届澳门国际版画三年展、马其顿共和国国际版画双年展等多个展览。学生的版画作品也在全国中小学生艺术展演中夺得全国一等奖,在全国第二、第三届江苏东海少儿版画展中获得优秀作品奖。

因布心中学的版画特色成果显著,我不仅受邀到北京参加第八届全国中小学生藏书票大赛的教育经验交流及现场版画教学课程展示,还多次前往福建教育学院、广东第二师范学院、东莞教师进修学校、韶关学院等为各省各地的美术骨干教师培训讲座授课。

2014 年,我来到了位于罗湖区东北隅大望村内的大望学校,新的起点,我希望用自己名师的力量,带领全校十分之九的外来户籍学生,靠着勤奋与执着,开创出一个前所未有的艺术教育校园。

在学校领导的支持下，我与团队教师一起整合大望艺术高地和梧桐艺术小镇的资源优势，常规课程的建设和学生美术素养的测评成为我全面关注的焦点，将测评方法量化，将测评过程全方位记录，将测评成果向校内外全面展示。2015年12月，教育部体卫艺司万丽君司长莅临大望学校调研艺术测评工作，对学校美术学科的美术素质评价工作给予了高度评价。2016年1月，深圳市美术素质测评现场工作会议在大望学校召开，深圳市体卫艺处一行及深圳市各中小学主管艺术的副校长莅临现场，我作为罗湖区发言代表之一，进行了测评工作经验汇报，此项工作的开展成为全深圳市美术素质测评的标杆。

布心中学给初上讲台的年轻的我以成长的平台；大望学校让成为名师的我重新发现教学的乐趣，开始了中小学美术教育衔接的研究与探索，并成为罗湖区年度教师、省名师工作室主持人。

埋头杏坛教书育人时，我也时常仰望星空。我今日的成就来自曾经给予我帮助的张海、房尚昆、陈勇三位恩师，我牢记陈勇老师对我说的话："一个人的成功固然幸福，但若能以一己之力带领一群人的发展，则是圆满的。"未来，我将继续带领广东省名师工作室的一群年轻人扬帆起航。

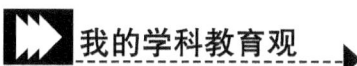
我的学科教育观

艺术生活化　教会孩子观察与发现

"只有在年轻的时候多积累、多沉淀、多思考，才能在往后的教学生涯中厚积而薄发。"这与我的教育理想是统一的。因为我热爱教师这一职业，所以我要在沉淀中积累、在日常教学中成长，寻找属于自己的教育信念，而不是在美术教师这一看似没有压力的岗位上随波逐流。每一次成功的背后，必定有促进成功的动力，有为了成功而付出的不为人知的艰辛，更有深度思索后的豁然开朗。我的动力是我的学生，我的舞台是创新的深圳，我的豁然开朗是粤派教师的担当。

一、我的教学风格：勤奋执着、以情育人

从小，我的父亲就对我说：勤奋执着，就是爱岗敬业、扎实做事。已故父亲的这句话我牢记在心底。所有认识我的人都知道，我所有成绩都是靠全身心投入教育，辛勤耕耘而收获的。18年来不计加班地利用午休和下午放学后的时间带学生学画画；节假日的大部分时间，美术馆、公园一定都有我带着孩子们外出参观、写生的身影。学生感受到的是我的真心、爱心，一个眼神、一个动作、一句言辞，都在他们的心底留下印记。

或许您会问："你如此投入，如何陪伴自己的孩子？"我的孩子也是孩子，只要

是孩子就需要艺术成长的土壤，把自己的孩子当学生，把学生当自己的孩子，陪伴他们，共同成长。我收获了，我的学生成长了，我的孩子才是最大的受益者。因为我所坚持的"以情育人"，就是要用爱去感动生命，用爱去做学生和孩子最好的榜样。

苏霍姆林斯基说："教育的全部奥妙就在于爱儿童。"爱是一种力量，是教育的基础与本质。在我心中，爱是信任与鼓励，是给予与回馈，是知识与方法，是蹲下来平视，搭建与孩子之间情感沟通的桥梁。我的热心让我用积极向上的情感去充盈我课堂的每一分钟，用抑扬顿挫的音调去引领孩子思考。我的教育岁月每一天都充满着孩子带给我的无限惊喜。

我初上讲坛遇到的第一个学生，2003届毕业生佘佩刁，曾为2012年央视春晚《剪花花》、2013年春晚《雀之舞》、2014年春晚《丝路霓裳》制作舞美灯光，如今她的数虎数码影像公司已经上市。她在我的微信上留言："亲爱的婧姐，如果没有你，我就不会学美术，就不会考美术类大学，就不会认识高凯（她的先生），不会有这么成功的数虎数码公司，更不会有现在这么幸福的生活。"在她心中，我给予她的不仅是专业技能、事业方向，更是生活的幸福。

我曾经资助过的2009届毕业生谢桂梅曾在我学校实习一个月，她对我的女儿说："我是潮州女孩，中考结束父母让我放弃已经考取的深圳美术学校重点班，改学幼师，王老师得知后只和我的父母说了一句：'孩子的学费我来出。'是王婧老师的资助让我有机会在天津美术学院上大学。"在她心中，我给予她的不仅是一所高中的就读机会，更是人生起航的梦想。

让我最引以为傲的是2011届毕业生李嘉鑫，他如今已经是清华大学美术学院雕塑系研究生了。2012年在我北京出差之际，他邀我游走清华园，说："当年中考在即，您把我们从画室赶走，告诉我们要学好文化课，否则将来专业再好，也无法圆梦。记得中考结束，我们三兄弟专业课仅排全市十六名，你有点失落，但当文化课成绩以高分通过深圳美术学校的录取时，你欢欣雀跃，你含着泪对我们说：'文化课这么好一定要考上清华，好让我在清华园里逛逛。'走，今天我带您逛清华!"在他们心中，我给予他们的不仅仅是应试的方法技巧，更是人生全面成长的扎实基石和一颗感恩之心。

我的勤奋执着，让学生们明白了拼搏与坚守；我的用心和真情，让学生们明白了爱与感恩。

二、我的教育主张：情境美育伴成长

在我的艺术教育观念中，生活即美育，艺术教育应该生活化。特别是九年义务教育阶段，孩子们的美术核心素养不仅仅是造型、创造能力的提高，还有对图像的识读能力、对审美的判断能力、对文化的理解能力的全面提升，所以每当面对一个新课题，我都会给自己提出以下的问题：

给你一座房子，你能否发现它的建筑奥秘？孩子的眼睛看树木，是从怎样的角度去看的？切开的水果带到教室，孩子们的写生会有怎样的惊喜？水墨泼洒点染，你可以玩出新花样吗？参加某个聚会，你会如何为自己设计着装？一张手抄报，如何编辑排版才有新意？

我带着这些问题创设生活情境，教会孩子去观察与探索表达世界的方法，教会孩子们把美术应用于学习、生活、旅行的能力；线上线下陪伴学生常年行走于美术馆，创设审美判断的最佳养成地。

1. 让课堂活起来的情境体验式教学

如何让学生爱上美术课堂？成长及教育经历让我知道学生最喜欢有成就感、有参与度的美术课堂，他们看到令人欣喜的作品，心底的需求就会被激发。

作为97%的学生都为进城务工人员子弟的学校，学生在寒暑假去世界各地游玩的机会极少，大多数情况是父母忙碌，孩子们被送回家乡。初一下学期《世界文化遗产》一课，我的学生不可能去分享自己曾走过的世界文化遗产地。所以，我以自己的童年向往唤起学生的向往，让学生在学习本课的同时，为20年后的自己写一张明信片，画上自己最向往的世界文化遗产地，写上一段励志的话语，放飞梦想，并为梦想而努力学习。

小学二年级上册《树爷爷》，孩子们通常会以幼儿园时的绘画经历，习惯性地在纸上画上"鸡腿树干"，画上模式化的鼻子、眼睛、树叶及"土豆云"。为了开拓学生的思维，让他们的画面更具表现力，我打破教室局限，带领学生走出教室，在操场、在学校植物园观察树木，坐在树下去寻找树爷爷的肌理与纹路，改变画整棵树的想象画模式，以孩子的视角进行树干局部的写生表达。

二年级下学期《切开的果实》，为了让学生最直观地理解水果切面的结构与肌理，我给学生家长发通知：请为孩子购买形状特别的水果，切半或切片，并用保鲜袋装好带到美术课上，还要记得给宝贝准备纸巾和湿纸。对个别家庭困难的儿童，我特地为他们准备好水果、用品。上课时我让学生把自己带来的水果摆一摆：理解前后与大小；让学生看一看、说一说：观察形状与花纹；让学生画一画：锻炼其美术表现的能力。面对真实的水果，孩子们写生的欲望被激发，边吞咽口水边开心地画画。所以下课我对学生说："孩子们，我们把水果吃掉吧！要吃得很夸张哦，老师给你们拍照。"孩子们全部活跃起来，我用相机记录着他们夸张的表情，再看着他们擦干净双手和小嘴巴，我心满意足地带着照片离开教室。下一周的美术课，课题是《吃瓜果的人》，我把孩子们夸张的表情拿出来分析，把孩子们吃瓜果的照片打印出来，让他们自己画自己，孩子怎会不参与？怎会没有兴趣呢？

我给孩子惊喜的情境创设，孩子们还我精彩的瞬间表达。

2. 让馆校共建常态化的教学资源整合

我校与意象美术馆、关山月美术馆、莞城美术馆、深圳美术馆建立了馆校共建课程：在意象美术馆开设常规美术馆课程，以优秀的展览开拓孩子的视野，以常规的导览表记录观展过程与收获；与关山月美术馆推广教育部沟通，将《关山月是谁》这一重要展览带进校园以及工作室团队的其他学校；让校园艺术导览员和学生美术创意作品走进莞城美术馆，利用莞城美术馆优势的公共艺术教育资源给孩子专业全面的艺术导览公益课程及专业的展览环境。以此横向、纵向地将学生的艺术视野全方位地拓展开来，进而引导学生走出校园，走进美术馆。

艺术行走是提高学生艺术素养的重要途径，但如果没有有效的导览与引导，学生的行走可能会落入程式化。为使学生更加清晰地了解参观美术馆的知识，并将参观的过程更加有效地加以记录，我带领工作室教师团队展开研究，参考东莞中学初中部张峭然老师的美术馆行走记录表，带领团队教师继续拓展适用于不同展览的手绘导览表，给学生以可视化的记录工具。

2017 年罗湖区综改全面开启，结合大艺术行动，学校连续 2 年在寒假推出特色艺术实践作业：行走美术馆的童年。团队以公众号推送的形式给学生和家长以重要展览的推荐指引，孩子们在家长的陪伴下行走美术馆观看展览。2018 年、2019 年春节，深圳市各大展馆均可见我校学生行走的身影。据不完全统计，一年参观美术馆超过 20 次的孩子有 30 人以上，全校学生每人至少有 2 次美术馆的参观记录。MO 美术素养测评 App 的使用，实现了定时、定位的图像传送，为孩子们的参观记录以及评价提供了有效的工具。

大望学校詹云南校长说："王婧老师是非工具科老师，却担任一轮年级长，凝聚级组人心，奋力拼搏，2018 年中考创造出大望学校建校以来最好成绩！她设计的美术馆专项导览表，鼓励所有的家长在假期里陪伴孩子走进深圳各类美术馆，感受艺术的熏陶，收获创作的喜悦。一个假期，让大望学校的孩子审美素养大幅提升。"

当绘画表达成为学习与生活的一种习惯，没有孩子会不热爱绘画。

▶ 我的育人故事 ▶

播撒爱的教育　享受乐为人师的幸福

著名作家罗曼·罗兰说："要散布阳光到别人心里，首先自己心里要有阳光。"不需要任何的理由，我就是喜欢学生，尤其善于发掘那些被其他老师所忽略的学生。我希望自己就像阳光，能始终散布到孩子心灵的每一个角落。而今，我发现，其实是孩子们在播撒阳光，让我享受教育的快乐。

罗湖区美术教研员、正高级教师陈勇的著作《眼前有堵透明的墙——美术教师成长的选择》中写道：投身罗湖教育 18 年，王婧老师从不放松对自己的要求，用十年如一日以甘当"一级教师"的点滴积累，怀揣阳光心态，致力于专业成长，她的成功源自她科学制定目标、善于借鉴、勤于思考与创新，以乐观积极充满朝气的性格，如一米阳光洒进学生和工作室青年教师的心田。陪伴，成为她为人师、为人母的关键词。

一、学会"偏心"才能育好人

我们常说，教育是公平的，我们要平等地对待所有的孩子。可是扪心自问，我做不到，我会经常忽略要对那些艺术资质优秀的孩子以赞美，会不自觉地多看几眼那些画得不好的孩子，会多次在他们的身边驻足停留，会拿起画笔给他们更多的方法与鼓励，我太"偏心"。

我2年半前开始教一年级，认识了小璋，他是随班就读的特殊孩子，内向的性格让他无比安静，不懂事儿的一年级小娃儿们经常会脱口而出："老师，他什么也不懂。"然后一阵哄堂大笑。每次，我都会把手轻轻放在嘴边对班上的孩子说："嘘，宝宝快画画，老师想看到你创作的世界名画。"我知道出此言辞的孩子并不知道这句话对别人的伤害有多大，他们是无知者无罪，我不能指责他们，却必须制止他们，并引导他们将注意力放在他们应该画的作业上。然后，我会转身蹲在小璋的身边，轻声地提示他可以采用的绘画方法，有时会给他画下最开始的一条线，然后让他继续。每周2节美术课上，我在他的课桌旁停留的时间最长，有时会握着他的手一起来排列线条。时间久了，课堂上嘲笑的声音不见了，甚至下课交作业时，经常有孩子说："我来帮小璋贴二维码。""我帮小璋把画笔收拾整齐了。"

三年级上学期有水墨主题的课程，执教时，我和实习老师经常在他身边停留并给予他语言上的提示，他执着地跟着老师的提示尝试着墨色的干湿浓淡，下课时，他的作品得到全班同学的高度认可。我更加坚定了越是能力"弱"的孩子，越需要教师的陪伴。于是这节课之后，我把各班绘画基础较强和听课认真的孩子分在同组，让他们根据已经听明白的要求和知识点进行绘画创作；将基础较弱和自制力较弱的孩子分在同组，上课期间更多地去关注这组孩子的表现，给予他们方法，把鼓励与表扬毫不吝啬地给予他们。孩子们收获了佳作，而我收获了信任、收获了一批惊艳的"世界名画"。

我豁然开朗：我们应该更关注有需要的孩子。只有我们"偏心"于有需要的孩子，才能实现教育的公平。

二、学会"聆听"才能伴成长

我们经常听到的一句玩笑话"一看你就是当老师的"，细细想来，无非就是当老师的职业病：爱说教。似乎当老师就一直在说。那学生们会听吗？怎么听？

几年前的一天，吃完早餐回办公室的路上，经过一年级的办公室时，我遇到了一个因没有完成作业而被罚补作业的小男孩，办公室的老师们都去上早读了，空荡荡的地方只有一个小小的他，无助地东张西望，无从落笔。我蹲下来问他："宝宝，你是不是没有写作业被老师罚了？"他点点头。我顺势看了一眼，一页纸只做了一半，我笑着读出题目："妈妈睡觉的时候是怎样的？请用一个词描述。"我问："这个很简单呀，你怎么不写呢？选择一个词写上去就好了呀，是不是昨晚看电视偷懒了？"小男孩突然眼泪都要流出来了，瘪着嘴对我说："不是不是，我妈妈在超市工作，每天下班很晚，我睡觉的时候妈妈还没有睡觉，在做家务，我不知道妈妈睡觉的时候是怎样的。"说完，眼泪就像断了线的珠子落了下来。我再也笑不出来了，拿出纸巾赶紧给他擦眼泪，抱着他让他安静的时候，我落泪了，多么诚实而善良的孩子，世俗的成年人可以有成千上万的成语去描述妈妈睡着的样子，而单纯的孩子是真的没有见过妈妈睡觉的样子，他不想撒谎……

小男孩安静下来之后，我为他读了一遍选项中的几个词"安详、疲惫、幸福"，并解读了这几个词的意思，他说："妈妈肯定是疲惫的，但是我希望妈妈是幸福的。所以我写幸福。"他的善良和工整的字迹让清晨变得可爱。我在他耳边说："快去找老师，告诉老师做完了，回班上课。"他笑着扭着小屁股跑远了。

虽然，这个故事与美术无关，却和教育息息相关。美术是技能，教育才是本质，二者相结合才是美术教育人的职责所在。我告诉自己，关注孩子"犯错"的原因比关注孩子所犯的"错误"本身更重要，我们要学会等一等，蹲下身，"聆听"孩子的心里话。正如李巍校长所说："敬畏儿童。"

三、学会"尊重"才能被尊重

3年前的初中同学聚会上，一位女同学的发言让很多人惊讶，她说："当年中考，咱班主任到我家，对我妈说我考不上高中，干脆去职业学校算了，我蹲在锅台边儿上，边烧火边流泪。后来音乐老师看我嗓子还行就教我拉手风琴，我在职校学音乐，考了师院的音乐教育本科。毕业后，因为有学校缺小学语文老师，我就教了语文，当了班主任。从我当老师的那天起，我就告诉自己，我永远不要做她那样的老师，我要尊重我的学生，尊重成长过程中的滞后，用陪伴见证每一个有血有肉的生命个体。"她现在已经是当地的小学语文名师了。

2018年中考，也是我担任级长的3年周期结束之际，不少职校在初三伊始就开始了各种招生轰炸，引得不少孩子心慌慌，我对3位年轻的班主任讲了这个故事。年轻人更加明白，教育的目的不是分数，而是成长，是让学生勇敢地面对中考的挑战，付出拼搏与汗水；更是在孩子成长过程中对每一个分数段孩子人格的尊重。"或许，你没有被高中录取，但你必须为你的人生全力拼搏"成了我们年级学生们的座右铭。文科老师披星戴月驱车20公里来上早读课，理科老师每天陪伴学生到天漆黑，班主任陪着学生每天傍晚练跑步……2018年中考平均分高出2017年近14分，这就是教师与学生互相尊重的最好回报。

尊重孩子，更要尊重同事，年仅21岁就大学毕业的梁霞老师说："一毕业就遇到婧姐，可以算是我短短3年的教学时光中最幸运的事了。教学上，婧姐给予我方法，拉着惊慌失措的我慢慢走向从容、学会尊重；教研上，是婧姐给予我资源，推着偶尔想偷懒的我不断向前；工作中，婧姐给予我关怀，牵着偶然失落的我重获信心。能量无限的她，就像一个装着永动电池的灯泡，无时无刻不在闪烁着她对教育教学的热情。靠近她，你也会不自觉地反省自己，然后更加努力专注地提高自己。"

四、学会"陪伴"才能一生相伴

2019年1月，省工作室安排人员到陆丰支教，4位志愿者、1位老师，她们在没有任何薪水的情况下，与我一起带领12位深圳的孩子、11位陆丰的孩子完成了5天的艺术教育活动。每晚10点完成一天的教学任务，等孩子们睡着之后，她们才开始当天文章的撰写、图片的整理以及公众号的文章编辑，直到凌晨推送完成才能入睡。是什么精神让她们如此不知疲倦、不计得失？因为，她们都是我曾经的学生，今天的姐妹。

毕业于北京服装学院的卓君老师说："我上大一开始，就跟着王老师在寒暑假带着孩子们做各种艺术活动，让我惊讶的是，她的艺术活动虽都是公益的，但她投入的热情却是极其高涨的，且思想与形式都很符合孩子的需求和体验。我告诉自己，我也要像她一样不计得失，一起播撒美术教育的一米阳光。记得我大一寒假，我们做完了'走进美术馆　亲近大自然'的主题活动后，婧姐让我做一本画册。由于这是大一下学期的课程，我还没有开始学，婧姐便鼓励我尝试大胆去做。我使用图像处理软件PS，咬着牙做完了整本书的装帧设计。婧姐送我一本并让我送给我的大学老师，结果，我的大学老师看到后就直接把我列入了他的培养名单，成了他的得力门生。这就是名师的引领与陪伴，看似无痕，却润物于无声之中。"

在我心中，学生们初中毕业了，并不是结束，我会在每一次高中学期考试结束后第一时间掌握他们的成绩与画作的进步情况，我会记住他们考入的每一所大学，我会希望给他们更多的建议，考研或就业、做老师或者做设计，让他们找到人生事业发展的方向。建儿老师考教师编制时，我"逼"她把小学全十二册书全部备完并说课，我抱着她6个月的女儿听她说课4个多小时，最终她一路过关斩将，成为罗湖美术教育的新锐；在丽敏老师参加基本功大赛时，我为她找导师，一个暑假陪练、做司机，她最终在全市名列前三；嘉鑫清华考研的全过程，我是她的心灵导师，不时灌点心灵鸡汤，坚定北漂人的信念。

因为我喜欢陪伴她们，所以她们一直陪着我，让我乐为人师不知疲倦。

带孩子们来一场视觉盛宴——"服装设计我能行"

岭南版《美术》八年级上册第九课的《服装设计》由了解服装的发展历程和

掌握设计服装的要素两部分组成，旨在帮助学生进一步了解中华民族服装文化的博大精深和服装设计的种类、风格和因素，了解服装设计与社会发展和时代进步之间的关系，并尝试使学生体验多种材料的服装设计方法。

八年级学生思维的独立性和批判性初步形成，注重造型表现的意趣。青春叛逆期的他们对于日复一日地穿着校服有发自心底的抵触，于是会将校服进行各种超级大变法，如改短、改窄、作画涂鸦等。基于这些特点，美术教师需注重联系学生的生活实际（深圳校服改编的小动画），结合他们对服装与身份、年龄的理解和认识，尊重他们的理解方式，引导其选择适合他们身份的风格，形成正向的审美观。

所以本课的教学目标为，从知识与技能的角度让学生了解服装设计的基本理念，学习马克笔手绘服装设计技法以及运用综合材料制作半立体服装设计技巧。通过组织微课和图片欣赏、情境分析、交流探索、尝试表达等学习过程，在小组合作中掌握衣着比对、身份判断、材料运用、创意表达等方法。从情感态度与价值观的角度帮助学生确立"民族的就是世界的"价值观，形成高尚的审美品位和情感态度。

为了解决服装设计小技巧的讲授与自主探究、小组合作的风格统一性的探究这一重点，以及以恰当的手法与材料，小组合作完成符合情境与身份的服装设计作品，以达到学生能够独立解决问题的目标这一难点，我将采用学习任务单的引导解读及明确的任务驱动，解决生活中的服装问题。以备好打印的模特动态图降低学生对人物造型以及构图的要求，将体验重点放在服装的设计搭配上。配以多种材料的准备，给学生以多种创作手段的引导与创新思维。

一、教学现场

（一）课程导入

教师提问：同学们，今天……你们穿衣服了吗？

学生哄堂大笑，齐声回答：穿了。

教师很认真地说：但是，在几万年前，人们都是不穿衣服的……

接着，教师一边播放自制定格动画微课视频《服装历史那点事儿》，一边旁白服装发展史（2分24秒）：

几万年前，人们都是不穿衣服的。当然他们会用树叶遮住身体的重要部位（图1）；到了石器时期，人们利用石器狩猎，将兽皮做成衣服（图2）；刚刚进入奴隶社会时，生产力还不发达，人们只能穿着朴素的麻布（图3）；到了商周时期，随着生产力的发展，丝织物和印染技术逐步发展起来，奴隶主贵族开始穿着染色的丝质服装，服装的款式也变得丰富多样；秦汉时期，因为社会生产力的发展，人们的生活水平迅速提高，织造和印染技术也十分发达，服饰颜色也更加丰富（图4）；唐宋时期，社会经济高度繁荣，民风开放，妇女穿着更加开放（图5）；由蒙古人建立的元朝,服饰融合了游牧民族的特点,穿短袍,腰部收紧,方便骑马(图6);明朝恢复汉族统治,重新流行汉人服饰(图7);到了满族人建立的清朝,男子剃发,女子戴头花,将宽袖口改成满族的马蹄袖(图8);民国时期,旗袍、中山装成为风靡一时的流行服饰,直至今日仍是很多人的挚爱(图9);中华人民共和国成立后,尤其是20世纪六七十年代,由于物质相对贫乏,以及政治气候的影响,蓝灰色的工人装和绿军装是一个人政治思想的完美体现(图10);改革开放后,多元文化渗入当今的社会生活,服装的形式开始多样化,直到今天(图11)。

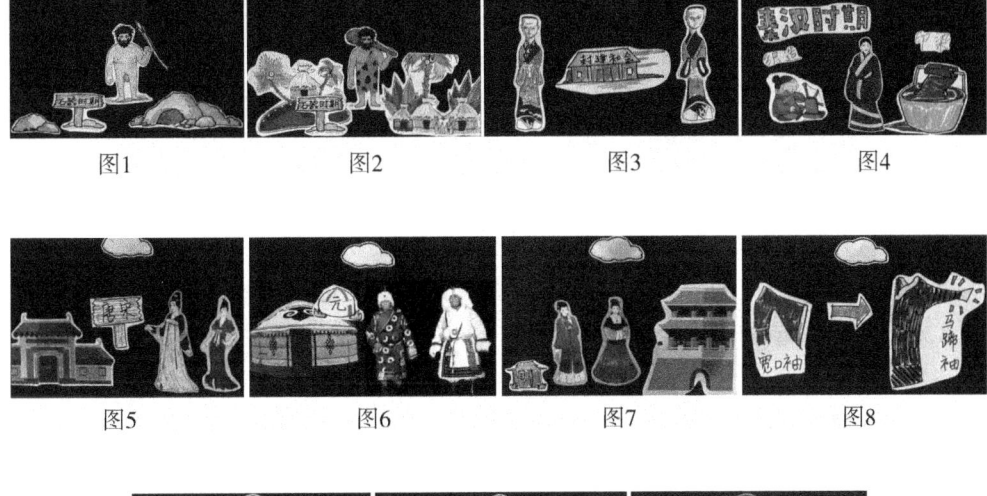

图1　　　　　　　图2　　　　　　　图3　　　　　　　图4

图5　　　　　　　图6　　　　　　　图7　　　　　　　图8

图9　　　　　　　图10　　　　　　　图11

(二) 课堂新授

1. 服装的发展与社会发展之间的关系

教师总结并提问:直到今天,我们所穿着的服饰更加多元化。同学们,通过刚刚的视频,你们发现服装的发展与哪些因素有关了吗?

学生A:统治者的态度。

学生B:朝代的发展。

学生C:社会的发展。

教师总结：服装的发展是随着社会的政治、经济、文化的不断变化而改变的，服装设计是社会发展和时代进步的标志之一，能够体现当时人民生活水平和意识形态。（图12）

图12

2. 如何审美，何为美？

教师：同学们，老师今天穿衣服了吗？

学生哄堂大笑。教师接着说：大家都笑了，老师当然穿衣服了。那么老师今天的这身衣服在这个环境中上课，合适吗？请给我理由。

学生：合适，简洁、大方、职业。

教师：昨天老师去班里和大家说请穿自己的衣服来上课，但是今天大家都穿了校服来上课，可以告诉我原因吗？

学生：今天是公开课，有那么多的听课老师，穿自己的衣服不整齐，体现不出团队性和对听课老师的尊重。

教师：谢谢同学们对我今天着装的认可和对你们今天着装的定位，那么老师如果穿成这样来上课合适吗？

【场景：教室　服装一：晚礼服】（图13）

学生回答：不合适。

教师追问：为什么不合适？

图13

学生回答：晚礼服一般是穿去参加颁奖晚会或者晚宴的，这样太浮夸。

教师：那么如果老师穿这样的服装来上课合适吗？为什么？

【场景：教室　服装二：运动背心、人字拖】（图14）

学生回答：不合适，因为太随意，好像要去健身或者运动场，这样穿到学校来，会显得不尊重他人。

教师总结：我们的服装搭配和场合、身份是密切相关的。人靠衣装马靠鞍，什么职业、什么身份在什么样的场合需要穿怎样的衣服才合适，在生活中非常重要，这就需要我们具备一定的审美眼光。

图14

3. 如何设计，创造美？

教师：了解了服装的历史以及着装需求，现在我们来设计服装，你们觉得服装设计难吗？

学生反应并不积极，互相对视，小声说：难。

教师：通过大家为难的表情和并不积极的态度，我已经知道了你们的畏难情绪。是因为你们不会画人对吗？

学生对笑点头。

教师：为了解决造型的问题，老师准备了打印好的"裸"模，我们来帮他们穿上衣服（图15、图16），你们知道怎么穿吗？

学生：画上去，但是怎么画呢？

教师：今天老师来教你们两种方法，一种是马克笔手绘，一种是多种材料的综合运用。

（1）马克笔手绘法。

老师将纸模特放置在黑板上，以马克笔绘制添加衣服。（图17）

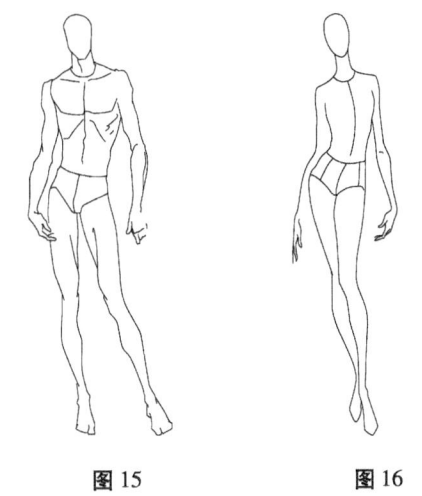

图15　　　　图16

教师：男孩子一般都喜欢T恤衫，喜欢运动，所以我给他设计一套运动装。注意领口的设计、衣袖以及衣服的长短，（边画边讲解）并用马克笔为其添加上条纹。请大家注意观察，老师的马克笔用的是哪一头？

学生：宽的。

教师：用笔的方向呢？

学生：侧锋。

教师：然后我们给他添加上适合这件T恤衫的短裤，形成运动装。涂色的时候请注意看，老师是怎么涂色的？

学生：侧锋、斜向，很肯定地涂过去，并不需要所有地方都很均匀。

课堂第一个练习环节：教师请学生用马克笔在老师提供的模特造型的纸上进行男装或女装上衣的手绘尝试，并要求与老师示范的手绘服装款式有所区别。（5分钟）

图17

（2）综合材料的运用。

教师：老师手里有一张纸巾，请全神贯注地看着我的手，我进行了怎样的动作，这个动作会创作出什么惊喜。（教师示范纸巾折叠上衣的创意）（图18）

第二个课堂练习环节：教师给学生一人一张纸巾，鼓励他们在3分钟内尝试折出2种以上不同的创意。

教师与学生在巡回指导与互动中，点评部分创意手法。（图19、图20）

练习结束后，教师问学生：经过这两个环节的尝试，你们觉得服装设计难吗？

学生的脸上已经出现了自信的笑容，答：不难。

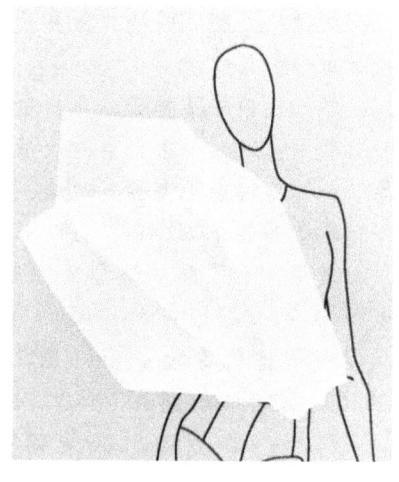

图18

教师：那么现在，老师给大家看一段视频，看看以往的几届学生，他们如何利用多种材料进行服装设计的。（视频展示1分46秒）

（3）关于风格的探讨。

视频欣赏结束后，教师引入新的学习内容：技法大家掌握了，但现在问题来了，老师今天给你们的任务，是一组八人完成一个风格的制作。什么是风格？设计同系列服装时需要考虑什么因素？请看老师展示的这组图片，探讨后回答。（图21）

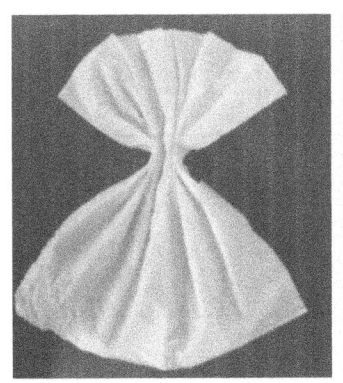 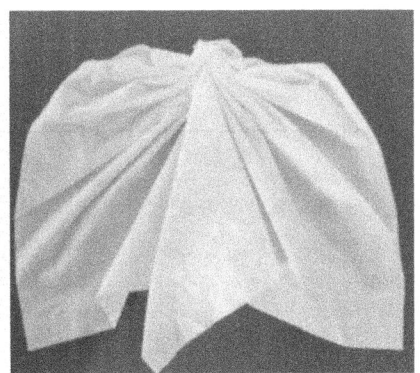

图 19　　　　　　　　　　图 20

图 21

学生 A：这些衣服都是以黑色为主要颜色的，适当点缀红色和蓝色。

学生 B：她们都是时尚的现代风格。

学生 C：适合一个人出席不同的场合的穿着需求。

教师：大家都总结出了主要的设计风格要素，接下来我们开始针对生活中的实际需求开始今天的设计。

（三）课堂作业（5分钟）

小组任务单：

小组	情境	任务与材料
一组	属于自己的假期里，恰好赶上同学生日party，要求男生冷色系，女生暖色系，你会为自己如何设计服装参加聚会呢？	手绘参加聚会的休闲装
二组	你接到了日本著名设计师草间弥生的邀请，参加她的波点晚会，你会如何设计你的专属时装？	手绘以波点为元素设计时装，希望你顺利拿到晚会入场券
三组	你可曾幻想过穿上最漂亮的晚礼服，出现在你未来18岁成人礼的晚宴上？动手试试看	用纸巾和彩色纸，你可以如何创造晚礼服？
四组		一张报纸可以如何利用，创作出具有个性的礼服系列？
五组	假期即将来临，妈妈告诉你将带你前往东南亚度假，你期待穿上草裙快乐舞蹈的情景……	运用线材，表现东南亚风情
六组	你接到了日本著名设计师草间弥生的邀请，参加她的波点晚会，你会如何设计你的专属礼服？	运用点材，表现草间弥生的波点风情

（四）课堂评价（5分钟）

作业展示：将创作完的服装沿图形剪下，粘贴在教师准备好的三面锥体上（图22）。以组为单位在八开纸上进行摆放，全班6组形成T台布局。

教师：同学们的作品已经呈现在教室里了，现在我们先针对任务单的要求，看一下各组的设计风格是否统一。

学生：我认为各组做得还是不错的，特别是第二组和第五组。第二组是参加日本设计师草间弥生——波点奶奶的晚会，那么肯定要穿由点组成的衣服；还有第五组也用了线的元素去设计东南亚的草裙装。

教师：那么根据各组的不同作品，你们有什么改

图22

进的建议吗?

学生:东南亚的草裙风格的作品,在进行草裙设计的时候还不够细致,几个人的草裙造型没有变化。而且一般穿草裙的话,男生上身是不穿衣服的,女生也只是穿比基尼,坐左边的那个模特上身用了白色纸巾遮挡,显然没有符合东南亚风情。(图23—图31)

(五) 课堂小结

教师:同学们,你们喜欢你们的校服吗?

学生:不喜欢(喜欢)。

教师:老师知道青春期的你们对于校服有各种奇思妙想的创意,在深圳就有很多孩子对校服进行了改造,在深圳出生长大如今从事美术教育的潘建儿老师把深圳校服的创意改造趣事做了一个小动画,记录了属于他们的青春年华,让我们一起在蓝白相间的视频中结束今天的课程。

图23　　图24　　图25　　图26　　图27

图28　　图29　　图30　　图31

二、教学反思

一是因承接"名思教研全国中小学美术智慧课堂教学观摩交流研讨会"活动而确认了《服装设计》一课的教学,经过了2轮调整后,我将教学设计理顺,但罗湖区美术教研员、正高级美术教师陈勇老师却给了我如下的建议:

(1) "教什么"是不明确的,内容的范围广,面面俱到,但缺乏重点。没有在原有基础上有效提升学生美术素养。本课如果定位在"设计应用"领域，那么它要解决的核心问题就应该是"设计"，设计的内涵、技巧，设计的形式美感的表现是我们要重点突破的，如果搞不透彻，学生完全有可能停留在原有水平。

（2）整个教学的设计缺乏"设计"的内涵，课堂的结构没有因"设计"带给人"巧"的感觉，平铺直叙、按部就班，难以体现一个"名师"的与众不同。教学的手段和方法不能因"激趣"和"诱导"使学生不由自主地沉浸学习之中，并通过观察发现问题，通过探索研究解决问题。

（3）教学设计一方面要反映文化的认同，提升审美的价值观，体现出师者引导、帮助学生探索和掌握设计思维和技巧的态度、过程、方法的智慧，还要给与会老师提供一种课堂改革新思路、新策略和新方法。

于是我将思路重新梳理为：

（1）在公众号中将原有素材加以整合推送作为课前习手段，将深圳校服的故事重新编写、重新绘制，以体现本课情境化教学所需要的正能量。

（2）以课堂上教师的手绘与动手操作为引领，让学生探究更多的表现手段。

（3）将情景故事的任务式教学与生活需求紧密联系，带领学生探寻服装设计与生活的关系。

二是在中山执教，此课不仅得到了专家的高度点评，更让全场千余名教师兴奋不已。个人认为优势如下：

（1）团队教师的精美公众号编辑课前习资料，不仅视觉上精美，内涵更丰富，更成为教师教学以及学生课前习的资源库。

（2）工作室青年教师潘建儿用2周时间手绘、拍摄并后期编辑的小视频，以满满的正能量反映了深圳青少年对校服的各种幻想。

（3）任务单为学生的作业提供了有效思路，每一个idea都是他们生活中经常面临的困惑，以此课为切入点，有效解决了学生的生活难题。

本课的不足：

此设计是一节45分钟的公开课，但美术课程改革是为全面推进学生的美术核心素养，所以本课最理想的架构应是一个单元式的教学，让学生带着问题去研究中外服装发展史，去找当今服装设计的核心概念和生活需求，去尝试以多种材料和手段，去寻找设计的角度和方式，并制作成完整的系列服装。授人以渔，为学生提供探索的方式、解决问题的思维，才是本课最重要的核心价值。

结束语

19年深圳美术教育工作的春华秋实，是勤奋执着、用心教学成就了我的坚韧，是名师与专家的引领成就了我的品质，是课改理念成就了我的风格与智慧，是同伴和学生们的相伴成就了我的教育幸福。一路梦想、一路坎坷与勤奋，一路耕耘与欢歌，我用坚定的步伐在美术育人这条道路上迈开了人生的第一步。美术教育需要一腔执着的情怀、一份坚守的情操、一种真心的爱。

教育之路正长，逐梦永远在路上。

潜心教学育桃李，春风得意又一峰

● 曾红屏（初中英语）

▶ 导读语 ▶

1971年10月生于韶关南雄这个粤北山区红色革命根据地的我深深地爱着家乡这片土地。从1994年至今，我在粤北山区从事初中英语教学工作二十余载，始终把教育当作自己的天职，持守教育的真善美，快乐地俯首耕耘在教育第一线。从事班主任工作8年、级组长工作3届、科组长工作10年、学生处副主任工作5年，现担任韶关市广东北江实验学校学生处主任。曾荣获"广东省第十批特级教师""韶关市劳动模范""韶关市优秀教师""韶关市首批学科带头人""韶关市基础教育名教师"等荣誉称号。教学中，我发挥"工匠精神"钻研专业理论，主张教师必须激发学生的学习动机并让学生在运用实践中自学；教师必须意识到资源整合的重要性，并让教育回归生活。教学风格上，我通过整合教学资源，让英语学习变成坦途。精心设计课堂活动，培养学生的文化品格及思维品质；整合教学资源，追求课堂有效性；主张充满人性的教育，提高学生的学习能力。探索有效的教学方法，创新提高，给教学带来新理念，给学科带来新活力。耐心地对待青年教师并关心他们的成长，每年指导青年教师参加国家、省、市级教育教学比赛并获奖；与学校青年教师师徒结对，人数达14人次。有高度的事业心和责任感，愿为粤北山区教育事业无私奉献。

▶▶ 名师成长档案 ▶

乐于吃苦　重于求实

我步入教坛至今的经历可分为3段：苦干阶段、实干阶段和创新阶段。

一、苦干阶段

我出生在粤北山区红色革命根据地——韶关南雄。1935年3月，项英、陈毅率部突围来到粤赣边境的北山、梅岭、油山地区，领导红军游击队坚持打了3年艰苦卓绝的南方游击战争。陈毅在南雄的梅岭一带开展游击战期间，写下了气壮山河的《梅岭三章》："断头今日意如何？创业艰难百战多……"红军长征在韶关撒下的革命种子，留下的长征精神，是韶关这片红色热土永恒的精神财富。我作为子孙后代，当然继承发扬此长征精神：乐于吃苦，不惧艰难的革命乐观主义；重于求实，独立自主的创新胆略；善于团结，顾全大局的集体主义。我坚信：人生就像马拉松，获胜的关键不在于瞬间的爆发，而在于途中的坚持。

我大学毕业就被分配到郊区的一所普通中学工作，由于离家里较远，因此从一早到学校一直到晚上天黑了才回家。与别的新教师不同的是，我没有被分配到起始年级工作，而是去接手他人的班。班上有"四大金刚"，这"四大金刚"无心向学，重点是他们总是找机会抽烟，甚至在上着课的时候偷偷地溜到厕所里面抽烟。我为了杜绝他们的这种不良行为，甚至冲进男厕所，当时我还不到20岁。这"四大金刚"对我"彪悍"的行为颇为佩服，不敢在男厕所抽烟了，甚至当他们与社会上的人有矛盾时，会请求我帮他们去谈判。之后他们对我"言听计从"。

作为刚刚入行的教师，为了获得个人专业知识的提升，让自己与课程同成长，我坚持做到：勤听课、勤质疑，虚心向师傅学习，也不耻下问，获得自我发展。一开始我的师傅并不愿意让我去听课，后来被我的坚持不懈打动了，教了我很多专业方面、上课方面的技巧与方法。

功夫不负苦心人，由于我带的班中考成绩突出，4年后我调到了重点中学工作。在重点中学工作的多年里，在承担繁重教学任务的情况下，我还兼任年级组长及学科组长。在学校的每处角落及每个时间段里，总是能看到我匆匆忙忙的身影：有时与学生谈心，有时与老师交流教学，有时与班主任及家长处理学生事件，有时检查午休纪律，有时在巡查学生宿舍。我总是那么活力四射，总是那么精力十足，无论去到校园的哪个角落，那里就有欢声笑语。同事们形容我是"铁人"，是"开心果"。印象最深的一天是某个周二，我按惯例上了2个班的连堂课，然后还有1个班的教学代课任务，所以上午是满满的5节课，中午作为年级组长检查午休情况，忙完后已是下午2点，身体吃不消，出现状况——拉血尿。我忍到下午下班才去医院，医生要我马上住院进行止血治疗。一周的住院时间里，为了不影响课程，我每天上完课才去医院打针。学校的每个人都佩服我，在大家的极力推荐下，我获得了我校唯一的"劳模"荣誉。我的人生似乎皆是坦途，荣誉满满，当然，坦途的人生也是努力奋斗出来的。

二、实干阶段

孔子曰："学而不思则罔，思而不学则殆。"在重点中学工作最让我受益的是有很多机会参加各种培训及观摩，让我比较易于接受外来新事物，能够吸收、模仿和学习，且视野较为宽广，思路较为开阔。我坚持每天学习，把握每一个教师培训的机会，不断给自己"充电"，吸收先进教学理念；向本校业务娴熟、能力强的老师学习，我希望自己也能像他们一样，能给学生想要的知识，做一名出色的、有价值的老师。我还利用假期参加各类培训班：①2009年7月在香港教育学院参加广东英语教师在职培训课程。在香港的培训使我对课堂的教学设计有了很大的提升。我大胆地把drama（戏剧）、poem（诗歌）融入课堂，还通过IT老师教的photo story自己制作出视频，这些对当时的老师来说，都是耳目一新的。②2010年5月至2011年3月在广东第二师范学院进行广东省中小学骨干教师省级培训。在跟岗导师的指导下，我全面了解并掌握了初中各种课型的特征及要求，同时对课题研究有了更深刻的认识。

成为名师及学校学科导师后，我仍时刻牢记自己的职责——引领、指导青年教师，耐心地对待青年教师并关心他们的成长；在学科组定期组织集体备课，研究教材教法、教学理论、教学动态及学生特点、考试命题等；认真组织学习新课标，探讨教材。通过听课、评课、说课、研讨、上示范课等形式，指导青年教师开展教育、教学、教研工作，鼓励他们努力学习，大胆实践——上公开课，辅导竞赛及撰写论文。当然，自己也带头上示范课，积极开展教研实验及撰写论文。

三、创新阶段

得到了很多荣誉后，机缘巧合下我读到了《大学》里面汤之《盘铭》："苟日新，日日新，又日新。"让我明确了我下一阶段的工作重心是弃旧图新。关注现代教学动态，追踪本学科教研信息，博采众长、吸取精华，把它们融入自己的教学中。我参加了广东省2010年初中、小学英语骨干教师省级培训班——研讨教师文化素养与专业化发展，并承担子课题"网络环境下学生自主学习能力的培养"研究；在名校（珠海实验学校）跟随名师进行教研的1年间，执教了示范课并起到示范辐射作用；被评为2010年度广东省中小学骨干教师培训优秀学员。撰写的论文《网络环境下学生自主学习能力的培养——关于网络教材的使用》发表在《英语周报》初中教师版第5期第3版，且在2011年我校教研成果展示与交流会上宣读并向全校教师推广网络教材，同时也在2011年韶关市初中英语教师技能大赛中向全市初中英语教师进行介绍和推广。撰写的论文《网络环境下初中英语课堂教学活动的探讨》获韶关市中小学英语教研会第七届三次年会论文评选一等奖并当众宣读，同时发表于《韶关教育》2014年第1期。我主持的2010年韶关市教育科研立项课题"网络环境下学生自主学习能力的培养"获市二等奖。在2015年广东省中小学新一轮"百千万人才培养工程"培养对象项目学习凝练自己的教学风格时，我参与了2016年广东省"百千万"第二批初中名教师专项课题"初中英语话题复习教学行动研究"的立项。我注重研究在教学过程中运用资源整合的策略，这种方法培养了学生良好的学习方式，学生参加升中考试英语成绩均名列前茅，平均分超100分（总分120分），合格率几乎为100%。此外，我还到各地送教、上示范课及开讲座,推广广东省"百千万"第二批初中名教师专项课题"初中英语话题复习教学行动研究",同时希望能给备考中考的学生及老师带去帮助。

广东人富有开拓创新精神,喜欢标新立异。在改革开放新的历史时期,广东承担着率先实现社会主义现代化的使命。创新是一个民族进步的灵魂,是一个国家兴旺发达的不竭动力,也是中华民族最深沉的民族禀赋。在激烈的国际竞争中,唯创新者进,唯创新者强,唯创新者胜。

 我的学科教育观

一、我的教学风格解读——整合教学资源,让英语学习变成坦途

让孩子们的英语学习变成坦途是我的教学宗旨。在20多年的教学中,我注重创新,探索出一条深受学生喜欢的个性教学方法:以学生为主体,活跃课堂气氛;形象生动,坚持启发式教学以及小组合作学习;重视能力培养,引入激励教育,培养创新思维,提炼学生发展核心素养。

(一) 精心设计课堂活动,培养学生的文化品格及思维品质

我的英文名字叫Happy,我希望我的一生都是快乐与幸福,同时希望带动我身边的每一个人也快乐幸福。所以快乐课堂是我一直追逐并努力实现的梦想,让学生体会到英语学习的快乐,在平淡,有时甚至是无聊的环境中,发现学习的乐趣,享受生活。我坚持做到无论何时何地都以饱满的热情全身心投入教学中,与课堂融为一体。作为一名教师,首要的基本任务是激发学生学习的愿望。教师为激发学生的学习动机而创设情境的适用程度,是衡量教学有效性的最佳标准。所以我依据课程的总体目标,结合教学内容,设计贴近学生生活的学习任务,使学生感受到英语可以学以致用,从而发展他们用英语解决实际问题的能力,培养学生的学习主动性。让学生在参与教师精心设计的任务型学习活动中认识语言、运用语言,发现问题、找出规律、归纳知识、感受成功。此外,任务面向全体,人人参与,让学生均可以体验成功。这样,我的学生总是期待每天轻松愉快的英语课的到来。

(二) 整合教学资源,追求课堂有效性

授人以鱼不如授人以渔,作为老师,教知识不如教方法,教方法不如培养思维、启迪智慧,让学生自悟方法。我在教学中特别重视学习策略指导,培养学生自主探究和合作学习的能力。从让学生掌握知识转移到培养学生自主学习的能力及习惯上来,着眼于教会学生学习的方法,培养学生获取知识的能力,为学生终身学习奠定非常重要的基础。近几年来,我特别注重研究在教学过程中运用资源整合的策略,我认为要把英语课上成语言实践课,而不能只是单纯地传授语言知识。在教学中,教师不能也无须再做教材的奴隶、进度的奴隶和教学模式的奴隶,为了教学方便,可以超越教材、打乱教材秩序、重新整合教材。如基于课程标准和教材的话题

复习课的整合，科学整合了话题相关单元，教学过程整合语言知识，促使学生的语言知识得到系统化；整合语法知识，促使学生得到语法知识方面的训练；整合篇章语句功能，促使学生形成相应的知识框架；整合听说读写，促使学生技能得到发挥。

（三）充满人性的教育，提高学生的学习能力

教师要从教学走向教育，只有站在教育的高度看教学，在教学实践中不断拓展更广阔的视野、更深邃的价值内涵和更阔大的教育画面，学生才能在学科学习中尽领风骚，并内化成个体生命的性格特征，教育的真正意义才有可能实现。为了使学生们养成良好的学习习惯，我让学生每天都完成的一项作业就是整理当天的笔记并进行 10 分钟的英语朗读。为了培养学生的恒心和毅力，我坚持每周至少一次利用业余时间与学生面对面地检查这一项作业完成的情况。我的目的除了检查，还有借此机会与学生沟通，了解学生学习及生活思想等情况，讨论及建议有效的、科学的学习方法。

二、我的教学追求（主张）

（一）教师必须激发学生的学习动机

在学生对学习产生情感上的需要、认知上的困惑，对学习产生兴趣却能力不足时，教师就应激发这种动机，这是教学活动的基础。我认为英语教学不可过于强调死记硬背、机械操练，而应该重视科学地设计教学过程，努力创设知识内容、技能实践和学习策略所需要的丰富情景，以营造启动学生思维的教学环境（如呈现问题和解决问题的环境），帮助学生通过各种渠道获取知识，加速知识的内化过程，使他们能够在听、说、读、写等语言交际实践中灵活运用知识，变语言知识为英语交际的工具。正如《义务教育英语课程标准（2011 年版）》所要求的，使学生通过英语学习和实践活动，逐步掌握英语知识和技能，提高语言实际运用能力；使英语课程的学习，成为学生磨砺意志、陶冶情操、拓宽视野、丰富生活经历、开发思维能力、发展个性和提高人文素质的过程。

（二）教师必须让学生在运用实践中自学

教师要引导学生从课堂的学习走向真正的自主学习，即学习目标、时间、内容、方法、路径、顺序、方式、方法、工具、结果呈现、考评方式皆由学生自主决定，让学生借助思维导图等工具自学；让学生通过高效阅读、写作、表达等途径自学；让学生借助学科学习方法、学科思维方法等高效课堂学习来自学；让学生在运用实践中自学。

（三）教师必须意识到资源整合的重要性

"教育要面向现代化，面向世界，面向未来。"课堂教学实施资源整合，为教育的这个指导思想和战略方针打开了一扇崭新而巨大的窗户。因为在教育教学中，

无论是哪种整合都基于一个理念，即一切教学资源和教学活动都应围绕学生作为人的发展。教学资源的整合不仅围绕完成学科知识的传递任务而存在，还可以进一步丰富学习者的学习和生活经历，拓宽他们获取知识的途径。如我的 shopping 话题复习课整合了七年级第七单元词汇、对话，还整合了九年级第五单元句型、语法，更引入了电话购物、网上购物等近年来热门的购物方式来进行拓展。

（四）回归生活才能体现教育的真谛

我设计的活动不仅限于课堂教学，而要延伸到课堂之外的学习和生活之中。如在进行 shopping 话题复习中，把话题设置在母亲节到来之际，为我们的母亲购买礼物（这里是为了把语言知识即词汇知识点整合进来），再引进当今生活的流行购物方式——网上购物去买礼物（这里是为了把听说读写及语法技能整合进来）。首先让学生了解网上购物（这里是为了让学生形成一个知识框架），然后在微博上晒自己购买的礼物（这里是为了把学生的综合语言运用能力整合进来），这就是我们每天生活的真实写照。让情景自然的同时让学生从中体会现实生活，提高了学生语言实际运用能力，使英语学习成为学生磨砺意志、陶冶情操、拓宽视野、丰富生活经历、开发思维能力、发展个性和提高人文素质的过程。

教师要整合学习者所处地区的社会资源，教育只有回归生活才能体现教育的真谛。学校应该在日常生活中关注教育意义的建构，理解学生所需所想，这才是有意义的教育，才是充满人性的教育。

他人眼中的我

我是一个每天精力充沛，全身心投入的人。课下就像孩子们的姐姐一样，课上则是和孩子们一起学、一起玩的老师。我是一个极具英语教学智慧和教学魅力的女士。我认真准备每一节课，然后将自己完全投入课堂中，帮助孩子们学习。

一、领导眼中的我

曾红屏老师平易近人，在教学方面是一个"思想上有深度、知识上有广度、心理上有气度、能力上有强度"的优秀教师。她耐心地对待青年教师并关心他们的成长，教育他们要有不怕吃苦、不怕吃亏的精神，要关爱学生；她积极进取、善于倾听、工作讲艺术、敢于承担责任，是年轻教师的好老师、好榜样。

——英语科组长　朱立梅

二、同事眼中的我

Miss Zeng 在教学上形成了独特的风格，她的课堂轻松活泼的同时，又能严谨细致；紧跟时代步伐，妙趣横生的同时，又能与中考备考接轨，寓教于乐！由浅入深，循循善诱，因材施教，运筹帷幄。

——英语老师　刘洲云

很喜欢也很佩服 Miss Zeng！全身心投入工作中！与课堂融为一体！丰富的教学经验，"夸张"的肢体语言，精心的课堂设计，融洽的师生关系，活跃的课堂气氛……作为晚辈，作为同事，我非常感谢 Miss Zeng 对我们的点拨、鼓励、支持和帮助！Miss Zeng 是学生和同事们的良师益友！

——英语老师兼徒弟　邱良婕

Miss Zeng 像个魔术高手，常常会在平淡或一成不变中甩出个"包袱"来，把学生的大脑皮层一下子又都激活起来。利用简单的视频、音乐、游戏，让学生从平淡无聊的语言学习中发现乐趣。

——英语老师兼徒弟　孟琦

三、学生眼中的我

曾老师，你教我英语时，我的英语成绩达到了顶峰，以后再也没出现过如此好的成绩了。

——学生　曾强盛

曾老师是一位享有很高声望的善于教书和育人的优秀教师，她的课堂风格幽默风趣，以学生为主体，严格要求学生，充分调动学生的积极性，课堂气氛活跃，因材施教，我们感觉很有收获。

——八年级（20）班班长　邱诗涵

四、同行眼中的我

我的同行冯晓颖和谢燕玫在听完我的示范话题复习课后写给我的诗词：
歌曲欣赏引时态，学生快乐学语法，红屏教学理念新，教法丰富调气氛。
活动任务击目标，游戏贯穿教学里，师生互动笑颜展，竞争对手争发言。
学生观察找规律，疑问否定清晰明，教法指导真到位，三尺讲台显红颜。
词汇语法呈语篇，学生反馈真棒，教学效果尤为佳，点点相击指目标。

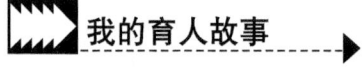 我的育人故事

关爱学生，潜心育人

本人最欣赏苏联著名教育家赞科夫的一句话：当教师的必不可少的甚至是几乎最重要的品质就是要热爱学生。自从参加工作以来，我所面对的一直是七年级至九年级的孩子，而这个阶段的孩子正处于他们人生特殊的时期——青春期。育人的重点工作放在重视个别教育，做好"培优转差"工作。姚同学在初一刚入学的英语摸底考试中考了全班最低分46分，班上的平均分是90分，而且在改卷时我发现他

的书写也很糟糕，所以他是我第一个交谈的学生。在谈话中，我发现他非常内向，说话声音小且不爱讲话。当时我除了告诉他事实，还表示我一定会帮助他把英语成绩赶上去的。第二天，我校的花工在校道上拦下我，说她是姚同学的妈妈，还说姚同学回家很高兴地告诉她，曾老师很关心他并会帮助他学英语。花工阿姨告诉我，她是去求了校长给个机会，才让她儿子能在我校读书，所以他儿子成绩可能会与同学有差距。从那以后，花工阿姨经常在校道上拦下我，告诉我她儿子每天回来都告诉她曾老师上课说过的话，并按我的话去做。我很惊讶能有人把我的话记得那么细。在姚同学初二时，花工阿姨有次来告诉我，她儿子像别的小孩一样有了台电脑，但也像别的小孩一样沉迷于电脑游戏，由于较内向，不敢太严厉对他，希望我能帮他。当时正好有个学英语的平台网站可免费运用，我就介绍给他，让他在网上练口语并记单词。他每天坚持下来，英语成绩明显提高，最后在中考中，英语成绩拿了106.5分，这是我在20多年教师生涯中的一个奇迹。最感人的是，他很腼腆，但居然在教师节买了礼物来探望我。

关注着身边的每一个学生，因他的与众不同而去欣赏他、关爱他、帮助他，使每一个孩子都充满自信，健康地成长，这是我最根本的教育理念。

默默耕耘，蓦然回首，已是春风盈袖、前路芬芳。作为名师，我要做到"理解改革要实，谋划改革要实，落实改革也要实，既当改革的促进派，又当改革的实干家"，扎扎实实、一步一个脚印将改革进行到底。

教学现场与反思

一、Teaching Procedures（教学过程）

(Before class, watch a video made by T, on the video there is the introduction about Thanksgiving Day.)

Step 1　Lead in

T: Class, when is Thanksgiving Day?

Ss: The fourth Thursday in November, yesterday.

T: What gifts did you buy for your mother on Thanksgiving Day? Well, maybe carnations are the best gift for our mothers. If you want to buy the gift, that means you can go shopping. Now, this lesson let's go shopping together.

设计思路：用一个老师自己制作的简单介绍感恩节的视频内容来激活话题 shopping 复习，通过视频的直观教学方式，引发学生深刻地思考——感恩节我们能为母亲选怎样的礼物？引出所复习内容，导入课文主旨——购物。这视频为之后进行的情感教育做了很好的铺垫。

Step 2　Practice and review the words. Match the pictures

T: First, if you want to go shopping, that means you may buy gifts. Look, here are some gifts for you. Can you match the gifts correctly in two minutes?

Ss: OK, I'll try.

T: Well, if you want to buy these gifts, what will you think about? Yeah, we can think about the colors. Look! How many colors are there? What are they?

Ss: There are seven. They are red, green, blue, yellow, white, black, purple.

T: Good. Can you make a conversation in pairs to talk about the colors of the gifts in the picture?

Ss: OK. A: What color is the dress? B: It's red.

设计思路：先以思维导图把要复习要点的知识板块简单罗列清楚，一目了然。然后对每一知识板块进行链接，复习知识板块下教材有的具体内容。这样的复习更有利于学生唤醒对于词汇的记忆，而且可以帮助有困难的学生复习这些比较难的内容，有助于之后的强化。

Step 3　Pairwork: ask and answer in the shopping conversation

T: Boys and girls, please look at the mind-map. Do you remember any words about the size or price?

Ss: Sorry, I don't.

T: Look, these are some pictures in Grade 7 Unit 7.

Ss: Oh, I remember, how much is it?

T: Good job. Let's make some sentences according to the pictures and pay attention to the words about size or price.

Ss: The red bag is big.

These shoes are size 36.

The black hat is 10 dollars.

T: Good, well done. Let's go over the conversation about shopping. First, let's role-play the conversation, then act the conversation about shopping in groups according to the size, color, price in pictures.

设计思路：上升到完整购物对话所要涉及的知识板块，如 size, price, 设置真实情境下购物时售货员与顾客之间的完整对话。运用这一语言结构，设计一个很好的活动，语境真实、语用目的也很真实，而且符合学生的现实生活。在教学中以课程为依托，有效地整合教材，让零散的知识整合在一个主题下，让学生有意义地进行学习。

Step 4　Play the guessing game

T: Now let's look at the mind-map about usage. Maybe we can use some phrases and the passive voice to show their usage. I'll make an example for you. The cup is made of glass. It's used for drinking tea. I'll write down the useful phrases on the blackboard.

Can you use the phrases to make some sentences? And we'll play the guessing game. Let me tell you the rules about the game. One of you come to the blackboard and guess the gift. Of course don't look at the blackboard. Others say the sentences to let him guess the gift. One sentence one point, if you can guess the gift, two points for your team. Let's do this one team by one team, of course time is limited. Who wants to try, put up your hands. Maybe the handsome boy you come to the blackboard, try to guess the gift. Don't be nervous, your partner will say some sentences to help you. Ready? Let's go. You try your best to say one sentence with be made of or be used for to help him to guess the gift.

Ss: It's made of metal.

It's used for telling the time.

S1: Is it a watch?

T: Yes. You are right. Now Team Two is your turn.

…

Ss: It's fun. We like the game.

T: All of you did a good job. Now game is over. Let's do groupwork. Four of you in a group to discuss the grammar about the two phrases, and you can take out your task paper. It can help you to finish the discussion…. Time is up. Who can tell me your answer about the grammar…. Great. Now let's do some exercises to go over the grammar. In your task paper, you must do it by yourself in 5 minutes. Then let's check the answers.

设计思路：思维导图 gifts 下有一复习要点的知识板块 usage，就是为了对语法点被动语态进行复习。为了避免语法复习的枯燥，设置 guessing game，让学生用被动语态下的句型 be made of, be used for 来描述图片的物品而不能说出物品名称，其他学生根据他说的内容猜出物品名称。让学生在游戏中进行语法的操练，在愉快的游戏中使用句式结构带动语法复习。除了游戏，还通过4人小组讨论合作学习归纳出语法内容，再通过"中考对对碰"的环节来突出中考的考点，帮助学生掌握解题技巧，提高解题能力。

这类把运用和学习结合起来的训练活动，对培养学生运用能力很有帮助。教师引导学生总结和归纳所学的表达方式，这里的总结归纳活动是一种学习策略培养活动，引导学生从所学语言中归纳、发现语法规则，而不是教师直接讲授或灌输式地教育。这样的活动能帮助学生更深度地理解语法的内涵和运用形态。

Step 5　Listening practice

T: Now boys and girls, look at the mind-map, if we go shopping, maybe we can talk about the ways of shopping. One of the ways is on the telephone. Now let's listen to *Sale at MT-Mart* and complete the chart in the task paper, ready, let's listen twice and then check the answer.

反思：接下来就延伸话题 shopping 的购物方式（ways），如生活中常有的 stores, telephone, internet，其中，链接进入 telephone 板块进行听力训练，学生听到的是韶关的大型购物商城"大润发"今日特价的简介，然后按要求完成信息表。

创造性地设计贴近学生实际的教学活动，吸引和组织他们积极参与。设置的任务贴近学生的生活，使学生感受到英语可以学以致用，发展了他们用英语解决实际问题的能力，培养了学生的学习主动性。

Step 6　Reading practice

T：Now let's talk about another way of shopping. That's a story happened in a store. Let's read and complete the blanks with the missing words in 8 minutes.

设计思路：进入 stores 板块进行阅读训练，学生通过看图及文章了解关于商场发生的一个故事，再根据自己的理解填写所缺的词。这样的教学过程非常符合语言学习的基本规律，也符合学生学习语言的过程。让学生得到与话题相关的文章的阅读，为写作铺垫了词汇和句型。同时进行了阅读能力的训练和阅读技巧的培养。

Step 7　Writing practice

T：The last way of shopping is the most popular way these days. What? Do you know? Yes, shopping online. Look at the picture, the store is called Only. It's in T-mall of Taobao. I bought a pair of black and red shoes in the shop online. And I shared my gifts on my micro-blog. I'll read it to you, then you can show your gift on your micro-blog.

My feeling：I bought a pair of black and red shoes. It is made of cotton. I shopped it online in a store called Only. It's in T-mall of Taobao. It's 30 yuan. It's cheap but comfortable. My mother likes to be comfortable and do sports, so it's good for my mother to take a walk every morning. It's just size 34 because my mother's feet are too small. I'm sure my mother will like it very much.

T：Before writing, let's discuss what we can write on the blog. …Let's see the mind-map, that's the important points we can write on the blog.

设计思路：进入 internet 板块进行写作训练，写作文是学生的一大难点，不知道写什么。所以老师在让学生写作前要为学生搭建支架，通过小组合作讨论形式让学生了解网上购物的一些信息，如 shopping online, be made of，正好是本节课复习过的词、句型及语法，分享网上购物信息时，再次用思维导图把写作要点罗列清楚，然后老师通过在微博上晒自己购买的礼物的形式给学生一篇写作范文。最后让学生完成的任务是，在自己的微博上晒自己为母亲购买的礼物。

学生阅读、讨论、写作，体现出全体性、过程性和合理性，使每个学生体验到成功，对于学生情感态度与价值观教育具有较好的作用。

二、教学反思

（1）这节 shopping 话题复习课基于课标和教材，同时科学整合了七年级及九年级的相关单元。shopping 话题复习课先以思维导图把要复习的知识点的板块 gifts（color，size，prize，usage，reason）简单罗列清楚，一目了然。然后对每一知识板块进行链接，复习知识板块下教材有的知识点的具体内容。在教学中以课程为依托，有效地整合教材，让零散知识整合在一主题下，让学生有意义地进行学习和复习。

（2）教学过程从语言的认知规律出发，涵盖了听说读写，看似形散但是神不散，其实是叠加式的训练，重点培养了学生良好的学习方式。"中考对对碰"中突出了中考的考点，让学生掌握了解题的能力。

（3）让学生小组合作，发展他们用英语解决实际问题的能力，培养学生的学习主动性。让学生在参与教师精心设计的任务型学习活动中认识语言、运用语言、发现问题、找出规律、归纳知识、感受成功。

（4）此节话题复习仍有有待改进的方面。如要设计更贴近学生的生活的学习任务，使学生感到英语可以学以致用。

春风化雨暖生心　阳光热情教育人

● 云浮市郁南县实验中学　黄华珍（初中英语）

▶ 导读语 ▶

小小的个子、圆圆的脸蛋、甜甜的笑容，这就是我——黄华珍。我出生在粤西山区的农村里，秉承了大山人民应有的热情、拼搏、上进的优良传统。寒窗苦读十四载，在2001年9月，我终于实现了自小的梦想，踏上了三尺教坛，如愿成为一名初中英语教师。

为人父母皆知：孩子拒绝的不是我们的教育内容，而是我们的教育方式。作为一名教育者，我认为在教育工作中也是如此的道理。因此，任教17年来，我一直坚持着用自己的爱心、耐心和热心在粤西山区学校的工作岗位上默默地耕耘着。爱生如子的我始终牢牢坚持以"假如是我的孩子和假如我是孩子"为教学宗旨，努力构建和谐、民主的生命化课堂。我总是用我的教学激情点燃山区学生学习英语的热情，用灵活多变的教学方式激发学生学习英语的兴趣，更以激励性的语言使学生树立自信，引领他们通过语言学习，品味和追求美好的人生。

常言道：天道酬勤。通过不断地努力拼搏，我的教学业绩硕果累累。如今，个子小小的我肩膀上却承担着各种不同角色的任务——学校英语教研组长、县兼职教研员、云浮市骨干教师、云浮市教师工作室主持人、云浮市第二批基础教育学科带头人。学生称我为"满载正能量的小太阳老师"，同事评价我为"激情与柔情相结合的知性好老师"。

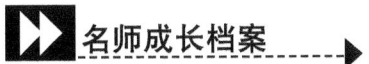

阳光总在风雨后

一、和谐之家,孕育阳光热情的我

我出生在山区的农村里,随务工的父亲成长在城里一个经济不太发达的小乡镇上。父亲仅仅完成了初中的学业就出来打工了。他勤劳务实、拼搏上进,从一名普通的工人,一步步升职为厂长。父亲是我成长过程中最具影响力的人,也是我这辈子最佩服的人!父亲出生在20世纪50年代末,是地地道道的农民孩子,爷爷奶奶在父亲10岁左右就相继去世了,从那以后,作为长兄的父亲,不得不带着两个弟弟撑起这个家,饿肚皮、挨寒冷是常事。那个时候的日子过得很苦,即便在这样的环境下,父亲仍然坚持学业。父亲经常给我们讲很多他的成长故事,直到今天,我的脑海中仍然能浮现出父亲所描述的景象:父亲一边烧火,一边读书;父亲一边喂猪,一边背书;父亲每天天未亮就起床做家务活,然后走几公里路去上学;父亲每次考试都是班里的第一名,英文老师尤其欣赏他,让他当"小老师",辅导学习跟不上的同学……父亲经常要背着班里同学的英文作业本回家帮忙批改,每每讲到此处,父亲最为自豪,还兴致勃勃地背起他仍然记得的英语课文!听着他那带着乡音的语音语调,我和弟弟妹都忍不住哈哈大笑起来!于是,父亲就更加努力往下背诵,以此证明他当时的英文水平,那可爱又认真,宛如学生面对教师检查的模样,令我们时至今天仍记忆犹新!我想,也许就是这样,一颗热爱英语的种子就在我内心深处悄然萌芽了!

也许因为父亲在小时候吃尽了苦头,失去了家庭温暖,他一直努力为他的子女营造一个有爱的"阳光"生活环境、愉悦和谐的家庭氛围。父亲与我们一起下棋、打扑克、玩游戏,每个假期带我们外出游玩;父亲是一个很有喜感的人,经常说着谈着就开怀大笑;从不重男轻女,对我和弟弟妹妹都一样地疼爱。我就是在这样一个民主、和谐的幸福家庭长大的女孩子,是父亲教会了我做人最重要的是活得快乐,活得有价值;能给身边的人带来快乐,也是自己的幸福之事。当我为人师之时,我也真心地希望孩子们可以在幸福中成长,也一直尽力让他们可以在快乐中学习,收获知识和人生道理。

二、初上教坛,经历风雨遇"伯乐"(2001—2006年)

2001年,大专毕业的我回到了家乡的一个小镇,走上了教学讲坛,开始了我的教学生涯。那个时候的我21岁,苹果脸,一脸稚气,声音清脆爽朗,学生们当我是姐姐、朋友。在他们眼里,我是可爱的"萝莉"老师。

英语课堂上,我喜欢用英文歌曲、游戏、笑话故事活跃气氛,激发学生的学习热情。我的课堂气氛很好，学生也很喜欢我。尽管如此，班上的月考测试成绩总是不太理想。当时的我不以为然，依旧坚持自己的"兴趣教学法"。而在第一个学期期末考试成绩公布时，我发现我的班级与老前辈们的班级成绩居然相差一大截！学生们有点失望，家长们也颇有微词。当时，我心里甚是难受，泪如雨下！冷静下来之后，我想到了很多很多，爸爸那种顽强拼搏的高大形象又出现在我脑海中，我暗暗对自己说：我绝对不能因为一次失败而就此放弃自己多年以来的梦想！于是，我开始反思我的课堂，反思自己的教学行为，与此同时，虚心地向有经验的老师请教，调整教学策略。

贝弗里奇说：人们最好的工作往往是在处于逆境的情况下做出来的，思想上的压力，甚至肉体上的痛苦都可能成为精神上的兴奋剂。顶着压力的我加倍努力地投入新学期的教学工作中。在教学上，我保留了自己一贯激情、激趣的教学方式，同时采用传统的基础知识、基本技能落实方法。又经过一个学期的努力，我的教学成绩终于有了稳步提高，我也初步得到了同事们、家长们的好评。这无疑对于我来说是一种激励与肯定，我对自己的教学更有信心。所以说，阳光总在风雨后，失败了并不可怕，但决不能放弃，决不能灰心，要奋斗起来，我们一定会见到阳光！日复一日，年复一年，我兢兢业业地工作了5个年头，也开始在乡镇学校的教坛上崭露头角。

2005年秋，我们县的重点中学——郁南县实验中学向我伸出了橄榄枝。这是一所新创办的学校，教师队伍相当年轻，大多数都是本科应届毕业生。5年任教经验的我在这里算是小前辈了。正是因为这样，我得到了更多的提升和展示自我的机会。每一次的舞台，都是一次成长、一次蜕变。

2006年春，学校举行青年教师课堂教学竞赛，每个科组选派两名老师参加。在那次科组讨论会议上，林豪雄副校长（同时任教英语）出乎意料地推选我作为其中一名参赛老师。他鼓励我说：我平时听过你的课，感觉你是一位很优秀的老师！你肯定行！要对自己有信心！

正所谓"初生之犊不畏虎"，我就以最年轻的姿态"出战"了！那节赛课，环环相扣的教学设计、生动幽默的教学语言、自然大方的教态、积极活跃的课堂气氛等各方面都得到了评委们的高度赞扬。在最后课堂小结部分，我一边弹钢琴，学生一边唱着我自编英文的词汇歌曲，把课堂气氛推至了高潮。我的教学基本功也令评委和听课老师倍感意外。毫无悬念地，我获得了第一名。从那之后，我的名字就被全校的老师记住了。当然，最重要的收获不是成名，而是对我教学方式的一种肯定！同时，我也对以后的教学工作树立起了满满的自信，获得了更多的动力。

三、亦师亦友，伴我成长亦成才（2006—2010年）

张丽云老师当时是我们学校的英语科组组长，她工作负责、积极，做事细密，对学生要求严格，有时候甚至坚持追求完美。她对事业、对事情、对年轻教师成长要求的那份执着，无形中鞭策着我，使我快速成长！

2008年3月，我代表我们县参加"广东省（外研版）初中英语单元教学设计比赛"的市决赛。当时，为了这份单元教学设计的思路，我们各抒己见，在教材的删减和整合处理环节中争持不下；为了课堂教学游戏设计，我们研讨到深夜，对教学设计再三修改。当教学设计初稿定下之后，我进行试课，试课之后又进行修改，数次修改、数次研磨、数个无眠之夜……在一次次的思维火花碰撞下，我们达成了一致共识，上交了一份满意的作品。最后，我的单元教学设计获得了全市的一等奖，之后被推送上省里参评，获得了二等奖。那是当时在全县前所未有的好成绩！可以说，就是那样，我在县里就"一举成名"了。

自从那次的深刻经历之后，我就深深地佩服起张科长的那份执着！她是我的科长，也是我的朋友，但更多的时候，我把她当作我的老师。每当我接受新的任务和挑战，屡屡担心自己不能胜任的时候，张科长总是会对我说："责任心是第一能力！我相信你！"从此，"责任心是第一能力"这句话也成为多年以来激励我努力勤奋工作的座右铭。这个时期的我，对工作充满了热情，对教学充满了激情，我的阳光型教学风格逐步形成。

四、指路明灯，导我走上阳光之路（2011年至今）

2011年，随着县局招生政策的变动，我校学生的生源逐步下降，学生的素质参差不齐，学生的学习积极性大不如以前。那段日子，我开始对个别学生出现埋怨、厌烦，甚至想放弃他们的念头，对教学工作的热情也慢慢少了，我的心开始有点累了，感觉自己到了一个瓶颈。就在却步不前的时候，改变我人生的一位"贵人"——丘仁杰校长出现了。丘校是一位温和文雅、毫无领导架子的人，我们多次在校园里碰面之后驻足闲谈。慢慢地，我了解了很多关于丘校的过去的故事。他读理科专业，但是被分配到乡镇学校工作的时候却是教英语科目！当我听到他讲述作为一位外行老师带班教英语却创下了"辉煌业绩"时，我的心深深地受到触动！丘校语重心长地说："我校现在的学生总比那时乡镇的学生强，只要我们用心去教，每一位学生都会有所收获。用心做事，就能把事情做好。我也相信你能做到！"于是，"I can't change everyone, but I do can change someone!（我不能改变每个人，但是我肯定可以改变某个人！）"成为激励我重燃工作热情的新座右铭。

2012年，张丽云老师调任教育局教研室，我被提升为学校英语科的教研组长。一路以来，丘校从政策上、经费上给予英语科组大力的支持，我带领着科组同事实践教学新理念，为学校营造良好的英语学习氛围。也正是丘校，促使我把教师这一职业做成了事业。

由于工作的需要，我与丘校长有了更多的接触和交流。渐渐地，我感受到丘校是一位很有思想、很有远见、很有智慧的领导。更重要的是，丘校不断地让我真切体会到：教师不仅仅要教书，更重要的是育人。学校是允许人犯错的地方，教师也应该注重培养学生的学习品质，教会学生做正直、感恩、负责的人。从那时起，我就开始反思自己的教学生涯：从前的我过分注重教学形式，从前的我过度关注学生的成绩；我的激情、我的激趣，都是为了给学生传递课程知识，为了让学生考取良好的成绩，说到底，从前的我到底是自私的。我给予孩子们的不是"阳光"，而是温室中的"灯光"——我一心只想树苗成长，但是树苗却经不起外面的风霜！

从此以后，我开始切实地践行丘校提出的"三生教育"—— 生命教育、生活教育、生存教育，构建生命化的课堂。在课堂上，结合课程内容，教会学生敬畏自然、敬畏生命，心存感恩之心，学会生活、学会学习、学会做人。我关注的不再仅仅是学生的学习成绩，还有他们的思想状态、学习态度、学习品质……我关爱每一位学生，特别关注学困生。我常常鼓励他们："努力过，不后悔！付出过，定成功！"我让学生明白：过程比结果更重要！

在管理学校英语教研组和开展教师工作室工作的时候，我用我的教育教学理念带动科组同事和工作室同事，鼓励他们乐观看待山区学生的生源情况，以阳光的心态对待每一位学生，不离不弃；让他们培养学生从单方面发展变成全面发展，从只懂死读书的"书呆子"变成会生活、会交际的新型人才。

▶▶ 我的学科教育观 ▶

一、我的教学风格解读——激情、知性、和美

激情。拉罗什富科说："具有激情的最笨讷的人也要比没有激情的最雄辩的人更能说服人。"教师饱含激情的教学能对学生的学习产生强大的动力。激情具有魔力与吸引力，可以触动学生的思维和开发学生的潜能。爱因斯坦曾说过："兴趣是最好的老师。"我认为，只有激发学生的学习兴趣，才能使学生积极主动地参与课堂学习。因此，我习惯把生活的点点滴滴带进英语课堂，融合为教学内容，用教学激情触发学生迸出思维的火花。例如，有一天，天气特别寒冷，学生上课状态不佳，就连思维都好像被严寒冻僵了似的，反应特别慢。我灵机一动，用提高"八度"的音调说："同学们，现在天气很冷，对吧？我们先来个热身游戏再继续上课好不好？"孩子们一听到"游戏"二字，马上就来精神了，齐声欢呼道："好！"于是，我结合那节课的教学内容，即时开展"拍七"的英文数字游戏。顿时，课室里响起了掌声、欢笑声。学生动起来了，课堂气氛热烈起来了，思维也随之而活跃起来了。我们粤西山区的冬天特别寒冷，但是，孩子们会说："老师，您就像冬天里的一把火，在您的课堂我们能感受到浓浓的暖意！"一般来说，激情是短暂的，持续性不会太长。但是，为什么任教17年以来，我的教学激情可以持久不衰呢？那是因为我的教学激情源于对山区教育事业的一份执着，我的教学激情源于对山区学生的热爱，我的教学激情来源于对生活的美好憧憬。在我的课堂上，我总是能够

以情激趣，让孩子们以饱满的精神状态投入学习！

知性。来自德文 verstand，也经常被译为"理智"或"悟性"。拥有知性的教师，能够通过自己的一言一行、一颦一笑充分展示人性的魅力。知性教师的教导不仅仅是传递知识，更是传递一种宽容、一种大度、一种胸襟、一种体谅、一种尊重。知性教师不是单纯的权威者、管理者，而是倾听者、引导者、观察者和欣赏者。我深深地明白，教育就如同"牵着一只蜗牛去散步"，所以，面对学生的差异性，我从容而淡定。记得在 2014 年秋，我接手九年级，拿到分班花名册时，同事提醒我要留意陈同学，他是出了名的"激气人"——最喜欢与班主任"顶嘴"、闹矛盾。注册那天，我首先给他一个礼貌的微笑，亲切地叫出了他的名字（免姓）。他当时有点惊讶，但也礼貌地回应了我一句"老师好"。这就是我们很愉快的第一次见面。开学的第一个晚修，我主动找他出来聊天。我绝口不提从前事，只听他谈谈初三的打算，随后给他提了个人规划的建议，最后鼓励他说："初三，是一个新起点，一切都重新开始！一年也可以改变人生！我相信聪明的你，一定能做到！"结果，那晚的交谈既愉快又颇有成效。接下来的日子里，他对我彬彬有礼，愿意听从我的教导，在班内不挑事情，尽力而学。同事们对此感到很惊讶，笑着问我："你念的是什么经，驯服了这只顽猴？"我心想：这应该就是我的人格魅力吧。面对着知性的老师，她的学生也不至于会失去理性吧！我在教育教学工作中，从来不歧视学生，我相信每一位学生都蕴含着巨大的发展潜能，我关注他们的需求，激励孩子树立自信，规划自己的人生蓝图！

和美。此处解为"和谐美好"。课堂上，我创设民主、和谐的教学氛围，建立平等的师生关系，激发学生的学习热情，使学生心情愉悦地学习，在课堂上师生共谱"和谐乐章"。比如，在八年级的一节新课上，学习的内容是形容词级别。在"学后练"的环节中，我设计了一个小组竞赛的教学活动：用形容词的比较级或者最高级造句。于是，同学们就开始纷纷举手，各抒己见地给出自己的句子。突然，小漆脱口而出："Miss Huang is fatter and fatter!"（黄老师越来越胖了！）课室里的热烈气氛瞬间冷却下来，大家不由自主地把眼光集中到他身上。他马上感觉有点不好意思。同学们以为我会生气，就看着我怎么处理小漆。然而，我微微一笑，说道："Oh, really?! Thank you for reminding me! Maybe I need to eat less and do more sports to lose weight from now on. And then I will be thinner, or even taller and taller!"说着，我模拟了高挑身材的动作和做了个鬼脸。"哈，哈哈……！"师生们都笑了，刚才尴尬的气氛瞬间消失，课堂重新奏响了和谐之音。我认为，作为老师不一定就代表高高在上的身份，老师如果能够成为学生的朋友，与学生关系更加融洽，那么课堂就会更和谐！和谐促发展，这才是最重要的。与此同时，我深挖文本和文化，充分利用我丰富的生活经验和社会阅历，与学生一起探讨人生话题，引领他们追求自己的美好人生！

二、我的教学主张——让英语学习成为一种快乐的体验

我们地处偏远山区,比较缺乏良好的英语学习大环境,接触外国语言和文化的机会相对大城市要少,学生学习英语的兴趣也不够浓厚。很坦白地说,山区的孩子们从小学,甚至更早开始就已经输在了起跑线上!但是,每一年,我接手新一届的学生时,我总是要对他们说:"地域落后不能等同于英语学习落后,以后我们的中考、高考英语成绩始终要与其他城市公平竞争的!所以,我们应该加倍努力学习英语以弥补地域的不足!"

那么,山区学生的英语应该怎么样教才能取得突破呢?我主张学生能够把英语学习视为一种快乐的体验。当然,这也是多年以来我一直努力追求的课堂境界。

(一) 为何要让学习成为体验?

"Tell me and I will forget, show me and I might remember, involve me and I will understand." 这是孔子名言的英文翻译。英语属于第二外语,在中国,尤其在我们山区学校,特别缺乏英语习得环境和氛围。所以,我在教学中尽量为学生创设接近真实的语言环境,设计合理的教学活动,让学生运用英语进行各类活动,培养学生在仿真环境中通过参与和体验相关的活动,提高语言运用能力。只有通过学生自己的体验式学习,才能够给他们带来新的感觉、新的刺激,从而加深对语言知识的记忆和理解。

(二) 如何让学生快乐地进行体验式学习?

那么,如何才能让学生快乐地进行体验式学习呢?我通常做的第一步工作就是让自己先"乐"起来。我身兼数职——班主任、英语教师、科组长、学科带头人,还是两个孩子的母亲,所以每天的工作多而繁杂。但只要是准备走进课室的前一刻,我就会开始调整自己的心态和情绪,把所有的不良情绪抛诸脑后,展现笑脸走上讲台,以最好的姿态迎接每一节课,在每节课都尽力地用最佳的状态和学生相处。因为我知道,对于学生而言,他们的每一分钟都是珍贵的,大部分学生都是满心期待每一节新课的,他们都希望从老师身上得到不一样的启发。因此,教师积极良好的情绪状态,有助于创设轻松愉快的教学情境。而良好的教学情境,能使学生兴趣浓厚、情绪高昂、智力活跃,从而在愉悦振奋的情感体验中,收获更多的知识和学习体验。

第二,抓住课前的5分钟。常言道:良好的开端是成功的一半。多样化的导入形式可以让学生"乐"起来。我认为,好好把握课前的黄金5分钟,吸引了学生的眼球,点燃了求知欲,那么课堂教学效果就成功了一半。所以,我在备课的时候,通常会在导入环节上多花心思设计,根据学生的学习情况、教材特点、学生的心理特征等巧妙地设计课堂导入环节。日复一日地坚持着,学生英语学习的趣味性就增强了,学习的主动性和积极性就提高了,做到了在最大程度上激发学生的求

知欲。

第三，适当添加课外资源，让课堂充满乐趣。教材只是一种依托，我通常根据不同年级、学生的不同层次、教材的不同主题，来为英语课程巧妙地拓展、丰富课外知识，例如英文小笑话、英文歌曲、双语新闻、幽默故事等。在课堂上适当地引用这些素材，创造轻松愉快的外语氛围，培养学生学英语的兴趣。

第四，让学生在学习竞赛中体验成功的快乐。关于学习竞赛的作用问题，国外许多心理学家进行了实验研究。从众多实验结果来看，开展学习竞赛对激发学习动机和提高学习成绩可以起到一定的积极作用。香港中文大学教授 Betty Liu 是这样比喻小组竞赛的："I swim, you sink. You swim, I sink. Swim & Sink Together!" 因此，学习竞赛被看作调动学习积极性的一种有效手段。例如，从英语词汇教学的角度来说，我根据教学内容，在班上定期开展"词汇拼读大比拼""记忆大王""单词王争霸赛"等英语词汇专项比赛。竞赛时，可按学生能力水平设高、中、低组，开展单项竞赛及团体竞赛，使不同能力水平的学生都有获胜的机会，增强他们对学习英语的自信心。

我认为，如果让学习成为一种生活体验、一种成功的体验、一种富有乐趣的体验，那么大部分学生都会爱上学习。外语的学习也是同样的道理。

▶▶▶ 他人眼中的我 ▶

我觉得我自己是"多元性格"的结合体，属于动静相宜之人。对着学生既可以活泼也可以严厉，对着同事既亲和又严肃。我性格爽朗，做起事情雷厉风行，管理科组事务严谨又认真。而我在他人眼中也是这样子的。

一、学生眼中的我

在学生眼中，我是老师，更似他们的大姐姐。作为班主任，我会称他们为"孩子"，所以有些学生甚至会喊我作"妈"。每一届学生离校前，他们都会为我写下留言，表达他们心中的想法。下面摘选2015年毕业学生写给我的留言：

我觉得上"妈妈"的课时间最容易过了，听着，笑着，不知不觉就下课了。

——关乐琪同学

在这一年里，我很开心。您教得很好，您所做的一切，我很感动。您是我读了那么多年书以来遇到过最好的一位老师！

——黄铭玉同学

您是我心里永远充满着童真的老师，亦师亦友。与您相处的一年里，让我感到很快乐。

——伍恩仪同学

我觉得您不像老师，更像妈妈。我非常感谢您对我所做的一切。愿您每天都能和现在一样，keep 住小孩子般的笑容，不要让自己太累了。

——刘圆婉同学

你是我们的"好妈妈"，又是我们心中的"太阳"，永远指引着我们朝正确方向前进，温暖着我们，爱护着我们。你身上总是散发着乐观向上的光芒，常常感染了我们。

——钟舒盈同学

二、家长眼中的我

黄老师，您是一位高度负责、有才华、有方法的老师。您的教育理念与众不同，我的孩子能跟着您学习是他的福气。

——莫韬同学父亲

鸿浩他很喜欢听您的课！他说，您不但讲得精彩，而且还容易明白。他能够进入您的班里学习，真是幸运！

——莫鸿浩同学母亲

在黄老师的指导下，明石的英语成绩不断进步，真是太谢谢您了！他以前很不喜欢学英语的，总是偏科，英语拖后腿。现在，我看见他回到家里会主动读英语、背单词、做练习，真是令我放心多了！希望您能继续多多指导！

——郑明石同学父亲

三、同事眼中的我

阿珍是最棒的！教学方式灵活、多样，管理学生、科组、工作室，样样工作都有条不紊，有效率，有成绩。

——林永红老师

我不知道阿珍小小的脑袋里面装着什么，她总是能够给我们提出很多新鲜的想法！

——廖俊玲老师

黄华珍老师是我们实中的正能量！无论做什么事情她都很积极，工作高度负责，从来不计较得失！

——罗雅新老师

四、同行眼中的我

在我看来，作为名师的她，工作总是那么高度负责，丝毫没有名师的架子，有的只是一颗真诚待人的心，谦虚有礼、大大方方，值得我们敬佩和好好学习。于平凡的岗位中做出优秀的成绩来！这就是她的魅力！同她共事久了，你会在不知不觉中被她工作的热情、高度的责任心、乐观的心态、积极向上的品质所感染。

——工作室跟岗学员、郁南县罗顺中学老师 陈志军

她的课堂气氛活跃，学生积极主动参与课堂的学习中去。黄老师诙谐的课堂用

语、亲切的教态以及对课堂掌控自如的能力，都给我留下了深刻的印象。

——工作室跟岗学员、郁南县都城中学老师　阮德轻

我工作室的跟岗学员黄海锋老师（郁南县连滩中学）在跟岗日记中写道：最令我难以忘记的是黄华珍老师的课，她在课堂里亲和力特别强，始终保持着最自然的微笑；语言是那么的温和，教态是如此的自然，教学各个环节落实得非常到位，环环相扣、过渡自然。她在教学中运用到的英语口语相当流利，而且学生容易听懂，能恰到好处地创设各种情景、游戏、活动、比赛等，充分调动学生的积极性，课堂气氛相当活跃，每一个学生都很愉快、自觉地紧跟老师的思路完成学习任务，并从中形成了良好的学习技能，终身受益，那样的课堂简直就是一种享受。难怪大家都有这么一个同感——"这堂课为什么过得那么快啊！"还有，黄老师和同事们一起工作是多么和谐融洽、团结协作，处事是如此敏捷、果断和机智，对多媒体教学操作的熟练程度，以及业务水平之高，无不羡煞旁人！

——工作室跟岗学员、郁南县连滩中学老师　黄海锋

五、导师、同伴眼中的我

华珍是一个年轻、有活力的老师。

——珠海高栏港南水中学特级教师　孙新导师

孩子们在年轻老师生动活泼的情绪感染下如沐春风。黄老师基本功相当扎实，她的课堂用语朴实易懂，指令清晰明了。在她的用心引领下，学生们在真实情景中学到非常实用的基本技能和阅读能力。

——珠海第五中学特级教师　谢燕玫

珠海教科研中心教研员冯晓颖老师听完课之后赋小诗一首与我：

华珍示范解疑难　　阅读教学方法巧
因校制宜多实践　　尖尖嫩芽露教坛
不尚虚华崇厚重　　与时俱进勤探索
条条话语都给力　　句句话语都神韵

六、领导眼中的我

黄老师热衷于教育事业，爱岗敬业、勤恳工作，教学思维新颖，敢于创新，积极参加课堂改革活动，是我校课堂教学改革的先行者。

——郁南县实验中学校长　丘仁杰

黄老师的课就如她学案纸的笑脸，一样的快乐，她的学生跟着她是一种幸福。

——珠海市教育研究中心前主任　王卫国

黄老师拿得起（敢于挑重担），放得下（心态好，虚心请教），想得开（任劳任怨，不计较名利）。

——郁南县教育局　张传德

我的育人故事

春风化雨，温情暖生心

爱因斯坦说过，只有爱才是最好的教师，它远远超过职责感。是的，师爱，是德育之魂、育人之本。教育工作关键是对学生的爱。世上没有两片完全相同的树叶，我们面对的学生也有着千差万别。但是，我坚信只要多给学生一份关爱，多散发一缕阳光，就会让学生觉得更温暖。

小杏，是我当班主任接手的九年级学生。她文明有礼、勤奋好学，但是，从她深邃的眼神中我能感受到淡淡的忧郁。经过开学一周的时间，我对她的情况有了初步的了解。小杏来自我们县最偏远的一个乡村，父母外出东莞打工，属于留守儿童。小学升初中时，她以优异的成绩被我校录取，目前成绩排在年级的前100名左右，除了英语科不及格，其他各科都在优秀水平。为人比较低调和内向，不善言辞、不爱交际，一般都是独来独往。

我留意到小杏每天放学后基本会留在课室里学习一段时间再回宿舍，因此，有一天我故意与她制造了一场"偶遇"，开始我们的第一次的谈话。"小杏，放学了，你还在学习？好勤奋呀！"我首先就给她一个表扬。"嗯，先学一会儿再去饭堂，反正那么早过去也是要排队打饭。"她依旧低头学习。"哇！别人错峰出行，你来个错峰打饭！你真的好聪明呀！"我高分贝的赞扬声终于让她抬起了头，向我微微地笑了一下。"小杏，你笑起来真好看！老师希望你多点笑容哦！"我赶紧抓住机会，又激励她一番，拉近了距离。

之后几次见面，我们都是在课室里，我与她聊聊家常，谈谈学校里面的事情。终于有一天，我引入了正题："小杏，我看你的学习，其他科目都学得非常不错。但英语科感觉有点距离，是吧？"小杏长长叹了一口气，说："老师，您有所不知。在我们乡村的小学根本没有英语老师，都是语文老师拿着一台录音机来上课的。她也不懂读，反正就叫我们跟着录音读。其实，小学学到了什么，我也不清楚，糊里糊涂地就考到八十几分。可是，上了县城的初中，发现我有很多知识都不懂，读音也不准，单词也越来越难记，越学越跟不上了！"哦！我终于明白了为什么小杏平常不怎么敢开口大声朗读，也明白了她英语单词旁边为什么有一个个的"中文注音"！我心里暗暗为她制定了"改造计划"：第一，给她辅导自然拼读法和英语学习策略。第二，帮助她树立自信。第三，逐步引导她乐于交际，融入班级大家庭。

接下来的日子里，放学后课室里就有了我与她的身影。我首先把自然拼读法渗透英文音标进行辅导，教会她"以音记词"，鼓励她大胆地开口读书。随后，再教给她几种比较常见的单词记忆法：归类记忆法、实物标签法、构词法、联想记忆法。时间过得很快，第一次月考的成绩出来了，58分，还是不及格。我又一次看到了小杏忧郁的眼神。"小杏,看过蜘蛛织网的故事吗?"我问她。"嗯。"她低声应道。"那我给你讲讲别的故事吧!"我跟小杏分享了我爸爸和我出来工作的故事,我跟她说:"改变人生有很多种办法,读书无疑是最好的出路。眼前的艰苦是短暂的,熬过以后就是人一辈子的甜蜜!我相信,你一定能做到!我愿意与你一起奋斗!"经过我的鼓励之后,小杏重新振作精神,又积极地投入英语学习之中!

英语是需要积累的科目,小杏持之以恒的学习态度加上我指导的学习方法,经过了一个学期的努力,在期末考试终于有了质的突破——从不及格到及格!我终于见到了小杏脸上久违的笑容!

第二个学期开学,我把小杏树立为班上的学习榜样,请她向同学们介绍学习经验。在讲台上,我看到了小杏自信满满的形象,深感欣慰。后来,我创设了更多的机会让小杏表现自我:任命她当我的英语科代表;学校的英语口语大赛,我特地推选她参加;班里的圣诞节晚会我让她当主持……我让小杏在做事情中体验成功感,体现她存在的价值,也通过活动让她学会与人交往、沟通。每次活动过后,与她一起小结活动感受。多次的晚修后,与她促膝谈心,谈人生、谈理想、谈未来。

小杏是留守儿童,她每年只有寒暑假才能见到父母。中秋、冬至、端午那些节日,她都只能独自在学校里度过。每逢佳节倍思亲,所以我特地邀请她来我家吃饭,让她感受到家庭的温暖。从她父母的口中得知她的生日,我就与同学们悄悄地为她准备了一个小型的生日会。吹蜡烛的那瞬间,我看到了她眼角上闪闪的泪花。语文老师跟我说,在那周的周记里,她写道:感恩在我生命中遇到黄老师。她是我的老师,也是我的姐姐。她是一颗"小太阳",带给人温暖、开心还有惊喜。

在中考的时候,小杏的英语成绩再次跃上新台阶,拿到了116的高分,以总分全校排名第三的好成绩考上了县里的重点高中。她给我留言说:黄老师,感谢您对我的鼓励和教导!是您让我重新认识自己,您是我的好老师,我会记住您的话,永不言弃!

所以说,春风化雨,阳光普照,促使万物生长。但愿我的温暖、我的热情、我对学生的爱,能成为每位学生心中的那束光,使他们快乐健康地成长。

教学现场与反思

一、教学现场

2016年5月,广东省中小学新一轮"百千万人才培养工程"(第二批)的初中名教师去到了美丽的浙江杭州进行跟岗学习。5月18日,我在杭州观成中学展示了一节研讨课。课程的教材版本是 *Go for it*(八年级下册),上课的课题是,Unit 9 Section B Reading:*Singapore—A place you will never forget*!以下是教学实录片段:

Step 1　Greetings & Warming up(见面与热身)

T: Hello, boys and girls! I am Miss Huang.

Ss: Hello, Miss Huang.

T: I come from Guangdong. I am very happy to be your teacher in this lesson. It's my first time to come to Hangzhou. I think Hangzhou is a beautiful city. Hangzhou is so beautiful in Spring! The trees are green, beautiful flowers are everywhere! Is Hangzhou beautiful all year round?

Ss: Yes.

T: Is Hangzhou beautiful in summer?

S1: Yes, it is.

T: What about in autumn?

S2: Yes!

T: Well, your hometown is so beautiful! So is my hometown. My hometown is Yunan, a small county. Have you ever heard of it?

S3: No.

T: Have you ever heard of Guangdong?

S4: Yes.

T: Have you ever been to Guangdong?

S5: Yes, I have.

T: Where have you ever been to place besides Guangdong?

S6: Hong Kong.

S7: Shanghai.

T: What did you do there?

教学过程简要解说：

教师通过自我介绍，包括名字、家乡，并用新学句型"Have you ever...?"与学生闲聊杭州，准备引入本节课的话题。

Step 2 Pre-reading（阅读前活动）

T: Have you ever been to this place?（Show the picture）Do you know it?

Ss: It's Singapore.

T: Yes. It's Singapore. How much do you know about Singapore? Is it a country or a city?

S1: A country.

T: Yes, that's right! Look! It's its national flag. Where is Singapore?

S2: ...

T: Singapore is in Southeast Asia. It's close to the equator. And it's not very far from China, right?

Ss: Yes.

T: In the past, thousands of Chinese moved to Singapore. Now there are thousands of Chinese living in there. Many Chinese go to Singapore to take a holiday every year. Do you know what food we can eat in Singapore?

Ss: Chinese food?

T: Yes, and what else?

Ss: American food?

T: You can also eat this kind of food. (Show the picture) What food is it?

Ss: Japanese food.

T: Yes. What about this one? (Show another picture)

Ss: Indian food.

T: You can eat different kinds of food in Singapore. What else you can do in there?

S4: Do some shopping.

T: You can go to this park. (Show another picture) Have you ever been to a zoo?

Ss: Yes.

T: What about at night?

Ss: No.

T: The zoo at night is called Night Safari. If you go to a Night Safari, how will you feel?

S5: Afraid.

教学过程简要解说：

文本阅读必须先有背景知识的储备，老师使用了几组图片呈现了新加坡的背景知识，形象生动。在呈现背景知识的同时，老师把文本中的新单词 thousands of, equator, Southeast Asia, Japanese, Indian, Night Safari 也渗透在此环节中，安排得非常巧妙！有效地为学生在随后的文本阅读中扫除生词的障碍。

Step 3　While-reading（阅读中活动）

Task 1:

T: Many things you can do in Singapore. Do you want to know more about Singapore?

Ss: Yes.

T: Let's know more about it. Open your books and turn to page 70. When you begin to read, what will you read first?

S: The title.

T: Very smart! When we begin to read, we need to pay attention to the title and also the pictures, right?

Ss: Yes.

T: Now, look at the title, what's title of this passage?

Ss: Singapore—A place you will never forget!

T: What does the writer think of Singapore?

Ss: He thinks Singapore is unforgettable!

(The teacher writes "impression, unforgettable" in the mind map)

T: Do you want to know about this unforgettable country?

Ss: …

T: Now we are going to read paragraph 1. Tell me what information you can get about Singapore.

(The students read paragraph 1.)

T: Who can tell me what information about Singapore you can get from paragraph 1?

S1: …

S2: …

S3: …

(The teacher writes in the mind map)

T: Now this time, let's read the first sentence of paragraph 2, 3 and 4 very quickly. Tell me what information we can get.

(The students read the first sentence of paragraph 2, 3 and 4 very quickly)

T: Paragraph 2, what is it about?

S4: …

T: Paragraph 3, what is it about?

S5: …

T: Paragraph 4, what is it about?

S6: …

T: Remember, when we read a passage, pay attention to the first sentence of each paragraph, you can get the main idea of it. Understand?

Now, read the passage quickly, and write down the facts you can get in the mind map.

(The students read the passage and then go to blackboard and complete the mind map)

教学过程简要解说：

老师通过第一个阅读任务引导学生进行阅读，并且引导学生掌握阅读技巧——留意标题，留意首段、首句。对于 impression 这一新词，老师不做解释，直接放于情景之中，让学生感知出它的意思。

Task 2：

T：OK. This time let's get to know the details about the passage. Every group is going to read one paragraph. You read it, and design one or two questions you want to ask your classmates. Group1 and Group 2, paragraph 1. …

(The students work in groups, read and design the questions)

T：Group 1, who is going to ask questions? Who can answer? If you can ask the questions, you can get one point, if your classmates can't answer, you can get two points.

S1：Why do we go to the zoo at night?

T：A very good question! Who knows the answer?

S2：Because most the animals are asleep in the day, we can't see lions, foxes… These animals are awake at night. We'd better go to a Night Safari to see them. That will be very exciting!

T：Oh, very professional answer! You seem to know a lot about animals! Let's clap for him!

教学过程简要解说：

老师通过第二个阅读任务引导学生深挖文本，学生对文本深入研读之后设计阅读问题，让其他学生回答。对于精彩的题目和回答给予及时的鼓励和表扬。

Step 4　Post-reading（阅读后活动）

Task 3：

T：Why Singapore is a place we will never forget? Can you introduce Singapore to your classmates? You have 2 minutes to get ready for it. Introduce Singapore to your group members. Now who is going to introduce Singapore to us?

(The students take turns to introduce Singapore)

T：Good job! Now you see, when you read a long passage, you can draw a mind map to understand and remember the passage more clearly, right?

Ss：Yes!

T：Work in groups, take turns to introduce your hometown or a place you have been to.

(The students get ready for the introduction)

T：Pay attention to your introduction, is it clear enough? Is there enough information? Speak fluently? Listen carefully! We are going to vote for the best team! Ready? Which team is going to try?

(The students present their works)

教学过程简要解说：

老师展示阅读后的活动任务——让学生运用思维导图，对课文所学的新加坡进行介绍。之后，再开展小组活动——以导游的角色对某一处印象深刻的地方进行介绍，并且让全班参与投票，选出最佳导游小组。

Step 5　Summary & homework（总结与作业）

T：Homework for today. You are going to write an advertisement, you can use these sentences. And remember to give a smart title to your article! Let people want to go on to read your article. OK?

Ss：Yes.

T：Look, just like that：Yunan, a nice county you will never forget! OK, so much for today. Thank you! If you want to come to Yunan, please email me, I will be your tour guide.

Ss：Thank you, Miss Huang.

教学过程简要解说：

教师小结本节课的内容，布置课后作业，并向学生发出邀请，欢迎他们来家乡旅游。

二、教学反思

激情贯全程。本节课属于异地借班上课，在课堂上我依旧保持着我的招牌笑容，使整节课的课堂氛围轻松、愉快。在热身环节，我设计了源于学生们身边的熟悉话题：闲聊他们的家乡——杭州，让他们有话可谈，成功破冰。我融入激情，表达了对美丽杭州的赞美之情，用激情带动学生，引起共鸣。然后再通过家乡文化代表性的图片展示，热情地向他们介绍我的家乡——郁南，成功激起了他们的兴趣。最后在课堂结束部分，把文本中的知识句型迁移到对家乡文化的介绍之中，并向学生发出热情的邀请，首尾巧妙地相呼应！另外，在课堂学习中，我设计了系列竞赛活动激趣，布置任务驱动自主学习，课堂效果良好。

知性引学生。知性的好老师是倾听者、引导者、观察者和欣赏者。我的知性体现在教学设计上，以阅读文本贯穿全节课，以思维导图引导学生学习和增加阅读技巧、阅读策略，从人文地理的知识到英语语言知识。从阅读解题到口头复述及模仿介绍，都在为学生创设接近生活常态的交际环境，让学生在学习过程中乐于模仿、敢于开口，积极参与。我的知性体现在课堂上，我留意到个别比较胆小的学生，及时给予鼓励，为他们创造表现自我的机会。在小组自由练习巡查的时候，我也发现个别学困生，我适时地交代小组长分配比较轻松的角色给他们扮演，让他们也可以配合小组顺利完成任务，体验成功的喜悦。

和谐绘美景。本节课的文本内容是了解新加坡的地理、历史、文化及美食等方面的知识。我把阅读任务简单化、竞赛化、生活化，让学生们更加轻松愉悦地参与课堂活动。整节课的师生关系、生生关系和谐、融洽。课堂上师生笑语欢声，共谈世界各地美食、美景。在引入环节，有我美丽的故乡——郁南，也有学生们的故乡——四季如画的杭州。阅读活动中，有世界宜居旅游之城——新加坡，还有学生们曾经去过的印象深刻的世界各地名胜，师生们通过认真聆听发言者丰富激情的语言描述，在脑中绘画出这些地方的美丽景象，对它们充满着期待和向往！

结束语

　　任教17年来，我一直致力于打造自己的阳光教学之路，我希望用自己积极的心态、热情的笑容、知性的魅力，用属于自己的粤派风格去拓展山区学生的国际视野，感染学生爱上学习，爱上快乐的英语课堂。山区的教育事业任重而道远，山区的英语教学之路充满着荆棘与坎坷，但是，我依然会不忘初心，砥砺前行！我愿用我的青春、我的勤奋、我的拼搏默默地耕耘在山区教育的麦田上，守望着我们大山里的孩子，他们终有一天会成长、成熟、成才！

怀初心与学生同心　创新程与时代同程

● 深圳市盐田区实验学校　欧娟（初中英语）

▶ 导读语 ▶

我很幸运，成长在南粤深圳这片热土。毕业第二年来到广东深圳，这座多元、包容、奋进、创新、充满活力的城市让我有了家的感觉，于是我从此扎根于此。正因为我喜欢这座城市的新——观念新、做事方法新、人际关系新，不用拘泥于陈旧的人和事，当时年轻的我梦想着要做一名全新的初中英语老师，不走别人的老路。伴随深圳在教育改革的创新，我期待用自己的方法培养适合深圳和祖国未来发展的人才。正是这座城市的包容，让我这样一个刚毕业的大学生也能乘着改革的春风在我的课堂上探索和创新。也是受了深圳"敢闯敢干的拓荒牛精神"的熏陶，我总想做得比他人好一点、与众不同一点。深圳与香港、与世界的对话能启迪新的发展思路，我想，学生们在课堂上的"对话"也同样能迸发出新的思想，培养出不一样的能力，我的课堂师生对话、生生对话、学生与文本对话、学生与自己内心的对话不断，学生们天天展现精彩，生命不断绽放。

26年来，朝着这个培养目标，我主持了多项国家级、市级课题，如"提高初中英语教学质量的策略研究""小组合作学习和分层教学的实践研究""初中英语课型研究"以及"初中英语主题阅读资源开发及实施策略研究"等。教师职业成了我追求的事业，我也从青涩成长到成熟、理性。粤派教育滋养了我，目前，我是深圳市盐田区实验学校副校长、中学高级教师，广东省新一轮"百千万人才培养工程"第二批名师培养对象，深圳市首批名师工作室主持人；曾获"首届全国外语教师教学能手称号""第八届全国中小学外语教师园丁奖""盐田区成长型人才"等荣誉。

我始终坚信，粤派教育，仰之弥高，钻之弥坚。我愿擎起生命的光源，照亮每一个孩子。

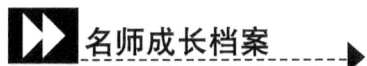 名师成长档案

热爱　追随　专注　创新

一、源于热爱，苦练专业技能

我选择英语教育作为专业源于我的恩师全老师，他教了我高中3年。1985年我读高一，我的英语老师英俊帅气不说，那一口流利地道的英语口语就已折服了我。从那时起我开始模仿他的发音，3年耳濡目染，我成了他的得意门生、重点培养对象。当时已经是"分分分，学生的命根"时代了，可是我的老师还经常辅导我演讲，带我外出参加演讲比赛。逐渐地，英语成了我的骄傲，我的名字也成了"英语学得最好的那个学生"的代名词。高考前，我没有其他同学选择专业时那么多的纠结，毫不犹豫地选择了英语教育专业。

上了大学，恩师仍旧不忘叮嘱我："选择当一名英语老师，大学4年要好好训练专业素养，未来才可以得心应手，成就你的学生！"我从此明白了当一名英语老师的要求和责任。我开始按照播音员的要求来训练自己，模仿地道的美式发音，从收听美国之声的《特别英语》（*Special English*），到BBC广播电台的各种节目，听、读、模仿、录音、纠音，从音准到音调，从语速到感情，坚持严格要求自己，经常与外教交流，训练自己的即兴表达能力，参加学校的英语演讲比赛，并获得了很好的成绩。同时我还把自己当作演员来训练。丰富的面部表情和肢体语言可以让自己在课堂上充满激情和活力，适时的微笑可以带给学生无限的温暖，有时候夸张或滑稽的动作定会让学生忍俊不禁。

俗话说"字如其人"，我坚持练中英文书法，黑板字从写不直到娟秀隽美；多少个傍晚，其他同学都在享受花前月下的甜蜜，我却在宿舍的一角爬格子练字……

4年的积累，4年的坚持，我拥有了一口标准且流利的口语，可以和外教自如地交流，完全可以满足全英文组织教学，同时爱笑活泼的性格练就出了一种灵动的气质。毕业时，湖南衡阳师范学院英语系录用了我，我有幸成了一名大学英语教师。

二、恩师指路，锻造教学风格

毕业后的第二年，我随迁来到了深圳市沙头角中学任教初中。这种落差并没有减少我对教育的热情，相反，因为初中是基础教育，是12～15岁的孩子的发育和发展的关键期，我对这份职业更加充满虔诚之心和使命感。我要尽力托起一颗颗明天的太阳！

还是初中的恩师全老师指点了我。他说："人生有三重境界：第一重境界是见

山是山，见水是水；第二重境界是见山不是山，见水不是水；第三重境界是见山还是山，见水还是水。"他还说："我们的教学又何尝不是有三重境界？当我们刚走上讲台时，我们没有自己的教学风格，我们只好经常去向他人取经，学习别人的教学方法。这个阶段里，我们今天因这种想法这样上，明天想到某某的方法又那样上，五花八门，没有哪一样是代表自己风格的。"恩师又说："不要急，厚积薄发，积累到一定程度，只要你坚持尝试，你会找到最适合自己的教学形式和教学氛围，逐渐形成你自己独有的教学风格的。"恩师接着说："是不是这样就是最好的老师了呢？当然还不是。但绝大多数老师就满足于此了，他们从此任何课都是按照这个风格去完成，止步不前了。如果你想追求的话，还有第三重境界，那就是打破你原有的风格，能随机应变，因内容、时间、地点、听课对象等不同而适时调整不同的风格，形变而神不变，却又能让大家接受和喜爱。我希望你能做到！"我欣然点头答应，并为此而努力。

教初中英语的 26 年中，我从最初注重师生对话，交流情感和思想；到注重小组合作学习的学生同伴间的对话，积极创造各种条件，采用多种手段，引领学生进行有效对话，在"对话"中理解文本、体验情感、交流思想、启迪思维和心灵，让课堂更加鲜活；再到引领学生走进文本，与文本、与同伴对话，从而使学生思维和语言一直处于积极的对话中，并通过不同角度的再读、再解，思维从疑点中解放出来，把学生引向了更广阔的社会空间，提升对话真实性；最后到教会学生在自己对话的过程中反思改进。这一路上的改变和追求，我逐渐领悟了课堂对话的魅力和效果。

而今，我仍然在路上……

1999 年，由于盐田港的发展，深圳东部吸引了明斯克航母的定居、大小梅沙引来游客无数，我们生活的沙头角片区还有了全国最大的工业保税区。那年，新的盐田区成立了，我的儿子 3 岁，恰好开始上幼儿园了。我四处打听周边哪家幼儿园最好，哪个老师最有爱心和责任心，老师普通话是否标准、英语发音是否准确，等等，我才发现，我对儿子的老师有很高要求。我开始不断思考，我对儿子的老师有高标准的要求，我学生的家长不也会对我有很高的期望吗？确实，对优质教育的渴望来自每一个家庭！

于是，我心中的教育理想和信念逐渐清晰了起来，我要做"最好的英语老师"！

三、初出茅庐，创新教学方法

初到深圳市沙头角中学，我是全校教师中最年轻、最没有教学经验的一个。可是由于我的课堂全英文教学、教学内容丰富、来源于教材却不拘泥于教材、紧密联系生活、教学方式灵活多样，学生积极参与用英语表达，能够学以致用，深受学生们的喜爱。当时，市教育局为了调动来自全国各地的老师的积极性，非常重视遴选优秀教师，并经常组织优秀教师巡回宣讲。1994年，沙头角中学还属于罗湖区，我有幸代表学校参加罗湖区的教学比武，与众多经验丰富的老师同台竞技，我竟然获得了第二名的好成绩。这次"小试牛刀"的成功让我尝到了取得成绩的甜头，点燃了"我可以做优秀老师"的那把心中的火！我似乎有了小小名气。从此，学校也开始赋予我重任，让我带教工子女班，我带着众多同事的期待努力地工作；我开始承接各种各样的公开课、比赛课。

让我印象最深的是深港两地同课异构，我代表深圳方上课。深圳教育要与香港接轨，走进课堂、互相切磋，最能增进互相了解。可对我来说，这既是个向香港老师学习的好机会，又是好大的挑战啊。要知道英语在香港是官方语言，香港老师和学生说英语就像说母语，当时别说心里有多大压力了。由于我长期开展英语对话课堂教学，学生和我之间英语交流娴熟流畅，能发挥自己的特长，最终在教研员的指导下，总算圆满完成了任务。我开始笃定：英语课堂一定要充满对话，只有对话才可以让学生愿表达、会表达、能表达。

还记得有一次，放学前科组长告诉我第二天第一节课区委书记到学校调研，要听我的课，我在前两天刚刚上了市级公开课，气还没喘过来，又要上！巨大的压力压得我顿时就哭了。但我心想："区委书记来了，教育局局长、教研室主任、校长们都会来！区政府对教育改革这么重视啊！事情都是干出来的！哭有什么用?！我一定要上一节与众不同的课！"再一次，孩子们课堂上流利自如的英语表现让我成为领导们心中的好老师。

由于得到学生、家长的喜爱和领导的信任，我连续5年教初三，带出了一届又一届优秀的毕业生，2009年还培养出了深圳市中考状元。就这样，有了不断的鼓励，我更加努力，同时也因迎来了更多的任务和挑战而压力重重，幸而我果真在鼓励和压力中成长了。我获得了许多国家级奖项，被评为深圳市首批名师工作室主持人。后来，与年轻教师分享成长经历时，我最感慨的是，感谢我的学生，教学相长，我成就他们的同时，他们也成就了我；感谢领导对我的信任，给予了重任，正是这些鼓励和压力让我成长。

可是，给我最大鼓励和压力的还是我每一届的初三学生。是他们的成长反馈让我不断反思我的教学，最后逐渐坚信我的教学风格：对话课堂，让生命绽放。带第一届学生时，由于没有经验，虽然在带初一、初二时通过大量的师生对话训练培养了学生的英语交际能力，但在初三时还是回到了语法讲解和应试上来，导致学生中考成绩虽好，但上了高中后与来自市里顶尖学校的学生相比，他们在词汇量、阅读量及表达能力、写作能力方面都远远不如人。我开始反思我的3年教学，我不仅仅要成就学生的中考，更要在初中3年给他们储备好高中及未来发展的英语能力。于是，我开始我的主题教学研究，旨在给学生提供相同主题的十几篇文章，或朗读、或阅读、或背诵，不断扩大课堂学生与文本的对话，积累与这个主题相关的大量词汇；同时了解不同文化、事实及观点；更重要的是，通过对一些好篇目的背诵，积累大量的句型。学生在有了足够的信息量输入之后，我再设计针对这个主题的相关问题，开展同伴对话活动。最后用一节课的时间让学生与自己对话，学生通过对本主题进行书面表达，实现内化，生成观点和思想。3年的训练，学生的听说能力促进了读写能力，中考也就是小菜一碟了。

四、推陈出新，收获教育幸福

20多年来我一直坚信：学习教育理论，可以丰富自己；反思教学实践，可以提升自己；坚持教学相长，可以发展自己；投身教学研究，可以完善自己。

1998年，我开始思考如何才能使全班40名学生在我的课堂都能得到最大化的训练和提高。带着这个问题，我开始探索当时与众不同的课堂教学模式。我把班内不同学习程度的学生均衡分成若干个小组，小组内还有师徒结对，这样在我完成重点难点内容之后，学生之间可以进行讨论，互帮互学。一番尝试之后，发现学生的主动性和积极性大大提高了，课堂也更活跃了，当然班上的平均分也随之明显提高了。

但同时，我也发现，最高分的学生没有达到我的目标。于是，我进行了进一步探索。每周的练习和复习课我不再分组学习，而是分层学习，我把学生分成2个大组，学习好的学生占大多数，我给他们准备拓展和延伸的阅读材料或练习，要求他们独立完成之后互相小声解决问题。我的主要精力放在学习能力较弱的少数学生上，帮助他们掌握一周来的重点内容，巩固、温习、强化。这样分层，照顾好了两极的学生，带动了中间的学生，他们各有收获和进步。这个探索和实践我一直坚持至今。2005年我才知道，这就是"小组合作学习"和"分层教学"。我不禁欣喜满怀，暗自高兴："我闯对路了！"

2007年我调入了深圳市盐田区外国语学校。这是一所高起点、以外语教学为特色的学校，我承担了市重点课题"提高初中英语教学质量的策略研究"的主持工作，编写了《提高初中英语教学质量的策略》。本课题探索出来的英语教学模式为学校的迅速发展提供了保障，也使学校成为深圳市东部品牌学校。

2010年，我有幸成为深圳市28名首批名师工作室主持人之一。我主持课题"初中英语课型分类研究"，探索初中英语课型分类特征，取得了很好的成果。2016年因此课题成果，我成了深圳市教师专业发展基地学校的主讲老师之一。为了更好地彰显英语特色，我还组织了工作室的成员编写《初中英语口语教程》，作为外教课教材。

▶ **我的学科教育观** ▶

情境浸润培能力　问题开放育思维　文化渗透出品格

一、我的英语学科教育主张

2017 年，新的英语课程标准提出了英语学科核心素养，即语言能力、文化意识、思维品质和学习能力，我很庆幸地发现，我一直在这条路上前行，践行着我的英语教学主张，没有偏离。

首先，我主张"浸润式教学英语"。语言学家福斯曾说："学习语言不可缺少的最重要的因素就是语言环境。"英语教学不能是孤立的，它离不开语言环境这个土壤。我常使用的英语教学方法之一就是"从情境中来，到情境中去"，即"情景教学法"。情景教学法是指在课堂上创建特定的情景或是利用一些案例，指引学生可以自主去掌握和分析知识。教师可以在真实的情景里结合实际的情况设定一个对话，并分配给学生一些角色，使学生可以身临其境地体验之前创建的情景，在社会环境中培养学生的语言表达能力。情景教学法利用图文并茂的方法培养学生对英语的学习兴趣，加强英语的学习效率，如活动情境的创设、问题情境的创设、矛盾情境的创设、直观情境的创设、合作情境的创设等。我在初中语法教学"一般将来时 The Simple Future Tense"课例中（荣获2017 年"一师一优课"部级优秀课例），采用了歌曲情境的创设、直观情境的创设、图文并茂的情境创设、问题情境的创设等（详见"教学现场与反思"），创设"语言情境"，培养学生语言能力素养。

其次，我主张"设置开放或半开放问题，培养学生多元思维素养"。语言教学最终是为了使学生能够准确地运用语言表达思想和观点，而思想的形成和观点的表述都需要思维能力。因此，英语教学也需要进行思维训练。在我的课堂上，为了训练学生发散思维，我常常会设置开放或半开放的问题，启发学生多角度思考问题，不断激活学生思维的积极性。所谓发散思维，是不依常规寻求变异，对给出的材料、信息从不同角度，用不同方法或途径进行分析和解决问题的一种思维方式。这种思维方式的最基本的特征是从多角度、多路径去思考问题，而不是囿于一种思路。如我在初中语法教学"一般将来时 The Simple Future Tense"课例中通过给出不同情境，让学生讨论将会发生什么。

  a. The boy is ill in class. He will…
  b. The fridge is empty. I will…
  c. She is hungry. She will…
  d. Mother's Day is coming. I will…
  e. Class is over. The students will…

当然，一个完整的思想和观点的表达往往需要语篇来呈现。英语教学如果只停留在语法规则和语句的训练而脱离了语篇的运用，是不完整的。因此，我特别注重语篇的输入和输出。这不仅仅需要学生的语言能力，更需要他们具备清晰的逻辑思维能力。学生在运用所学英语完成一个开放性问题时，首先要有主题段落（topic paragraph），表达观点，接下来是多个段落叙述支撑观点的事实（supporting details），每个段落的最开头或结尾要有主题句（topic sentence），最后是总结段落（conclusion）。训练学生用清晰的脉络表达思想，也是英语教学不可或缺的元素。如设计一个开放性问题，要求学生运用一般将来时完成"班级五一节活动方案"。最基本的逻辑框架可以如下：

（topic paragraph 主题段落）May Day is coming. We will have a party.

（supporting details 支撑观点的事实）Here is our plan.

The party will start at 7 p.m. We will hold the party at Sam's home. We will invite lots of classmates. We will sing songs, tell jokes, and play games.

（conclusion 总结段落）We will have a good time on May Day.

最后，英语作为一门语言学科，单纯让学生掌握英语交流技巧并非教学的唯一目的。每个国家的语言都承载着本国的文化，我在教学过程中，更多的是通过阅读教学让学生了解中英美文化差异、形成文化意识、培养正确的价值取向，这也是学生核心素养发展的必然要求。我在注重培养学生语言能力的同时，也不忽视对学生跨文化意识的培养。比如，学生在英语表达中如果忽视中英文不同语序的文化差异，"中式英语"的错误表达就会普遍存在，如在称谓、打招呼、道谢、致歉、恭维、请求、打电话等社交情境中，英语和汉语在表达方式上存在较大差异，学生很容易套用汉语的表达方式。因此，我会让学生找出英汉之间的不同点在哪里，避免在表达时出现错误。

在初中英语教学中，我还会适当引用文化背景来创设情境，设计教学活动，在实践中强化学生的文化意识。如增加中外节日、饮食、服饰、历史、典籍、历史名胜及风俗习惯等方面的内容，让学生学会用英语讲述中国故事，传播中国文化。

二、我的教学风格解读："对话"课堂，让生命绽放

课堂教学是语言的艺术，教师要通过语言表达来完成教学。传统教学中，主要以教师讲解来传授知识，教师说话，学生被动倾听，自然不可能有学生的主体性。有别于"说话"，"对话"则是人与人相互间的讨论、质疑、应答及论辩。积极有效的课堂对话是课堂教学成功的关键。"对话"是一个环节，是一个过程，更是一种理念。它形成了师本之间、生本之间、师生之间、生生之间互动的网状关系，实现了学生、教师、文本的和谐统一。我的课堂上通常有4种对话，通过对话激发师生的生命活力，课堂因此变得生动而精彩。

师生对话，营造和谐氛围，交流师生情感。师生对话的频率直接影响师生关

系，教师要面向全体对话。精心设计问题串，精准选择对话学生，发挥教师的主导作用，把对话引向深入，紧扣疑点，适当点拨，使学生对知识的理解不至于停留在肤浅的层面，以达到理想的学习效果。如在教学"Water"这个话题时，老师设计下列问题串，师生层层递进对话讨论：

Water ＞＞＞ How much do you know about water? ＞＞＞ What can we do with water? ＞＞＞ What has happened to water? ＞＞＞ How can we protect and save water?

学生同伴对话，构建"学习共同体"。合作交流，探究问题，在对话中理解文本、体验情感、交流思想，启迪思维和心灵，让课堂更加鲜活。如在教学"Problems and Advice"时，学生分组分角色扮演孩子、家长和心理专家等，专家通过采访家长和孩子，了解孩子的困难和困惑，并给孩子解决建议。心理专家根据孩子问题的普遍性，给家长提出建议。

学生走进文本，与文本对话。灵活运用文本，紧密联系学生实际，通过阅读、思考、演练，去接触新知识、尝试新知识、掌握新知识，通过心灵深处的思维活动和情感碰撞，发生有效的对话。我一直在做初中英语主题阅读教学的研究，我收集同一个主题的10多篇文章，让学生带着问题阅读，帮助学生形成对这个主题的一些系统认知和初步观点。

学生与自己对话，实现自我反思、自我审察、自我分析、自我批评。让学生通过与自己内心世界的心灵对话，实现学习和成长的感悟与提升。如果说前面的3个对话是对某个主题的语言输入的话，学生与自己的对话则是一个输出的准备过程。当学生对某个话题已经有了全面的了解，课堂教学中某个单元的最后一节课就来了——学生写话，把想到的与这个话题有关的都写下来。

我的课堂中，对话无处不在，抓住对话契机，提升对话质量，引导学生不断进行对话，让课堂对话展现生命的精彩。

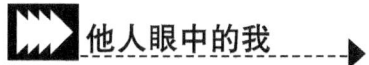

他人眼中的我

一、学生眼中的我

长大后"我"就成了"你"

时光荏苒，一转眼，投身于教育事业10多年了，甘守三尺讲台，兢兢业业，勤勤恳恳。从小我就把教过我的老师当成自己的榜样，立志长大后要成为他们，教师是太阳底下最光辉的事业。给我印象最深刻的，就是我初中的班主任欧娟老师。当时，我是一名插班生，从一个小渔村来到区里的重点学校，原来没有怎么学英语，英语基础不好。欧老师既是英语老师，又是班主任，我深深地被她的英语课吸引，每一节课的前5分钟，她都会用英语给我们讲一个故事，她声情并茂地演绎每一个故事，不管是肢体语言也好，英语的语音语调也好，到现在还深深地印在我的脑海里。

——学生　靈芝

学生聚会时仍然不忘我当年教给他们对待困难的态度——"习惯了，接受了，你就快乐了！"并把它视为名言，在他们的同事、同学中传播着。他们还说，到了高中仍然可以吃我教给他们的老本（方法＋策略）成为英语尖子生，我竟然成了他们学习英语的"灯塔"！

二、家长眼中的我

家长对我说得最多的是：欧老师每周都会和我交流，有时打电话，有时写信让孩子带回家给我。她对学生从来一视同仁，不偏心，反而对有困难的学生给予更多的关爱和帮助！

三、历任各级领导眼中的我

不管交给欧老师什么样的学生和班级，她都能教出与别人不一样的好效果！交给她总能放心！她的课充满了与学生的对话，始终能吸引住学生的心。

——沙头角中学校长　孔祥钰

一任校长说你优秀不算什么，每一任校长都说你优秀，你算是真的优秀了！

——盐田区教育局局长　马广明

欧娟不仅是个好老师，还是个好教务主任、副校长，还是优秀的主持人，是我们大家的好朋友！

——盐田区外国语学校第一任校长　余艺文

去年我调离了工作了10年的盐田区外国语学校，在欢送会上，谢红越校长依依不舍地说了如下这番话：

从37岁到47岁，欧娟副校长在盐外度过了她人生中最年富力强的10年。在这10年里，她从校骨干教师，成长为市名师、学校教务主任，再成长为省名师培养对象和学校副校长。一路成长的背后，是她在英语教学和教务管理方面的辛勤付出和累累收获，是她阳光向上、吃苦耐劳、善解人意、严慈相济的优秀人格魅力，是她对学生、对老师、对盐外的用情和用心。

在教学方面，她的教学方式不拘一格，但不变的是她对学生的热爱，对教学的一丝不苟和精益求精。对学优生她深挖潜力，对学困生她不舍不弃。她既能把学优生培养成深圳市的中考状元，也能在担任副校长以后，主动接手基础最差的班级，通过她的努力，曾经对学英语不感兴趣、没有信心的孩子说："欧娟老师教英语以后我就喜欢学英语了。"

在教务教学管理方面，她把高标准、严要求融化为循循善诱、春风化雨，她让同事们在感受到教学管理的严格和考核竞争的残酷同时，也沐浴着传、帮、带的温情，憧憬着进步与成长的希望。在她和全校同事的共同努力下，盐外的教学成绩近年来在稳定中不断提高。

在为师、为人方面，她用对自己的严格要求，给学生、给同事、给身边的每一个人带去的都是春日暖阳般的温暖和舒心,是生活的美好,是工作的快乐,是浓浓的盐外情,是满满的正能量。

盐外的14年成长史,正是因为有了欧娟副校长这样的一位位、一批批拓荒者,有了他们的用心、用情的付出,才变得越来越精彩!

四、听过我讲座的老师眼中的我

今天的讲座从开始到结束,我连一杯水都没舍得去喝,感觉你给我们打开了藏宝楼的大门,而我生怕错过某一个精彩瞬间。

——龙岗　曹雪老师

您的讲座有趣,有吸引力,接地气,好学、好操作,上这样的继续教育课最愉快,再远过来也值得!

——南山区　方老师

欧老师,感谢你的精彩分享与传授,受益颇深。回去好好研读,好好努力!

——崇文学校校长　俊勤

早上你的讲座好棒!以后继续跟你学!

——东升学校　林潇佩老师

一早上满满都是干货,我们都觉得收获满满!

——华源学校　陈双莲老师

 我的育人故事

风雨后的阳光最温暖

在我的教育生涯中,我经常会被学生感动。我和孩子们的很多故事,虽然很简单、很平凡,没有惊天动地的情节,没有可歌可泣的成就,可是,就是那些很细小的事情,孩子们细微的转变,都会让我激动不已,让我感受到做老师的幸福。

记得有一届,我接手一个毕业班,班上少数学生学习基础较薄弱,学习习惯也较差,面临中考压力,他们孤独沉默。为了帮助他们实现梦想,在这初中最后一年的学习中,我和他们发生了许多的故事,确确实实让我感动了很多回。下面我来说说其中一个。

我刚接手这个班的时候,发现有一个坐在最前排的同学趴在课桌上睡觉,我叫他起来,发现他没有课本、没有笔记、没有与我的英语课有关的任何资料。于是我不解地问他:"为什么你没有任何资料,而且还一点也不着急?"他不屑地望了我一下,眼神是朦胧的,接着又低下了头,没有回答我。多年的教学经验让我明白这个孩子没那么容易"搞掂"(粤语,意为处理)。我知道他不会搭理我,可我还是得对他提出我的要求,我低声和蔼地对他说:"隔壁班不是上英语课,今天你可以

暂时去隔壁班找同学借教材，回来好好听课。"结果他一节课都没有回来。第一天和他的对话就在我一厢情愿的情况下结束了。看着他瘦小的身体旁若无人地走出教室，我的心里很不是滋味。我脑海中突然闪过，如果这是我的儿子，我会有什么样的感受。

第二天上课前，我特意从图书馆拿了一本教材递给他，对他说："这是给你的！"他接过书，还是沉默，但没有了不屑，从此他能抬头听课。

在接下来的一个月之中，我发现这孩子很孤独，很沉默，很少讲话，和班上的同学也没有多的交往和交谈。这班的孩子们都很活跃，可我从未看见曾同学参与其中。他总是低着头做自己的事情或者发呆。在这期间，我做了好几次英语单词默写测验，他基本每次都能完整地完成，这让我对他有了些放心，但对他的沉默和内向仍然抱有一些担忧，我突然暗生出一种去深入了解他、改变他的冲动。有一个周五下午放学前，我正好改完了当天的重点语句默写，曾同学完成得还可以，我想趁有理由表扬他，找他聊聊，于是下课后带他到操场散步。

我以表扬开始了我的开场白："你还是不错的嘛，自从你好好听课，每次都能比较好地完成我交给你的任务！我很看好你哦！如果你愿意的话，我想利用课余时间，我和一个英语学得好的同学一起来帮你把基础补一补，也许你可以进步得更……"还没等我说完，他就找了个理由跑掉了。我开始有了更多的不解。当然，他还是欣然接受了我和同学给予他的补习。

后来曾同学的父亲和我通过几次电话，大都是给孩子请假的，小聊过几句关于孩子的事情。从他的声音和语气中，我可以感觉到他是一个豪爽且很能明事理的人，这使我不禁对曾同学孤僻的性格养成产生了疑惑。俗话说：有其父必有其子。为什么这孩子这么不愿意说话，而且性格中还带有一分倔强呢？

一个月下来，我多次和曾同学相处，大多是我说他听，撬不开他的嘴。我还是暗下决心要改变他的这种倔强。考试前一天自习课时，我无意间发现他在教室看手机信息，这是绝对不允许的事情，这是铁的纪律。

我一脸严肃地告诉他："今天我必须按照学校规定收缴你的手机，这是纪律要求！"

他开始还是用沉默表示抗拒，一副不惜和老师翻脸的样子。

我接着说："即使我平时再怎么关心你，我也不能纵容你自习课看手机啊！"

我没有在教室里面和他僵持，把他叫到走廊，他终于开口了："老师，求求你，我保证以后不再玩手机，希望你这次放过我，不收缴我的手机。"

我坚持，毫不松口："不可以违反纪律，学校有规定，不能因为一个人而破坏整个班上的风气！"我还是用了一个最老套最无奈的招式："让你家长把你给带回家去反省，想通了再回来上课！"

看来这一招好使，之后他说："老师，给我 5 分钟的时间，我把手机做一些处理，然后就交给你。"

这一次，他应该是明白了，我对他的关爱也是有原则的。

过了一段时间，期末考试开始了。考语文时我刚好在曾同学所在的考场监考，我一眼望去，偶然发现曾同学考试时专注的神情，他眼睛里有了神采，一扫平日的慵懒，我的内心突然涌现出一股难以言表的感动。

考试的第二天，下午考数学时我发现曾同学没有参加考试。我想：刚刚把我感动了，怎么又让我失望呢。曾同学的父亲就在学校附近，上午他联系过我，说想和我见面。我联系到他，他说他还在学校附近等孩子，我把情况告诉他，不敢想象他当时的心情，他说他会在学校附近可能的地方找找。我在学校里面操场、体育馆以及一切可能的角落找他。半小时后，曾先生给我电话说找到他了，他趴在肯德基桌子上睡觉。

他来学校时已经是下午3点，数学考试已过了半小时了。我在楼梯口迎接他，没有批评，也没有呵斥。

他看见我，主动很不好意思地说："老师，我……"我没让他说完，直接把他送进考场，让他参加考试。数学老师埋怨我，她担心她的数学平均分会被拖下去，我笑笑应付。

考试完以后我找他聊天。我先谈了我对他的认识和看法，讲了我第一次把他请出课堂找课本的事情——我给他找书以后，他态度的转变，他默写单词的认真，等等；还讲了他内向、不愿和别人交流的性格，特别是和家长的交流，希望他自己能融入同学之中，能和家长有流利的语言沟通，等等。我的言语是真诚的，语气温和，句句都是他的写照，字字都能打开他的心怀。

他好像一下打开了话匣子，他首先解释说："老师，那天考试迟到是因为记错了时间，在肯德基吃午餐准备休息一会再参加考试，精力会充沛和集中一点。"

他还说："大人说的话我都懂，可就是控制不住自己的情绪。"

我无意中问到他："为什么和妈妈很少有话说？"

他说："我妈妈是后妈，虽然后妈也很关心我，但是交流还是很少的。"

我劝他说："能生活在一个家庭里的人都是有缘分的人，要珍惜。"

他接着告诉我："我有了一个好朋友，以前学习也不是很用功，现在转变了，我要和他比一比学习！"

我觉得这是一个很好的契机，便鼓励他："勇敢地接受朋友的挑战吧，要像一个男子汉，要去拼搏，为将来打好基础，要有能力肩负生活的重担……"我看着他羸弱的身体、瘦削的脸庞，看见他眼睛里面有了光彩，头顶好像还盘旋着七彩光环。

改变，也许是瞬间的事，更多时候需要一个渐变的过程。

每年都会有很多往届毕业生回来学校看望我，他们每次回来都要汇报现在的学习或工作情况，都要回忆我们在一起时的故事，回忆我对他们的批评、表扬、鼓励甚至责罚。有些很兴奋地说："长大后我要成为像您一样的老师！"也有些说："感恩我们最美的相遇！没有您就没有今天优秀的我！"

教学现场与反思

一、我的英语课堂实录

案例说明：本课例荣获2017年"一师一优课"部级优秀课例。

学情分析：这是我参加省"百千万工程"初中名教师跟岗学习活动的一节研讨课。学生来自珠海市的一所城乡接合部的学校，学生基础较薄弱，英语表达能力也较弱。

教材分析：初中语法"一般将来时The Simple Future Tense"。教学重点为一般将来时的结构、与之相结合的时间短语的理解和运用、肯定句/否定句/一般疑问句/特殊疑问句的句式的掌握以及一般将来时的运用。教学难点为"will + do"结构与"be going to"结构的区别。

整节课创设了许多个不同的语法教学情境，遵循"对话"原则，让学生感知和运用一般将来时的语法。

通过实录记载，可以看到，整节课充满了师生对话、生生对话、生己对话。课后学生反馈，通过不断地对话，他们敢表达、愿表达、会表达了。

Grammar（语法）: the Simple Future Tense（一般将来时）

Step 1　Warming up: A song（热身活动：一首歌）

(The song Que Sera Sera played)

T: Okay, class begins. My name is Ou Juan. You can call me Miss Ou. Now let's say hello.

S: Good morning, Miss Ou.

T: Boys and girls, good morning. Today we have more than 40 students here. I want to divide you into seven groups, so Group 1, Group 2, Group 3 and Group 4, you are 5, you are 6, and the last, what is your group?

S: 7.

T: Yeah, Group 7. And now let's say hello to each other. Hello, boys and girls.

S: Hello, teacher.

T: Hello, boys and girls.

S: Hello, Miss Ou.

T: Hello, girl, boys.

S: Hello, Miss Ou.

T: Hello, guys, boys, girls.

S: Hello, Miss Ou.

T: You, all of you are guys, yeah, hello guys.

S: Hello, Miss Ou.

T: Oh, you are the best.

S: Hello, Miss Ou.

T: Hello, babies.

S: Hello, Miss Ou.

T: Yeah, thank you. Hello, everyone.

S: Hello, Miss Ou.

T: And do you want to know what your future will be? Now let's look at the song. Let's read after me. Look at the words. The first paragraph, read after me (Students read after teacher sentence by sentence):

"When I was just a little girl, I asked my mother, what will I be?"

"Will I be pretty? Will I be rich?"

"Here's what she said to me."

"Que sera sera? Whatever will be, will be? The future's not ours to see."

"Que sera sera? Whatever will be, will be?"

T: Can you guess what "Que sera sera" mean?

S: (Can't hear clearly)

T: "Que sera sera" means "Whatever will be, will be". Now please sing after me, sing after me, go. (Students sing after teacher sentence by sentence)

T: Although the future is not ours to see. We cannot decide our future. We should work hard and study hard in the school. Yes?

S: Yes.

T: OK. So I want you to learn to sing this song on the Internet, okay?

S: Okay.

Step 2 Lead in (导入)

T: And now I'd like to know your age. Now, tell me how old are you?

S: This year I'm 13 years old.

T: Oh, so you're 13 years old this year, so you will be 14 years old next year.

T: So I think you will be 14 years old next year. You will be 14 years old next year, yeah, all of you.

T: Sit down please. Now, look, what should I do? I will turn off all the lights. If I turn off all the lights, what will happen?

Ss: We don't know.

T: You don't know? If I turn off all the lights, what will happen in our classroom?

Ss: We can't see. It's dark.

T: You can't see. It's dark. It will be dark. We cannot see anything, right? These are my glasses. It's very important to me, because I can't see you clearly without them. If I drop them, what will happen?

Ss: They will break.

T: They will break. Now let's read these three sentences. "You will be fourteen next year."

Ss: You will be fourteen next year.

T: Three times. Go!

T: What's the date today?

S and T: It's November 24.

T: Good. It is November 24. But on December 4, it is now or in the future?

Ss: In the future.

T: November, December, right?

Ss: Yeah.

T: Now or in the future?

Ss: In the future.

T: And something will happen in my school. Now please read after me. First now, do you know "will attend"? "Attend" do you know?

Ss: No.

T: You don't know? Attend a party? Yes, what does it mean? 举行派对？Hold a party, have a party. Attend, you go to a party. 参加一个晚会。Join in the party.

S: 我也将参加一个晚会。

T: All of us will wear beautiful dresses.

S: 穿漂亮的衣服。

T: Dance, you know, practice?

S: 我们练习跳舞。

T: They practice dancing. Perform, when you are on the stage, you perform. Means what? "表演"。It means "表演"。Now read together, okay? On December 4, go.

(Students read)

T: Attend. Perform.

(Introduce the structure "will + do")（介绍结构）

T: Just now we talk about something that will happen in the future, yeah? All of the sentences are in the structure "Will + do", so tell me what "will do" mean? What "will do" mean?

Ss: 将要做什么。

T: Louder.

Ss: 将要做什么。

T: Tomorrow morning, afternoon, evening, who would like to tell me?

Ss: 明天早上，明天下午，明天晚上。

T: 明天早上、下午、晚间。对。Sit down, please. Next one, next year/month/week, Good! thank you.

Ss: 下一年，下一个月，下个星期。

T: 下一年，we often say?

Ss: 明年。

T: Next month? 下个月，下个星期，right. Next one, soon.

Ss: 将来，不就之后。

T: In ten years

Ss: 10年后。

T: Right. In the future, means what? The girl.

Ss: 在未来。

T: Yes, let's read together, go.

T: Now, let's think about how to complete these sentences. Now look at this word, soon. Who'd like to do it first? Think about it with your partner, okay? 两个同学准备一下。I begin to tell you one secret. Who wants it? This is for you, but not for everyone. But only for one group, who? The winner group. We are about to have a competition in this period, the winner group will win this ball. It will belong to you. Now think about it. Make the sentences.（我们将进行分组比赛，获胜的组将获得奖励）

T: When you are ready, please put up your hands! Now, which group wants to have a try? Two hands, two hands, oh, you two. Now you first.

S: I will write a letter to you soon.

T: I will write a letter to you soon. I will write you a letter, yeah, we change "write" into "will write". What does "will write" mean, together?

S: 将要写。

T: Next, number two. You.

S: We will play badminton next week.

T: We will play badminton next week. Good. From Group 1. Next, the boy.

S: They will visit their friends tomorrow afternoon.

T: Yeah, right? They will visit their friends tomorrow afternoon. Sit down, please, from Group 5. Next. The last boy.

S: There are robots in people's home in the future.

T: Do you agree with him?

S: No.

T: You.

S: There will be robots in people's home in the future.

T: There will be robots in people's home in the future. You are right. So from Group 2. Group 3, 4, come on, come on.

T: I'd like to ask you some questions. Will you do your homework tonight?

S: Yes, I will.

T: Will he do his homework tonight?

S: Yes, he will.

T: Will you go home after school today?

S: Yes, I will.

T: Will you go home after school today?

S: Yes, I will.

T: Who'd like to ask them?

T: Will they go home after school today?

Ss: Yes, they will.

Ss: Will they go home after school together?

T: Oh, good. Will they go home after school together? Do you think they will or will not?

Ss: (Can't hear clearly)

T: Oh, they live far away from each other, yeah?

Ss: yeah.

T: Good, thank you. They want to go home together. Now let's read these sentences. Number one, go.

T: Read after me. Will they visit the moon in the future? (Rising tone)

Ss: Will they visit the moon in the future? (Rising tone)

T: Yes, they will.

Ss: Yes, they will.

T: No, they won't.

Ss: No, they won't.

T: Now I'd like to ask you. You ask her, she asks her, she asks him, okay? Go. (Ss make dialogues)

T: Which group is ready? Who'd like to have a try? Okay, your group. You go first, together. Listen carefully.

Ss: Do you listen…

T: listen to what? Music, okay.

Ss: …

T: In the future? Do you do homework in the future? Of course, I will learn in all my life. 终身学习, right.

Ss: Yes.

T: So we will give one point to Group 6.

T: Now let's play a guessing game. What sport will the boy do tomorrow? Who can give the right answer. Ok, that boy. （我们来玩一个猜测游戏）

Ss: He will play basketball.

T: Now, the boy.

Ss: Will he play soccer?

T: Will he play soccer? Sit down, please. Any other answers?

Ss: Will he play badminton tomorrow?

T: Ok, sit down please, the boy.

Ss: Will he play ping pong ball?

T: Let's see who is right.

T: Who said basketball? Question, Where will they go after class?

Ss: Will they go to the beach after class?

Ss: Will they go home after class?

Ss: Will they go to the sea after class?

T: Will they go to the seaside after class?

Ss: Will they go to the library after class?

T: Now let's see who is the winner. So you are right, Group 1 and Group 5. And you said go to the seaside, that's also right. One more chance.

How will she go to school?

Ss: By bike.

T: Use complete sentence.

Ss: She will go to the school on foot.

T: She will go to school on foot or she will walk to school.

Ss: Will she go to school by bike?

Ss: Will she go to school by bus?

Ss: Will she go to school by car?

Ss: Will she go to school by train?

T: By train?

Ss: By subway.

T: Now let's see. By car. Who said it?

T: Now, more difficult for you. I give you five situations, and I'd like you to work in groups to think about as many ideas as you can. For example, the boy is ill in class. He will… If someone of you is ill, what will you do? The group who have the most ideas will win. Choose one topic. （我将给你们5个情景，每个组选择一个情景，尽可能想出多钟可能性，最多者获胜）

T: Are you ready?

S: Yeah.

T: Go, together.

S: He will tell the teacher. He will go to the hospital. two ideas, ok.

S: He will take the medicine.

T: Read after me, take medicine.

S: He will drink some hot water.

T: Good.

S: He will stay on the bed.

T: Have you got any idea? No idea?

S: You got six ideas.

T: Group 2.

S: He will go shopping.

S: He will go to the supermarket.

S: He will go to the store.

S: He will go out to buy some food and buy some milk. I will make my fridge full.

T: Five, good. Come on.

S: She will eat some fruit.

T: No idea, ok, sit down please.

S: She will go to the restaurant.

S：She will go shopping to buy something to eat.
T：Girls, your thanks giving is coming.
S：I will have a party with my friends.
S：I will visit my grandparents.
S：I will go to the park with my mother.
S：I will have a picnic with my parents.
S：I will buy some gifts for my parents.
S：I will go shopping with my mother.
T：Who will pay? 谁买单? you or your mother?
S：The students will play basketball.
S：The students will help her parents with the house work.
S：The students will go to the park.
S：The students will do their homework.
S：The students will eat dinner.
S：The students will go swimming.
S：The students will go to the library.
S：The students will watch TV.
S：The students will read some books. The students will play tennis.
S：The students will play the computer games.
T：Wow. Big hands. Who wins? Group 5. Sunday is coming, what will we do? Now read it by yourselves. (Ss read)

T：熊猫生病了。
S：The panda is ill.
T：我们将什么时间见面？
S：When will we meet?
T：我们将怎样到那里？
S：How will we get to the zoo?
T：我们会看到猴子吗？
S：Will we meet the monkey?
T：我们会看到熊猫吗？
S：Will we meet the panda?
T：哦，sorry，看不到啊。
S：Oh, sorry, we won't meet the panda.

T：Now which two groups want to compete, who can say better. Which two groups? Your group and the 7th group. You three stand up and you stand up. You are… and you are…

T：Wow, wonderful. Who is better?

Ss：The 7th.

T：They are as good as each other. Ok. I will give you homework. Make a plan. Do you know how to make a plan（写计划）? When is Christmas Day? It's on December 24. You will have a party. You may tell your friends when, where, who, what. How to make a plan? I will give you an example. Let's read together, Christmas is coming, go. Please write a plan as the example, do it tonight. will you?（写一个圣诞节的计划）

Ss：Yes, we will.

T：Group 5. Catch the ball, will you? Big hands for them. I have a suggestion. Will you use it by yourself or share with your classmates?

T and S：We will share with our classmates.

T：Ok, now class is over.

S：Goodbye, Miss Ou.

T：Goodbye, babies.

二、教学反思

1. 资源开发和教学设计

本节课是一堂初中语法课，内容是一般将来时。教学设计理念是强调语法的功能，而不是语法形式本身，强调在语言实践中运用语言知识。坚持"语法教学从情境中来，到情境中去"的设计理念，凸显语言交际功能。主要表现在如下几个设计环节：

（1）课前热身。

通过对含有一般将来时的一首英文歌曲的学唱，激发学生学习兴趣。

（2）引入。

设计了3个情境，一是与学生讨论明年的年龄，用将来时表达；二是教师利用环境资源，做出关灯动作，问学生即将发生什么事，需用将来时表达；三是老师取下眼镜，拿在手上准备松手，问学生将会发生什么事，需要用将来时。

（3）文段引入。

一张图片加一段文字，让学生感受用一般将来时描述一件即将发生的事情。

（4）活动设计。

①通过图片展示部分情境，让学生猜将会发生什么事。②用文字设计几个情境，训练学生发散思维和表达能力，想象可能发生的各种事情并表达。③输出活动要求学生制订一个活动计划。

2. 课堂教学对话和教学生成

本节课的最大特点就是突出了语言的交际功能。教师通过训练学生用语法来学语法，而不是通过讲解语法来学语法。整节课的设计从控制性机械训练到半控制的发散思维的训练，再到开放地由学生表达，提供了大量师生和生生对话的机会，因此，教学生成连绵不断而且自然。例如，当老师问到某一个学生："放学后你会走路回家吗？"学生回答："我将会骑车回家，因为学校离家又点远。"立刻，旁边一位学生就站起来说："他会和我一起骑车回家，因为我们俩住在同一个地方。"当时我感到非常欣慰，我意识到了，学生是有主动表达的愿望的，于是顺势继续和这个学生交流："你们将会花多少时间骑车到家呢？到家之后你又会做些什么呢？"这种自然的对话让更多的学生愿意主动参与交流中来。又如，教师为了激励学生积极参与课堂教学，采用了小组合作和捆绑评价方式，在本节课结束时，老师按照既定规则要将篮球奖励给第一名的小组。这时，老师抓住了情境机会问学生："你们会就你们组的同学自己玩，还是会和其他组的同学一起分享呢？"学生爽快地回答："我们将一起分享！"这个对话既训练了学生用一般将来时表达，同时也融入了"善于与人分享"的情感教育。

3. 教学风格与教学艺术

这节课充分突出了老师"对话课堂"的教学风格，整个课堂80%的时间都是自然的师生对话和生生对话，颠覆了以往以老师讲解和做题为主的枯燥无味的语法课的教法。新型的师生关系、教师极强的专业素养以及贴近生活的教学资源开发都为这节课的顺利发展奠定了基础。如：①教师极强的亲和力消除了学生课堂上羞于表达的恐惧和焦虑，让学生不自觉中就主动参与进去。②教师流利的全英文教学给学生提供了很好的英语学习环境和英语交际环境。学生始终在听或者说着英语，慢慢就会产生英语思维。③教师在教学资源开发的过程中，充分考虑了贴近学生生活的因素，这也为交际训练提供了容易让学生接受的内容。

结束语

岁月不居，时节如流。回望过去，不觉我已充实而坚定地走过二十六载，一直坚守与学生同心，与时代同行。理想不容退场，展望未来，我将继续与深圳人一道当好排头兵，走在课改路上的前列，锲而不舍地追求卓越，挖掘学生潜能、引领学生发展、发出学校声音、创造学校品牌，继续追梦，一路奔跑！

研学创新育素养　共生内化齐相长

● 冼雪玲（初中英语）

▶ 导读语 ▶

从海滨城市湛江来到水乡番禺，我与水结下了不解之缘。上善若水，水利万物而不争，这里多元、包容的文化氛围给了我广阔的施展舞台，让我在三尺讲台书写芳华。与学生们同奋斗、共成长的日子里，我收获了满满的职业幸福感。作为番禺区首届骨干教师，番禺区英语教研员工作室以及番禺区骨干教师工作坊成员，我有更多的机会分享我的理念；作为广州市优秀教师、番禺区优秀教师、北片及大石中学优秀共产党员、番禺区课堂教学改革先进个人、北片"名教师"，我有更大的勇气和担当；主持或参与8项省市区级课题研究，承担省、区级发言或讲座8次、研讨课10余节，多篇论文发表于各级刊物，我有更高的平台发展自我；参加广州市青年教师技能大赛、全国牛津录像课比赛、番禺区研学案比赛，辅导学生竞赛，均获佳绩，我有更强的信心与动力。我的课堂设计从学生的学习角度出发，以问题为导向引导学生在课堂上开展合作研学，探究阅读文章背后的深层含义、剖析语言现象背后的语法规律，帮助学生体验用所学语言知识、技能解决问题的成功感，从而激发学生英语学习的原动力、培养学生思维能力以及可持续发展的能力。我认为英语课堂是一个巨大的能量场，能让师生的生命得以最绚丽地绽放。

▶▶ 名师成长档案 ▶

且行且思且悟　且学且研且得

我来自美丽的海滨城市——湛江，那里有一望无际的大海，她是那么美丽，波光粼粼,烟气浩渺;她是那么神秘,有时波澜不惊,一碧万顷,有时又惊涛拍岸,海涛滚滚;她是那么宽广,以博大的胸怀包容一切。从小我和伙伴们就在海边玩耍,远远观望停泊在港口的千吨巨轮,到港口英语角去凑热闹……到底那一望无际的大海外面的世界是怎样的?我的内心充满好奇。大学毕业后我毫不犹豫地接住了番禺区教育局伸出的橄榄枝,带着"优秀毕业生"的称号走进了番禺区大石镇。大石地处珠三角,珠三角为三江(西江、北江、东江)的交汇地,形成珠江。古时外来人口流入珠三角地区亦往往沿三江而入,至珠三角地区傍河而居,形成了杂居共处、多元共存的面貌,土著文化、中原文化、海外文化均在这里共通共融,孕育出广府文化,并逐步形成了开放兼容的南粤精神。改革开放以来,这种多元性、开放性和包容性促进了大石的发展。大石地处城乡交界处,在番禺地区处于较发达的水平,现代化程度也较高,整个地区繁华、富于活力和创造力。无独有偶,大石与湛江都与水结下了不解的渊源。水利万物而不争,低调而有力量,培育了人们务实进取的品格;水包容而有灵气,培育了人们宽广的胸怀。正是得益于这样的地域文化以及人文环境,我这个新番禺人在大石这片土地上找到了发展的舞台以及与新故乡融为一体的归属感!

一、站上讲台——初为人师,刻苦勤勉,激趣带学

"各位老师,这个学期我们将会迎来一位新同事——毕业于湛江师范学院的冼雪玲老师,她是一名优秀毕业生,在大学期间综合测评成绩年年名列前茅,大学4年一直担任学生干部,综合素质非常强。欢迎冼老师加入我们的团队,为我们注入新的活力!"在冯珊校长的介绍及厚望下,我正式走上讲台。大石中学建立于1956年,生源主要来自周边的15个自然村,有不少家庭从爷爷辈到孙子辈都在大石中学就读,它有厚重的历史感,还承载着大石人民的期待与希望。随着经济的发展,大石地区汇聚了来自全国各地的家庭,学校也接收了一部分外来务工人员的子女,他们来自不同的家庭,有着不同的文化背景,把不同的思维习惯及生活习惯带进学校;再加上大石地区处于城乡交界处,家长对孩子的教育重视不一、家庭教育差异很大、生源素质参差不齐,这些因素造成了大石中学文化背景以及生源的多元化。我担任初一(2)班的班主任及英语教学,开学前一天晚上拿到学生的简历表,可以看到品学兼优、全面发展的优生,也有不少无心向学的调皮大王;小学毕业成绩两极分化极其严重。作为一名没有任何经验的新老师,我知道我将会面临严峻的考验,同时还有一丝的迷茫与恐惧。夜深人静,耳边似乎传来海浪拍打岸边的声音,水孕万物,它何曾嫌弃过、恐惧过?每个生命都值得尊重,作为一位老师更需要这种开放包容的心态,不让一个孩子掉队!

初生牛犊不怕虎的我认定2点:一是严师出高徒;二是尊重语言学习规律,用全英教学。在班级管理上我坚持刚柔并济,制定班级公约,与科任老师齐抓共管。我处事公平公正,对优生不偏袒、对后进生不放弃,加上年龄与学生比较接近,很

快就被学生们接受和认同,班级各项事务运行得井井有条。人生所走的每一步都是有用的,能如此快地适应班主任的角色,我认为这和在大学时担任学生干部的锻炼是分不开的。有了稳定的班风,我的英语课也上得不费劲,我却觉得有那么一点不对劲。对于农村的孩子来说,英语学科是个薄弱的科目,它仅仅是一个学科,就是一个需要背单词、背语法、做练习的科目,当时在课外接触到英语的机会以及场合不多,他们的家长也没有能力给他们提供更多的学习资源。我每天机械地重复着教单词、读课文、做习题、讲语法……我使出浑身解数将我大学4年在英语角练出的那一口流利的英语在课堂上展示,学生一脸迷茫,课堂气氛是那么的压抑。我就像在舞台上"独舞"的舞者,享受一个人的"精彩",这并不是我想要的。

"上善若水,润物无声",教育教学应该是对学生潜移默化地产生影响与作用,我告诉自己要稳住。于是,课间我们班教室里悄悄播起了英文歌,从字母歌、儿歌到流行歌,学生们由听,到轻轻哼;课前5分钟,我会与学生们拉拉"家常",如"What's the weather like today? What's your favourite colour? Tell me something interesting about your classmates/friends/family."就这样,从一个简单的小问题到生活上的一些小趣事,学生一点点地走近英语。此外,我还举行课文朗读比赛、Word Puzzle竞赛、情景对话表演,给他们展示我和外教老师在英语角和课堂上的学习照片,打开了英语学习的一扇窗。在课堂上,学生开始回应我,也开始看一些英语幽默小故事,在课堂上也能小试身手。在新老师的汇报课上,教室里座无虚席,我们当天学习的内容是一般疑问句的提问及回答,课堂里有一个环节是互相提问训练,调皮的孩子们居然找到了我们班的语文老师:"Miss Shao, do you like roses?"邵老师兴高采烈地回答:"Yes, I like! I like!"全体的学生和听课老师都乐了,有同学马上嚷嚷:"Yes, I do! Not I like!"可爱的语文老师马上改口:"Yes, I do! I do!"全班就更乐了,记忆中学生们后来还真的没有错过这个语法点。听课的老师都很诧异,农村的英语课堂可以全英文上课,初一的学生英语表达能如此自然,班上所有的孩子都能乐在其中。一年过去了,终于,我由舞台上的"独舞"变成"与学生共舞"。

"冼雪玲老师虽然是一名新老师,但是她勤奋、有创新精神、有办法,班级管理井井有条,英语教学深得学生喜爱,成绩名列前茅,不愧于优秀毕业生的称号!"在年度教师总结会上,冯校长再一次给予我高度的评价,这让我备受鼓舞,同时也有了压力。

二、站稳讲台——学为人师,孜孜以求,活动导学

人的成长总需要一些因缘际会,第二年正值学校搬迁新址,教育教学软硬件升级打造,学校也走上了发展的快车道,校长带领全校师生向区、市、省级学校进军,提升课堂教学质量是摆在我们面前的课题。借着这一股教研之风,我对自己的教学又进行了一次深刻的反思,对之前的教学成果做了提炼,写成论文《英语特

色教学法》《培养学生的自主学习能力——所行、所想、所思》，均获得大石镇论文评比三等奖，这在学校也是一个不可多得的突破。在日常教学中，我所做过的活动就像散落一地的珍珠，我将它们串起来，形成一个系统和整体，引导学生通过参与活动操练语言和运用语言，形成"英语活动教学法"。我参与了番禺区"十一五"课题"大石中学初中英语活动课程有效开发与实施的研究"，参与校本教材《英语口语训练》《英语作文集》和《大石中学初中英语活动课程》的编写，与刘永志老师合作的文章《在活动中为学生搭建成长的平台》发表在《广州青年报》2011年9月第3141期。通过团队的力量以及课题的引领，我的活动设计不仅关注其趣味性，还关注到其梯度性、延展性以及对目标达成的作用。词汇接龙、故事接龙、拼词、猜谜、猜人和物、绕口令等都常出现在我的课堂。课外学唱英文歌，让学生在学唱英文歌的时候体验英语的魅力，也让学生从英文歌曲中探寻欧美西方文化的特色，以及中西方文化的差异，了解世界各地不同的风俗习惯。结合初中课本关于西方国家节日庆祝习俗等内容，开展英语手抄报比赛。举行各类型的英语竞赛，如书法比赛、讲故事比赛、朗读比赛、演讲比赛等。设计英语课本剧，举办英语课本剧表演，让学生在一个个近似真实的情景里，扮演各种角色，用英语进行交际。给学生一个舞台，还教学一片精彩。学校接受广东省一级学校评估时，我代表英语学科上了推荐课，专家课后评价："我们就是需要这样的英语教师，这是我听到的最好的课，祝贺你，继续努力！"此情此景至今依然历历在目，鼓舞着我一路前行，一站上讲台我便忘我地与学生一起遨游英语王国，一起享受属于我们的英语天地。有付出必有收获，英语的词汇积累、运用能力以及广度拓展都为学生打下了坚实的基础。在2003年的广州市"英语周报杯"初中英语词汇竞赛中有3名同学获二等奖，成绩位居番禺区前列。番禺区教研员梁镜全老师亲自把证书以及纪念品送到学校，与冯校长一同颁发给我，这既是肯定也是鞭策。

三、站好讲台——乐为人师，回归本质，合作研学

机会总是垂青于有准备的人，2009年4—6月，我有幸作为广州市20名优秀英语教师之一前往英国伯明翰大学进修。在英国，我真正感受到了当地的文化，真正感受到用英语与当地人沟通时的困难，并由困难到得心应手，真正感受到英语的工具性，使我从一个语言运用者的角度来认识英语，我更加能够设身处地地为学生着想，懂得英语教学应该给他们带来什么。2012年7月，我又荣幸地参加了中文化教育协会组织的the English Professional Development Program，在加拿大专家的引领示范下，我看到了英语教学的更多方式和方法。在英国和中国香港的学习中，外籍教师给我的最大冲击是，一个观点的获得必须要通过学员的小组合作探究、体验总结，最后再由各个小组进行展示。在呈现某一种教学法时也不会直白地告诉你这是什么，而是通过设计活动让你去参与操作，通过这种方式得来的体验就感到非常真实，而且是真正地懂了。这不就是在践行杜威"在做中学"的观点吗？而2012

年 8 月北京外国语大学主办的广州市农村中学英语骨干教师高研班，令我对英语研究性学习、小组合作学习的本质有了更清晰的认识。教育部张玲棣、任真等学者对英语教学高屋建瓴，结合中国学生以及课堂的实际，指导我们在英语课堂如何开展真正的合作，如何进行研究性及创新性的学习。2012 年，适逢番禺区开展"研学后教"的课堂教学改革，倡导"把时间还给学生，让问题成为中心，使过程走向成功"的教学理念，以研学案为抓手，以小组合作学习为方式，充分发挥学生的能动性，引导学生主动探究知识、通过交流合作寻求问题的解决方法。我也在合作学习、戏剧教学、研学问题的研究方面进行了深入的探讨，将教材与教法、语言与技能、课堂与生活、校内与校外、教师与学生巧妙地融合在一起，形成论文《"研学后教"教学理念下的初中英语语法教学模式探究与反思》；承担了省、市、区级研讨课 10 余节。在省、区开设了"在英语课堂中，如何开展小组合作学习"等场专题发言或讲座 8 次，从理论和实际操作课例和老师们一起全方位探讨了如何有效地展开小组合作学习。在语法课上，我整合了大量的语法现象，让学生通过观察语言现象，以小组讨论的形式探究总结语言规律，然后通过完成教师设计的任务，对语法知识进行操练、巩固与运用。教师从旁适时点拨，给予支持。在研学课堂中，以问题和任务为中心，学生通过主动参与探究，寻求解决问题的办法、完成任务的途径，我成功地成为一名"伴舞"者，让学生成为舞台的主角。学生不再是被动的听众和观众，他们的思维得以启发，他们的声音得以被听见，他们的才华得以被看见，这是我的追求——激发学生的学习原动力，成为学会、会学、乐学的主动学习者。边研究、边反思、边感悟、边学习、边行动、边收获，我主持的番禺区"十二五"课题"七年级英语单元复习课'研学问题'设计的案例研究"获"中国梦·园丁美——广州市中小学青年教师教学基本功和技能竞赛"区特等奖，市优秀奖。2014 年秋季全国初中牛津英语教学观摩研讨会录像课获三等奖。论文《例谈基于"问题化"学习的初中英语阅读教学设计》发表在《校园英语》2018 年第 45 期，《初中英语课外活动中的任务设计探究》发表在《广东教学》第 2916 期；本人也被评为"番禺区研学后教课堂教学改革先进个人""番禺区先进教师"，以及获得"北片教学成绩突出奖"。

2015 年 7 月，我过关斩将，通过了广东省"百千万工程"第二批名教师培养对象遴选，聆听了全国名师大家的讲座，受益于实践导师的指导；与优秀的同行一起到杭州、北京、香港、澳洲开拓视野，到汕头、茂名、韶关送教下乡，辐射带动。广东省教育厅为我们提供的这个平台，对我的专业全面发展有至关重要的影响。

我的学科教育观

一、我的教学风格：研学课堂　合作共生

英语教学长期以来存在"以词汇、语法知识为主线，技能训练单一，缺乏语境、忽略主题，语篇意识不强、思维发展薄弱"等问题，学生学习方式"以接受性学习为主，注重知识点训练与记忆，缺乏真实语境下的语言实践活动"。英语课堂如何从"教"走向"学"，在每一天的课堂里落实核心素养？如何使学科教学走向学科教育？如何帮助学生走向深度的学习，点燃思维之光？我一直孜孜以求这些问题的答案。经过观察与分析，我发现学生学习英语知识与形成听说读写技能的过程不是一个被动接受的过程，而是一个发挥其主观能动性，主动对知识进行探讨与创新的过程。我以问题为出发点，通过课前问、课中问、课后问形成问题链，引导学生了解、思考、梳理、概括所学内容。教师问、学生问、组间互问，引导学生通过发现问题—分析问题—解决问题的思路和方法，达到真正掌握知识并且内化、学以致用的目的。这样的"研学"课堂，激发了学生学习的原动力，慢慢扭转了学生被动等待、接受答案的局面，迸发出思维的火花，从而使教师和学生的生命都得到生长，达到"共生"的目的。

（一）在"研学"课堂中培养学生自主学习能力

布鲁纳认为，学习是一个积极主动的认知过程。学习者不是被动地接受知识，而是主动地获取知识，并通过把新获得的知识和已有的认知结构联系起来，积极地构建知识体系。"研学"课堂的创新点就是要引导学生通过合作、探究来寻求真知，构建自己的知识体系。英语语法教学被多数教师认为是英语教学当中的一个难题，因为教师讲得声嘶力竭，学生听得昏昏欲睡，最后做题还是一塌糊涂。我在"研学"英语课堂当中打造了英语语法教学的模式：体验—归纳—控制运用—自由运用。以 Grammar Unit 6（*Oxford English* 7A）为例，这是教授 If 条件状语从句表达"在某条件下，某事很可能发生"的语法内容。

第一步：我用学生耳熟能详的歌曲"If you are happy，you…"引导学生关注、体会指定歌曲片段中 If 从句的形式、意义和用法。（听）

第二步：整合本单元学习的课文，用 If 从句表达其主要内容。在阅读语境中体会 If 条件状语从句的形式、意义和用法。（读）

第三步：让学生尝试连线配对出 If 句式。让学生尝试简单的操练。（写）

第四步：教师提炼出典型例句，学生以小组合作的形式观察语言现象，归纳、总结 If 条件状语从句的形式、意义和用法。（说）

①If I go to Shanghai, I will visit People's Square.
②If my camera works up there, I can take many photos.
if + 从句   主句
　　　（　）A. If + 一般现在时，一般将来时
　　　（　）B. If + 一般将来时，一般现在时
　　　（　）C. If + 一般现在时，情态动词

因为前期有大量的语言素材准备，学生通过自主研学、讨论互学，水到渠成地找到规律。

第五步：半控制练习。我设计了一些看图说话、补充句子等练习题进行分层操练，巩固语言结构形式，加深语义理解，内化所学语法规则，解决本课重点。（说、写）

第六步：自主练习。Design a trip plan for your pen-friend. 口头综合运用，在真实情景中使用 If 条件状语从句，再次内化所学语法规则，突破本课难点。（说、写）

假设国外的笔友来到中国，学生为他们设计一条旅游线路，在广州八景中选取最为合理的线路，设计一日游，并且要介绍选择这条线路的原因，在讲解的过程中需用到 If 条件状语从句 "If you go to... you will..."。学生在情景中运用语言解决问题。

我不生硬地讲解语法规则，而是通过有趣的活动和真实的语境来引导学生自觉归纳语言规则并运用于语言实践中，以领会代替强记，以生动消除枯燥。

（二）在"研学"课堂中培养学生的思维能力

思维品质是学生核心素养的重要组成部分，主要包括：逻辑思维、批判性思维以及创新思维能力。我们的学生长期以来习惯于被动听讲学习，缺乏主动探究或者是表达自己不同意见的动力以及勇气。在"研学"课堂上，我通过课前、课中、课后提问，培养学生的问题意识，精心设计各环节有梯度的任务活动，在活动过程中使学生的思维能力得到锻炼。

利用思维导图使学科知识脉络变得更清晰，培养学生的逻辑思维能力。我根据不同类型的教学内容，引导学生制作出个性化的思维导图。例如在学习英语八大时态时，我让学生用语法思维导图（grammar map）将每种时态的概念、时间副词、肯定句及疑问句的结构、例句等整合梳理。学生的思维导图呈现出个性化的特点，有的是文字型、有的图文并茂，有彩色也有黑白。制作思维导图的过程就是一种建构知识网络的过程，有助于加深孩子们的印象。我要求每一届学生都制作词汇思维导图（vocabulary map），在每个单元词汇中，选出 10 个词制作词汇导图，包括同义词、近义词、反义词、词形变换、加前缀、后缀后的拓展词汇、例句等，通过这个做法，学生们自己摸索出英语单词的识记方法，无形中扩大了词汇量，甚至还培

养了猜词的能力，也养成了通过查字典和工具书学习英语的习惯。学习完课文后，我也习惯利用思维导图帮助学生理清课文脉络、复习重点词汇词组，学生再也不用死记硬背，再也不会应付完老师的检查就忘得精光了。他们看着思维导图以及重点词汇的提示，轻松地表达出文章的大意，而且这是自己遣词造句，根据自己的理解讲述出来，日积月累，便形成了语言感觉，以及培养了流畅的口头表达能力。通过思维导图理清关系与文章脉络，构建自己的知识网络。

在阅读教学中，我以问题为出发点，通过设计问题链，通过课前、课中、课后的提问，师生互问、生生互问，培养学生的问题意识，发展学生的思维品质。我给予学生充分的表达与选择权利，在茂名送教的时候，阅读的是到美国学习的文章。我让学生完成思维导图，梳理文章的脉络，理清思路：留学费用、留学住所、留学生活、留学课程、留学评价等。学生对文章的内容清晰明了，并且能看着导图复述出课文。随后，我又让学生以小组为单位讨论是否会选择留学，原因是什么。学生最后的表现令人惊喜：有的学生说他会选择留学，因为他希望多学点东西，了解外国，才能更好地报效祖国；有的学生说不会选择，因为家庭经济状况无法负担留学的费用；还有的学生说会选择留学但不会选择美国，因为感觉那里不太安全……在场听课的老师都非常诧异农村的孩子能如此大胆地用英语表达，尽管不那么流利与准确。他们更加感叹原来孩子们懂得那么多，那么有主见，只是平时不表达出来。"研学"课堂，给予学生一个表达自我的机会，无形中思维能力也得到培养。

（三）在"研学"课堂中开阔学生视野，培养学生的文化意识

英语学科不仅仅意味着语言知识与技能，它还是一扇通向世界的窗户，透过这扇窗，学生可以感受到语言背后的文化，拓宽视野，取其精华，形成良好的习惯。在"研学"课堂上，我充分发挥了合作学习探究的作用，设计各种各样的研讨活动让学生开展研究性学习。在学习介绍母亲节的阅读文章后，我让学生制作"外国节日大搜罗"的手抄报，学生通过到图书馆、上互联网查询，将外国节日的由来、特点、庆祝方式等了解清楚，增长了见识和见闻。在学习完了"Exchange Education"后，我让学生以一名留学生的身份向外国的同学介绍中国的文化、风土人情等，学生们选取的角度非常广泛，有节日习俗、有饮食、有家庭传统、有旅游景点介绍等，无形中增强了学生的文化自信以及民族自豪感。"研学"课堂是开放的、创新的，也是富有挑战性的，这是教学发展的趋势，备受学生欢迎。

从孩子们的评价中，我收获了成功的喜悦，毕业后有的孩子们向我报喜，说他们的英语成绩在重点高中名列前茅，而且成为他们最轻松的学科，很多知识都在初中"涉猎"过……也有不少的孩子选择了出国深造或者是从事与英语相关的职业，他们都告诉我初中3年对他们的影响确实太大了。这些反馈对于我来说是惊喜的，因为我的教育教学成果不仅仅是通过分数和证书来体现的，更体现在孩子们后续的

愉悦和幸福，以及持续的发展动力，这些才是我想追求的目标。

二、我的教学主张：研学　共生

2016年，我国提出英语学科核心素养，其中包含语言能力、思维品质、文化意识和学习能力4个维度。中国教育学会外语教育专业委员会理事长龚亚夫提出："今后的老师不仅仅是把英语作为一种交流的工具去教，这个语言教学也就不仅仅实现一种工具性的目标，今后要实现的是通过英语教学培养学生的心智，通过英语教学培养学生的思维能力和培养学习的思辨能力、创造性能力，通过英语学习养成一种良好的行为习惯、道德品质。"在英语教学过程中，培养学生的学科核心素养，是每位英语教师的使命。我认为要实现这一目标，教师的教学方式以及学习方式都需要改变，点燃学生的希望，激起学生主动学习、探究的愿望，使学生积极思考，运用所学解决问题。我开展了"以问题为导向的研学"课堂，以问题为依托，帮助学生在发现问题—分析问题—解决问题中培养思维能力以及运用语言的能力，引导学生在合作交流中完成研学任务，以达到提升学习能力的目的。"研学"课堂为师生带来了新的挑战，为学生提供一个舞台，还教学一片精彩。

"研"包含2个层面的意思：一是教师在对课标、教材、教法、教学对象充分研究的基础上，设计可操作、有梯度的教学任务和活动，引导学生参与课堂，主动学习；二是学生对知识进行积极探索，共同研究、解决学习过程中遇到的问题，以达到思维的目的，形成可持续发展的学习能力。在英语教学中，不同的课型，"研"的重点有所不同。在新授阅读课中，学生可通过阅读文章，"研"教师提出的问题、课堂生成的问题。在语法教学中，学生可以通过观察大量的语言现象，分析总结出语法规律。"学"不再是简单的通过"听"的方式，而是通过自主思考、小组合作、探究的方式，完成任务、解决问题的学习过程。在英语的复习课当中，学生一改以往通过大量做练习、教师评讲对答案的复习语法内容的形式，教师通过设计让学生制作海报、倡议书的活动来引导学生将所学的语言运用到实际问题的解决当中。

课堂是一个能量场，最美好的课堂应该是师生间的相互成全，教学相长。在"研学"英语课堂上，以生为本，课堂教学也更加开放，大数据环境中，学生在课外接收到海量的信息并带进课堂，师生间产生更多的思维碰撞，对教师的挑战更大。我除了需要加强备课的研究，还不断加强对自身教育教学观念的学习，努力担任好学生引路人的角色。学习方式的变革激发了学生的学习动力，学生在自主思考、与他人交流探讨、成果展示过程中获得成功感。师生的生命在"研学"课堂中绽放并向上生长，这才是我心目中向往的课堂。

于漪老师说："我上了一辈子的课，上了一辈子不完美的课。"这告诉我们，课堂教学的追求永无止境！这也是我的座右铭。

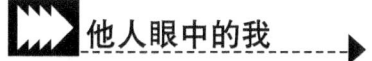 他人眼中的我

一、学生眼中的我

"学习过程中要细心啊！怎么细心都不过分。"这是大石中学冼雪玲校长，陪伴我们度过3年初中学习生活的"米线"，常常挂在嘴边的高频话。多么熟悉的声音，现在还萦绕在我的耳边。进入初中后，十分幸运地，恰好"米线"教我们的英语。别看她是校长，她可亲昵呢。我们同学都亲昵地称她"米线"。毫不夸张地说，"米线"的每一节课都是精品，上她的课呀，那就是一种享受。课堂上既有欢声笑语，也有严肃紧张。据说她是我们学校老师们心目中的专家呢。每次课后，我们都愿意围着她问这问那。似乎她身上总有一种磁场，吸引着我们靠近她。离开"米线"快一年了，想念她。好想对她说：不要太累着自己哦，米线。

——广东仲元中学 江心瑜

冼老师很严格，她有一双会说话的眼睛，上课的时候她的眼睛会关注到每一个学生，有提醒的、有赞扬的、有鼓励的。在冼老师的课上我们都非常认真，因为英语课很有趣，有很多新奇有趣的内容；英语课还有一点点的"紧张"，因为冼老师总会变着法子组织很多活动，让我们参与其中，每个人都需要思考，因此每个人都有展示和发言的机会，我们很享受说得一口流利英语的成就感，我们也很惊讶那么长的一段文章我们可以如此顺利地在课堂里面把它变成自己的语言。到了高中后，英语成为我最强的科目，当别的同学还在苦背单词的时候，我早已烂熟于心；当别的同学还要为听不懂老师上课的英语烦恼时，我却希望老师上课能像冼老师一样全英教学。英语课上听到中文的解释，总觉得很别扭。当别的同学投来诧异的目光时，我在为我初中3年的付出而欣喜，也恰是此时，我更加怀念初中的英语课堂，那是一段难忘的时光。

——学生评价

对于我来说，雪玲姐，就像女神一般的存在。作为我的师傅，雪玲姐一直耐心细致地引领着我。在工作上，从课堂设计到课堂管理，再到教学风格，从学科教学到班级管理，再到专业发展，无处不受到她的悉心指导。在她的课堂中，我看到了一个真正以学生为本的教师。根据不同学生的心理特点和认知，设计出适合不同学段的教学活动，这样的教学将课堂主题、知识内容、趣味活动融为一体，让学生在轻松的氛围中学习知识。外校的老师观摩了公开课后连连赞叹："怎么我们平时觉得最难教的学生，到了冼校这里居然学得这么快、这么好！"难怪只要是雪玲姐教的班级，次次考试都能名列前茅！在我的眼中，德才兼备的雪玲姐就是名副其实的女神！

——番禺区教育局团委负责人 郭婧

二、导师眼中的我

冼雪玲老师是一个充满激情和教育理想的老师，她的课堂灵动、和谐、高效。在教学中，她从整体、细节上考虑到学生的需要，根据学生的特点，对教材做出适当的整合，构建有自己特点又符合班级学生特点的有效教学模式，提高课堂教学的有效性，深受学生的喜爱，所带班级教学成绩在年级中名列前茅。在她的课堂里，学生们积极、自信，课堂参与率高，真正做到关注生命、以人为本。冼老师还勤于钻研，乐于尝试新的教学方法、手段，探索新的教学模式，积极参与课题研究，实现以研促教。冼老师关心青年教师，为年轻教师的成长创造机会、搭建平台，指导青年教师开展课题研究以及参加区级赛课，所在学校教师参加各类比赛获奖层次高、人数多。冼老师积极承担各级公开课以及专题讲座、中心发言，区域辐射面广，带领同行一起进步。

——广东省名班主任工作室主持人　刘永志

三、同事眼中的我

周国平说："人生理想仅仅关涉个人的灵魂，在任何社会条件下，一个人总是可以追求智慧和美德的。"我认为冼雪玲校长是一位一直在追求智慧和美德的人。工作中她处理事情井然有序；开会她能出口成章，说话落地有声；教学方面她更是独具匠心、独树一帜。在这个浮躁的年代，她脚踏实地，坚持学习，坚守信念，坚决做理想的教育。作为校长，她是一个真正懂得教育的人，她关注老师的个人发展，一直以来她都想方设法为老师创造施展才华的平台，尽心尽力帮助年轻老师成长。在我眼里，冼校长是一位集智慧与美德于一体的人。

——英语备课组长　张云芳老师

▶▶▶ 我的育人故事 ▶

永远不能忘记那个娇小而坚定的身影——小庞。小庞是一个初一下学期的插班生，虽然她在我的班级只停留了一段很短的时间，却激起了我心中一阵阵的涟漪，帮助我穿过教育的迷雾。

还记得周一早上，级长把小庞带到我的办公桌，告诉我这是我班新来的插班生。阳光自信的小庞响亮地叫了一声"老师好！"小女孩一身运动装，剪着齐耳短发，甜甜的笑容，散发着一股正能量，完全符合我心中对好学生的定义。我把她带到班上，向同学们介绍了新同学，并希望大家能够多关心小庞，让她能尽快适应新的环境和生活。在众多学生当中，小庞是那么的突出，她的眼神充满灵气与求知的欲望，她的作业那么工整，成绩是那么的优秀，还是老师的好帮手。上课时，每个老师都忍不住多看她几眼，你一定会得到回应，充满鼓励与力量！连班上的调皮大王小高都私下跟我说:"Miss Xian,那个新来的同学真的很不错哦!"我很庆幸遇上一个这么优秀并且有思想的孩子,在她身上可以深深感受到那股与生俱来的动力,让我连备课也更富热情,因为我知道有那么一个与众不同的孩子在期待着,那是不可辜负的。然而,随着日子一天天地流逝,我们似乎已经熟悉、习惯了彼此,我发现有些事情不对劲,小庞的眼神有些游离和暗淡,似乎上课也没那么神采奕奕了。也许孩子是遇到什么闹心事儿了?受同学欺负了?家里出了状况?我将自己有限的经验都运用到这件事情的分析上,一一排除,怕是自己的敏感猜测伤害了孩子。

最后我拨通了孩子家长的电话,得知由于他们工作变动,孩子可能又要面临离开这个她刚熟悉的班集体的命运,去面对一个未知的未来。我认为作为班主任的我应该和她谈谈。

"小庞,老师发现这段时间你好像有心事,我有什么可以帮你吗?"

"老师,是的。我有可能要转学了。"小庞轻轻地说。

"刚适应了一个环境又要面临新的挑战,确实是有点难。不过,你有没有试过和父母谈谈你的想法呢?告诉他们你的想法。"

"老师,我感觉很矛盾。很感谢您对我的接纳和关爱,让我很快地融入了集体,我很喜欢上您的课,但是我却发现自己无法理解身边的同学。他们中大多数人都不知道自己的梦想是什么,对自己的要求出奇的低,及格就好。这和我以前重点中学的同学是完全不一样的,他们力争上游,生怕落后,在那样的集体你会充满斗志和动力。我想回到那样一个集体。"我怔了一下!原来小庞情绪的变化不仅仅来自要离开,而是理想和现实之间的落差!我一直认为我带的班级和谐友爱,正常运行,就能够满足学生的成长需要。小庞的这番话给了我当头一棒。

"小庞,我一直以为你在集体中是快乐的,也许我们确实有很多地方需要进步的……"

我们都陷入了深深的沉默。"天色不早了,我们先回家吧。"

那天晚上,我辗转反侧。《道德经》有云:"孰能安以动之徐生?"这句很有思辨力量的话告诉我们:草木需要生长,但绝不能急于求成;它们看似没有变化,实则每一刻都生长不息。班上的孩子真的像小庞说的那样吗?如果是真的,他们为什么会这样?但是仅仅因为学习上的目标动力不足、要求不高,他们就一无是处吗?问题固然是存在的,但是小庞的观点会不会也有不妥当的地方?

第二天的太阳照常升起,一切还在继续,但是小庞却愈发闷闷不乐,我关切地看了看她,她的目光有点退缩,她是担心昨天讲了心里话而给老师带来不快吗?还是因为面纱的揭开而"无须掩饰"?无论如何,我还是希望她能够恢复以前的快乐。

放学后,小庞送作业来到我的办公室。

"小庞,今天同学们的作业交得怎样?"

"老师,都交齐了!"

"嗯!有进步!看来同学们朝着自己制定的班级规则努力而有成果。"

我随意翻了几本作业本:"小庞,你看小雯的作业,永远是那么的工整和认真,她的好成绩和学习的态度分不开。""小斌是男生之中最为上进的,他想考上最好的高中。""不过,看到小马的作业就令人担心了……"

"老师,小马的妈妈生病了,他家里没人管他,连衣服脏了也没人洗。"

我叹了口气:"是啊,这是个很重要的原因。"

"小高的成绩怎么也上不来,真替他担心!"

"老师,小高的基础太差了,小学基本没怎么学习,所以初中很难提升。"

"家家有本难念的经,这些同学除了成绩不理想,平时对班级都很关心,劳动时脏活累活抢着干,还乐于助人。老师希望能够帮助他们,每天进步一点点。"

"老师,您说得太对了!(2)班是个很温暖的集体,我刚来时很担心不适应,但是他们对我很热情,经常帮助我!"

"嗯!每个人都有优点和缺点。每个地方、每个人的所受的教育是不一样的,因此他的追求和见识就不一样,但是正像班级包容接纳新同学一样,我们也应该尽自己的所能理解和帮助别人的不一样以及不如意。无论以后你去到一个怎样的集体,希望你能记住这个道理。"我趁热打铁,小庞也略有所思地点了点头。

第二天又是崭新的一天,阳光积极的小庞又回来了!

与此同时,我开始思考,对于城乡接合部的孩子,家长文化水平不高,对他们的教育和要求也不高,怎样才能为他们打开一扇通往外面世界的窗呢?我的班级、我的课堂要将孩子们引向何方?所以,我的课堂开始悄然变化,除了书本上的知识,还有外国风俗习惯、天文地理、国际新闻。我的班级管理除了定班规、讲道理、创文明,还多了励志故事、时间管理、电影欣赏、我的理想职业……我希望在教会学生知识的同时,还能教会他们做人,点燃他们心中的梦想,让他们为梦想而奋斗!

学期末,小庞还是转学了。临行前,她和家长一起来向我告别和道谢,我给了孩子一个深深的拥抱——我又何尝舍得你?天下没有不散之筵席,唯有深深的祝福!也谢谢你的到来,你似乎就像是上天刻意安排来到我身边的天使,给我上了很好的一课,让我提前意识并开始思考在教育教学中如何关注人的发展,使我的学生成为更好的自己!

 教学现场与反思

Unit 6 Reading(Period 1)

本节课内容来自上海牛津版义务教育七年级下册 Unit 6 Electricity,本课通过家人间对话的形式向学生介绍电的相关知识。明线是购买电池以及由此而引出的对电的产生及流动的讨论,暗线是鼓励学生刨根问底、开动脑筋,了解事物本质,培养保护能源的意识。我以问题为起点,设计并优化课堂提问,培养学生主动思考提出问题的能力,激发学生引发深层次的思考;通过"合作研学"的方式,多角度深入研究文本,培养学生思维品质,落实学科核心素养。

一、课堂实录

Step 1 Warming up

T:Good morning, everyone!

Ss:Good morning, Miss Xian!

T:Nice to meet you! Let's play a drama game:Stand up! Walk around slowly, when you hear "stop", please stop to say "hello" to different people. Get ready!

Ss:A little bit nervous but surprised.

T:Walking walking, walking walking. Stop! Say "hello" to your parents!(与父母打招呼)

Ss:Say "hello" with a hug.

T:Walking walking, walking walking. Stop! Say "hello" to your teachers!(与老师打招呼)

Ss:Say "hello" with hands waving.

T:Walking walking, walking walking. Stop! Say "hello" to your friends long time no see!(与许久不见的朋友打招呼)

Ss:Say "hello" with hands excitedly.

T:Walking walking, walking walking. Stop! Say "hello" to your headmaster!(与学校校长打招呼)

Ss:Say "hello" formally.

T:Well done! We say hello to different people in different ways.

设计意图:通过一个戏剧小游戏拉近师生间的距离,让学生感受英语的奇妙,面对不同的对象,说话时要用不同的语音语调。

Step 2 Before reading

T:Today we are going to do some reading about electricity. Do you know anything about electricity?

Ss:Yes, it's very useful. We use it everyday everywhere.

T:Quite good! Let's learn more about it now. Look at the pictures below and tell me what they are.

Ss:Cables, wires, light bulb, chemicals, battery, power station.

T:Oh, it seems that you know the words, you must work very hard to preview the

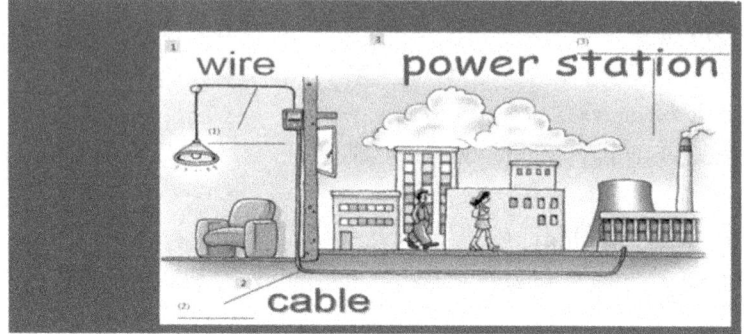

lessons last night. Let's read the new words loudly and try to imagine a picture to help you remember the words and the meaning.

 Ss: Read the words aloud.

 T: Before we do some reading, I would like to ask you two more questions, if you know the answer, put up your hands, please.

 Which can produce electricity, Water, wind or solar?

 Ss: All of Water, wind or solar can produce electricity.

 T: Em, OK. What is electricity like?

 Ss: It's like water!

 Ss: It's like a flash!

 T: Have you ever seen it or feel it?

 Ss: No, it's dangerous!

 T: That's true! If we know more about it, we can make better use of it. Do you have any question to ask?

 Ss: I want to know how electricity comes into our houses?

 Ss: I want to know how electricity works.

 …

研学创新育素养 共生内化齐相长

设计意图：通过读前教师提问、学生提问，唤起学生的原有知识以及激起学习兴趣，引导学生通过进一步阅读解开疑问。

Step 3 While reading

T：You have many questions to ask. What about doing some reading to find out the answers? Please read line 1 – 6 to get the answers.

（1）What did Daisy want to buy?

（2）What did Benny ask Daisy to buy？

S1：Daisy wants to buy some sweets.

S2：Benny asks Daisy to buy electricity！

T：Buy electricity！Can she？

Students were silent.

T：Read line7 – 23, you can find out the answers. Here is a task for your group：try to ask some questions after you read it, write the questions on the coloured paper you get. Then you can invite the other group to answer your question.

Ss：Began to read carefully and tried to understand the dialogue well, because they had to ask and answer questions.

T：Walked around the class to see if any students needed help.

T：I saw you have got very good questions, show time！

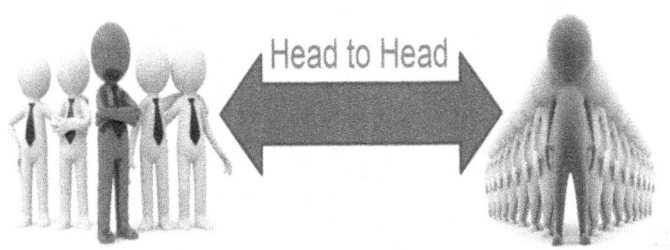

Students ask many questions, such as：

① Can electricity be bought in a packet? How?

② Why did Benny ask her sister to buy electricity?

③ Who seems foolish at last?

④ We don't quite understand how electricity comes into our house, can you show us with a picture?

⑤ Can Daisy really buy a packet of electricity?

…

Students did do a very good job but they were very active in answering their classmates questions.

T: You understand the dialogue so well, we know about how electricity produces and comes into our houses. Let's finish a passage to get a general idea of the passage.

设计意图：教师通过设计系列问题引导学生理解文章作答，学生以合作研学的方式设计问题，小组互问，挖掘文章深层次的意义，批判性思维得以锻炼。

Step 4　Post reading

Ss: Finished individually, then checked the answers in groups.

T: Ok, in order to make sure you understand the dialogue, here are some more questions for you to answer.

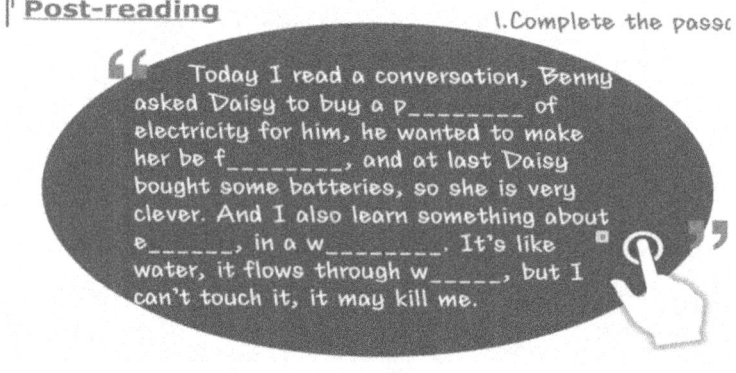

T: Now please put the answers together to retell the passage.

You can begin with:

One evening, Daisy wanted to buy ＿＿＿＿＿＿

With the help of the questions, students retold the passage easily and naturally.

Some students were invited to come to the blackboard to retell.

设计意图：通过整合阅读过程中产生的问题，形成问题链，帮助学生梳理篇章内容，并根据理解复述文章。

Step 5 Extension

T：After learning this passage, we know what electricity is like, how it comes to our houses. Electricity is very important and useful. We can't live without it. Some people are doing something to help save electricity. Read the passage in groups then ask your classmates some questions.

‖Post-reading

Head to Head   3.read the passage and design some questions, invite other students to answer your questions.

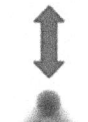

Earth Hour started in 2007 in Sydney, Australia. In that year,2.2 million people turned their lights off for one hour. They did this to show that they cared about climate change.Since then, polple from all over the world do the same on the last Saturday of march every year. More and more countries join in Earth Hour.

Question1:_____
Question2:_____
Question3:_____
...

Students were very excited, they read the passage carefully and tried to ask some "valuable and difficult" questions. Their questions are：

① Have you ever taken part in this activity? Why or why not?

② Besides this activity, what can we students do to save electricity?

③ What else can we do to save energy and protect the environment?

...

Ss：Answered them very actively.

T：You work very hard in the class, you work together to learn, to discuss, to find out the answer to the questions. This can help you improve your thinking ability.

And I also hope that everyone can try your best to protect the environment and make the world more beautiful.

Goodbye class!

Ss：Goodbye Miss Xian!

设计意图：通过读后拓展，帮助学生内化所学内容并运用其解决实际问题，达到能力提升。

二、教学反思

思维品质是英语学科核心素养的重要组成部分,其中逻辑性、批判性和创新性思维能力是关键,在阅读教学中,教师要始终关注语言、内容和思维三者的统一。在本节阅读课中,我以问题为起点,优化问题设计——读前教师提问,激发学生对电的认知,引导学生提问,引起学生阅读探究的兴趣;读中教师提问引领学生阅读理解文章内容,读中学生合作引发学生挖掘文章深层次意义;读后整合问题链,帮助学生梳理文章内容,内化后输出,拓展提问,为学生迁移所学知识,解决生活中的实际问题,增强环保意识。虽然是异地教学,但是由于课前的戏剧热身小游戏,迅速拉近师生距离,破冰成功,师生配合顺利。在整个过程中,问题的设计由浅到深,由表及里,将学生的注意力紧紧地吸引住,学习活动有个人学习、小组合作研学、组间互问互答,使学习走向过程化,学生没有被动等待答案的机会,只有主动探求探索才能完成任务。本课紧扣王蔷教授等提出的英语学习活动观,以电的主题引领,将与之相关的语言知识与环保节电文化知识结合起来,通过自主研读、合作研学、组间互问互评的活动形式,为学生的思维进阶创造机会,整节课的教学目标得以达成。

虽说学生的整体水平不高,个人水平更是参差不齐,在问题的启发引导下,还是带来连连惊喜,例如,某一小组提问:How can electricity be bought in a pocket? 这是一个源于课文却又超越课文的问题,需要结合一定的物理、化学知识才能够回答。而在讨论如何节约用电时,教师启发学生可以举身边事物的例子,学生环视一周,讲出了"When we leave the classroom, we should turn off the lights and the air-conditioner. We should keep the temperature at 26 degree centigrade."类似这样的句子还有很多。学生的思维一旦被触动,就会迸发出惊人的活力。而美中不足的是,由于异地教学,学生第一次自己提问,有部分学生的提问方法还未掌握,不知道如何提问,我需要一个个小组进行指导,比预期的时间花费得更多,导致后面的拓展延伸部分时间不足。虽然最后的拓展部分完成得有些匆忙,我还是觉得让阅读真正地发生,给予学生真正的思考时间是必要的。

在研学课堂中,教学设计的实施并不是完全按照教师的安排发生,学生的提问也不是教师能够预测和控制的,而且学生会需要教师临时做出调整或者是支持来帮助他们完成任务。这样的课堂对教师是具有很大挑战性的,教师必须有扎实的语言功底、灵活的课堂驾驭能力以及丰富的知识,才能跟上学生的步伐。教师需要不断提升教育教学理念,有开阔的视野以及跨学科知识,在这个过程中,教师也实现了成长。

听说读写茶话英语，上善若水温润心田

● 珠海市南屏中学　谢燕玫（初中英语）

▶ 导读语 ▶

谢燕玫，女，华中师范大学教育硕士，珠海市南屏中学英语高级教师，广东省特级教师，广东省"百千万人才培养工程"初中名教师培养对象，区、市、省名师工作室主持人。在英国任汉语助教1年，到阳江支教1年，挂职副校长。教学上，注重培养英语"听说读写看译"基本技能，了解语言文化故事，融合语言的工具性和人文性，落实核心素养，着力打造有趣有效的课堂，提高学生运用语言的综合水平，把陪伴自己成长的工夫茶文化渗透课堂，营造茶话式平等融洽师生关系，形成"听说读写茶话英语，上善若水温润心田"的粤派教学风格。教研上，自2012年成为工作室主持人以来，践行"倾心共育桃李，俯首甘为人梯"教育理念，带领成员一起完成了区级以上课题10多项，在研国家级重点课题2项："初中英语语法混合式教学的微课程开发和应用研究"和"初中英语写作混合式教学发展学生高阶思维的实践研究"。论文、课例获区级以上奖励60多项，有部优课例1节、省优2节，在省内做关于备考和教学讲座、示范课20多场次。在班主任岗位上坚守了20年，带了10届优秀毕业生，一直秉承"与人为善，勤劳感恩"班风，爱生如子，帮助学子和学员更好更快成长。

▶▶ 名师成长档案 ▶

一、草根家风，勤劳勤学

我出生在广东潮汕家庭，浓郁的潮汕文化、工夫茶文化在我血液里流淌。俗话说"茶三酒四游玩二"，潮汕工夫茶一般只用3个杯，先敬长者和客人，在喝茶时我懂得了谦让明理，从小养成了如茶般温婉和顺的性格。父母当年生存条件艰苦，但敢于与各种困难做斗争，顺应天时地利人和养育了一大家子，与人为善，经常热心帮村里清理臭水沟。我深知父母的艰辛，小时候便勤奋好学，至今保持着父母与人为善、知天乐命的草根本色。从小到大，我像庄稼一样自由生长，农村的成长经历启发了我当好麦田的守望者，尊重孩子们成长规律，平等对待每一个学生。

读书是农村娃走向外面世界的出路，哥哥姐姐们因当时环境差，没有条件读大学，但他们鼓励并资助我好好读书。乡村老师们接地气的有效教学方法和对学生的真诚热切的期盼，让我备受鼓舞，成绩总在年级前三名。然而，当考入揭阳华侨中学读高中时，我才发现城里的同学们是那么多才多艺，于是我如饥似渴地学习，虽然身体瘦弱，但内心坚强，坚持5点多就起床晨读，挑灯夜战。班主任黄旭坤、林盛烟老师特别关心我们这帮农村娃，英语老师黄丽芳更是如大姐姐般，3年里一直关爱着我们，温婉如玉，甘醇如茶，循循善诱，我每天都要准备一两个英语问题早早等候在操场上，与晨跑的黄老师"有期而遇"。正如《长大后我就成了你》这首歌所表达的情感，通过高考，我如愿以偿地上了英语系。大学期间我有2个寒假都在长春度过，东北人尤其母校的老师、同学都很热情，图书馆的书本也很多，还有不远千里带上的工夫茶，都是我寒冬里的暖阳，长春的同学也因我而见识了广东工夫茶文化的色香味。

长春师范大学4年的专业浸润、东北黑土地的四季滋养、东北人豪爽大方性格的影响，让我的血液中融入了敢闯敢拼的个性。毕业后，我接过英语老师们的接力棒，带着对教育的满腔热忱和干劲勇闯珠海，成为特区教育追梦人。这里海纳百川，百舸争流，多元共生，开放创新，我把成长中不同地方的优良要素融合，对课堂投入了如泡茶一样的耐心和热情。我有着广东人乐观务实的性格，从教以来，我从难受、忍受到感受、享受，乃至热爱教师这个职业，一路成长，践行着英语名言"If something is worth doing, it is worth doing well"（如果事情值得做就值得做好）。

二、躬耕南湾，打好底色

工作第一阶段是适应期。我带着北方的热情和对家乡的眷恋，踏上珠海这片热土，改革开放的特区吸引着五湖四海的英才，岭南文化在这里得到充分体现。一杯工夫茶能消除彼此的陌生感，一次广东早茶能缩短心与心的距离，一杯甘醇热茶能架起一座心灵桥梁。珠海犹如一个大熔炉，是你来了就会喜欢的岭南宜居城市；珠海好比一个"沙拉碗"，你来了既能保留自己家乡的文化，各美其美，也能彼此融合。我在南屏中学、湾仔中学潜心耕耘十二载，犹如茶农守护着茶园，经历风霜雨露。农村中学的经历磨炼了我的耐力，给我打造了较好的基底——曾被评为"市优秀班主任"。回想大学毕业时才21岁的我教的是十七八岁的高中生，现在仍心有余悸，初为人师不记得被学生气哭多少回，面对每学期的公开课还是有些忐忑不安。幸运的是，我在成长的过程中得到了不少前辈的悉心指导，我在初、高中不同的年级、班级中实践教学策略，积累了成功经验和失败教训，在不断的公开课、研讨课、比赛课中，如泡茶一样过滤杂质，经历苦涩，留下甘醇。在专业成长路上我是十分幸运的,得到同行们的不断鼓励,市、区教研员匡丽亚、魏春红、战莲花等老师的引领,省"百千万"项目组导师李华、吴慧坚、孙新长、冯页等专业导师的点拨。2003年我攻读在职研究生,华中师范大学浓郁的校园文化和大师们的谆谆教导也浸润了我,涂艳国等导师们的教学风格和大家风范帮助我在专业上得到更好提升。良师的言传身教是我自信的源泉,现在面对全省600多人师生大会场,我也可以亦庄亦谐。

三、酣战市区,奋力提升

工作第二阶段是我的奋力提升期。又一个12年,在高手如云的市区学校看到比我优秀的同行都在努力,我更是不敢懈怠。这段时间里,我忘我地学习工作,取得了在职研究生硕士学位;担任10年班主任,成功申报了区学科带头人并连续聘任3届;带了5届毕业班,培养了小吴、小李等中考英语满分的学生。3次参加省级骨干培训班,1次"国培",2次考取到英国进修,当汉语助教,这些学习经历开阔了我的视野、增长了我的见识。与世界为友,各地良师益友助推了我专业成长,让我小有建树,被评为"学生最喜欢的教师"、市级青年骨干教师、市级名师、省级首批骨干教师培养对象、区和市工作室主持人。

我倾注大量心血也让我引以为傲的是班级管理,带的班多次被评为"学校最温馨班级"。我尊重每位家长,和家长平等对话,沟通融洽,家长会犹如茶话会,让人感觉到教育的温润、清新。在长达20年的班主任工作中,培育了8届毕业生,所带班级凝聚力强、班风正、学风浓、成绩好、师生关系融洽,如茶水交融,我用爱心关怀学生,用智慧引导学生,晓之以理,动之以情,导之以行,多年来培养了几十名学生被评为市、区优干、团干、三好学生,感化多名后进生,帮助他们找回自信。成绩只代表过去,我不断自我归零,带好每个新班级,做到"客至心常热,茶常新"。

四、滴水涌泉,甘为人梯

桃李不言,下自成蹊。成为名师和工作室主持人之后,我秉承"倾心共育桃李,俯首甘为人梯"理念,创建学习共同体,提升整合信息、上下沟通等团队管理能力,学会先接纳、认同不同成员的个性,因势利导,欣赏和尊重年轻人的才华。我办公室里挂着"饮水思源,上善若水"等书法作品条幅,时刻提醒自己不忘初心,要像帮助过我的前辈一样帮助年轻人。我在担任科组长期间,带领全科组的老师扎实开展教研,中考成绩优秀,涌现了4名区学科带头人,2名市名师和省名师,让科组有资格申报省示范教研组。

近5年来,我主持工作室,有条不紊地开展各项工作,组织了60多次教育教学活动,其中送教帮扶薄弱学校达30多次。2016年为全市初中英语教师做了"基于2016年中考反馈,探析英语备考策略"讲座,被称作是很接地气的"中考反馈宝典"，犹如普洱茶般温润甘醇；而同年的"同课同构"活动，也让杭州老师们见识了珠海教育的创新性和多元化，犹如单枞茶的清新。我和工作室里的成员携手共进，一起磨课，一起展示，我每次活动都为成员带上自费的水果、糕点。在我工作室顾问、名师们和所在单位的栽培下，50多名青年学员迅速地成长，比如第九中学的邓媛媛、第八中学的孟爱琳、紫荆中学的陈慧、湾仔的顾奕文、第五中学的黄小莉等优秀学员，有的成为本区最年轻的校级领导或学校中层干部，有的成为区学科带头人，有的课例获得省优奖项，有的取得省、市、区课题立项，有的获得省计算机软件制作二等奖，有的获珠海市微课制作、论文比赛一等奖，优秀年轻学员成为我的学习标兵和工作追兵，推动我保持终身学习的状态。作为珠海市"名特优"送教下乡骨干成员，我经常送教下乡，2009年至今到乡镇学校上课做讲座十几场次，听课师生累计有几千人次，培养了一批乡镇骨干教师，和斗门、阳江、茂名、韶关等地的英语名师、同行成了好友，朋友圈里大家互相鼓励，共同进步，有人对我说："南粤杏坛谁人不识君？"

2016年，我到阳江实验学校支教，挂职副校长，负责教师教研培训和初中三年级作文辅导，经常上示范课，一学期听课50多节，议课笔记1万多字，被采纳的合理化建议10多条，比如倡议温馨办公室评比，为教师配齐精致书柜等，处处为师生着想，把如茶甘醇的教学风格带给认识的每一位师生，让更多师生分享珠海特区和工作室的优质资源，积极促进阳江首批名师工作室成立，让更多名师发挥示范、引领、辐射、带动的作用。阳江的校长说我像一条鲇鱼，搅动了一池教研活水，形成良好教研氛围。正所谓"上善若水""水尝无华，相荡乃成涟漪；石本无火，相击而发灵光。"

我常怀感恩之心，一有机会就回报这些年来教育部门对我的培养，2016年响应区教育局师资均衡的号召，回到更需要名师的郊区，南屏中学是我参加工作的原点，也是专业成长的新起点。我负责教研室工作，在洪明利校长等学校领导的大力支持下，聚焦教师专业成长，不遗余力培养青年教师，通过开展行政参与集体备课、师徒结对的青蓝工程、校际联动、假期读书分享等活动提升教研水平，举办"名师大课堂"，请进一大批省内名师、专家进校园上课、讲座，英语工作室也立足本校实际开展教研，增强了有梯队的师资队伍，在学科教学和"一师一优课"等比赛中获得十几项国家级奖励，学校教科研氛围更加浓郁。

▶▶ 我的学科教育观 ▶

一、我的教学风格解读：听说读写茶话英语，上善若水温润心田

福楼拜说："风格是思想的血液。"吴冠中认为，风格是人的影子；孙孔懿认为，风格是特殊的人格。著名特级教师于漪说得好："教出自己个性的时候，才是

学生收获最大的时候。"这些论述告诉我们，教学风格的追求与形成，绝不是一种教学技术，而首先是健全、良好人格的养成，是德性的生长。没有健全、良好的人格就不会有真正的风格，就不会成为令人尊敬的名师。真正的名师一定是一个教学艺术家，而风格正是作为艺术家所持有的在教学中一贯表现出来的一种"韵味、格调或风貌"，是一种境界，是教师对某种教学技艺的精益求精、千锤百炼以至炉火纯青。

教学风格的形成是一个教师在教学艺术上趋于成熟的标志，是专业发展的内驱力和专业成长道路上的通行证。2015年11月，省"百千万人才培养工程"项目组开展了"教得巧妙、教得有效"教学风格主题研讨活动，这3年里请了多位专家就风格做了多次讲座辅导，如李如密、闫德明、刘良华、熊焰、吴慧坚、桑志军、王卫国、高慎英等专家非常耐心地一次又一次向我们讲解，不厌其烦地修改。我一路思考、实践，回放自己的公开课，请同行评议，让学生写感受，发现大家对我的教学印象提出最多的词语有平等对话、如茶甘醇、资源融合、温润心田、润泽人生等充满人文关怀的词句。所以我把风格定为"听说读写茶话英语，上善若水温润心田"，聚焦语言技能听说读写译，努力打造有趣有效课堂，形成色香味俱全、温润如茶的浑融型教学风格，营造如广东人喝茶的轻松和谐、平等对话课堂氛围，追求如好茶一样甘醇温润的课堂呈现，让课堂的效果足以温润孩子们成长的心田，润泽终身学习的生命。

南粤地区喜欢茶，尤其是我的家乡潮汕地区，工夫茶家家飘香，茶文化和教学有异曲同工之妙，茶艺师好比教师，茶客犹如学生，茶的品种犹如课堂主体——不同类型的学生，不同内容的课，不同的课型。泡茶水的质量犹如教师的知识源泉，得有源头活水和好水才能激活一壶好茶，水质水温特别重要；冲泡方法就如教学方法，不同的茶叶有不同的茶性，顺应茶性泡出来的茶，才能最大限度地发挥茶的口感、香气、汤色。犹如"三适"教育连环，环环相扣：适性教育，丢不得；适量教育，比不得；适时教育，急不得。上课热情拿捏就如茶的温度，太热太冷都达不到效果，凉掉的茶或隔夜茶，往往还有害。

茶话英语，温润心田。好课如好茶，我营造平等对话的课堂氛围，就如广东人喝工夫茶一样的气定神闲、轻松和谐，追求如茶一样甘醇、有温度、色香味俱全的课堂呈现，让效果足以温润孩子们成长的心田。茶是中国传统文化，正如英语九年级 Unit 9 阅读篇章 *The Invention of Tea* 所记叙，祖先神农氏尝百草，喜得好茶，从此人间多了一道美味。至今，茶依然是各国人民数一数二的饮品。每一种茶如每个学生，都有自己的特性，宛如芸芸众生，千利休禅师说，"须知道茶之本，不过是烧水点茶"，大道至简。好课如好茶，沁人心脾，温润甘醇，回味无穷。潮汕地区从早到晚在家喝茶，珠三角茶楼生意兴旺，三五知己或合作伙伴品茶，配上点心，有说有笑，其乐融融，很多问题在谈笑中解决。好的语言课也是要有师生茶水交融的交流、会心的笑声，才能达到预期的教学效果。工夫茶的茶具犹如小组合作，冲茶的时候先是"关羽巡城"的均衡分配，再是"韩信点兵"的重点关注，这过程就如教育的均衡，也体现因材施教。后来改良的公道杯用来融合浓度，然后再均分到每个茶杯里，更体现整个教学过程的有教无类、公平对待。而喝茶时候的"拿得起、放得下"是我们做人做事的黄金准则，譬如，对于未成年孩子的一些小问题，或者课堂教学中出现的语音、语调问题，我们不必操之过急，适当的冷处理反而能达到效果。茶文化隐含了许多有关温度、适度、浓度、效度的教育大道理。

好茶色香味俱全，"色"代表本色、特色、色泽。课的特色好比茶的色泽，或浓郁或清淡。英语课堂首先要有语言课本身"听说读写译"的本色，不同课型的好课应是各有特色和重点，教师本身的教学要有自己的特色，不同的课应找到不同的趣味点。而颜色可以体现在板书，哪怕手里只有一根普通的白色粉笔，也可以让板书看起来生动一些，比如通过画线、轻重笔画等凸显重要的内容。其次，老师也要让自己融入课堂的颜色中，老师衣着穿戴、言行举止本身就是一本活的教科书，所以我会注意使自身与课文情景吻合，比如某节课的内容比较伤感，会穿上深色一点的衣服，如果内容是欢快的，会穿颜色亮丽些的衣服。

"香"代表德艺双馨，教师要有健全、良好的人格、先进的教育理念和精湛的教学艺术，还要有将学生的核心素养培育落实到课堂的深层认知。优秀的课堂需要调节，让不同层次的孩子有不同目标和收获，不但吃得饱，还要吃得香。我会详细了解掌握每一个学生的水平，根据每个人的水平为他们订制不同的学习方式，进行班内分组。对程度好的同学，给一些额外的任务让他们提升；对程度较慢的同学，会安排小老师帮助他们。

茶有颜色，课有语境；茶有温度，课有广度和深度；茶有味道，课有趣味，有语用，有英语味。正如诗人陆游论学诗那样，"汝果欲学诗，功夫在诗外"。教学中不仅要把英语作为语言，而且得作为文化去感悟。这里的文化包括特殊文化背景和一般文化背景，如 Indian（印度人；印第安人）；Washington（人名；城名；州名）；china（瓷器），China（中国）等。词汇教学要引导学生由意义到文化，由文化到思维，学生便掌握了词义演变的规律，对词汇学习产生兴趣。在学习相关单词及其用法的时候，举一举英语中有趣的句子可以提高兴趣，强化记忆。比如，Never trouble troubles till trouble troubles you（麻烦没来找你，就别去自找麻烦）。第一、四个 trouble 是动词，第二、三个 trouble 是名词。这一下把 trouble 的动词、名词用法都包括了。英语中的回文也很有趣味，拿破仑被流放到 Elba 岛时说的：Able was I ere I saw Elba（在我看到 Elba 岛之前，我曾所向无敌）！不论是从左向右看，还是从右向左看，内容都一样。有时学生以为回文是回族的文字，这时我再举中国古代的回文句"妻忆夫来夫忆妻，父忆子来子忆父"来明确概念。另外见过一副对仗工整、妙趣横生的英汉对联，上联：To China for china, China with china, dinner on china（去中国买瓷器，中国有瓷器，吃饭靠瓷器）；下联：到前门买前门，前门没前门，后门有前门。下联中的第二、四、五个"前门"指"大前门"香烟。这对联融合中西文化，介词的用法很贴切，翻译也达到"信、达、雅"的标准。

"味"代表味道、趣味和回味。我会适当讲单词背后的文化，当遇到比较难记住的单词，也会通过拆分、联想等发散思维方式帮助学生掌握方法。孩子们不但学到升学需要的词汇、语法，更能品味到英语文化中的真善美，终身受益。要让教学有温度、有效度、有味道，就得像泡好一壶好茶那样，从选材到火候精心准备、酝酿，才能温润心田。因为现如今是"人人皆学、处处能学、时时可学"的学习型时代，我经常在下课时把满意的板书、课堂生成拍照放在学生和家长的QQ群，方便学生课后复习、回味，让课堂得到延伸，做到"客至心常热，人走茶不凉"的长期浸润。

二、我的教学主张：追求"色香味俱全"的茶性课堂

余文森先生说过，教学主张是打开专业成长的"天眼"。成尚荣先生认为，教学主张是教学风格的内核，是名师成长道路上的通行证，是对教学改革一种坚定的见解。教学主张引领下的教学风格追求，是名师成长的重要抉择，是名师成长的核心与关键。教学风格可以带领大家走向未来，一如雨果所言，"风格是打开未来之门的一把钥匙"；教学风格可以让人永葆专业的青春，一如余光中所言，"我风格多样，所以长寿"。没有教学主张，教学风格就没有方向感、力量感，就会缺失深刻与厚爱。

3年来，作为省初中名教师培养对象，我们有幸听取了很多大师名家如李希贵先生的讲座指导，努力通过强化教学主张这一内核来打造自己的教学风格。我认为上好课宛如品一杯好茶，茶最要具有色香味。课前预热需要有香味有色泽引人入胜，课中品味在于内容的丰富和营养，课后留给学生的不仅要有单词、句型，还应有经典的《灰姑娘》等励志故事和《未被选择的路》的诗歌等。我追求"色香味俱全"的茶性课堂，希望课堂有温度、有特色、有光彩、有内涵、有品位，能在学语言、启心智、品味语言文化中让多元生命得到润泽，让学生喜欢我的学科、我的课堂和我的为人，每天能期待英语课堂，并说，"This is my cup of tea（这是我很喜欢的）"。

（一）好课如茶需等

我26年如一日耐心守候孩子们如茶的成长过程，如茶农般耕耘于教育的一亩三分地，用热情和科学精神去栽培，用方法和心思去修剪，用精力和技术去挑选，才能有好的收成。如茶的好课，要精心准备好，做到有温度、有适度、有浓度、有效度，能够真正让学生有说有笑，在语言的操练过程中领会语言的趣味和精髓。好课需要园丁精神，匠心独运，每天都在成长变化的少年需要我们用耐心、爱心去引

导，用智慧去关爱，而课堂也需要我们用魄力去改革，用时间去验证。

（二）好课如茶需泡

如何把英语课泡成"色、香、味"俱全的好课呢？我认为，要根据不同类型的课设置情景，让学生不知不觉浸泡在英语学习的环境中。

第一，课堂开始的5分钟很重要。Well begun is half done（好的开端是成功的一半）。在初中一年级，除了问好、考勤外，还要求值日生快速、大声、流利地回答我所提出的日常交际问题，也可以展示提前布置的作业，例如角色扮演或情景表演，以便复习巩固所学的句式及语法知识等；也可以采用看图说话，用有关照片、歌曲、视频或微课来引入，在轻松愉快的氛围中开启知识之门。

第二，课中节奏要把握好，语言重点需要聚焦。重点的内容往往不适合平铺直叙，最好寓教于乐，配以故事、游戏这些小"佐料"来控制好节奏。温故知新，呈现、操练目标语言，针对每节课需要学习的单词、短语、句型、篇章等设计好教学过程，用好听说读写的策略。以学生为中心，进行小组合作，"兵教兵"，当堂评价，激发团队精神。课堂上，若能用好相关小幽默、故事、游戏，就好比喝茶过程中有花生米、饼干等茶点增加味道！

第三，课尾得让学生静下来回顾。正如茶越喝越淡，课堂前面、中间可以适当热闹，到后面一定要有留白和沉淀，留时间给孩子们安静地思考，进行适当的书面表达训练，写的能力很能体现思维的敏捷性、条理性和表达的灵活性。

（三）好课如茶需品

品课如品茶，只有用心去准备，用情去品味，课才有内涵，才会让人回味。好的师生关系交心不交利，和学生们的交往如茶水交融，止于茶境，终于君子，质朴平和。若能把自己好的想法、信念、知识融入孩子们的生活习惯中，那是人生幸事。同时，每节课如一杯茶，不要苛求太多，月满则亏，杯满则溢，合适就收，点到为止，拿得起放得下，意犹未尽也是上课的佳境，让学生带着好奇心去进一步探究。

总之，温色香味品尝好课，甘醇如茶泽润人生。教学之道如茶道，只有用心思用时间去种植、打磨，才能泡出一道道"色、香、味"俱全的甘醇佳茗。

▶ 他人眼中的我 ▶

我认为一生中最庆幸的是，遇到一件事，唤醒我的责任，赋予我使命，成就我的梦想。教书育人就是我一生的大事。我秉承父母勤劳的优良传统，在珠海杏坛26年如一日，辛勤耕耘，随圆就方，与人为善，与世界为友，不论在英国当助教还是到阳江支教，都是受欢迎的英语人，爱生如子，温润如茶，经常为了学校工作、为了工作室学员们的进步加班加点；我自知笨鸟需要勤飞，珍惜学习机会，假期也曾自费去广州学习，听中考讲座。

一、专家眼中的我

谢燕玫老师是一位朴实的优秀教师和特别认真的学员，她那孜孜不倦、敢于担当的精神激励着同行。从谢老师的一节环保话题写作课公开课中可以看出其深厚的功底，她巧妙设计，从词、短语、句子到篇章，环环相扣。除了给学生搭建了知识的脚手架之外，还注重对学生写作策略的指导，在关注人文环境方面做了很好的探索，是话题写作的优秀模板！

——珠海市南水中学校长、广东省中学正高级教师、
特级教师、省名师工作室主持人、
省"百千万人才培养工程"名教师培养对象实践导师　孙新

二、学生眼中的我

初二的时光在滑动的笔珠下悄然而至。回眸初一，脑海中只剩下零散的记忆，却不忘谢老师在讲台上的万方仪态。在您的粉笔下，我看见了英语清雅的美。在您的谈吐中，我领悟到了英语独特的魅力。您的教学方法别具一格，从不拘泥于课本。每当涉及外国的文化习俗，您总是兴致勃勃地带领我们走进英美文化中美的世界。时常提醒我们别学"哑巴"英语，鼓励我们每日朗读英语。您每天一次次的点赞，点燃了我们的学习热情，唤醒了我们的文化自信！我的英语成绩为什么好？因为这是您的智慧与汗水的结晶！谢老师，您是真的耕耘者、善的播种者、美的传播者。是您用阳光普照，雨水滋养，我的心田才会繁花似锦！

——南屏中学2017级优秀学生　朱培豪

三、同行眼中的我

谢老师就像一位大姐姐，柔情似水般关爱着工作室的学员，无论是工作日还是寒暑假，总不忘分享一则则教育记录、教学感悟或人生哲理，传播满满正能量！她为伙伴们准备充足的精神食粮，挑选经典书籍，分享读书心得，购买方便实用的办公用品，这些犹如清新温润的工夫茶，让成员们在繁忙的工作、生活中得到滋养。为了展示一节优质公开课，她会以身作则，与我们切磋课堂教学的基本功，开展"同课同构"或"同课异构"活动，她坚守着园丁初心，早出晚归在课室、在校园开心忙碌，大家都亲切称呼她为"太阳花"姐姐。

——珠海市紫荆中学备课组长、工作室优秀学员　陈慧

▶▶▶ 我的育人故事 ▶

教育是由点点滴滴的小故事组成。孩子们说我是会讲故事的英语老师。王金燕同学是特别细心的女生，她家长也特别支持我的工作，每天坚持为孩子朗读签名，他们给我写了一封长信，"信中信"。

亲爱的谢老师：

　　您好，我们马上要上初二啦，听说您下学期被调去教初三了，我哭了好久，不愿相信。家长们都说要去找学校让您继续教我们，您劝大家还是要顾全大局，服从学校工作安排，希望同学们从积极的方面去看问题，多了一位英语老师的指导也是好事。在此非常感谢您对我的帮助和鼓励，记得刚上初中一年级时我的英语底子很差，每次测验很难及格，可您总是耐心、细致地教导我们，从没有放弃过我们任何一个后进生，平时总是见缝插针给大家复习旧知识、讲解新知识，总是很晚才离校，回到家后还要点评同学们在 QQ 群里的朗读，不管 10 点、11 点，甚至更晚，您尽量及时回应。第二天早晨您又早早出现在课室，督促大家的早读。每个周五的第二课堂您总是跑遍每间课室，给同学们拍照留念！现在很多同学都进步了，当然也包括我。在同学们眼中您既是严师又是慈母。您总是千方百计，不厌其烦地让我们好好学习！平时小测验后总是对进步同学进行小礼物奖励，这些都是您自掏腰包买的，同学很喜欢，学起来更带劲！您把精力和爱心给了我们！

　　我记得您给我们讲的许多有趣故事，比如曾有一位缪国俊学长，字写得很漂亮，问原因，说是小学老师奖励了他一支铅笔，因此他认为要把字写好才对得起老师的激励，从此每天练字，后来一直负责班上的黑板报宣传栏。还有您特别开心分享了在阳江支教的故事"七天缘，一生情"。您在 QQ 群里展示了阳江实验学校 2016 届（15）班张慧诗学姐的一封信：

　　亲爱的谢老师，您好！见字如面。认识您差不多有 3 年了吧。您对我的帮助那么多，在这里先跟您说声"millions of thanks（千恩万谢）"。第一次见您是在初一（15）班。记得那时候的我成绩平平，在班里也不算突出，尤其是英语也不怎么好。那段时间我们英语老师请假，班主任嘉哥对我们说，有位珠海名师谢老师空降阳实，还要教我们英语，恰好我们就十分有幸地当上了您的学生。虽然只有短短的 1 个星期，可是那 7 天稳稳的幸福至今难忘。记得最清楚的是您教我们写书面表达的手掌法，生动形象，让我记住了主题句、支撑实例和小结！我在中考考场上就是按照您的方法得了高分呢。下课以后总会有很多很多同学围在您身旁问问题，您总是不厌其烦地解答，有时甚至忘了饭点。第二次见面是在初二（15）班晚修，您让我去给学弟学妹讲如何写好书面表达。当时我吃了一惊，因为其实我不擅长在那么多人面前讲话，更意外的是您竟然还记得我，您说是我的好学勤问给您留下好印象，那次分享很顺利。此后，腼腆的我渐渐地享受舞台，大胆地发言并积极参加演讲比赛，获得 2017 年"第五届全国中小学生语文素养大赛"最佳辩手。还有，那个时候我刚刚参加书法培训，写的"上善若水"只是刚起步，可是您把它裱起来并挂在办公室，我受宠若惊！您从台湾专门给我带了一份珍贵礼物，鼓励我坚持练书法。转眼间 1 年过去了，您支教结束，到了说再见的时候，我不敢去送您，很是不舍，怕会哭。请班主任嘉哥转交了一张海陵岛风光给您，祝福您"海阔天空，自由飞翔，桃李满天下"。回到珠海后您还留在我们群里一直关注我们，经常分享实用的学习资料。谢谢您的激励，我会铭记上善若水的谢老师。如果我考上了心仪的阳江一中创新班，我第一时间告诉您！您给我加油，鼓励我3年后考到中山大学，您会在珠海等我。为了更好的自己，我会加倍努力！也愿您有一个美好的未来。

谢老师，阳江学姐语言优美，表达流畅，比我写得好太多，但是我们都拥有一颗赤子之心，感谢您心怀大爱，默默奉献！祝老师暑假愉快！

初一（4）班学生王金燕和家长
2018年8月14日

大家知道，人与人之间的感情是相互的，对于老师的付出，孩子们和家长是会感受到的。老师的一句话、一个眼神有时会影响一个孩子很久，甚至一辈子，这让我明白为师者更要温润如茶，在点滴中滋养学子的心灵。在湾仔中学教高中时我多次将煮好的茶叶蛋悄悄放在住宿生窗台，给离家的孩子补充营养，也曾资助家里有困难的小林同学上大学，至今亦师亦友。

广东省教育厅王创先生认为教育家型教师应有4个特征：第一，遵循规律有情怀。爱教育，爱学生，爱每个孩子。第二，创新改革有勇气。有自己的理论、架构；否定自己以前的思路，否定之否定，才有提升。第三，实践实验有定力。实践和实验过程遇到质疑、问题，要保持定力，有坚定的意志。第四，示范引领有担当。美人之美，美美与共。多分享，影响别人，让更多的同行受益。我要对照以上标准继续努力，不辜负名师的美誉。也有人说拥有以下七大特质才能是优秀教师：长在心底的善良，扬在脸上的自信，挂在嘴角的微笑，丰盈在大脑里的知识，融进血脉里的骨气，刻进生命里的坚强，藏在心里的梦想。我将一直践行这些品质，向上、向善。

教学现场与反思

本节课内容是人教版《新目标》七年级上册 Unit 9 *My favorite subject is science*，获2016年"一师一优课"部优。

一、教学内容分析与预设目标（见下表）

教学内容	Unit 9 *My favorite subject is science*（Section A 1a–2d）
教学课型	听说写综合课
教学课时	1

续上表

教学内容		Unit 9　*My favorite subject is science*（Section A 1a – 2d）
教学目标	语言能力	① To learn the words and phrases about some school subjects ② To know and write about favorite subjects, teachers and things ③ To understand and practice（实践）how to be good at all the subjects
	学习能力	①能模仿运用课本句型，基于数据和事实来表达自己的观点 ②能够监控、评价自己的学习情况，选择适合自己层次的写作模板
	思维品质	①能够通过理解、分析、评价已有信息，形成自己的观点 ②能够创造性地进行书面表达
	文化品格	能够通过了解各个学科的特点，发现不同学科优势，可以有偏好，但不偏科，争取全面发展
学情分析	已有的知识和经验	初一的学生有了小学的基础，对各学科也了解，可以进行适当拓展，但对于口头和书面表达仍需给予学习支架
	个性分析	普遍上对于学科这个主题比较感兴趣，英语水平开始了两极分化，本节课将通过小组合作、对话等形式开展，互相帮助，尽量关注到每位学生的学习需要，尊重个性，找到合适的教育方法
教学内容分析		本教材是人民教育出版社2014版的教材，师生们非常喜欢。本单元的内容也是大家耳熟能详的"最爱"（My favorite）。本节课是七年级上册最后单元，包括听说读写，是综合性较强的板块。整合过的教学内容与学生日常生活高度相关，利用贴近生活的情境激发学生写作兴趣。以任务为驱动，让学生在做中学，最终解决实际问题
教学重点		在信息的理解、分析、评价中形成观点
教学难点		如何利用数据、事实等细节充实观点
教学方法		任务型教学法、合作学习法、过程—体裁写作教学法
教学资源		①教学设备：电脑、投影、影音播放器等 ②教学材料：学案、卡片、双面胶 ③辅助材料：关于写作的微课发布在QQ群、微信群

二、教学现场片段和说明

1. Warming-up before class（课前暖场）

T：Good afternoon, boys and girls.

Ss：Good afternoon, teacher.

T: Sit down, please. I am your new teacher, so let me introduce my name. Look at the picture I drew just now. This is a kind of bird, swallow. And do you know the name of this kind of flower? So my Chinese name is Xie Yanmei. And my English name is Michelle. Nice to meet you here, boys and girls.

Ss: Nice to meet you, Ms Xie.

T: Now please take out your textbooks, notebooks and also your handouts. And your passion. Do you know the Chinese for passion? Yes, 热情! And also your teamwork. We will have group competition, please work together.

（说明：作为借班上课的新老师，为和孩子们拉近距离，用彩色简笔画了燕子和玫瑰，让孩子们能尽可能记住我，人与人之间的信任可以说是从记住名字开始建立的，同时也说明规则，强调小组合作的重要性。好课如好茶引人入胜，课前创设语境让孩子们进入新内容的学习。良好的竞赛贯穿整个课堂，展示有温度、有色彩、有回味的茶性课堂）

2. Consolidation & Development during the class（课中巩固和拓展）

T: Let's learn Bacon's famous sayings: Histories make men wise; poets, witty; the mathematics, subtle; natural philosophy, deep; moral, grave; logic and rhetoric, able to contend. Abeunt studia in mores.

Ss: 读史使人明智，读诗使人灵秀，数学使人周密，科学使人深刻，伦理学使人庄重，逻辑修辞之学使人善辩；凡有所学，皆成性格。

（说明：英文对于初中生比较难，先齐读中文后跟读英语）

T: What do you think of these sentences? You, please.

S: I think study is very important and it's very useful. We must study hard.

T: So good. Two stars for you. I hope you can be very good at every subject.

（说明：在如茶水温润的教学过程中提醒学生：人各有所长，可以有偏好favorite，但别偏科）

3. Production at the end of class（课尾的产出）

T: Now let's look at the picture. The students in it are my favorite students. They said a lot of good description words about me. Now let's read together. Funny, busy, friendly, helpful, hardworking, strict, serious, responsible.

S: Funny, busy, friendly, helpful, hardworking, strict, serious, responsible.

T: Responsible. Very good. Thank you very much. And I also have a very favorite student. She was Li Qing. Here is her video about me：

I have many teachers, such as Chinese teachers, maths teachers and English teachers. My favorite teachers are English teachers because I like English best. Now my English teacher is Michelle Xie. She's a nice lady. She's not tall or short, and has short hair.

She's very busy, but she often smiles. We all like her because she has made English class interesting. And she helps me a lot. Last week, I didn't do well in my English test. I was very sad. Michelle said to me, "Don't worry, you'll be OK." So I work harder. I did a good job. I think Michelle is not only a responsible teacher, but also my good friend. I want to say thank you to her. I want to wish her happy every day.

（说明：充分利用优秀毕业生李晴视频素材，欣赏文章整体结构并画出重点形容词，如工夫茶的"韩信点兵"）

T：Now, the whole class please underline the adjectives in the passage：many, favorite, nice, tall, short, interesting, sad, good, responsible. OK, let's move on. And another excellent student, Wei Xuhong, and she has a very good voice. Let's listen to her video carefully, and finish exercise 3, filling the blanks.

T：Can you get the answer?

Ss：Not sure.

T：Please stand up now. In fact, different groups have different papers. Stand up and check the answers with the other group with different paper. And ask your classmates to get the right answer.

（反思：设置如下 A&B 卷给不同小组，有了信息差，后面小组讨论交流就更有必要）

A 卷. My Favorite Teacher

I study in (1) _____ Middle School and I have (2) _____ nice teachers such as (3) _____ teachers, maths teachers and _____ teachers. Of all the teachers, I like my English teacher, Michelle, best, because she teaches us English well and often brings us (4) _____.

Why do I say Michelle is my (5) _____ teacher？Let me tell you. When I was a student in Grade 7, my English was poor. Luckily, with the help of Michelle, my English is (6) _____ better and better. Michelle has been to (7) _____ countries, and she often shares us some (8) _____ information about other countries. This makes me (9) _____！

At last, I wish her happy every (10) _____！

B 卷与 A 卷的 10 个空格不同，但保证考查单词词性的合理均衡分布。

T：Time's up. Go back to your seats, please. Now read together. Guys, now let's read the whole passage together.

Ss：I study in No. 5 Middle School and I have many nice teachers, such as Chinese teachers, maths teachers and history teachers. Of all the teachers I like my English teacher Michelle best because she teaches us English well and often brings us happiness. Why do I say Michelle is my favorite teacher? Let me tell you. When I was a student in Grade 7, my English was poor. Luckily, with the help of Michelle, My English is getting better and better. Michelle has been to 14 counties and she often shares us some interesting information about other countries. This makes me excited. At last, I wish her happy every day.

（说明：两位"学霸"的视频和短文朗诵不但帮助我们完成本节课的教学目标，而且树立了亲切的榜样，润物细有声，如茶滋养学子，给予"你们的学姐行，你也一样行"的 Positive Behavior Learning，也即是积极行为学习，体现了"听说读写茶话英语，上善若水温润心田"的教学风格）

4. Assessment（评价）

课后利用微课辅导学生进一步加强作文写作，并在 QQ 群或微信群分享作文，同伴互评。本节课主要运用了 3 种评价方式，操作方式如下表：

评价方式	教学环节描述	评价操作方式
教师评价	在学生参与的多个任务中，如个人发言、小组讨论、问答等培养口头表达及语言运用能力 写作评价环节：先安排 1～2 份习作评价，并探讨评价标准，让学生同伴评价，过程中拍下部分习作在 QQ 群分享	教师根据学生的回答是否准确，对话的语言是否流畅，观点是否创新等方面进行评价，并鼓励学生发散思维，说出更多句子
同伴评价	写作评价环节：学生们学习评价标准并进行同伴互评	老师帮助、同伴互助完善作文，通过网络平台延伸拓展写作课堂
自我评价	课后	详见下面《自我评价表》

自我评价表

自我评价内容	Yes	Not Sure	No
懂得并能在观点写作中运用以下常用的连词和句型：My favorite…, In my opinion, First/Second/Third, because/so, I like…best, All in all, In a word 等			
知道并能基于数据和事实来表达自己的观点			
能够模仿运用 OREO 或者鱼骨头等写作模式进行有效写作			
能够根据自己的学习情况来选择适合自己层次的写作模板			
能够理解、分析、评价相关信息，并有自己的观点			

续上表

自我评价内容	Yes	Not Sure	No
能够创造性地进行书面表达			
能够通过了解同学和学科情况，发现不同学科优势			

5. Board Design（板书设计）

本节课板书设计主要包括三大块：重点词思维导图、句式和课堂生成。

黑板顶部写上本节课部分课题。在第一张 PPT 引入 favorite 后再补齐题目，如好茶闻之有味，引人入胜。中间位置用思维导图写本节课重点词汇、科目和形容词匹配，形象生动，不断进行补充，为后面读写译做铺垫。左边记录课堂活动小组加分，强调小组合作的重要性，良好的竞赛贯穿整个课堂，展示有热度、有色彩的课堂。右边及时记录课堂生成，呈现重点句型，记下学生说到的好词、好句，温润如茶，值得回味。

三、教学反思

（一）本节课亮点

第一，教学目标明确具体，教学容量适度，准确地把握本节课的语言知识点：What is your favorite subject? My favorite subject is English/Chinese. Why do you like it? Because it is useful/interesting/relaxing 等。注意难易度、梯度等，内容的内在逻辑性从词—句—篇训练的拓展，层层递进，从易到难，符合学生认知规律，切合学生实际水平展示设计教学内容。重难点突出，整节课围绕"subjects"和目标语言"What's your favorite subject? My favorite subject is…"展开，操练形式灵活多样，围绕目标语言开展课堂活动，并且通过分组竞争加分制度，激发学生积极参与课堂活动，气氛活跃，如热茶香气扑鼻。

第二，大胆对教材内容进行整合改编。处理教材方面，能巧妙地将新授知识转化为学生感兴趣的问题和活动，例如在 2d 的操练中，设置为半控制口头练习，加强句型训练和进一步提高学生的表述能力。课堂上引用 Memory challenge！Who is Dr. Know？Guessing game 等活动，在平等对话和友好竞赛中完成本节课的教学任务。

第三，注重学生核心素养的培养。本节课脉络清晰，目标明确，旨在培养学生在真实语境中如何运用目标语言。初一的孩子已经有很多自己的想法，利用学科特点，让学生利用英语合理地分析问题，表达喜好。重视核心素养的培养，如好茶一般耐人回味，拓展了很多的人文知识，关注全体学生，及时反馈、鼓励。课堂导入设计独具匠心，巧妙地把明星和科目结合，富有时代气息，并渗透了本土古元美术馆文化和培根关于读书的论述，"知识拓展"环节合理有创意，培根的名言让学生深受教育。引用"学霸"学姐的视频和短文朗诵，不但帮助完成本节课的教学，而且给学生树立了身边的榜样，给学生"你们的学姐行，你也一样行"的积极暗示心理，起到了情感教育的作用。作文话题为描述自己最喜欢的老师，切合学生实际，又和本课知识高度相关，同时通过微课引导学生用手掌法、鱼骨头、OREO 等写作技巧来提升终身写作能力。

总之，这节课难易适中，通过听说读写译等不同活动充分调动了学生的参与、合作和探究积极性，培养了学生的学习兴趣，是一节有效有趣的英语课。本节课充分体现"以学生为中心"的教学理念，课上所有问题既能引起学生兴趣，又可以让学生发挥想象，自信展示，充分体现了"听说读写荼话英语，上善若水温润心田"的教学风格。

（二）有待改进或新的尝试

本节课经过集体备课、个人的多次反思和修改，收获良多。在录像完成后，本人多次观看，进行自我评价和批判。关于教学艺术有待加强，对于写中和写后的活动仍需进行补充和拓展，分目标写作环节可以更好地落实，写后的分享、重写、扩写等可以在后续的课中完善，听说读写译的融合可以更深入。

回盼初心互动生成　全心投入润物无声

● 广东肇庆中学　杨荣（初中英语）

▶ **导读语** ▶

一所学校的前世今生，既承载着厚重的历史，又启迪着未来的发展。我所任教的广东肇庆中学前身是创建于明朝万历元年（1573）的两广端溪书院，至今已有446年的历史，作为广东著名四大书院之一，两广端溪书院影响力空前，百年名校有厚重的历史积淀和浓郁的文化氛围。从端溪书院的创办人明朝李材的"止修"到清朝全祖望的"明经行修"，再到山长冯敏昌的"畜德为先""敦本力行"、山长林召棠的"修身践言，读书经世"，端溪书院继承了这种积极进取的德行观，直至如今广东肇庆中学的校训"格物致知，崇善尚美"，可谓返本开新，一以贯之。

我就是在这样的一所学校里不断成长，从一名初生牛犊的普通英语教师、班主任，再到年级组长、处室主任、副校长，走上了管理岗位。从教多年来，我潜心钻研教学方法，不断努力提高教学水平，课堂教学方法灵活，贴近学生实际，深受学生欢迎，多次举行省、市、区、校内的公开课，广受好评，所教的班英语成绩一直保持在全市前列，平均分全市第一，共培养了10位英语中考单科状元。多次辅导英语竞赛，竞赛成绩在全市领先，年年囊括全国中学生英语竞赛全市第一名。同时，我致力于教研，制作的课件也多次获省、市奖励，多篇论文在全国核心期刊《中小学英语教学与研究》上发表，主持省级重点课题两项，成为肇庆市首批中小学学科带头人培养对象、肇庆市第十二批西江拔尖人才、广东省新一轮"百千万人才培养工程"第二批培养对象；先后被授予肇庆市"优秀教师"、肇庆市"优秀共产党员"、校"优秀园丁""十佳班主任""十佳教师""十大杰出教师"、英语风采大赛"优秀辅导员"等光荣称号。

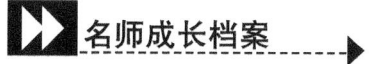

书香门第教师情结

一、在大学校园里长大

我的父亲是大学教授，母亲是大学的主治医生，他们都是20世纪50年代的高级知识分子，都以优异的成绩考取本科重点大学。父亲毕业于湖南矿业学院，母亲毕业于湖南医科大学，历经了艰难困苦，他们才调动相聚在一起。我从幼儿园开始到高中毕业，都学习、生活在大学校园里，每天接触的不是老师就是学生。大学的校园很大，我这个小不点可以自由地在操场上飞奔，在教学楼前张望，在树林里玩耍，在实验室里游荡，在图书馆里寻觅，在礼堂边聆听……这样无忧无虑的成长经历让我身心充满了快乐和自由，更加感性，也更具有创造力，加上父母的言传身教，都为我之后的教师生涯打下了良好的基础。

可能是对学校的环境太熟悉了，有点厌倦了，师范毕业后我毅然"逃离"了校园，到企业去闯荡了一番。经过几年的打拼，结果发现勤勤恳恳、老老实实的自己还是适合做自己的老本行——教师。

二、在私立学校初露锋芒

最初来到一所私立学校应聘，因教学基本功扎实，英语口语及运用能力较好，加上创新的课堂设计赢得了听课领导和老师们的好评，我马上就接手了两个班的英语教学兼一个班的班主任工作。

很快，我成了办公室里最勤快的一员，每天最早来，最晚走，全身心投入教育教学工作当中，心无旁骛。我总在思考：怎样讲学生才容易懂？怎么做学生才对英语感兴趣？怎样练学生才能掌握？每天都查阅大量资料，反复比较，精心备好每一节课，往往是45分钟的内容，我要花上好几个小时的时间来反复琢磨、反复演练。因为在外闯荡了多年，再重新回到校园时，我更加珍惜教师这个职业，更加安心工作，更加投入教学。

功夫不负有心人，经过一段时间的努力，所任教的两个班的班风学风明显好转。由于每天和学生们一起摸爬滚打，面批面改作业，也和他们结下了深厚的友谊。

20世纪90年代末，计算机刚刚普及，学校利用休息时间开设了专门的计算机培训班，提高老师们计算机的运用能力。我非常喜欢接受新事物，一下子就爱上了电脑，这样，我的休息日都泡在了电脑室里。学生也中不乏电脑高手，我虚心向他们请教，很快就掌握了几种课件的制作方法。

2000年，肇庆市端州区教育局举行多媒体优质课比赛，我代表学校参赛，一举荣获了中学英语学科的第一名。那堂课的主题是Weather Report（天气预报），我借用了香港翡翠台"天气先生"的动画做导入，引出了不同的天气的词汇。常言道："好的开头等于成功的一半。"一开始我就出奇制胜，吸引了眼球，一上台就把学生和在场的评委、老师吸引住了。在接下来的授课当中，我层层推进，不断有新"花招"调动学生的兴趣，让他们积极参与到课堂的听、说、读、写当中。比赛结束后，报告厅里响起了雷鸣般的掌声，学生们都跑到讲台前，围在我身边继续问这问那，久久都不愿离去。面对陌生的学生，能够在短短的45分钟内和他们建立起友谊，受到他们的欢迎，得到他们的认可，这让我对自己英语教学的信心大增，更加坚定了做一名优秀教师的信念。

之后，我便成了学校的公开课专业户，虽然每次准备都很辛苦，呕心沥血，但通过这些对外交流和展示，我也迅速地成长起来、成熟起来，课堂教学更加得心应手了。制作的课件"Weather Report"荣获广东省教育科学"黄华奖"三等奖、肇庆市中小学英语多媒体教学课件评比一等奖，科研成果"基于Internet网方式上的英语科多媒体远程教学初探"在"沿海版教材与教学改革成果评奖活动"中获二等奖。

三、在肇中大舞台如鱼得水

由于各方面表现出色，我在端州区的初中英语老师中已小有名气，于是调入了省重点中学——广东肇庆中学任教。百年名校有更厚重的历史积淀，有更浓郁的文化氛围，给我提供了更加广阔的舞台，让我如鱼得水。

来到重点中学的第一年，我对自己提出了更严、更高的要求，每天都要听一两节其他老师的课后自己才上课，为的就是那几句精彩的点拨、那几段巧妙的衔接，每次我都如获至宝，并转变成自己的方法运用在教学中。

我还积极主动学习研究教学理论，长期坚持致力于教学方法的改革和实践，特别是对现代教育教学理论的学习和教育技术的应用，能身体力行，掌握了较丰富的理论知识和熟练的应用技能，课堂设计新颖，教法灵活，学习气氛活跃，效果好，教学成绩显著。凭借过硬的教学基本功、认真的教学态度，我在教学上取得了成功，成为学校教学骨干、初三备考把关教师。在历次中考和市、校统测中，我所教班的英语成绩一直居同类班前列，及格率、优秀率、平均分远超市、区的平均水平。

2005届所任教的初三（6）班中考平均分109.4分，位居广东肇庆中学普通班第一名，其中嘉颖、小维两位同学获得英语单科满分120分；任教的初三（11）班中考平均分105.63分，位居肇中普通班前列。

2005年9月至2008年7月我任教实验班和普通班各一个，经过3年的努力，实验班中考平均分761.87分，全市第一，超市平均分270.94分（市平均分490.93分），其中苏国曦、谭伟俊两位同学荣获英语单科状元，有6人进入全市英语单科前十名（他们分别是国曦、伟俊、慧妍、泽燊、嘉健、秋韵），800分以上有7人，700分以上有50人（全班55人），优秀率和及格率均为100%；所任教的普通班中考平均分686.16分（超市平均分195.23分），平均分、优秀率、及格率均名列年级普通班第二名，该班有24人中考上了700分，很多学生都感慨道：因为英语科考得好，所以能考上重点中学。

2008年9月，我又从初一开始循环，带领本备课组的年轻老师认真备课、评课，并起模范带头作用，所任教的（10）班（普通班）英语成绩由初一时的平均分年级第十名上升为第三名，该班中考平均分686.29分，超肇庆市平均分199.71分（市平均分486.58分），其中钰妍同学获英语单科全市第一名。很多学生毕业后还通过短信、e-mail等与我联系，表达谢意，如被北外录取的小维、被北二外录取的舜豪等，他们都说中学时代最难忘的就是杨老师的英语课。

2015年开始因工作需要，我被安排到高中部任教，虽然已是不惑之年，但我能像新老师一样要求自己。对高中的教材不熟悉，我就坚持每天听课，精心写教案，查阅大量相关资料，积极和校内外的优秀老师学习和请教，用最短的时间适应了高中英语教学。我任教班级的学生大部分来自外县，英语基础相对城区的学生弱很多，很多同学们甚至从来不开口说英语，英语科的平均分也是排在年级倒数。我在教学中精心培育学生对英语科目的浓厚兴趣，力求每堂英语课都能吸引学生，让学生们在欢声笑语中、在游戏玩耍中、在歌声掌声中不知不觉地学到知识，最大限度地调动学生的积极性，让学生爱学、乐学、好学，使每个同学的英语水平都有不同程度的进步，同时使他们自觉有了继续学习英语的愿望和能力。经过3年的努力，2018年高考所任教的高三（16）班的英语平均分仅次于学校的2个实验班的分数，由高一年级时的倒数排到了年级最前列。其中来自高要区的克澜同学高一第一学期期末全市统考英语才85.5分左右，在年级排798名。他上课时总是一声不吭地躲在同学们背后，或者胆怯地用余光看着我。为了树立他的自信，我想方设法创造机会给他发言和展示，在他力所能及的范围给予他锻炼的机会，课后也经常关心他的学习和生活。受到老师的重视，他信心大增，默默地不断努力、不断进步，成绩一直稳步提升，由年级的近800名，一直进步到200名左右。高考前几周他突然身体不适，要入院接受手术治疗，得知情况后，我每天到医院去看望和鼓励他，为他度身定做了冲刺阶段的复习方案，考虑到他身体原因，还特地精编一套复习资料给他。他很坚强，告诉我即使带着氧气包也要坚持把高考考完。高考那天，我亲自陪着他的爸爸妈妈一起把他扶进考场，每场考完都在门口用拥抱迎接他。结果高考他不负众望，英语考出135分的高分，一跃年级前100名，考出了他高中时期最好的成绩。

这样的例子有很多，因为我坚信：把每一件简单的事情做好就是不简单，把每一件平凡的事情做好就是不平凡，我认同"奇迹"的一个"定义"应该是"把平凡的事情做到极致"。教师要发自内心地热爱教育。只有对本职工作热爱，才能产生激情。有了对教师工作的激情，才会产生搞好教学的"创作作品"的欲望。这种欲望越强烈，"作品"也就会越完美。

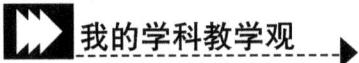

信息化时代的英语互动生成教学

在信息时代，丰富的网络资源为教师们带来了教学改革的机遇，有效地利用这些资源，可以拓宽教师的教学思路、丰富教学内容、提高课堂效率，同时对学生学习兴趣和综合素质能力提升等方面有很大的帮助。下面以我的15个平日教学的真实课例入手，分析以互动生成教学理论为依据的中学英语课程资源开发来诠释"我的教学风格"。

一、从热点时事入手，培养家国情怀，落实立德树人

英语是语言和文化学科，我们在培养学生英语语言运用能力的过程中，要渗透情感、态度、价值观的教育。在教育处于新时代重要的转型期时，我们教育工作者理应将培养学生的家国情怀放置于立德树人工作的逻辑起点位置，要紧握时代脉搏，开拓创新，承担起培养德智体美全面发展的社会主义建设者和接班人的重任。

【教学课例一】G20杭州峰会完美展现

课例背景	2016年9月4—5日 G20峰会在杭州召开	
教学资源	视频：《最忆是杭州》（Most Memorable Is Hangzhou）G20晚会新闻报道	视频：马云全英文出镜，亲自为举办G20峰会的杭州代言
教学效果	这场中国古典音乐、民族舞蹈，以及融合了中西方文化的传统歌曲和芭蕾舞剧的视觉盛宴，同学们看后都叹为观止	同学们学会了如何用极其简单的词语（基本上都是高中词汇水平）来讨论一些有深度的问题

课例小结：这堂课除了增添了同学们的民族自豪感之外，还给我带来了意外收获，同学们好像都开窍了，此后，不管是课内还是课外，同学们都能大胆开口说英语了。

【教学课例二】"神十一"成功发射

课例背景	2016年10月17日神舟十一号载人飞船（Shenzhou XI manned spacecraft）发射升空
教学资源	视频：中央电视台国际频道的相关英语新闻报道
教学效果	同学们发出了由衷的赞叹，被宇航员的航天精神所感动

课例小结：该课例激发了同学们为祖国强盛而奋斗的责任感和使命感，坚定了同学们为中华崛起而读书的信念。

【教学课例三】党的十九大胜利召开

课例背景	2017年10月18日上午9点中国共产党第十九次全国代表大会（the 19th National Congress of the Communist Party of China）在人民大会堂开幕	
教学资源	视频：中央电视台北美分台首席出镜记者王冠相关播报	视频：《艾瑞克跑十九大》（*Looking Back, Moving Forward*）6集系列英语小专题片
教学效果	学习如何跟外国朋友解释十九大	深入浅出地了解十九大

课例小结：以上有关十九大的系列课程，同学们学起来兴趣盎然，参与度极高，教学效果非常好，同时也激发起了他们勇于担当，实现伟大中国梦的历史使命感，为建设中国特色社会主义努力学习、做好准备。

"家事国事天下事，事事关心"，让学生们主动关心社会发展，了解国家大事。立德树人是课改的根本任务，也是整个教育改革的根本方向和核心旨归，从时事热点入手，能很自然地培育同学们的价值观念和意志品格，培养同学们的民族脊梁、家国情怀和社会责任感，把立德树人的目标落实。

二、用突发事件为引，树立安全意识，拓展生活常识

有些老师认为，上课只能照（课）本宣科，不能讲题外话，因为课堂的时间都不够用。我却认为在紧扣教材的基础上，有时不妨来个"节外生枝"。

【教学课例四】拉斯维加斯赌场枪击事件

课例背景	美国西部时间2017年10月1日22:08分（北京时间10月2日下午13:08分），美国西部城市拉斯维加斯一家酒店附近发生枪击事件

续上表

教学资源	视频《美国应对恐怖袭击幸存指南》（RUN→HIDE→FIGHT—surviving an active shooter event）
教学效果	谴责恐怖袭击策划者和实施者的惨无人道，抚慰幸存者，学习如何应对这类突发事件，以使自己免于受难或者将伤害程度降至最低

课例小结：虽然视频的画面有些血腥和暴力，但我觉得当天的英语课上同学们受益良多，加强对一切危险的防范意识，不要让犯罪分子有任何可乘之机，我们的英语课也可以渗透安全教育。

【教学课例五】马航失联事件

课例背景	北京时间2013年3月8日凌晨，马来西亚航空公司吉隆坡至北京MH370航班客机与地面失去联络		
教学资源	PPT：空难自救黄金6法则	视频：中央电视台相关新闻频道的视频报道	英文歌曲：《泪洒天堂》（Tears in Heaven）
教学效果	同学们学习到了自护自救的常识	体会到人生无常、生命脆弱	

课例小结：如何在灾难来临时从容应对？如何有效增加幸存机会？这个时候和同学们讲安全，他们比任何时候都听得认真。

【教学课例六】演员乔任梁因抑郁症自杀

课例背景	2016年中秋小长假期间，28岁的男演员乔任梁在公寓中身亡	
教学资源	世界卫生组织公益视频：《我有一条黑狗，他名叫抑郁》（I had a black dog, his name was depression）	视频：《TED演讲：一个抑郁症喜剧演员的自白》
教学效果	疏导同学们紧张的高中学习生活压力	

课例小结：乔任梁和其他抑郁症患者所经历的，也许是我们无法想象的黑洞。作为老师和同学们都应该高度重视，因为，它可能就发生在你我的周围。通过这节课，同学们学会善待身边人，多一点耐心，多一点阳光，多一点关怀。虽然痛苦不会减少，但力量会增加；虽然生活的麻烦不会减少，但耐受力会增加。

我们常说教书育人，教书只是手段，育人才是目的。既然要育人，就不仅仅要晓之以理，更要动之以情。当老师的如果有了爱生如子的一颗心、一份情，就会在他的整个教学过程中，随时随地地，不自觉地流露出来，对学生起潜移默化、春催桃李的作用。利用突发事件这一教育的契机，很容易吸引同学们的注意力，让他们在不知不觉中受到良好的教育，自然生成认知，学会做事、学会生活、学会生存。

三、以诗词故事渗透，提升人文素养，丰富个人情感

教育的目的不仅在于"增知启智"，更在于"净化心灵、陶冶性情、育德导行"，而英语学科在人文教育方面肩负着重大责任。

【教学课例七】 一首感动我的小诗：《但你没有》（*But You Didn't*）

课例背景	网络热帖：小诗讲述的是美国一个普通家庭的故事，在女儿四岁时，丈夫应征入伍，去了越南。妻子一心等丈夫回来，却怎么也没想到，丈夫在一次激战中不幸身亡。母亲就独自照料着女儿，一直没有再嫁。后来女儿长大成家了，也有了孩子。只是母亲经常会对着丈夫的照片发呆，这成了她每天的功课。后来没多久，母亲去世了。女儿在整理母亲遗物的时候，发现了一个小盒子，里面有一首母亲年轻时写过的小诗——《但你没有》（*But You Didn't*）	
教学资源	中英双语小诗配漫画插图	反战歌曲：*The Side of a Hill*（Paul Simon）
教学效果	同学们感受到生命的意义、战争与和平、普通人的幸福、情感态度教育、价值观等	

课例小结：这是一首感动全世界的诗，爱情，总是那么纯粹，甜蜜，充满回忆。我在学生面前从来都不忌讳讨论爱和情，爱也可以是博爱：爱家人，爱自己，爱同学，爱师长，爱校，爱国；情也可以是亲情，友情，师生情……所以，当我看到这首感动我的小诗时，我毫不犹豫地把它引入了课堂。这首感人的小诗文字简单、直白、平淡无奇，但却有种说不出的能直达人心灵深处的力量，再多的表白都是多余的，中英双语对照着学习这首诗，令同学们终生难忘。

【教学课例八】 当英文遇到汉语时，你会知道汉语有多强大

课例背景	网络热帖：*You say that you love rain, but you open your umbrella when it rains…*
教学资源	PPT：《当英文遇到汉语时，你会知道汉语有多强大》
教学效果	学习完之后，同学们都赞叹道：不知道这世界上是否还有第二种语言能像汉语这样产生出如此极具美感的文字来

课例小结：十八大以来，习近平总书记在多个场合谈到中国传统文化，表达了

自己对传统文化、传统思想价值体系的认同与尊崇。2015年5月4日他与北京大学学子座谈,也多次提到核心价值观和文化自信。当我无意中看到网络上转发量很大的这个帖子的时候,就决定把它带进课堂,介绍给我的学生,学生们的民族自豪感油然而生。

【教学课例九】用英语讲好"中国故事"

课例背景	2017年1月,中共中央办公厅、国务院办公厅印发了《关于实施中华优秀传统文化传承发展工程的意见》。其中,第12条:深入开展"我们的节日"主题活动,实施中国传统节日振兴工程,丰富春节、元宵、清明、端午、七夕、中秋、重阳等传统节日文化内涵,形成新的节日习俗;第14条:积极宣传推介戏曲、民乐、书法、国画等我国优秀传统文化艺术,让国外民众在审美过程中获得愉悦、感受魅力
教学资源	介绍中国优秀传统文化的视频及网页
教学效果	同学们学习了怎样讲好中国故事、传播好中国声音、阐释好中国特色、展示好中国形象

课例小结:传统节日是各民族人民在长期历史发展中沿袭下来的一种社会文化表现,每个重大的传统节日都有其特有的、深厚的文化底蕴,有经验的英语老师通常会以中国传统节日为突破口,采用各种各样的教学手法,教授春节、端午节、中秋节和重阳节的名称,传说故事、民俗活动、传统美食和诗歌等的英文表达,这些都是同学们感兴趣的话题。老师们巧借这些话题,介绍相关的背景知识,帮助同学们梳理我国重要的节假日及主要庆祝方式,让他们从启蒙体验到兴趣激发,最终得到情感认同。我们把英语教学建立在文化学习的基础之上,那么学生学习英语的价值就会大大地提高。

一个人的情感不是凭空产生的,需要经过教育、培养和锻炼。教师引导学生从课内走向课外,扩大阅读范围,特别是对课外诗词故事的学习,实现阅读情感有效迁移,从而丰富他们的精神生活,培养学生健康向上的情感。

四、援名人演讲之力,激发励志精神,积累好词好句

演讲是一种打动人心的语言艺术,高潮处激情澎湃,巧妙处莞尔一笑,动情处催人泪下,简练处惹人深思。

【教学课例十】 用 TED 演讲《谷歌创始人展示谷歌眼镜》导入新课

课例背景	人教版高中英语必修二 Unit 3 的主题是 Computers。教材还是 2006 年的版本，里面提供的文章很陈旧，没有新鲜感，学生已不感兴趣
教学资源	视频：TED 演讲《谷歌创始人展示谷歌眼镜》
教学效果	用相对比较新鲜的素材作为新课导入环节，提高了学生学习的兴趣

课例小结：观看完视频之后，同学们对科技的发展有了更直观的了解，接下来就很容易投入课文的中心——Computers 中了。学生自然学起来就主动了，我们的课就变得更轻松、更高效了。

【教学课例十一】 直接向名人学习演讲技巧

课例背景	培养学生的英语演讲能力和表达能力	
教学资源	视频：2009 年 11 月 16 日奥巴马复旦大学演讲	视频：2009 年 9 月奥巴马《我们为什么要上学》主题演讲
教学效果	直接向名人学习演讲，激发励志精神，积累好词好句，学到很多演讲技巧	

课例小结：奥巴马的演讲是极佳的英语学习资料，我在英语课上经常推荐他的演讲。英国女王伊丽莎白二世、英国前首相特雷莎·梅、加拿大总理贾斯廷·特鲁多都经常作为"特邀嘉宾"出现在我的英语课上，在这些演讲视频当中，他们所展示的地道语言、优美语音的确是英语学习的佳品。

【教学课例十二】 与科学家霍金"面对面"

课例背景	2018 年 3 月 14 日，英国著名物理学家和宇宙学家斯蒂芬·霍金去世			
教学资源	霍金在新浪发布的微博及与粉丝的互动内容	视频：霍金 TED 演讲	视频：霍金在美剧《生活大爆炸》(The Big Bang Theory) 中与谢耳朵 (Sheldon) 的对手戏	视频：青春偶像王俊凯在微博上和霍金的视频互动
教学效果	是人教版高中英语必修五 Unit 1 的主题，"伟大的科学家"(Great Scientists) 的有益补充素材			

课例小结：我把平时收集的有关科学家斯蒂芬·霍金（Stephen Hawking）的

材料都巧妙地贯穿到课堂教学当中。通过有关霍金的系列学习，同学们不但学到了相应的词汇、句型和语法，更重要的是学到了科学家该有的精神——科学精神。科学本身即是探索未知、发现真理、发展先进、改造世界、造福人类的学问，而成为科学家，献身科学事业的人所拥有的精神是锲而不舍、勇于献身、无私奉献却淡泊名利……

我在课堂上通常会选择一些比较简短的名人演讲，或幽默风趣，或直入主题，或暗藏机锋。通过演讲中的励志经历和睿智心语，传授了人生智慧。同时，同学们还能在学习这些演讲中提高听、说、读、写的能力，受益无穷。

五、借热播大片影响，打造快乐课堂，提高学习动力

借用互联网上的热播视频也是我常用的教学手段。

【教学课例十三】《来自星星的你》

课例背景	韩剧《来自星星的你》一度成为中国热播大片，同时也风靡校园
教学资源	网上收集的几篇《来自星星的你》相关英语阅读材料
教学效果	通过阅读，同学们发现原来"都教授"金秀贤也曾经是个很害羞的男孩，是梦想让他克服种种困难，取得成功

课例小结：我们的英语课也要与时俱进、紧跟潮流，这样才能贴近学生生活，达到润物无声的效果。

【教学课例十四】《生活大爆炸》

课例背景	美剧《生活大爆炸》以独具匠心的叙事内容、性格鲜明的喜剧人物以及独辟蹊径的喜剧题材深受同学们喜爱
教学资源	《生活大爆炸》视频片段
教学效果	学生们对经典的台词能脱口而出

课例小结：课堂上我先给同学们听影片的音频，大家什么也听不懂，只是跟着笑声傻傻地大笑。后来经过讲解，观看视频，再次做听力就能轻松地欣赏蕴藏在这些对白中的幽默了，终于发自内心地哈哈大笑了。这种教学方式同时也激起同学假期回家追美剧学英语的热情，让同学们爱上英语。

【教学课例十五】《奔跑吧，兄弟》

课例背景	2018年4月13日新一季跑男在联合国维也纳总部录制了关于"联合国可持续发展目标"（Sustainable Development Goals）的演讲
教学资源	3段视频：郑恺、Angelababy和邓超、王祖蓝和鹿晗的相关演讲
教学效果	同学都说看了跑男，想学好英文的冲动更强烈了，觉得能自由地用英文沟通和交流是一件很酷的事情

教学小结：《奔跑吧，兄弟》是近年来一档比较火的综艺节目，这可是吸引同学们眼球的好素材，于是跑男们就"跑"进了我的英语课堂。顺势，我还陆陆续续在英语课上推荐明星英语说得好的例子给同学们：如王洛勇英文版的《出师表》，王力宏牛津大学演讲，王源的联合国青年论坛全英文演讲，杨澜的TED演讲以及成龙奥斯卡获奖感言，等等。通过学习，同学们体会到英语是一扇帮助他们开启新世界的窗户。

这些热播大片让学生不仅能在轻松愉悦的状态下提高听说能力，还能更清晰地了解真实的中西方文化，学会在不同情景中恰当地使用语言，同时，让同学们在快乐中学习，产生学习英语的热忱和保持持续的学习动力。

综上所述，课堂应该是充满生命活力的地方，通过对互联网上海量信息的整合，我们把教学内容和学生的兴趣爱好结合起来，和学生思维的兴奋点结合起来，和学生的生活实际结合起来，从而达到新颖别致、出奇制胜、激发兴趣、开启思维、唤醒体验、激发共鸣的教学效果，学生们在和谐、欢愉和惊喜中获得多方面的满足和发展，这样的课堂才具有生成性的特征。

（注：以上课例在备课过程中参考了《中国日报》双语新闻、《21世纪英文报》、沪江英语、秦秦英语、蔡雷英语、BBC英语、维克多英语等微信公众号推送的内容。）

他人眼中的我

一、同行眼中的我

2014年12月12日我在珠海市南水中学给参加孙新工作室培训的省骨干教师上了一节示范课（仁爱版八年级上 Unit 2 Topic 2），受到南水中学和省骨干教师的一致好评。

参加孙新名师工作室的省骨干教师在博客上进行了点评，摘抄如下：

接下来杨荣老师的课无疑是压轴好戏，期待值突破五颗星。杨老师这节课用

"惊喜连连" 4 个字来形容已远远不够，我的词库里的形容词似乎都不够用了。整节课我的嘴几乎都是没合上的，目瞪口呆啊！流利标准动听的英语口语，他一开口就把你吸引进去，让你不能自拔，QQ 连线听力对话，不一样的作业布置，杨老师每一步走的都不是寻常路啊！整节课下来，最大的感觉就是：他做得到的东西也许我永远都想不到。杨老师这节课可以说是我从教 10 多年以来所听的课里面最让我震撼的一节课，这种震撼不仅仅是教学方面的，而且是心灵上的：我懂的实在太少了，我要学的实在太多了！

——湛江郑志玲老师

最后一节是重磅压轴，是来自肇庆中学杨荣老师的课。杨荣老师是肇庆的初中英语学科带头人，这次跟岗和我们省培跟岗一起，他原本没有上课任务，是昨天下午评课后在我们这批跟岗学员的强烈要求下，今天给我们展示了一节示范课。这节课可以用 amazing 来形容，设计完美，而且让我们长了很多知识。一是听力运用 QQ 语音功能和创设一个用手机通话的方式，形成真实的语境进行对话；二是选取的素材很恰当，课后才知道这些素材均来自《迪斯尼卡通英语》；三是高超的课件制作能力，扎实的基本功。整节课下来，课堂气氛活跃，师生积极互动，无论是听课老师还是上课学生，都被杨荣老师吸引住了。真的很不错！值得学习！

——中山林韫青老师

第三节是压轴戏，是我们千呼万唤才出来的肇庆中学的杨荣老师。在孙新校长的再三提议下，我们终于有幸能听到杨老师的课。杨老师教的是仁爱版教材，Food and Health 话题。一开始，精美的迪斯尼动画片段导入牢牢地吸引了我们所有人的眼球。接下来，一个接一个的惊喜让我们的嘴里都像装了一个鸡蛋似的——合不拢。我们被杨老师的 ideas 惊呆了！现场的与日本明星 QQ 连线、与 Danny 的电话连线、短文填空输入、小组活动的及时评价真是让我们大开了眼界！就连孙特教都说学到不少，以后上课他也要用上。我们使尽浑身解数让他上课，看来我们的决策是真对了！

——湛江陈红贯老师

二、学生眼中的我

杨老师，是"唐太宗"、是"隋文帝"，采取"班级公约"的措施，使班里的纪律得到保障；杨老师，是"拿破仑"、是"秦始皇"，希望自己的学生的成绩称霸全校、称霸全市、称霸全国；杨老师，是"黄薄"、是"王仙芝"，号召我们拿起笔当长矛，拿起书当盾牌，为我们光明的未来拼搏奋斗；杨老师，是"郑和"、是"哥伦布"，带领我们在知识的海洋中寻找彼岸；杨老师为了制造课堂活跃的气氛，偶尔也当一回"周星驰"；杨老师为了我们的健康，偶尔也当一回"孙思邈"，在教室给我们煮醋杀菌；杨老师为了我们学习不分心，学习环境更加安定，常在晚自习溜进教室，当一回"福尔摩斯"，当一回"金田一"……杨老师是"夜猫子"；杨老师就要变成"白头翁"了。哦！老师，我无以言表的老师！

——谢婷同学复习历史时有感

三、某次讲座听众眼中的我

2017年12月14日，受邀到肇庆学院外国语学院做"提升软实力，锻造硬功夫——中学英语课堂教学的五大攻略"专题讲座。外国语学院领导、专职教师以及英语专业学生共400多人聆听了本次讲座。以下是部分听众留言。

12月14日 21:16 running 提交了发言

杨老师，谢谢您今晚的讲座，刷新了我对课堂、对英语老师的认识！以前以为上课只要讲书本内容、考点就可以了，想要课堂活跃就加点游戏，有时候枯燥到连自己都不想当老师了。听了您的讲座后，我又有了当老师的激情，也认识到自己还有很多方面的不完善（知识储备、教学创意、周边能力等）。再次感谢杨老师，您和您的学生感染、感动到我了！！

12月14日 21:14 H^2. 小熙砒 提交了发言

很感谢杨老师精彩的讲座，也更让我确立往后做一名优秀人民教师的梦想，感悟最深的是作为一名老师不仅传授知识，还有教会学生感悟人生。即使在比较落后的城镇，也可通过这样的方式去引导学生喜欢上英语。嗯，"歌还是要唱的，剧还是要演的"。

真心谢谢老师的分享，作为大二学生的我当下更应努力成为一名优秀、有能力的人。

12月14日 20:53 Hebe 提交了发言

自己虽然是师范专业的，但是对于自己毕业之后要去当教师还是有一些担心的。但是听了您的讲座，觉得自己对于未来当一名优秀教师还是抱有比较大的希望。当然这个过程是非常辛苦的，需要不断去努力钻研。非常感谢杨校长！

12月14日 20:50 未登录用户 提交了发言

原本以为讲座只是会有点意思，但是其实是非常有意思！看着一本正经，以为这会是个严肃的老师，怎么能有趣起来呢？结果老师您用实力狠狠"打"了我脸！这是我上过最有趣的英语课，不只英语课，是我所上的课中最有趣的！让我知道上课也真的可以很有意思！开头您说半个月不在，考试后成绩出来，您的班还是第一，我还在想尖子班怎么能不好，但是上您的课，真的是想讨厌英语都难！

真的真的很喜欢您的课，没能遇上像您这样的老师，是我的遗憾；遇上了您的学生是真的幸运！谢谢！希望能有更多的学生能遇到你！

12月14日 20:49 日尧 提交了发言

其实我一开始对做老师的兴趣并不是很大……特别是在义教后，觉得教学是一件挺难的事，涉及自己的知识能力、管理学生的能力、保持课堂纪律的问题……但今天听完讲座后，觉得教学虽然难，但却是一件非常有意义的事。同时，我也学到了教学的方法，利用视觉冲突、兴趣爱好等教学。今天的讲座后，我特别想上杨老师你的课，觉得不仅能学到学习的知识，还能学到其他的内容。非常感谢杨老师今晚的演讲，让我受益匪浅。

续上表

> 12月14日　20:43　Na.　提交了发言
>
> 　　谢谢老师今天的讲座，触动了我的内心。当你播放视频的时候，几次都湿润了我的眼眶。您是一位非常棒的老师。用心用爱去教学生。听了您的课让我想起了自己以前的老师，谢谢你们的付出。
> 　　今天也让我更加坚定成为一名人民教师的梦想，我想成为像您一样被学生挚爱的老师。
> 　　Thank you so much, Mr Yang.

我的育人故事

爱的智慧——我的班主任的故事

　　寻求教育之道，是我们每一位教育工作者一直在努力探求并积极实践着的事情。我们都希望自己的工作能够取得好的成绩，但我们在实践中也发现有时我们的付出与我们的期望相去甚远，有时甚至事与愿违！凝眸深思，我们会找到一些原因，但如何改进，如何能事半功倍？这一直是困扰老师们的一个似易解决，又实难解决的问题。我写本文是想通过自己多年来所做的摸索与实践和大家交流分享、互相学习、互相促进，但愿我们今后的班主任工作做得更好。

　　作为班主任，我们不仅要教学生知识，更重要的是要帮助学生在道德、情操、品质、勇气、智慧、待人接物、礼仪外交等方面成长，而这一切的教育又都植根于教师对学生无私的爱、对事业无比的忠诚。

　　很多老师和学生家长在看见我处理班级事务时的作风时都会说上一句："杨老师，您真是一位有爱心的老师，您的教育是爱心教育。"但今天，我要告诉大家的是，在教育缺少爱的时候，我们应该强调爱；在人们重视教育之爱的时候，教育者则应该时时提醒自己：该如何去"爱"？爱当然不纯粹是"技巧"，爱的表达需要智慧。爱，不仅仅是一种情感，更多的时候，它还包含尊重、期待、信任、宽容，甚至有时会有"善良的欺骗"。这样工作通常效果都很好。多年来，我就是按照这种认识去做学生工作的。

无声教室

　　在开学第一周，我就基本上树立好了本班的班风班纪，同学们也养成了良好的学习生活习惯，这样9月份一开学，全班就能以最佳状态进入初三。由于已经没有迟到的现象了，同学们也不用靠"个唱"的吸引参加晚修了，这时我便果断地取消晚修前的罚唱歌而改为"无声教室"。规定每天晚上6:30开始一直到9:30晚修下课，教室内一律不准说话，即使课间也不说话，需要说话到走廊、到操场。这样可以给人一种神圣的感觉。我和学生们讲清楚，你想玩、想放松，在学校里有很多地方，走廊啊，操场啊，哪都行，但提供给我们初三（6）班学习的场所只有我们的教室。所以，老师不做统一要求，不一定吃完晚饭就逼大家回教室自习，你可以选择放松或散心，但必须在教室以外的地方，一旦回到教室就必须专心学习。然后我又安排好最得力的干部值班，维护晚修前教室纪律，我也时不时地溜回教室做检查。

"无声教室"的实施，激发了学生们的紧迫感、效率感，造成了一种竞赛气氛，形成了一个你追我赶、奋力向前的场效应，促使平时较懒惰的人也紧张起来，分秒必争。其他班很多想学习的学生都很羡慕我班的同学，早早地就可以安心在教室自习了，这些其他班级同学的议论也使初三（6）班增加了集体荣誉感、自豪感和凝聚力。10月份的时候，学校派我出差了一个星期，回来后很多老师问我为什么班主任不在时，（6）班的晚修还能做得那么好，我想这和我从一开始所做的一系列的铺垫是分不开的。

上车吧，我们一起回家！

阿彪是典型的那种让人头疼的学生，心理较脆弱，自尊心强，情绪波动大，偏激易冲动，个性强，常违反纪律，厌学，上课总是没精打采的。批评了他好多次，可效果总是一般，他真可谓屡教不改。

一次下晚修，在骑摩托回家时，我看到阿彪在前面，便停下车，对阿彪说："住在哪？一个人走啊？！"他说："住在城东，很远的。爸妈都很辛苦，所以我自己搭公车。"我心想：原来还是一个孝敬父母的好孩子。"那就上车吧，我们一起回家！""不用了，不好意思的！"阿彪推辞说。"不要紧，反正顺路。"他犹豫了一会就坐上了车。一路上我跟他聊了很多。虽然那天为了送阿彪回家特意绕道走，我推迟了半个多小时才回到家，但我惊喜地发现他之后改变了很多：作业质量、学习态度等明显改善，有时又控制不了自己犯浑时，我就静静地注视着他，他都很懂事地点点头，然后又认真听课了。

仔细想来，其实，前面的教育、批评也是为他好，为什么效果不明显？而那次"顺路"带了他后，变化却这么大呢？或许每位学生都要采取不同的教育方式。老师带他回家，虽然是件小事情，却使他感到了老师对他的关心，老师其实是喜欢他的。教育有时需要设计和预见，但更多的时候，有效的教育往往源于不经意间的一个眼神、一个微笑、一个动作……变偶然现象为必然教育，仅仅靠教育者的责任心是不够的，更重要的是教育者应具备"明察秋毫"的教育敏感、"情不自禁"的教育本能和"化险为夷"的教育机智。做到了这些，教育者所期待的"最佳教育时机"随处可见，并且常常不期而至。

其实，我们当老师的只要做一个有心人，无意之中也许可以做到无心插柳柳成荫，就可以走进学生的心灵。德育教育不一定非得在政治课和班会课才能进行，在我们的点点滴滴的行动中也有潜移默化的功效。我十分赞赏教育前辈李镇西说的话:教育仅仅有爱,还不够,我们还要善于抓住时机,找准切入点,把握灵感,善于变化,润物无声,方能做到百川归海,于不经意间改变学生,同时也改变自己,就会做到事半功倍,达到相得益彰的效果,皆大欢喜。

 教学现场与反思

仁爱英语八年级上册

——Unit 4 *Our World* – Topic 1 *What's the strongest animal on the farm*? – Section A

一、教学目标

(一)语言知识

(1)词汇:

①Names of animals

②think about, the beauty of nature

(2)语法:形容词的比较级和最高级

The air is fresher, the sky is bluer and the rivers are clearer.

(3)功能:

①表示比较　I think the countryside is much quieter than the city, too.

②表示推测　That must be fun!

③询问和表达偏好　—Do you like the countryside? —Yes, I like it very much, because the air is fresher.

④表达自然与人类关系　People can enjoy the beauty of nature there.

(二)语言技能

(1)听:A　能根据听到的词语识别或指认图片。

　　　　B　能听懂谈论自然的对话或短文。

　　　　C　能从所听语言材料中获取信息,补充短文、对话或回答问题。

　　　　D　能听懂课堂用语并做出相应反应。

(2)说:A　能使用一些简单的英语语句描述和谈论动物。

　　　　B　能用英语简单陈述所听、所读对话或短文的大意。

　　　　C　能在教师的指导下参与角色扮演等活动。

　　　　D　能在口头表达中做到正确地停顿。

(3)读:A　准确认读本课的生词、短语和准确模仿所听对话的语音语调,并能连贯、流畅地朗读课文。

　　　　B　能读懂短文,掌握主要信息。

　　　　C　能读懂自然等方面的课外阅读材料。

　　　　D　能根据上下文猜测生词的意思。

    E 能使用英汉词典等工具书帮助阅读。

（4）写：A 能用表示比较的句子描述事物。

    B 能将所学语言组织起来，写出简短的关于自然的短文。

（三）情感态度

（1）培养学生对自然的热爱之情和保护自然的意识。

（2）能够和同伴积极配合、共同完成任务。

（四）学习策略

（1）善于归纳、总结所学语言知识，能够主动地在交际和写作中运用这些语言知识。

（2）在日常学习中，利用现有的学习资源，拓宽知识面，提高语言实践能力。

（3）树立自主学习的意识，培养任务型学习方法与技巧。

（4）使用简单工具书查找信息。

（5）能够从同伴处获取反馈，修改小作文。

二、教学过程设计

Stage 1 Getting students ready for learning

设计目的：该部分是课前的导入活动，其目的在于吸引学生注意力，创设英语语言环境，为本节课的学习做准备。课前导入活动的成功对本节课达到教学目的大有帮助。

教学活动：

Step 1 Warming up Enjoy an English story：*Old MacDonald Had a Farm*（引出本课话题，复习并检查学生对动物词汇的掌握情况，激发学生兴趣）

Step 2 Self-introduction（拉近师生距离）

Stage 2 leading-in

设计目的：该部分在于引领学生初步感知形容词的比较级和最高级，为后面的学习做铺垫。

教学活动：

Step 1 Guessing game（引出新单词 frog，fly，butterfly 等）

Step 2 Enjoy a video（①做比较，big，small，beautiful，ugly…引出比较级的用法；②引入课题，Where can you see more animals，in the countryside or in the city?）

Stage 3 Pre-listening

设计目的：该部分目的在于引导学生讨论城市和乡村的区别，学习生词 sky，river，clear，beauty，nature，为听力做好准备。

教学活动：

Step 1 呈现美丽的乡村图片，指认图片中的物体名称，教学单词 sky，river 和 clear。

Step 2 呈现 Section A 中 1a 图片，将城市部分标为 A，乡村标为 B，通过提问引导学生比较城市图片和乡村图片的不同。

Q1：Which one is the city?

Q2：Is the sky in the countryside bluer?

Q3：Is the city quieter or the countryside quieter?

Q4：Where can you enjoy the beauty of nature?（让学生根据 beautiful 猜测 beauty 的意思）

A. In the city　　B. In the countryside

Step 3 Pair work 利用 Step 2 中的问题，学生结对进行问答。

Stage 4　While-listening（Section A—1a/1b/1c）

设计目的：通过对话，复习询问喜好和说明原因的表达，获取表示比较和推测的表达法，并通过填空，训练学生从听力材料中获取细节信息的能力。

教学活动：

Step 1 观看 1a 视频，回答问题。

Q：Does Wang Wei like the life in the countryside?

Step 2 播放录音，完成 1b 练习，然后核对答案。

Step 3 再次播放录音，学生完成 1c。

Step 4 分角色朗读对话。

Step 5 分别朗读句子：

（1）喜好和说明原因。

Michael：Do you like the countryside?

Wang Wei：Yes, I like it very much because the air is fresher, the sky is bluer and the rivers are clearer here.

（2）比较。

Michael：I think the countryside is much quieter than the city, too.

（3）人与自然的关系。

Michael：People can enjoy the beauty of nature there.

（4）推测。

Michael：That must be fun!

Step 6 讲解 think about 的意思，在这里与 think of 相同。

Stage 5　Post-listening

设计目的：该部分的目的在于巩固 1a 中所学的重要句型，训练学生的语言输出能力。

教学活动：

Step 1 将1a对话挖空，让学生填空。

Michael：Hey, Wang Wei what are you _____？

Wang Wei：Oh, I'm thinking about life in the countryside.

Michael：Do you like the countryside?

Wang Wei：Yes, I like it very much _____ the air is fresher, the sky is bluer _____ the rivers are clearer there.

Michael：I think the countryside is _____ quieter _____ the city, too. People can enjoy the beauty of _____ there.

Wang Wei：My grandma lives in the countryside and I go there for my summer holiday every year.

Michael：_____.

Step 2 学生表演1a对话。

Step 3 学生结对讨论自己喜欢城市还是乡村，表达他们的想法。

Q：Which do you like better, the city or the countryside? Why?

分组做调查。找出小组中分别有多少人喜欢乡村、多少人喜欢城市，然后发表自己观点。要求：①从交通、建筑、生活设施、教育等方面比较。②尽量多地使用形容词的比较级。

Stage 6　Summary

设计目的：教师引导，学生自主总结和梳理本节课所学到的重点知识。

教学活动：

Step 1：单词、词组中英配对。

Step 2：询问喜好和比较的句型。

Step 3：利用关键词，复述1a对话内容。

Wang Wei, countryside, sky, river, Michael, quieter, nature, go the countryside.

Stage 7　Assigning homework

设计目的：巩固本节课所学的内容，并布置家庭作业。

教学活动：

作业：①完成课本2a/2b。②完成调查报告。

三、教学反思

春风化雨　润物无声

作为一名教师，一名爱学生、爱事业的教师，谁不是"爱，并快乐着"呢！

本是希冀一簇鲜花，结果却收获了满园春色！爱，并快乐着。

（一）一个常新理念：兴趣是最好的老师

爱因斯坦曾说过：兴趣是最好的老师，真正有价值的东西，并非仅仅从责任感产生，而是从对客观事物的爱与热忱中产生的。我国古代著名的教育家、思想家孔子也曾说过：知之者不如好之者，好之者不如乐之者。苏联教育学家斯卡特金认为：教育效果取决于学生的学习兴趣。可见，学生的学习兴趣直接关系到教学效果的好坏。

我把每一次上课都当成和学生的"约会"！初中英语教学的难度不大、知识点不多，作为英语教师，在教学中可选择的最好策略应该是竭尽所能，精心培育学生对英语科目的浓厚兴趣，力求每堂英语课都能吸引学生，让学生们在欢声笑语中、在游戏玩耍中、在歌声掌声中自然地学到知识，最大限度地调动学生的积极性，让学生爱学、乐学、好学，使每个同学的英语水平都能不断地进步，同时使他们自觉有了继续学习英语的愿望和能力。这应是每位英语教师的不倦追求。

（二）两大课堂技巧

现在的学生作业太多，负担太重，老师很有必要在备课上多花些功夫，尽可能减少一些的课外作业！对此，想方设法努力提高课堂效率是关键。

1. 好的开头，是成功的一半

常言道："好的开头等于成功的一半。"上课，要非常重视开头。一节课的成败得失，往往与是否有一个好的开头密切相关。所以有经验的教师，总希望为自己的教案设计一个好的开头。

（1）出奇制胜，吸引眼球。

课堂教学类似演戏，一定要在开场后的几分钟内就吸引观众，如果每次都平铺直叙、照本宣科，学生非打盹不可。要尽可能一开始就引人入胜，一上台就把学生吸引住。

在上仁爱版八年级下册 Unit 7 – Topic 1 – Section B *We are preparing for a food festival* 一课时，一上讲台我就说："Boys and girls, you're so lovely today. So I'd like to show you something interesting. Would you like to watch?"这时学生的好奇心马上就调动起来了，他们大声回答："Yes!"于是我马上给他们看了一段搞笑视频——日本的乳品广告，视频的内容就是本节课的主题——食品和健康，很自然地导入了新课，学生们在哄堂大笑中开始了新课的学习。有心理学的数据显示，当一个人心情好的时候是最容易接受别人的意见的，课堂上的笑声让学生觉得学习英语非常轻松。（想要课堂活跃，平时就要注意收集一些特别的视频或图片，备课时就可以信手拈来，就不怕"书"到用时方恨少啦！）

（2）贴近学生生活。

网络时代，QQ 是学生们课外交流的一个非常重要的工具，深受学生们喜爱，在上另一节有关"食品和健康"的课文时，我就模拟了网上的 QQ 对话引入课文内容（仁爱版八年级上册 Unit 2 – Topic2 – Section D *Food and Health*）：

课前我截取了几张自己 QQ 聊天的画面放进课件里，然后把对方要说的话提前录好音，形成我问一句，对方就答一句的效果：

Teacher：Hello！April！

April：Hello！Mr. Yang！Nice to see you again！

Teacher：Nice to see you, too. Well, we're having an English class. We're talking about food and health. What's your opion about food and health?

April：Er…As we know, good health is more important than wealth. Food gives us energy, so we must have enough food to keep healthy. Of course, we must also have the right kinds of food. We should eat more fruit and vegetables and less meat. A glass of milk and an egg a day can help make us strong. Different foods help us in different ways. But if we eat too little or too much, or if we choose the wrong food, we may become sick. It's necessary for us to have a healthy eating habby.

Teacher：Ok, goodbye！

April：Goodbye！

望着幻灯片上熟悉的 QQ 聊天画面，学生们兴趣盎然，都竖起耳朵听我们都聊了些什么。其实聊的内容就是课文的文章内容，我就把这个导入当成和学生做了一段听力练习，接下来当然是就所听内容进行提问了。实践证明，这样导入课文非常迅速，而且学生乐于接受，效果很好。

（3）与时俱进、紧跟潮流。

奥运会前的《北京欢迎你!》、*You and Me*、世界杯的《畅爽开怀》、世博的 *better city，better life* 等主题歌，都会是我的英语课的开场白，包括在 2010 年春节联欢晚会王菲的歌曲《传奇》，我也翻译成英文版，新年开学的第一天与同学们分享。

又如在上仁爱版八年级下册 Unit 8 – Topic 1 – Section A *Our Clothes* 一课时，要学习很多有关服装的单词，我通过当时最热门的网络人物——"犀利哥"以及网络上的 PS 图片，巧妙地让学生学习了各种服装的新单词。同学们紧跟着幻灯片的画面，在一阵阵狂笑声中，非常容易地就把新单词给记住了。

（4）"节外生枝"也不妨。

有些老师认为，上课只能照（课）本宣科，不能讲题外话，时间都不够用。我却以为在紧扣教材的基础上，有时不妨来个"节外生枝"。比如有时我也在英语课堂上进行德育教育，德育不仅仅是班主任的事情，你把班的凝聚力、信念、信心等提上去了，学生自然就主动学起来了，你的课就轻松了。比如这学年我又教新一届初三，学生上初三紧张又陌生，有些不知所措，社会和家庭给的压力很大，很郁闷。心情不好，是学不好的。所以在学期刚开始的第一节英语课我用了半节课时间上了堂"班会课"：我放了2段暑假从网上下载的娱乐节目的视频，第一段是"断臂男孩"刘伟在《中国达人show》的节目。刘伟23岁，10岁时因触电而失去双臂，他19岁开始学钢琴。节目上他非常优美地用脚弹奏了一曲，全场为之震撼。他有一句名言："生命对我来说只有两条路，要么赶紧死，要么精彩地活着。"

第二段视频是"袖珍女孩"朱洁的精彩演出。23岁的她只有十二三岁的个子和样子，但她仍然活得很快乐！

看完2段视频，很多同学都流下了热泪，相信对他们的心灵有所震撼，通过讨论，他们认识到，今后的学习和生活就是再累、再辛苦也是幸福的，因为起码他们是健全的人、健康的人。相信这半节英语的"班会课"会对他们的人生，最起码会对接下来的300多天的辛苦有一个正确的认识。之后我又引出新单词disabled（残疾的，残废的），因为这个单元的内容就涉及学生到残疾儿童之家做志愿者的内容，于是又由"班会课"顺利过渡到英语新课文的学习。事实说明，此后的英语教学事半功倍。学生学习的主动性提高了，效率就会提高，在"节外生枝"上占用的时间会加倍地返还回来的。

（5）设置悬念。

制造课堂悬念，让学生猜，让学生有所期待，让学生乐于参与也是我经常用的一个开场方式——Guessing Game。

如在教仁爱版八年级上册 Unit 4 – Topic 1 – Section B *Animals in Danger* 一课时，我把教室的投影黑屏，只留下教师电脑的屏幕可以看到课件，然后请一位同学上来说一段英文来描述他在教师电脑里所看到的动物，让其他同学猜。如："I am orange and black. I am the largest wild cat in the world. I am the King of Animals in China." 下面同学马上猜出是 tiger（老虎），然后我再播一段老虎的叫声。很容易就能吸引学生的注意力，使他们投入学习当中。

教单词的时候我也经常采用这种方式，用图片或英文解释让学生猜单词、学单词，效果很好，学生们学起单词来相当轻松，而且为了能猜中单词，他们常常会主动预习好，这种主动学习比被动的强记好得多，而且不容易遗忘，这一招能让学生们乐学、爱学、好学。每届学生对我的 Guessing Game 都记忆犹新，许多学生都说过这一段初中英语学习的美好记忆使他们终生难忘。

2. 把学生激励成超人

《学习的革命》中有这样一句话："如果一个孩子生活在鼓励中，他就学会了自信；如果一个孩子生活在认可之中，他就学会了自爱。"人们普遍认为我国的教育注重技能教育而缺少激励教育，也缺少心理方面的教育，还缺少创新方面的引导。我不断提醒自己：动力源自信心，进步源自激励。课堂上及时的表扬和认可是相当重要的，是促进学生加速的发动机。

（1）不用成绩排名做激励。

以前，做老师的习惯用"成绩排名"作为激发学生努力学习的重要手段，而很多学生不怕考试，就怕排名。对学校和家长而言，成绩排名是件寻常事，但在排名的背后是学生不堪承受的压力。而现在，成绩属于学生的个人隐私，如果没有排名榜，用什么保证学生的学习自觉性呢？

每次考完后，我都会及时大张旗鼓地表扬取得进步的同学，特别要表扬在最近几次测验取得持续进步的同学。对于考得不理想、暂时落后的同学我鼓励他们"蹲下来可以跳得更高"，预祝他们下次有所突破。同时告诉孩子们测验就是一种检阅学习效果的手段，通过测验找出自己知识掌握上的缺陷，调整好心态，及时进行学习上的总结和反思，确保今后不再犯同样的错误。

（2）巧立名目设奖项。

一次我在班上举办"英语故事擂台赛"，报名参加者多达10人，参赛选手个个斗志昂扬，在讲台上一展身手。可是，比赛的结果如何公布？怎样才能保持学生学习英语的热情不受打击？我冥思苦想了很久，并征求了全班同学意见后，终于制定了如下激励方案——颁发"英语故事擂台赛"十大奖项：①最敬业大奖——陈正；②最佳表现大奖——陈乐斯；③最佳台风大奖——赖彦冲；④最具活力大奖——钟杰；⑤最真情演绎大奖——邓豪；⑥最具潜质大奖——罗晓瑜；⑦最具创意大奖（铜奖）——周莹；⑧最佳语音大奖（铜奖）——邓新宇；⑨最具风采大奖（银奖）——夏日；⑩全场总冠军（金奖）——邓煜彬。

当然，这些奖项都是根据学生的不同特点来设计的。这设置的奖项也只是一种手段，目的在于激励学生，激发学生学习的积极性和上进心，帮助学生树立必要的信心。教学过程中，教师要及时发现每个孩子的长项和闪光点，一个精彩的回答、一次出色的朗诵、一串"异类"提问，都应成为我们的鼓励对象。换句话说，就是要巧立名目设置奖项，给学生戴上合适的"高帽"，然后通过一定的途径、一定的活动后再授予学生。让学生看到这样的称号不是随随便便就能获得的，是经过自身努力后得到的，因此就倍加珍惜。我还会把"表彰会"举行得简朴而隆重，伴随着颁奖背景音乐，受表彰学生的大名就会在教室的投影上慢慢升起，就像大明星一般，得到了奖项的学生满脸自豪，未得到的学生满眼羡慕，因此起到了较好的调节激励作用。

（3）打破常规给高分。

通常教师的"职业病"就是喜欢挑错，喜欢找毛病，好像不告诉学生错在哪里就显得没水平一样。给学生打分时也显得特别吝啬，最喜欢扣分，好像不扣分就不能引起学生注意，要是没错就扣你书写分，反正不能让你太轻松，不能让你拿满分！

这一点我不是很认同。我给学生打分时眼睛只盯着学生的优点，并把优点放大，常给学生打满分、打高分，而对学生的缺点"忽略不计"，以此来调动学生学习的积极性。甚至给学生打分的时候打破了常规、打破了定势，分数超过了100分。举个实例：小贤同学一直缺乏学英语的自信心，在多次和家长沟通后发现她小学时学英语曾经"很受伤"，很受打击，于是在一次她较完美地在黑板上答题后，我给她打了200分，全班为之"震惊"，小贤也受到了强烈的"震撼"，之后的英语学习终于上了一个新台阶。

不是聪明、努力的学生常受激励，而是激励会使学生更聪明、更努力。激励就像航天飞机的推进器，一旦点了火就会朝既定目标勇往直前！我时常提醒自己：对学生表扬采用"喇叭"，批评使用"电话"，这对帮助学生成长很有作用。

（三）三类课外活动

众所周知，英语课外活动是学校在教学计划和教学大纲范围之外，对学生实施有计划、有组织的英语教育教学活动。它是整个英语教学过程的一个有机组成部分，与英语课堂教学密切相关，是实现英语教学目的的重要途径之一，也是教师改进教学方法，增加课堂上语言实践的广度与密度的有效途径。搞好英语课外活动有利于提高课堂教学质量，培养学生学习英语的兴趣。

（1）唱歌学英文。

有学生问我，发音差，如何改进？我建议他学唱英文歌，从易到难、由浅入深，慢慢地就可以有理想的进展。学习英语，其实有很多方法，唱歌是最容易上手的。经典的英语歌曲也是学生的最爱，大部分同学都喜欢唱。开始，教师可向学生推荐英语歌曲，之后学生就会自己去寻找喜欢的英文歌推荐给老师，结果往往发现学生推荐的歌他们更爱唱。学英语、唱英语，将激起学英语的一次又一次高潮。

（2）表演英语舞台剧。

本人曾尝试以英语科组的名义在校园里张贴招募英语舞台剧剧组人员的广告，原以为会无人问津，想不到的是有近300名同学踊跃报名，把报名的会议室挤得水泄不通。让他们自编、自导、自演，集编剧、导演、演员于一身，有力地激发了他们的想象力和创造力，培养了他们的表演才能。*Little Red Riding Hood*（《小红帽》）、*Little Snow White*（《白雪公主》）、*Cinderella*（《灰姑娘》）、*Three Times' Beating Monster*（《三打白骨精》）、*The Fisherman and the Flounder*（《渔夫和金鱼》）等经典剧目都已经被学生陆续搬上舞台，他们在准备阶段，遇到生词就自己查字典、问同学、问老师，这也是一个学习和提高的过程。不但参与者得益，而且因为有了好的氛围，持续地带动了一大片，这正是我当初所期望的。

（3）参加演讲比赛。

根据学生近期所学的内容，确定一个 topic（主题），如：Food and Health、Saving the Earth、Animals in Danger 等，让学生们用上所学的英语进行演讲，这是我常常用到的一种课外活动的方法。通过一系列的演讲比赛，让学生感觉到其实演讲并没有想象中那么难，而且可以把现学的知识活学活用，极大地激发了学生学习英语的兴趣。

（四）4种常用媒介

为了让英语课轻松、愉快、易学，我的英语课堂少不了以下4种媒介：①图片；②声音；③视频；④实物。不一定每节课都要用到这4种媒介，但把这几种媒介灵活地穿插到课堂中，将会有意想不到的好效果。

现代教学中合理利用多媒体资源是必要的。多媒体网络资源信息量大、传输快、音画兼备、形象生动直观。有些教师认为多媒体用得越多，学生参与率就越高，所教授的语言材料越易于被学生掌握，效果就越好。这些教师在课堂上费尽心机，跑上跑下，不断切换，忙得不亦乐乎。虽然课堂上学生和教师都很投入，但下课后学生还是一知半解。产生这种现象的原因是教师只关注课件展示，缺少语言的操练；只重视课件设计的精巧，而忽略所设计活动的真实效果。更有甚者，一些教师全用课件上课，将传统的教学媒介全部废弃，挂图、实物等一概不用，板书一字不写，"哗啦啦"地由"人灌"变为"机灌"，看起来效率很高，实际上是得不偿失，必须避免的。

（五）5个节日切入点

传统节日是各民族人民在长期历史发展中沿袭下来的一种社会文化表现，每个重大的传统节日都有其特有的、深厚的文化底蕴，如果我们把英语教学建立在对其文化学习的基础之上，那么学生学习英语的价值就会大大地提高。

在教学中我特别重视以下西方的5个节日：①Halloween（万圣节）；②Thanksgiving（感恩节）；③Christmas（圣诞节）；④April Fool's Day（愚人节）；⑤母亲节（Mother's Day）。在这些节日前后，我一定会大张旗鼓地和学生们"疯狂"一下或"忽悠"他们一下，如圣诞节那天我会穿上圣诞老人的全套装束跑到教室派礼物。这是注重中西文化差异、提高学生语言修养的好方法，以这5个节日为契机，让学生不仅对西方节日文化有了认识，对我们中国自己的节日也有了更进一步的了解。正如《英语课程标准》对现代英语教学提出：要拓展学生的文化视野，发展他们跨文化交际的意识和能力。

春风化雨、润物无声应该是广大教育工作者的不懈追求，多年来我也认真学习、实践探索，取得了一些成绩，而教师对教育教学的追求是永无止境的，我将不断反思教育教学实践的得与失，继续努力探求有效教学的新途径，使今后的工作更上一层楼。

承书院文脉，读千古经典，奠成才之基。广东肇庆中学大胆追求学业成绩与立德树人"多赢"的教育效果，彰显出自尊而不失礼节、自信而不乏谦虚、严肃而不减活泼的独特精神风采,在教学改革的道路上,这座百年学府必将焕发出更强大的生命力。在高考综合改革、课程改革如火如荼的形势下,我校提出了"强学术、厚人文、富情怀,建设全国最美中学,让每一个学生内心充满光芒"的发展新目标。广大教师聚焦"学科核心素养"落地生根,立足于"解决问题"来设计课堂教学,将知识线索的课堂教学翻转为问题线索的学生学习,推动课堂教学的深刻转型。以多元文化展现为内涵,以师生文化互动为主线,站在教育的原点、学生长远发展的立足点、学校历史文化的延续点上,思考探索核心素养的校本化实施方案,培育有深刻的学校文化基因和特质、内心有光芒的学生。

严爱相依教书育人，诗意教研幸福人生

● 冯晓颖（初中英语）

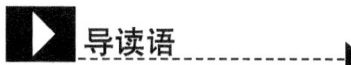
导读语

冯晓颖，来自珠海市金湾区的英语教研员，2000年9月从北方的省会城市来到珠海西部偏僻的小渔村，在这里扎根已经整整十八载，经历了金湾区从无到有的建立，是金湾区教育局教育科研培训中心的"拓荒牛"，见证经济特区发展的普普通通的教育者。性格外向，做事风风火火，总喜爱穿着一身红色套装，丰满的身材，披肩长

发，圆圆的脸，眼镜下有一双睿智的眼睛。与特区共同成长，荣获了"金湾区首批名教师""珠海市名教师"的称号。以教育者的使命，用自己的激情、严谨，守望在特区教育的田野里，先后荣获"金湾区先进教师""珠海市先进教师""广东省科研项目审批立项评审专家"、广东省"新一轮百千万人才工程"培养项目英语名教师、"教育部第三批国培专家"等荣誉。2014年12月至2015年12月，经广东省教育厅选拔推荐，担任教育部2014年"国培计划"——示范性教师工作坊高端研修项目主持人，业绩突出，被评为"国培计划"优秀工作坊主持人。笔耕不辍，著述和发表教学专著、论文累计300余万字。培养教师省内外学员近千人，教授的学生遍布珠海、韶关、清远、肇庆、中山、江门、云浮、汕头、阳江、汕尾、佛山、深圳、广州、杭州、北京、开封、百色、沈阳、盘锦、大连、烟台、青岛、连云港等市及欧美各国。被聘为广西百色学院外国语学院客座教授、广东省教育研究院首届特约研究员（教研员）、广东省教师继续教育学会特聘专家。

名师成长档案

一、海洋精神引航金湾教研的"第一批"

清新的空气、苍翠的山峦、绵长的海岸、闪亮的岛屿，镶嵌在祖国的南海，是珠江西入海口，中国首批四大经济特区之一，被称作百岛之市的珠海经济特区。2018年10月23日，港珠澳大桥开通仪式在广东珠海举行。习近平总书记出席仪式并宣布大桥正式开通。"一桥拉动，珠三角西部棋子全盘皆活。"对于珠海、珠三角西部乃至粤港澳大湾区而言，被誉为"新世界七大奇迹"的超级工程，给珠海经济特区带来了巨变。珠海是一座世界著名的宜居城市，毗邻的澳门是世界闻名的国际旅游休闲中心，香港是国际知名的自由港、国际金融中心。这对于珠海教育人，无疑是又迎来了新的挑战与机遇，我们又看到了更广阔的天空，我们一定要"弃燕雀之小志，慕鸿鹄而高翔"。时代在进步，经济在发展，教育在改革，特区教育工作者更应唱响时代的最强音，在新课标和新教材的革新时代，推旧出新、勇于探索，享受职业的幸福。

回顾青葱岁月，激情满怀。2000年9月，我响应国家号召，带着火热的激情、带着年轻人认真学习工作的态度，来到了珠海经济特区。金湾区是2001年4月4日经国务院正式批准设立的行政区，位于珠海市西南部，地处珠江出海口磨刀门与崖门之间的南海之滨，是珠海三大行政区之一。金湾区由一座雄伟的跨海3.3公里的珠海大桥连接着主城区，拥有广阔的海洋面积。2005年8月，我与同事们共同创建了金湾区教育局教育科研培训中心，成为金湾区建区以来，首批有正规编制的4位教研员。通过艰苦的奋斗，白手起家，购买办公家具和电脑设备，办理单位公章和银行账号，制定金湾区教研、科研、培训的一系列规范化文件。我们全体教研员在最初工作的几年中，几乎没有节假日和休息日。在中心领导的带领下，我们深入学校，走进课堂，中午就一起在办公室里吃盒饭。天天加班，无怨无悔地开创了珠海经济特区金湾区教育、科研、培训的新局面。

我工作的23年中，在珠海经济特区就有18年。10年一线教师的经历，13年教研员工作的履历，让我感受到博大而厚重的"海洋的精神"，以海洋的想象守望教育美好的向往，以海洋的孕育描绘教育文明的蓝图，以海洋的胸怀扬起教育发展的风帆，以海洋的乐章奏响教育新时代的梦想。正是这一块包容开放、创新改革的特区热土和同事们的相随相伴，给了我丰富的创新灵感、"敢为天下先"的自信。以"朝花惜时做科研，淡泊名利做教学"的精神，用自己的激情、严谨，在教育科研实践中坚持不懈地探索、耕耘和守望在特区教育的田野里。

（一）有激情的底蕴

我的性格开朗，做任何事情都带有一种强烈的责任感和使命感。来到珠海，这种迅猛、激烈、难以抑制的情感，在工作中持续存在。人在激情的支配下，常能调动身心的巨大潜力。而我的激情来自教研活动中，用真情、用激情感染师生，让他们与我同呼吸。我深深地感悟到，在高昂的学习状态下，师生会充满活力、激情四射，好学、爱学、乐学。在真情实感中，通过语境，通过不同的交流方式，把英语教学有机地融入课堂教学环节中，让学生们成为课堂的主人。师生的情感是平等的。在我的情绪带动下,学生大胆发言,积极大声讲英语;心灵碰撞,挖掘出师生学习英语的无限潜能。

（二）有严谨的作风

只有严谨,才能走得稳、走得更远。"天下难事,必做于易;天下大事,必作于细。"英语作为一种语言,具有工具性和人文性,学习中,更需要注意其严谨性、语言表达的规范性,这样才不容易产生歧义。严谨是学习英语必须具备的基本素质之一,我们要把严谨细致作为追求,内化为精神动力,外化为一言一行。生活中,少一些大而化之,多一些脚踏实地,从每个单词开始,从最简单的语句入手,从最普通的篇章读起,让师生学出成绩来、学出精彩来,就是我最大的成功。

（三）有幸福的价值观

"幸福"是指一个人的需求得到满足而产生的喜悦、快乐与稳定的心理状态。在英语教学中,我23年如一日,体验了从浅层的教书快乐到深层享受教师的职业幸福感。在课堂上,我更能倾听学生的心声,全心全意为学生释疑解惑,因材施教,用爱暖其心、用严导其行;教学相长、有教无类;敢于思辨、乐于创新。面对学生们的一张张笑脸,一双双求知的眼睛,我感到幸福与满足,一股强大的力量瞬间充盈着整个身躯。学生们毕业后,我收到从远方寄来的贺卡,能感到茫茫人海中,有种师生的牵挂,感受到师生间的依恋、关心、知心,并为此而感到幸福!在教研员的岗位上,看到辅导的老师们登上领奖台时,我心中充满了甘为人梯的幸福。

二、岭南文化滋润白山黑水"教二代"

1973年5月8日,我出生于东北最大的城市——辽宁省沈阳市。我是家中的独生女,父亲是一位管文教卫生的干部,母亲是一位中学教师。童年、青年时期,我在快乐、幸福和无忧无虑的环境中学习和生活,在父母的影响和熏陶下,我立志要当一名人民教师——"为人师表,教书育人"。高三毕业时,我第一志愿就是报考辽宁师范大学。

在师大的学习中,我担任学习委员,常常组织班级活动,我的组织管理能力得到了培养和提升。记得参加实习期间,我来到了母亲的学校,第一次站在讲台时,全校老师都带着热切的期待来听我的课,有的老师也是我的叔叔、伯伯和阿姨。课罢,他们都非常高兴,激动地搂着我的肩膀,摸着我的头,赞许道:"晓颖,你的英语课十分精彩。英语语言清晰、规范,音色悦耳动听,用肢体语言表达单词的语意,有神韵之功。你会超过你的母亲——我们的王桂霞名师,你家又将会走出一个名师!"我高兴地点着头,泪水已弥漫在双眼中。他们的话语激励着我,给我在教师成长的过程中指明了方向、增强了动力,我向老教师们深深地鞠了一躬!——正是我的母亲和他们这一辈教师的肯定和鼓励,更坚定了我投身教育事业的信心。在接下来的岁月里，他们的支持和帮助，也让我在教师和教研员工作岗位上，得到了健康和全面的成长。

我的成长过程可分为3个阶段，第一阶段（1996—2000年），小荷才露尖尖角；第二阶段（2000—2005年），提升完善渐成期；第三阶段（2005年至今），优化创新完美期。

（一）第一阶段（1996—2000年）：小荷才露尖尖角

1996年9月，怀着对教育事业的热爱，我走进了沈阳市第二十五中学，和我的母亲王桂霞成为同事。在她精心栽培下，我结合自己的实际，努力形成自己的教学风格。

我工作的学校，是沈阳市皇姑区的一所老校，这里的一切都是那么的熟悉。我小时候就是在这儿上幼儿园，寒、暑假都是和母亲在这里度过，对这里的一草一木，我内心充满着热爱。作为初上讲台的年轻教师，一切又是那么的新鲜和具有吸引力。我的同事，也是母亲的同事，他们热情无私地教导我、帮助我，让我在班级管理、驾驭教材、把握考纲、整合教育资源中，大胆创新、大胆尝试。每天，他们会深入我的课堂，指出我的不足和肯定我的优点，让我反思每节课自己的表现。在学习和思考的实践中，我潜心钻研教材，主动虚心地向科组中每位师傅讨教，我成了外语组所有老师的徒弟。

在工作中，科组给了我锻炼和成长的多样平台：不仅让我成为集体备课的主备人，而且把我推向前台，参加区学科基本功比赛活动。在工作第一学期的期中和期末考试中，我所带的班级成绩优异，我打赢了入职以来的第一仗！我们的同事都为我的成长和成功点赞庆贺。

参加工作的第二学期，我有幸被推选为学校团委书记，成为学校最年轻的中层干部。科组同事们又推荐我再次参加基本功比赛。为了争取在比赛中有好的表现，从备课到上课，我精心准备、认真摩研、虚心请教、全力以赴。磨课点评，我深得科组长陈老师鼓励：“晓颖老师这节课很成功，*Time* 这节课让我看到年轻人的精彩，她的诗人般的激情，我很欣赏。用词造句非常严谨，我很感动。我非常想表达的是我们科组后继有人了。晓颖这棵新苗，定能长成参天大树！”此次比赛我获得了一等奖，整个备赛、参赛的过程让我拓宽了视野，增强了自信心，感受到成功的快乐。

在课间，年轻的我经常在学校操场和学生一起打球、跳绳，时而还兴致勃勃地一起拉着手做"打口袋"的游戏。在冬天，我们会堆雪人、讲英语、实地上课，我和学生打成一片，学生都亲切地叫我"冯老师姐姐"。他们用成绩回报我这位大姐姐似的英语老师，我教的班级成绩位居年级平行班之首，对此，同事们赞不绝口。母亲问我："你觉得你有怎样的教学风格？"我思考着回答"情"，即感情——对工作的"热情"、对教育事业的"激情"。

(二) 第二阶段（2000—2005年）：画船撑入花深处

2000年10月，是我教学生涯的转折点。我参加了珠海市面向全国优秀教师的招聘考试，经过选拔，最后以优异成绩被珠海市教育局录取，成为珠海特区一名普通的教师。我被分配到珠海市金海岸中学，担任2个班的初中英语教学、1个班的班主任和学校大队辅导员工作。从此我远离家乡，远离亲人，来到中国改革开放的前沿特区——美丽的海滨城市珠海，走进了一块新的教育天地，开启了新的教育生涯。

在特区工作的头5年里，我见证了珠海西部地区的变化和发展，泥泞的乡间小路变成宽阔的高速公路，茫茫的甘蔗林变成高楼林立的花园小区，不足两万人的小渔村发展成为拥有二十几万人聚居的行政区。我深刻感受到特区城市建设和社会发展的特区速度，更感受到特区教育人的使命。浸染在岭南文化包容、大气、坚毅的氛围里，我这个北方来的"珠海人"茁壮成长。我潜心英语教学，虚心求教，广泛阅读国内外英语教学书籍与杂志，抓住一切可能的机会聆听国内外大师们的教育讲座；关注英语教育发展动向，了解时代和社会经济发展对英语教育教学的要求；努力完善自我、提升自己的教育教学能力和水平。

实践是最好的锻炼，比赛是最好的检验。我积极报名参加在金湾区举行的公开课、优质课比赛。2000年，经过认真准备、精心设计，我以优异的表现获得全区一等奖，并获得肯定和好评。在区举办的"教学比武"活动中，我认真思考、虚心请教，汲取各家之长，去除"娇、骄"二气，结合自身性格特点和学生实际情况，将自己的教学理念和激情严谨的教学风格融入每节课之中。在学校英语科组老师们的团结合作下，我所在金海岸中学英语教学成绩显著，为学校争得了荣誉，为区英语教学增添了光彩。

尽管工作任务重，只要能提升自己专业修养，提高自己教育教学能力，促进专业化发展的事情，我都愿意尝试和接受。正如特区经济发展的速度，我的教学水平也到了迅速提高的阶段，教学上我逐渐形成了自己"严谨"的风格。在课堂上，在传授知识点时，我将教材知识编码，画知识树、绘思维导图，将音、形、义有机结合，同时，创设虚拟的"真实"语境，讨论、回答、对话，在讲演中感悟英语语言的美，并让学生在其中掌握学习的技巧和方法。我还通过精讲精练，训练学生的思维，在听、说、读、写综合能力方面下功夫，如让学生能大胆发言，大声说出自己的心里话，用英语表达自己的情感。述说着中西方文化的差异，由此培养学生良好的学习习惯以及思考、分析、解决问题的能力。在学科教学的过程中，我还努力培育学生的"我们只有一个地球"和公民意识，引导学生努力将自己培养成为一个包容、有环保意识、懂礼貌、爱国爱家和爱整个地球村的时代青年。2003年11月，我把自己的教学实践写成论文《兴趣培养三法》，发表在《学英语报》上。严谨的教学风格，再加上自己自信的真性情，不但唤起了学生的求知欲，而且让学生们在学习中萌生了兴趣，保持了兴趣，获得了佳绩，在效率提升上也有了明显的成效。2005年3月，我的教学案例"Lesson 74 Are we alone？（JEFC）"，获广东省教育厅2005年中小学英语新课程优秀论文和教学设计（录像）三等奖。

在珠海市金海岸中学工作的5年，我与珠海西部地区教育共同成长。这里需要年轻人，需要教育者，需要我们这些敢闯敢拼的人。在日新月异的教育革新中，我的教育教学水平有了进一步的提升，收获了诸多成绩和荣誉，基本形成了有效课堂的教学模式。

（三）第三阶段（2005年至今）：映日荷花别样红

2005年8月，金湾区面向中小学教师招聘英语专职教研员，经过笔试、面试、政审等环节，我以第一名的成绩进入珠海市金湾区教育科研培训中心，负责全区中小学英语教育教学、教研等指导工作。新的职责、新的定位，给我的教育生涯带来了全新的视野和挑战。我在"国际理解教育、重新审视英语教学、给师生带来的时代变化和将英语教学的工具性测试转向人文性的研究"等方面开启了探索和实践的新征程。

作为英语教研员，我清楚地认识到：要坚持研究考试说明，以课标为指导，培养提高师资；要坚持研究部编教材，以教材为内容，开展教学研究；要坚持研究教学现状，以现状为依据，组织学科活动，深入学校调研。我写出了多篇教学实践论文，2005年12月，《学习英语新课标理念之体会》在《教育教学研究》上发表；2006年2月，《充分挖掘英语教材的德育因素》发表于《教育创新》；2006年5月，Teacher Positioning in the Classroom 发表于《教育创新》；2006年7月，《Unit 3 重、难点解析》发表于《现代教育报·高考周刊》第3期第2版；2006年9月，《透析"语境"迅速答题》发表于《现代教育·高考周刊》第4期第1版；2006年9月，参与编写《高中英语实用大全》（15万字）学考王丛书，由湖南教育出版社向全国发行；2011年6月，我与魏春红老师共同撰写的论文《高考英语阅读理解考题研究》在《师道》发表；2012年2月，撰写的论文《活学活用 学以致用》在《珠海教育》发表；2016年12月，我与朱瀚老师共同撰写的论文《中小学英语教师信息技术教学能力现状调查与分析——基于珠海市金湾区教师的问卷与访谈》发表在《当代教育实践与教学研究》。

作为英语教研员，我清楚地认识到新课改对教研员素养要求更高。我深刻意识到，正确认识自己，摆正教研员定位，发挥自己的优势与长处，充实和更新专业知识，为区域英语教学做好创新发展的规划设计，将自己的个人发展规划融入区域教育发展整体规划当中，是非常必要的。2017年8月至2018年1月，我带领全区优秀骨干教师组织修订编写了8册教学丛书：小学三年级上册粤人民版英语同步教学资源《单元练习组合》、小学四年级上册粤人民版英语同步教学资源《单元练习组合》、小学五年级上册粤人民版英语同步教学资源《单元练习组合》、小学六年级上册粤人民版英语同步教学资源《单元练习组合》、小学三年级下册粤人民版英语同步教学资源《单元练习组合》、小学三年级下册粤人民版英语同步教学资源《单元练习组合》、小学三年级下册粤人民版英语同步教学资源《单元练习组合》、小学三年级下册粤人民版英语同步教学资源《单元练习组合》，由南方出版传媒、广东人民教育出版社出版发行。

此外，还要拥有一颗平常心，扎扎实实做教研，在专业研究中抱着学无止境、共同进步的理念，兢兢业业做好教研事业，并在其中享受职业带来的幸福感和成就感。

1. 基于国情教育，培养具有国际意识的世界公民

现代外语教育注重语言学习的过程，强调语言学习的实践性，主张学生在语境中接触、体验和理解真实语言，并在此基础上学习和运用语言。要学好英语、使用英语，就必须关注基础教育国际化发展，在英语课堂中渗透国际理解教育，并在其中增强文化的认知和基本素养。要紧紧抓住英语课堂主渠道的作用，使用好教材资源，传递正确和有用的信息。从概念层面讲，我们要让学生理解事物的形状及功能、事件的因果、物质的变化、人物与事件的联系，从国际视角承担国际小公民的责任，反思自己的行为与礼仪。

2. 基于英语学科教育，培养传播东西文化的国际使者

作为教研员，为了让教师和学生了解多元文化和全球问题等国际背景知识，在探究与体验的基础上培养他们国际沟通与交往等方面的能力、培育他们国际视野与中国意识，为将来参与国际竞争与合作打下扎实的基础，进而努力提升全区各中小学教育国际化水平、扩大本区教育的国际影响、加速实现区域教育"国内一流、国际知名"的目标，需要构建区域的国际理解教育课程。

要培养学生思考、交流、社交、调研、自我管理的技能，让学生感受、珍惜自己的真实情感，表现出宽容、尊重、正直、独立、热情、共鸣、好奇、创造、合作、自信、投入、感激的态度；同时有效地培养学生行动能力，学会反思、选择。在知识层面中，既要对思想全面理解，还要上升到文化层面，而不只是事实和技能的获得。

基于概念和知识层面上的认知和追求，在特色鲜明的英语课堂中，应强调以形成性探究为主要的学习方法，以跨学科主题为知识框架，师生共同设计研究性的课程单元，学生经常超越常规的学科范围探求学科知识，通过上述过程，引导和培养学生形成重要的概念，获得技能和知识，树立正确的态度，学会对社会负责，做国际教育的使者，向世界传播中华优秀的传统文化。

3. 基于特区教育，研磨体系化的国际理解教育读本

在全球化给人类社会带来的强烈冲击和震荡中，适时顺势对青少年开展国际理解教育，消除不同文明之间交流融通的障碍是远见之举。2010年7月29日，《国

家中长期教育改革和发展规划纲要（2010—2020年）》正式发布。在纲要国际教育发展研究中，主要研究内容为"国际教育发展的宏观趋势；发达国家和新兴国家教育发展道路与模式分析；各国优先发展教育的战略措施与案例研究；我国教育的国际地位与竞争力"。指导思想是制定规划的主线，也是灵魂。根据中国特色社会主义理论和党的教育方针，要坚持面向未来、面向世界、面向现代化。"三个面向"归根到底就是要赶上时代的要求，这是我国教育发展的方向。作为经济特区的教育人，身处改革开放阵地前沿，更应清楚地意识到粤港澳大湾区给教育带来的发展契机。

正确的认知，是正确行动的前提。从2005年至今，在创新优化发展的道路上，我和区里的同行们收获了成长和成功的喜悦。由此，我更坚定了一名英语教研员应该具有的认知和成长的必备关键：德才兼备，专业研修要深；认清目标，职责定位要准；虚怀若谷，展望未来要实。

 我的学科教育观

国际教育本土化的"实践探究者"

斗转星移，沧海桑田，践行新发展理念、助力特区"二次创业"、推进教育的综合改革、培育具有创新精神和实践能力的高素质现代化人才，对教育提出了新的期待和要求。培养什么人？如何培养人？为谁培养人？作为基础教育的英语学科教研员我们能做些什么？带着这些问题与思考，我苦苦寻觅，最后终于提炼出自己的教育主张，那就是：我们是地球村民，我们也是世界公民，随着国家进一步改革开放，随着"一带一路"倡议的延伸发展和经济全球化时代潮流滚滚向前，教育要做足准备，必须为师生搭建国际教育平台，培养具有国际视野和时代精神的后备力量。从教育发展形势看，教育国际化已成为当今世界教育改革和发展的重要趋势。虽然对教育国际化的理论关注和实践探索最初更多地聚焦于高等教育，但是从20世纪80年代开始，基础教育国际化逐渐成为许多国家和地区基础教育改革的重点。

一、我的教育主张

教育国际化，是珠海教育多年来追求的目标。金湾教育人清晰地看到，教育国际化不是学校之间简单的"迎来送往"，而是有着深刻

的文化内涵,被时代所需要的国际理解教育。我从不同文化、不同民族、不同地域、不同习俗的背景中,找到对不同文化理解、包容和融合的途径和渠道。从2010年始,我致力于组织编制一套针对珠海特区教育的国际理解教育读本。

在编写的实施策略中强调教育本土化、国际理解元素、文化素养等方面。全书以"金金"和"湾湾"两个小主人公为引,将他们的成长经历,贯穿三册读本之中。《面向世界》(小学版)已经由南方出版传媒、广东人民出版社出版发行;《走向世界》(初中版)正在审校过程中;《深入世界》(高中版)正在编写中,以期探索构建特区教育的国际理解教育读本体系。每本书体例均为四章、四节,例如:在《面向世界》(小学版)中,第一环节为身边小事,第二环节为幼童观天下,第三环节为大家共言,第四环节为互动体验馆。这为学生"走向世界,幸福广东,爱我特区"提供了双语教学的阅读教材,是增进人际、国际、人类与自然间的理解的教育读本。

什么是国际理解教育读本?其特征是什么?国际理解教育是真正的文化对话,强调基本价值观的自我建构,是动态的文化理解。国际理解教育倡导复归生活教育,倡导可持续发展的教育理念。

(一)在大湾区背景下,我们如何构建特区教育的国际理解教育读本呢?

依据2018年元月颁布的《普通高中课程方案和英语学科课程标准(2017年版)》,英语学科核心素养是学科育人价值的集中体现,是学生通过学科学习而逐步形成的正确价值观念、必备品格和关键能力。英语学科核心素养主要包括语言能力、文化意识、思维品质和学习能力。

从英语课程内容6个要素入手,主题的选择是编写体例的关键。粤港澳大湾区是指由香港、澳门2个特别行政区和广东省的广州、深圳、珠海、佛山、中山、东莞、肇庆、江门、惠州9市组成的城市群,是与美国纽约湾区、旧金山湾区和日本东京湾区比肩的世界四大湾区之一。粤港澳大湾区面积达5.6万平方公里,湾区人口达6600万,2017年GDP生产总值突破10万亿元。湾区GDP总量规模超过了俄罗斯国家,在世界国家排行中名列11位,与韩国持平,成为全国经济最活跃的地区。主题是语言学习的最重要内容,英语教学活动就是对有关中外文化的意义探究,编写体例,寻找主题是关键,其包括人与自我、人与社会、人与自然。例如我组织编写的《走向世界》国际理解教育读本(初中版),第一章主题为"魅力中学",包括第一节"丰富课程"、第二节"多彩社团"、第三节"研学之旅"、第四节"生命教育";第二章主题为"大千世界",包括第一节"迷人风景"、第二节"各异文化"、第三节"多彩民族"、第四节"共爱家园";第三章主题为"国际公民",包括第一节"文明礼仪"、第二节"关注公益"、第三节"重视环保"、第四节"和谐平等";第四章主题为"大湾区变化",包括第一节"幸福大湾区"、第二节"腾飞教育"、第三节"珠海新貌"、第四节"金湾巨变"。在行文中,选择学生高频词汇、常用句式,语篇为中英双语,并配上丰富的图片,可加深学习者的理解,做到图文并茂。全册书呈现出:人与自我——设计编写学生生活、学习、做人、做事的素材;人与社会——设计编写社会服务、人际沟通、文学、艺术、历史、文化、科学、技术等方面的内容;人与自然——设计关注自然生态、环境保护、灾害防范、宇宙探索等的资料。

在英语读本课程实施内容中多次实践、调整、修订。教师团队注重的是语言技能、语言知识、文化意识、情感态度、学习策略等内容。围绕课标中英语学科核心素养四要素的关系,从听说读写看、理解和表达、语言意识、语感四方面培养能力。文化意识反映了价值取向,从中外文化理解和优秀文化认同体现。思维品质见心智特征,包括逻辑性思维、批判性思维、创新性思维。学习能力是发展条件,包括适调学习策略、拓宽学习渠道、提升学习效率等方面内容。

(二)我们研究的意义是什么呢?

旨在培养学生综合能力。通过学习内容,关注学生的观察能力、参与能力、合作能力、表达能力,培养自由选择、自主探究的能力。在团队共进中,体验学习情感;在小组合作中,学会交流;在独立思考中,有自己鲜明的个性。

二、我的教学风格

从白山黑水到岭南大地,从一线教师到区域教研员,我在23年的事业中追寻着一个教育梦,在梦成为现实的过程中,深深地刻下了"激情、严谨、幸福"的教学风格。

(一)激情投入,教学研修深入

我记忆中最深刻的一件事,发生在2005年9月16日。那天,作为教研员的我,清晨6点驱车前往南水镇飞沙小学开展教学视导。从家到学校驾驶了足足2个小时,驶入通向学校的泥泞小路时,左车轮打滑,不幸滑入了路旁的水沟。我走下车,颓唐地站在路边,无奈地看着斜歪着的车,不知所措。这时,一位骑摩托车的大叔正好经过,他停下来问:"到村子里来做什么?"我告诉他:"为了孩子们,来学校听课。""这样啊!"他激动地呼喊:"来人呀,抬车!"一会儿,来了一群男女老少,几个壮汉把我的车高高抬起,脚踩着凹凸不平的小路径直抬到学校门前。看着这一幕,我感动地流下了热泪,是特区淳朴的渔民兄弟们用坚实的臂膀,抬我走进他们孩子的课堂。来到学校,走进课堂,我了解到村小学没有英语老师,由一名体育老师负责英语教学。最触动我的是,看到有的孩子光着脚丫坐在椅子上听课,此情此景让我深知自己肩上的重担与使命。

作为教研员,我在英语学科制度和标准方面做了些探索。我认为,教师专业发展必须有专家引路,只有在专家的指导下,亲临科组、深入课堂,手把手地指导我们的教师，教学才能快速、高效发展。教研活动呈现制度化、系列化、主题化。制定备课制度及标准、听课制度与观察表、评课制度和评价反馈表、业务学习制度，保障时间和人员到位。全区集体备课，定课题、定内容、定课件、定主备人，形成教案初案、资源共享、教学实践、反馈后形成教学设计定稿。2016年7月，我主编的《小学低年段有效课堂教学设计集锦》，由南方出版传媒、广东人民出版社出版发行。

作为教研员，定教研活动内容要克服随意性，注意针对性。组织教研活动时，要克服单一性，注意多样性；要克服独断性，注意群众性。努力避免老师们在教学过程中走弯路。2008年5月，凭着对工作的热情，我昼夜兼程，悉心指导海华小学曾小燕老师参加全国第四届中小学英语基本功大赛，曾老师最终获得了小学优质课比赛全国一等奖。2010年5月，我亲自上示范课，一人扮演多个角色，创设真实情境，让语言融入日常生活中。讲龟兔赛跑故事时，左手拿乌龟头饰，右手拿白兔头饰，自己掩藏在幕布后，惟妙惟肖地模仿、激情地演绎，充分激发了学生们的学习热情。三轮磨课下来，挑选出仅有一年教龄的年轻教师刁立雪参加全国第六届中小学基本功大赛初中英语优质课比赛，刁老师不负众望，荣获全国二等奖的佳绩。我在教学日志中写下了一首小诗《黄山论课》：全国名师聚黄山/英语同仁共研讨/专家教授指迷津/小组讨论真热烈/激情课堂入语境/优师课堂真雅趣。

（二）严谨规划，科研定位精准

随着特区城市化向西区推进，金湾区教育局面向全国招聘了大批优秀教师和高校优秀应届毕业生，全区英语教师呈现年轻化、专业化的特点，为课改插上翅膀；以科研促教学，人人参与课题研究，打造了一支优秀英语教师团队。我先后带领老师们编写出版了十几本教学丛书，2013年7月，主编《百分导学英语七年级上册》《百分导学英语八年级上册》（广东省出版集团，广东经济出版社）。2012年10月，主编《名师领考》（世界图书出版公司）。2011年12月，主编《2012年英语中考总复习》（世界图书出版公司）。2009年10月和2010年10月，作为副主编，编写了《2010广东中考全程总复习全能备考》《2011广东中考全程总复习全能备考》（陕西师范大学出版社）2本书……

作为英语教研员，以课题为抓手，带动全区英语教师成立区课题组，定评价内容、评价方法，根据教材编写评价工具，制定学生成长档案袋，确定区试验学校的对比班，召开研讨会、交流会、展示会。课题组深入学校调研指导，把自己的全部精力和满腔热忱奉献到英语教学研究中，在平凡的岗位上创造出不平凡的成绩。2010年7月，我主持的课题《基础教育英语评价试验项目——金湾区小学、初中、高中试验区子课题》获教育部课程教材发展中心"基础教育英语评价试验项目"教学成果 等奖。

（三）幸福教育，培训引领务实

全区现有小学 11 所、初级中学 2 所、九年一贯制学校 2 所（公、民办各 1 所）、完全中学 2 所、公民办幼儿园 32 所。2015 年 9 月，全区中小学在校学生 18645 人（其中小学 12414 人、初中 4553 人、高中 1478 人）、中小学校教职工 1314 人（其中公办学校教职工 1216 人、民办学校教职工 98 人），中小学专任教师学历 100% 达标；有幼儿 6909 名、幼儿园专任教师 561 名。区内有高等院校 5 所，包括吉林大学珠海学院、广东科学技术职业学院、遵义医学院珠海分校、珠海城市职业学院、珠海艺术职业学院；有成人文化技术学校 2 所；非学历教育培训机构 10 所。一个结构齐全、充满生机的现代化大教育体系已经形成，金湾教育呈现出学前教育普惠性、义务教育均衡特色、高中教育迈向优质、高等教育快速发展、职成教育协调发展的良好态势。作为金湾区教育局主管全区科研、英语学科的教研员，针对教师听课、评课、校本教研、教育信息化、命题技术、撰写论文、职业修养、教师专业发展等培训，核心课程的制定更应有实际运用的价值。

美国教育家波斯纳曾提出"教师的成长＝经验＋反思"这样一个公式。从中我们可以看出，教师只有经历了综合、总结、分析、提炼的过程才能成长；坚持不懈地做好反思，才能不断提高职业的"有效性"。因此，在教师和教研员的岗位上，我坚持扎实工作、诚心待人，不急躁、不攀比、不虚夸、不矫情、不回避问题，以"学习、工作、助人、尽责"为宗旨，遵循学生身心成长规律、学科教学规律和学校教育发展规律，结合学情、师情，从实际出发加大教师业务培训。如今，带领全区百余位英语老师在词汇课、语法课、阅读课、写作课中大胆地实践探索，成功总结编著了课前、课中、课后 3 个阶段对应的教学成果文集。同时始终保持学习和进取的状态，以敢为天下先的干劲、闯劲、韧劲，不断深化英语学科教育品牌，加大区域间和区域内部学科教育全面的交流与合作，在工作中享受职业带来的幸福。

▶ 他人眼中的我 ▶

2010 年 5 月，时任鱼林小学校长的郑日环在一次科研课题公开课后写道："冯老师的课堂是一个'情感化的课堂'，教学中的'情感'处理得当，犹如给教与学的双边活动注入'催化剂'，有了它，才会在教师的点拨下更好地进入学习的佳境。冯老师的课堂是一个'对话式的课堂'，学生不是充当可怜的倾听者，而是在冯老师的帮助下，积极参与课堂对话——生生对话、师生对话，激活思维，在和谐的气氛中畅所欲言。冯老师的课堂是一个'感悟式的课堂'，感悟既是一种心理活动，又是一种感情经历，建构主义教学理论认为，人的认知不是被动地接受，而是通过经验主题的建构。让学生们自编自演英语短剧，在英语扮演角色中体验人物，使感情得到升华。"

2012年9月，金湾区三灶中学洪宇老师，在听了"以趣促研 提升教师专业发展"讲座后，交流时发言："冯晓颖老师作为区英语教研员，了解我们英语教师的需求，更知道在教育国际化过程中的思想、行为、价值观，要在英语教学讲座中全程实施。这次讲座是一场国际化教育的盛宴，她娓娓道来了具有国际化元素的区域文化，设计润物无声的双语环境文化。她播音员般的语音、充沛的激情，把

英语讲座打造成中西文化荟萃的具有'国际味'的大观园，让我们认识世界，学会交流，扩展国际视野。对我们教师专业化发展，利用国际理解教育的多渠道，借助英语学科教学的通融性、学科知识的同一性特点，组织我们同伴互助、资源分享，在探究中取长补短、互通有无，共同提高研究能力，发掘学科领域的新问题，对共同提高国际交往的能力有一定的促进作用。我作为学校的英语科组长，承担了《面向世界》的编写工作，参加了您主持的课题研究，成为实践者中的一员，提炼出英语教学的精髓，在教育国际化进程中，在关于礼仪、世界主要国家文化习俗、中国传统文化等教学任务设计中，让学生在短时间内对世界各国的文化、历史、礼仪等有所了解，进而提升自己的国际文化素养。在学习中也能感受到您传递给我的力量，鼓励我前行，我感觉到行走在教育之路上的快乐。"

2017年8月，广东人民出版社陈植荣编辑审校时写道：《面向世界》教学内容具有通俗性和趣味性。冯晓颖主编强调了通俗性和趣味性的有机结合，使其更具实用性。将语言知识简化，主题、特点、表现方法多样，以拓展学生的知识面。在语句结构上尽可能采用简洁的句式，并配以英文解说，尽可能减少技术性很强的乏味的语句，让学生一看就懂，并配以图画，通俗易懂，增强学习自信心。用词精准，不易引起歧义，编书时，按照要求精益求精，有严谨的治学态度。

2016年元旦，我收到来自澳门的一封

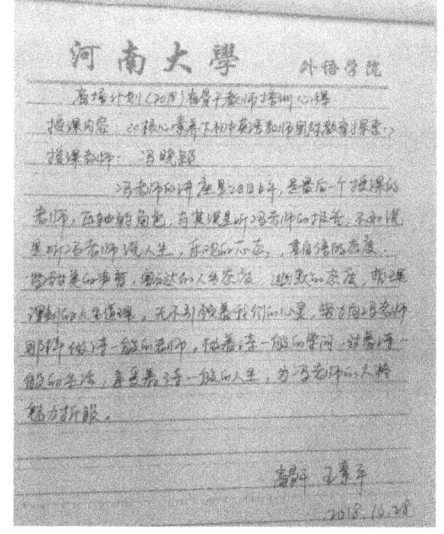

信:"老师,您还记得我吗?我是郑淑惠,在澳门大学读硕士研究生。您甜美的声音,总是在耳畔响起。您圆圆的笑脸,总是在梦里忆起。时光真的太快了,我经常想起您带着我们读单词、练发音、讲故事的情境。您,总是第一个来到学校,最后一个离开校园;您身上充满干劲,积极的人生观和世界观,影响着我前进。当时我就想长大后要成为像您一样的老师,做一个灯塔,点亮学生的心灯。"

2018年10月28日,接受河南大学外国语学院邀请,为河南省初中英语省级名教师和骨干教师班培训,我做了题为"核心素养下初中英语教师国际教育探索"的讲座,学员王素平写下了这样的话:"冯老师的讲座是28日上午,也是最后一个授课的教师,压轴角色,与其说是听冯老师的报告,不如说是听冯老师说人生。她乐观的心态、自信的态度、甜美的声音、豁达的人生态度、幽默的言语、深刻的人生道理,无不引领着我们的心灵。要努力像冯老师那样,做诗一般的老师,做诗一般的学问,过诗一般的生活,享受诗一般的人生,我们都为冯老师的人格魅力所折服。"由于名师们反响热烈,2018年11月4日,我再次接受邀请走进河南大学,为"国培计划2018"——乡村教师访名校初中英语教师培训班的学员们做讲座。

▶▶▶ 我的育人故事 ▶

一、我与沁怡同学的故事

任沁怡,是我来珠海特区任教的第一届学生,回想当初见面,她就给我留下了极深刻的印象:她有一头齐耳的短发,走起路来风风火火,英语口语超级棒,记忆力超群,是那种过目不忘的女孩子。

相处久了,才发现,美丽的女孩,也有着不整洁的生活习惯。每天经过她的书桌,桌子里面经常有一堆堆的垃圾纸,一个快要撑破的红色大书包斜放着,桌面上凌乱地摆放着教科书,日记本中混乱地记载着讲课内容。一个仲夏的夜晚,我去她家家访,看见沁怡的睡衣杂乱地扔在床上,床下摆放着一双散发着汗臭味的运动鞋,书桌上全是书,她把自己埋在书堆里学习。我真的很感慨,她在这样"艰苦"的情况下还能认真学习。虽然她不注意整洁卫生,但她能沉得住气学习。

教给我,我会忘记;展示给我,我也许记得;让我参与,我就能真正理解。第二天,我让她做了班级的卫生委员,负责管理班级的卫生。公布的时候,任沁怡很是诧异,全班同学也感到惊奇,互相望着,好像在说一个不整洁的人,为什么会来管理班级的卫生。我走过去,拍拍沁怡的右肩,用信任的眼神看着她,说:"我相信你会做好的,从自己做起,从身边的小事做起,我会看到一个干净的你,整洁清净的班级。"沁怡点点头,但是行为举动上还是有所抗拒。她小声地嘀咕:"摆得整洁干净也不当饭吃,升学考试也不增加分数,做这些面子上的工作,有什么意义呀!"

一次数学小测验,她在乱糟糟的桌子上找不到自己的铅笔和圆规,就随意地画了图形，试卷发下来后，老师打了大大的红叉，看着分数，她低下头，开始慢慢地整理自己的桌面。我发现她的书桌上的书本摆得整整齐齐，桌里面的废纸不见了，地下的纸屑也没有了。班级的扫除用具也是摆成一排排，好像士兵在排队。

在一个天气湿热的下午，蝉的嗡鸣让人心情烦躁。但见沁怡的父亲，手里拿着一扇窗子，我不解地问，他告诉我，沁怡让他修理好再送到学校来。他说家中也变得整洁了，回到家，孩子会主动拿起扫把扫地，帮着家人整理家务了，甚至学会了做饭。

她，变了，变得干净而美丽。

孔子说过："知之者不如好之者，好之者不如乐之者。"这说明兴趣是一种特殊的意识倾向，是学习的情感动力，是求知欲的源泉。沁怡，是一个学习的好苗子。我在教学中不但要教给她知识，更要教会她会学、爱学，培养她的学习的兴趣，激发她的学习的动机，这才是提高学习成绩的最有效的途径。

每天我都会关注她，在课堂上有计划地提问她。提问是独立思考的表现，是创新的开始。在教学中，养成喜欢提问、善于提问的素质，想别人没有想到的东西，说别人没有说过的话，在"提问"上狠下功夫，就能有事半功倍的教学效果。我会经常找她座谈。依照学生身心发展的规律，尊重孩子的自然本性，坐下来，静静倾听学生的内心，顺其自然，因势利导。

在我精心的培养下，沁怡茁壮成长，最后她考取了南京大学，留学波士顿，毕业后在哈佛大学工作。2015 年 8 月，我来到波士顿，见到了她，她依然美丽动人，举手投足得体，来到她的家，井然有序，她已经是两个孩子的妈妈了。她热情高兴地拥抱着我，流下激动的热泪，深情地说："冯老师，我好想您，梦里都会梦到您。我记得自己扮成 tiger 时，您的鼓励，您是我精神的灯塔。老师，您是我的恩师。我爱您！"

二、我与春梅徒弟的故事

吴春梅，珠海市金海岸中学英语老师，是我在特区收的第一个徒弟。2004 年 9 月 16 日，学校开展"青蓝工程"师徒结对活动，安排春梅做我的徒弟。那时，她刚从珠海教育学院毕业，是地地道道的珠海斗门人，她带我走进百年古镇古街，我带她畅游在英语教学的长河。春梅，是全校最瘦弱苗条的女孩，仅有 83 斤。我当时哺乳期刚结束，身材比较圆润。我们经常在一起研讨教学，全校老师都亲切地叫我们"绝配"。

2014 年 10 月，第一次听春梅的英语课，讲的是校运会，从生词到句型、语篇，她都面面俱到，讲得非常辛苦，学生们学得也异常辛苦，完完全全的"一言堂"，填鸭式的教学。我紧锁双眉，嘴角向下紧紧地抿着。春梅看到我这种神情，惊出一头冷汗，顺着发髻流下来。课后交流中，我认真分析教材，将此课在本单元的知识目标，到本节课的教学目标，结合课型，清清楚楚地讲解出来，并仔仔细细地用笔在纸上呈现出来。春梅不停地点头，时而奋笔疾书，时而托腮陷入沉思，时而亢奋地向我提出自己的见解——年轻上进、好学的人，是最有魅力的教师。自此，我从内心里接受了这位努力执着的徒弟，我要尽自己所能传授给她教学经验。

打那以后，春梅倾听我每一节课，认真做笔记，探讨新的教学思路，有时为找到更合适的教学方法，准备好几套教学设计，每节课都反反复复地演示给我看，由于她的钻劲儿，她的英语教学不断进步。功夫不负有心人，她逐渐成长为学校骨干教师、金湾区先进教师，并在2015年中考中，所教学生取得了42%优秀率的好成绩，同时她也成为我教研的得力助手，并担任了金湾区中考英语学科备考组副组长。从2009年到2015年，连续6年担任我组织编写的中考6本丛书的副主编，在命题、知识编码、思维导图、信息化教学都有自己独到的见解，还被选送成为广东省青年骨干教师，在金湾区英语教学中贡献一份力量。

我在澳大利亚研修时，收到徒弟的短信：师傅，我多么希望此时你在我的身边，你是我心中的灯塔。我正在积极准备学校开放日的公开课，还想讲给你听，让你指导我。知道堪培拉已是深夜2点，无法打电话给你，想你的徒弟，梅。收到短信后，我起身回复。通过微信向她提出她教学设计的不足，并讲出改进的方式。夜已深，情意浓，师徒万里之遥，仍心系英语教学。我是一个拥有浪漫情怀的教者，辅导结束，澳大利亚天已亮了，便用诗的形式记录了当日的心得：

《偶得》

教坛新秀电波传，共叙中考畅所言。

情景带入画面感，真情再现学生明。

激趣引题真巧妙，信息搭建掘潜能。

热情学习放激情，互动合作真实景。

严谨规范纠错忙，全情学习兴致昂。

展现自我有平台，体验幸福我最棒。

教学现场与反思

一、教学案例

时间：2015年11月23日上午第二节课9:00—9:40

地点：珠海市南水中学录播室

上课内容：*Go for it* 八年级上册 Unit 7 *Will people have robots?*

学生：南水中学初二（3）班

学情分析：珠海市南水中学属于城乡接合部区域的学校，学生生源复杂，与大城市和市区学生相比，见识不多，知识面不广。虽然他们从小学一年级就开始学习英语，但从小学升入初中时的英语基础不够扎实，尽管学生有一定的听说能力，但他们写的能力总体较差。

本班为初二（3）班，共40人，其中，成绩优秀的有5人，基础较差的有9人，成绩中等的有16人。由此可见，中等生占绝大多数，虽然学生听话，上课也能举手发言，但课堂气氛较为沉闷，学生缺乏学习自信心，害怕回答问题时犯错误，有畏难情绪。另有一部分学生思维活跃，乐于用英语表达自己的思想和看法，求知欲强，并具备一定的英语基础知识和较好的语言表达能力。

根据上述这些实际情况，在教学设计中，教师更要指导学生建构知识、提高技能、磨砺意志、活跃思维、展现个性，多采用任务型教学途径，加强语言技能训练和学习策略的指导，让学生在小组活动中操练，在竞赛中使用英语完成任务，提高语言综合运用能力。同时，在竞赛和成果展示中，获得更多的成就感，更多的信心，更多快乐学习的体验，从而提高学习效率和发展自主学习的能力。

教材分析：新目标英语 *Go for it*！教材采用任务型语言教学模式，融汇话题、交际功能和语言结构，教学内容突出文化背景知识，教学活动体现学生的学习策略和学习情感。新目标英语八年级上册第七单元 *Will people have robots*？的内容就涉及了解当今世界环境污染问题及未来机器人的发展趋势。由于教材是2013年的版本，学生对有的问题并不熟悉。因此，本课我就用将来大家要做什么、在未来生活中的事情引导学生，在教学设计中，通过图片和歌曲等手段增强学生感性认识，让学生更感兴趣，并适当调整教材内容和难度。

单元教学安排：节数：5节

节数	课型	内容	教材内容
第一节	听说课	说出未来的事件	Section A 1a – 1c
第二节	听说课	了解一般将来时基本句型；知晓more, less, fewer用法	Section A 2a – 2d
第三节	语法课	梳理一般将来时基本句型、用法；more, less, fewer重点内容	Section A 3a – 3c
第四节	听说读写	听懂并写出描述未来生活的词汇，谈论自己未来生活，根据课文信息拓展，写出关于未来生活的一段话	Section B 1a – 2e
第五节	阅读写作	了解短文，抓住信息点，巩固词汇，写出一篇关于未来生活的短文或对话	Section B 3a – self-check

（一）单元目标

教学目标：Talk about life in the future

（1）语言目标。

Learn about "Future with will". Question with more, less, fewer.

① 话题（Topic）：Life in the future

② 目标语言（Target Language）：

a. What will the future be like? ——Rivers will be more polluted. And there will be fewer trees.

b. Will there be world peace? ——Yes, I hope so.

c. Will people use money in 100 years? ——No, they won't.

③ 重点词汇（useful expressions）

predication, future, pollution, environment, planet, earth, peace, sea, sky, astronaut, rocket, space station, holiday, possible, impossible, probably, play a part, over and over again, hundreds of, fall down, look for

④ 教学重难点：

a. Make predictions.

b. Future with will.

c. Questions with more, less, fewer.

（2）能力目标。

听：能听懂未来生活的信息。说：能说出未来的生活，并能和同学谈论生活的情景。读：能阅读关于未来机器人和环境污染的小短文。写：能写出描述环境污染的词汇及一篇简短的文章。

（3）情感目标。

通过在课堂上讲授未来和污染问题，激发学生学习兴趣，以认识未来、追寻未来、走近未来、加强国际理解教育为目标，帮助学生形成国际公民的环保意识。

（4）学习策略。

a. 合作学习。

b. 听前猜测。

c. 学生的自主性及创新性。

d. 通过与一般现在时、一般过去时的对比学习一般将来时。

e. 学习使用归类的方法记忆词汇。

f. 在阅读中尝试概括段落大意，加强篇章的整体理解。

（5）文化知识。

a. 了解当今世界污染问题，作为国际公民要有所关注。

b. 了解未来机器人的发展趋势，作为未来的接班人要勇于探究。

（6）课前准备。

查阅话题相关资料和对学生调查，PowerPoint课件、手提电脑、小卷子、教学设计 10 份。

(7) 教学要求。

a. 能说出并列出未来生活自已能做什么，会用 will 表达一般将来时态。

b. 能听懂未来生活的信息（如职业、生活、学习、机器人等）。

c. 能通过听力练习和口语训练，根据实际生活，讲述自己对未来生活的感受。

Section A

语言目标	学习策略	重点词汇
Make predictions Future with will	①合作学习 ②听前猜测 ③学生的自主性及创新性	paper prediction will not = won't
语言结构	语言功能	跨学科学习
一般将来时 will	Talk about life in the future	了解现在，展望未来

（二）教学过程（Teaching procedure）

Step 1　Warming-up（1 minute）

Watching VCD，通过观看视频，了解主题"思考未来"，世界每个角落都发生变化。Teach new word "robot". Get to know "will".

Step 2　Leading-in（4 minutes）

Teacher's Activity：Ask questions

Leading-in

Question1. What do you want to be when you grow up?

I want to be a ……

Question2. What will you be in the future?
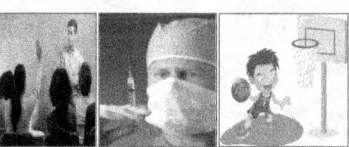
a teacher　　a doctor　　a basketball player　　a painter
I will be _____.

Students' Activity:

(1) Answer teacher's questions "What do you want to be when you grow up?" "What will you be in the future?"

(2) Get to know "will" 利用问题，创设情景，引入将来时，important sentence: What will you be in the future? I will be _____.

Step 3　Task 1（15minutes）

Teacher's Activity:

(1) Introduce two boys to students, for example:

(2) Speak out and remember difficult points.

Students' Activity:

(1) Look at the pictures and think about our future.

(2) According to the text 1a, write down new words on the English book.

(3) According to each photo, tell about opinion.

提供图文信息，引导学生参与，激趣引题，建立信息沟通，学会用"will"表达一般将来时态并发表个人见解。提倡国际理解教育中的批判性思维。

(1) Show some photos about the future life.

(2) Get to Know:

①People will have robots in their homes.
②People won't use money. Everything will be free.
③Books will only be on computers, not on paper.
④Kids won't go to school. They'll study at home on computers.
⑤There will be only one country.
⑥People will live to be 200 years old.

Step 4　Task 2（3 minutes）

Teacher's Activity：

How will the world be different 100 years from now? Read these predictions. Check (√) A for agree or D for disagree

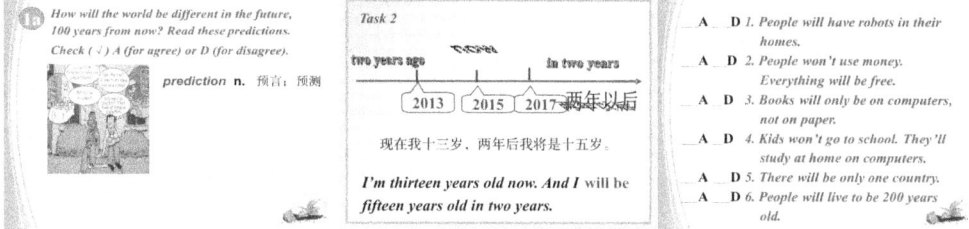

Students' Activity：

Look at the pictures, read these predictions. Check (√) A for agree or D for disagree.

利用信息化教学，展示图文信息刺激学生视觉感官，梳理将来时重点句型。

(1) Teach new word "prediction".

(2) Finish 1a.

Step 5　Task 3（2 minutes）

Teacher's Activity：Listen and circle the predictions you hear.

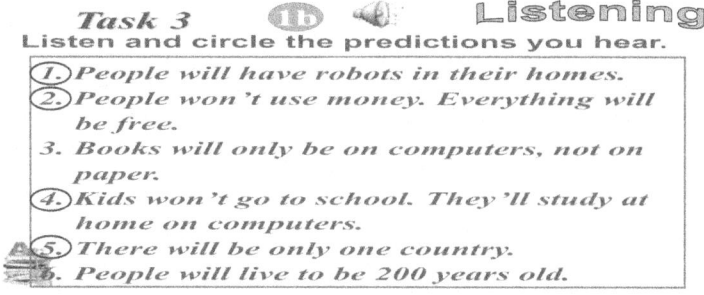

According to 1b. 围绕听力内容，训练捕捉信息和处理信息的能力。Listening, finish 1b.

Step 6　Task 4（5 minutes）

Teacher's Activity：

Fill in the blanks and check.

Listen and fill in the blanks.

A: Do you <u>think</u> people will <u>have robots</u> in their homes in 100 <u>years</u>?
B: Yes, I do. I saw a robot on TV, and it <u>cleaned</u> the kitchen.
A: Well, I don't think people <u>will use</u> money.
B: Do you think everything will <u>be free</u>?
A: Yeah, <u>probably</u>.
B: I think there will be <u>only</u> one <u>country</u>

A: Only one <u>country</u> in the world? Will there <u>be</u> world <u>peace</u>?
B: I <u>hope</u> so.
A: I <u>think</u> kids <u>won't</u> go to school. They will <u>study</u> at home on <u>computers</u>.
B: Oh, I <u>disagree</u>.
A: You do?
B: Yeah, there will <u>always</u> be schools.

Students' Activity：

（1）According to 1b.

（2）Finish blanks.

（3）Check.

指导学生抓住关键词，培养学生处理信息和整合信息能力。

Finish 1b, listen to the tape and fill it in.

Step 7　Task 5（7 minutes）

Teacher's Activity：Make dialogues of 1a.

Make dialogues of 1a.

A: Do you think there will be robots in people's homes?
B: Yes, there will. I think every home will have a robot.
A: Will kids go to school?
B: No, kids won't go to school. They will study at home on computers.

Students' Activity：

（1）According to some questions.

（2）According to "Interview", practice it.

学习和使用目标语言，发散思维，把自己的想法说出来，与他人分享，积极参与，大胆发言。强化语言知识目标，巩固新知，保持学习兴趣。

Ask some questions —Do you think there will be robots in people's homes? —Yes, there will. I think every home will have a robot.

Step 8 (7 minutes)

Teacher's Activity：Design "Survey".

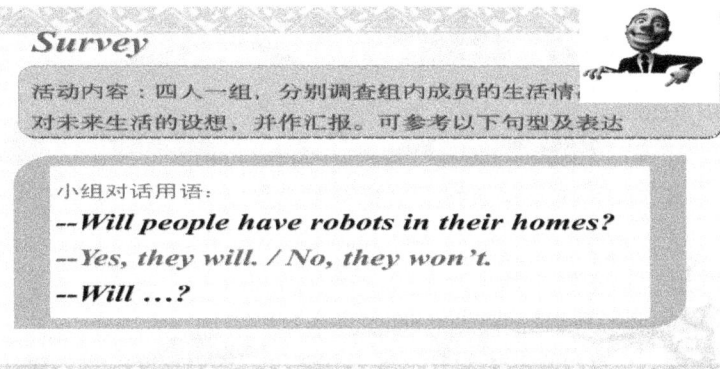

Students' Activity：

According to some questions，给学生一个充分展现自我的机会，巩固学习兴趣。

Design "Survey" —Will people have robots in their homes? —Yes, they will. / No, they won't. —Will …?

According to some questions，Practice it.

Names	1. Will people have robots in their homes?	2. Will…?
Mary	Yes, they will.	

Step 9 (1 minute)

Teacher's Activity：

Teacher listens to students quietly.

归纳总结：学习目标

1. 能正确听、说、读、写 *paper, prediction*。
2. 能够预测未来，运用一般将来时进行表述。

Students' Activity：

Students tell us：Target Language；useful expressions.

学生自己主动归纳总结知识点，由被动学习到主动学习，查缺补漏，师生共同进步。

Summary：

（1）New words：paper, prediction.

（2）Dialogue：——Will people use money in 100 years? ——No, they won't. Everything will be free. Will people live to be 200 years old? ——Yes, they will.

Blackboard Design

Unit 7	Will people have robots?		
New words	Difficult points	Boys	Girls
will	People will have robots in their homes.	正	正
robot		正	正
won't = will not		正	正
paper		正	正
prediction			

二、教学反思

采用"任务型"教学途径，目的是让学生"活学活用、学以致用、适时适宜、辅助教学"；鼓励学生多说英语，以赏识教学为主，让全体学生参与其中，体验快乐；把时间还给学生，让学生成为课堂的真正主人，以生为本，建立真正的学堂。在比赛中，以培养学生的团队意识、独立思考能力、创新意识以及合作探究和运用语言的综合能力，作为提高英语教学质量的有效方式和手段，从而实现教师和学生自主学习、自主发展，形成独特的外语教学特色，体验职业的幸福。

提高学生英语自主学习能力的3条途径：

①自主学习能力是终身学习的前提，教师应该在教学过程中有意识地加以适当的引导，激发学生对于掌握英语的迫切需求，教师要用激情点燃学生学习的热情。

②语言知识和语言技能是综合语言运用能力的基础，做到语言表达严谨；文化意识有利于正确地理解语言和得体地使用语言；有效的学习策略有利于提高学习效率和发展自主学习能力；积极的情感态度有利于促进主动学习和持续发展。

③了解当今世界环境污染问题及未来机器人的发展趋势。寻找共同的价值观，认知污染问题的危害，呈现国际理解教育的重要性。既要在思想上全面理解，还要上升到文化层面，而不只是事实和技能的获得。以形成性探究作为主要的学习方法，以跨学科主题作为知识框架，师生共同设计研究性的问题，获得技能和知识的同时，培养正确的态度，学会对社会负责。

这几个方面相辅相成，共同促进学生综合语言运用能力的形成与发展。也对"教学自我"不断地总结和锤炼，以形成具有自己激情、严谨、幸福的个性风格的教学艺术，这是每一位英语教师终身追求的目标。

让英语走进生活，让生活再现英语

● 清远市清城区松岗中学　吕丽萍（初中英语）

▶ 导读语

我名叫吕丽萍，是一个土生土长的清远人，现任教于清远市清城区松岗中学。从教 27 年来，我先后获得英语高级教师职称、清远市名教师、清远市初中英语教师工作室主持人、南粤优秀教师、广东省新一轮"百千万人才培养工程"（第二批）名教师培养对象和广东省特级教师等称号。我参与过清远市市级英语课题及广东省德育课题研究，主持了省级英语课题"粤北初中英语写作训练实用校本课程的开发与研究"，曾在国家级、省级教育教学刊物上公开发表教学论文 20 多篇。作为主编编写了《粤北初中英语写作校本课程》，担任副主编编写了《魅力清远》（*Enchanting Qingyuan*）的校本课程教材，指导学生创作了 *One Team One Story* 双语原创绘本。

从教以来，我凭着对教育行业的热爱、执着，总是处于一种津津有味、乐此不疲的状态。或许，这就是教师的职业幸福感吧。正如陶行知先生说过，"生活即教育""为生活而教育"，在生活中捕捉可用的英语元素，并巧妙地融入英语教学是我一直以来的英语教学模式，用生活中的英语素材，唤醒学生的生活经验，将英语知识与生活实际紧密地联系起来，让学生在生活中去寻找英语灵感，发现英语学习的乐趣。在生活与教学中不断的探索和思考，让我慢慢形成自己的粤派教学风格："让英语走进生活，让生活再现英语"。

▶▶ 名师成长档案

怀揣儿时梦想，追寻生活化英语课堂

"北江明珠，清香远溢"，这就是清远，我的出生地。清远地处南岭山脉南缘，

崇山峻岭，溶洞遍地。境内一系列以山石为元素的山韵之美融自然与人文于一体，清远也是广东省内世居少数民族人口最多的地级市，多元的本土文化浸润着这片土地。从小被各种民族文化熏陶的经历也锻炼了我的语言能力。旅游文化的浸润、广府粤剧的影响、对外的贸易交流氛围，为我教学风格的形成提供了更多的延伸和互补。

  我出生在清远，成长在清远。在我懵懂的少儿时代，爸爸就一直要求我学好英语，因为香港伯父家的堂哥哥读书出色，13岁就留学加拿大，英语说得特别好。所以一进入初中，我就对英语课特别期待，满腔热情想学好英语。但慢慢地，我开始感觉英语课堂的枯燥，也渐渐对英语产生了倦意。老师采取的教字母—记单词—背句型的上课模式，给人以正式而冷漠的感觉。一节课下来，除了书本上的几个句型，再也学不到什么有用的交际用语。我私下里总琢磨着，如果我是英语老师，我会怎样上这英语课。这样的思考，让我慢慢对教学有了兴趣。在高二的时候，我遇到了踏上教师专业之路的契机——我们开始学习写论文，我的第一篇习作的题目是"教育要改革"。在文章中，我描述了清远在改革开放以来的巨大变化，特别是我们的学习、追求在不断地随之变化。我通过自己的亲身感受，对教育教学提出了自己的见解，虽然想法是稚嫩了一点，但是却得到了老师的肯定，我的语文老师还帮我做了修改，随后我的文章在广东省的《明日之星》报上发表了。这件事情大大地鼓舞了我，我从此爱上了写作，也特别爱关注教育方面的动向。高考报考时，我毫不犹豫地报读了师范学院的英语专业。1992年秋，我正式踏上了向往已久的三尺讲台。

一、擅用身边英语，开启身为人师的第一课

  大学毕业之后，我被分配到一个乡村中学任教英语。

  濒临大海和海岸线绵长的地理优势使岭南地域的经商之风非常浓厚，形成"重商轻文"的社会风气，清远一向被誉为珠三角的后花园，其"重商轻文"的社会风气更盛。20世纪90年代初，我刚踏入所任教的那个乡村小镇就发现，镇里的商业气息浓郁，全镇的男女老少都满腔热情地投入制铜业中。来到学校，又发现不少的老师都下海经商去了，大家都忙着赚钱。在一片"读书无用论"的舆论中，学校里毫无教研氛围，学生们面对呆板的课堂也没有太多的学习热情，家长对孩子们的学习也不重视。踌躇满志的我面对这样的局面真是感到学无用武之地，那段时日我就像是在混日子，真不知自己在干什么。

  幸好，走上工作岗位的第二年，我迎来了我专业发展的又一个契机——英语教材改版。当时，我所在学校的老教师特别多，大家都不愿教新教材，我主动要求到初一教新教材，因为我不甘心浑浑噩噩地在工作岗位上混日子，我需要追寻我理想中的英语课。我认为，赚钱是成年人的事情，所以我首先要把孩子们的注意力从"钱眼"里拉回到课堂，让他们感受学习英语的乐趣。我设法寻找和阅读一些教育

家关于教学的书，以及教育、心理理论专著，并不断承担镇里的新教材的研讨课，与来自不同的镇区的老师研究新教材的教法。这一年，我才有了当教师的感觉。因为对待工作的认真，我很快就得到了当地领导和老师的肯定。记得在一次新教材的研讨课后，我们进行了评课。与以前不同的是，这一次的评课现场中有几个外行人——镇教研办公室的领导。他们都不懂英语，但教办老主任的一句话鼓舞了我，他说："我不懂英语，但我看到这个班的孩子学得很开心也很认真。令我感触最深的是，吕老师在课前居然拍摄了那么多我们镇子的风景照，把身边的实景引入课堂，难怪孩子们那么喜欢，都能跟着她的指挥棒走。"他的话一出，现场气氛一凝，紧接着就是热烈的掌声。年轻人被领导和同事认可总是很值得骄傲的事，不过在开心过后，我更多的是反思，这是我工作以来第一次对我自己课堂教学的一次深刻的反思：20世纪90年代初，因为教学资源贫乏，我就自己到外面拍照片回来当作教具，想不到居然变成了寓趣于教，这是我之前没有意识到的，被别人一点拨，我茅塞顿开。之后，在课堂内外，我都开始特别关注起生活中一切可用的英语元素，并用到课堂上，推动课堂的气氛，使学生真正地"乐"起来，从根本上提高学习英语的自觉性。

"乐"就是使学生感到学习中的乐趣，激发快乐的情绪，产生学习兴趣和求知欲望，在兴趣盎然中学习，从而使学生爱这门学科，自觉地深入钻研这门学科，真正达到"教是为了做到不教"的目的。正如程颐说："教人未见其趣，必不乐学。"我通过各种渠道收集大量英语游戏、歌曲等，并把它们引入课堂，代替一些枯燥死板的教学手段。在课外，我也更加注重挖掘身边的英语语言元素。改革开放以来，清远作为珠三角的后花园，在位置和经济方面得天独厚，比起其他的粤北城镇发展都要快很多。90年代初，西方社会的生活方式和流行时尚已经开始在清远这个小城市的大地上演。以节日民俗为例，过"洋节"已经成为一种司空见惯的事情。每当圣诞节前夕，在所有的城乡商店中，到处是圣诞节的节日礼品和用品，圣诞卡、圣诞树、圣诞礼物以及圣诞食品等，加上圣诞之夜等文艺活动，使古老的大街小巷弥漫着西方节日文化氛围。其他的如情人节、母亲节、父亲节也成为清远民众节日生活的重要组成部分，充分吸纳西方现代社会的风俗时尚，使清远地区的民众生活充满现代色彩。但很多"洋玩意儿"给学生在学习英语的过程中造成了理解困难——即输入困难，这些外来词汇对于孩子们甚至老师们来说可能只具有符号意义，只能靠死记硬背。为了让学生亲身感受、学习、体会身边这些英语语言元素，使兴趣达到最高点，我组织学生开展了"寻找身边英语"的活动，让他们分成若干小组，到大街上、到图书馆去寻找各类英语语言元素，如汉堡包 hamburger、吉他 guitar、麦当劳 MacDonald 等。他们在大街上三五成群地穿行着，寻寻觅觅，越找越起劲，到后面，他们还同时找回很多公共场合的英文标志语：Pull 拉、Push 推、No smoking 禁止吸烟、No admittance 闲人免进、No parking 不准停车等。活动进行一段时间之后，学生对学习英语的兴趣不断提高，最后，我们师生还共同创作了我们的第一本校本小读本《身边的英语》（*English Around Us*）。匈牙利语言学家卡莫·洛姆布是这样表示语言学习的成就的："付出的时间＋兴趣＝结果"。

因为英语教学的新颖创新和独特性起到引领小镇的英语教研的作用，在工作的第二年，我被安排担任镇上第一中学的英语科组长。这一时期，我在不断的实践和反思吸纳的同时，也尝试写作，一些学习体会式的文章偶有获奖。如教学论文《放飞学生的思想——谈如何开发学生的创造潜能》获区一等奖。这个时期，我得到了机会把自己的专业知识运用在实践中，我用身边的英语元素，成功开启了身为人师的第一课。

二、挖掘清远本土文化，浸润英语教学

1996年，我在全区公选入城的选拔中脱颖而出，调到区直学校。回到城里，我发现这里的学生跟乡村学生有着很大的区别。

清远作为珠三角的后花园，粤语、英语和普通话同时被使用，英语成了清远一些大公司、酒店对外办公、经商、旅游、日常交往的通用语言。随着时代的发展，这一特征愈加显著。因为时代的发展、社会的需要，家长和学生都重视起英语的学习。但因为资源匮乏，很多学生却学不得法。教学对象改变，我的教学策略也随之而改变：乡村学生缺乏学习的热情，我需要让他们"乐"起来，爱上英语。而城里的学生大胆、热情，也好动，"乐"还不足以满足他们，他们还有很强的"动"力。那如何让孩子们动起来呢？我又一次把目光投向现实生活，"引导学生关注校外的各种文化现象与社会问题，培养学生自觉汲取地域文化营养的意识与能力"（何银《地域文化视野中的校本课程开发》）能有效增强文化认同感和自豪感，能促使学生更加热爱自己生活的文化环境。所以这一次，我给了学生们一个主题："我爱我家"。

北宋文学家苏轼在《峡山寺》中赞美清远"天开清远峡，地转凝碧湾"。清远峡之水，色如碧玉，味亦益甘，远胜岭北所见。清远人民善于因地制宜，就地取材，建市后清远荣获的国家级名片温泉之城、漂流之乡、龙舟之乡，奏响清远水韵的现代乐章。面对日益增加的外国来客，我们拥有如此丰富的美景、美食，本该好好推介一番，但是无论教师还是学生，对于用英语表达"土玩意儿"多少存在输出的困难，就以我们清远著名的点心为例，油条、小笼包等本是孩子们的日常食品，属本土物品范畴，可书中没有，但常常要接受 What do you have for breakfast/lunch/dinner? 等句型的操练，不得不说 I have hamburgers，其憋屈度可想而知。想向外国游客介绍我们著名的旅游景点宝晶宫、黄腾峡，旅游娱乐项目如漂流、耍歌堂、舞龙等，都不知从何说起，郁闷得很啊。

"我爱我家"英语美文征集拉开了序幕。孩子们一下子都被这次的活动主题所吸引，跃跃欲试地接受了这次挑战。心理学研究表明，当学习的内容与学生熟悉的

生活背景越贴近，学生自觉接纳知识的程度就越高。这次，我将生活中的本土文化融入教学资源，不但能够丰富教学内涵，传承和发展本土文化，而且还能够让学生在浓郁的本土文化氛围中快乐学习、健康成长。效果也是相当明显的，学生们在活动中把有关清远各种美食、美景和传统活动等写进了自己的英语美文中：Feixia Mountian Scenic Spot（飞霞山），Qingyuan Lavender World（清远薰衣草世界），Hundred-Pace Ladder（百步梯），black mane geese（乌鬃鹅），poached chicken（清远麻鸡），oil cakes（油糍），Spring Buffalo Dancing（水牛舞），Incense Dragon Dancing（香龙舞）等，向世人展现了现代清远的魅力。面对丰富而珍贵的劳动成果，我们把学生的英语美文整理分类，分成清远各种美食、美景和传统活动三大块，编成一本名为《魅力清远》（*Enchanting Qingyuan*）的校本课程教材。

这段时期，我对英语教学的研究几乎集中在捕捉生活中的本土文化元素，找寻英语学习乐趣的教学策略研究上，发表了较多的论文，如《"用"得其"所"》《了解新课标，构建生活化英语新课堂》《谈如何融入本土文化的教学模式》《浅谈渗入强化的交际活动三阶段》等，分别发表在《广东教师继续教育》《英语周报》等省级、国家级的报刊上。其间，我被评为南粤优秀教师、清远市名教师，被聘为清远市名师工作室主持人。

三、巧用计算机辅助英语教学，再现清远生活场景

清远被称为中国南大门——广州的"后花园"，海上贸易开展得较早，铸成了清远人民的海洋文化性格：勇于探索、大胆创新、乐于接受新事物。数字化时代的来临，给英语课堂带来了很多新元素、新创意。作为一个土生土长的清远人，我也是一个大胆创新、乐于接受新事物的人。进入 2000 年，我身边的教学大环境有了很大的改变，数字化教学开始大行其道。一个进步的契机又出现了。这一年，我参加了市里的青年教师基本功比赛。那时，我的课堂教学刚好进入了瓶颈，我觉得我课堂上的小游戏、小歌曲在新一代的中学生面前已经不够看了，各种数字设备的出现，让这一代的青少年眼界开阔、思维敏捷。旧的教学手段不能满足孩子们的求知欲望。正是在这样苦苦追寻教法上的突破方法时，我参加的这一次比赛，让我这个基本功扎实的常胜将军尝到了失败的味道。比赛中有 2 个选手采用了多媒体课件上课，他们的课件制作精美，教学容量大，不但吸引了学生的学习兴趣，更让在场的评委和参赛老师耳目一新。看到选手们的多媒体课件，我灵机一动：我想我应该找到了改进教学方法的路子。接下来的几年，我不断学习当时被视为先进的各种多媒体制作（authorware, powerpoint, medium show 等），对各种教学媒体兼收并蓄，经过融汇、提炼、创新，吸纳八面来风，不仅仅追求课件的表面精美，更是把这些媒体当成有力的辅助工具。数字化技术更新特别快，但我不断地与时俱进，把学习各种数字化技术以改进英语课堂养成了一种习惯。2015 年，教学微课开始进入人们的视线。我带领我的工作室团队，把清远人民日常生活中的语言元素"巧"妙地

融入课件里,成功制作了生动活泼的新人教版九年级全一册英语各单元的教学微课,在广东教育视频网(www.gdedu.tv)上与全国同行进行交流学习。我利用媒体技术,让学生的视觉感受和听觉感受有机地结合起来,构成一幅视听立体英语画面,模拟出各种不同的清远人民的生活情境,也让学生能够在课前课后进行预习和知识的扩展,从而辅助课堂达到教得"巧"妙、教得有效的目标,真正让英语走进生活,让生活再现英语。

我知道,教育工作是一门艺术,每天都有变化和创造。所以,我一直在不断地学习,一种发自内心的驱动力让我一直保持着对教育工作的激情,我在不断地创新思维、用心感悟。其间,我入选广东省新一轮"百千万人才培养工程"(第二批)名教师培养对象,被评为广东省特级教师,还主持了一个省级英语课题的研究工作。这让我有了更多的机会吸取各地各种理论探索讨论和实践经验,也让我有了更多的机会向全国各地的专家、学者学习,在不断反思和实践后,也对自己的认识做了更新。我开始重视对语篇意义的解读;在设计活动时除了关注内在逻辑和关联,还更加注意提炼和整合内在的知识结构。这个时期的我,不断地对生活与英语教学之间的联系进行探索和研究。教学教研成果也不断涌现:《转变教育理念,调动学生学习英语的主动性》《开发实用校本课程,提高农村初中生英语写作能力》《一节省优英语写作课引发的思考》《教得巧妙,教得有效》等多篇教研论文发表在省级和国家级报刊上,同时我也再次编写了新一辑校本课程——《初中英语写作实用校本课程》(上下册)。2015年和2017年指导青年教师参加市的教师基本功比赛均获第一名,2016年我设计的写作教学案例获广东省课堂录像比赛二等奖。

我的学科教育观

一、我的教学风格解读:"让英语走进生活,让生活再现英语"

英语知识来源于生活,而现实生活是学习英语的起点,《英语课程标准》明确指出:"英语教学活动必须建立在学生已有的认知发展水平和已有的知识经验基础上。"所以在英语教学中要创设与学生生活环境、知识背景有关的语言环境,同时要尽量在生活中寻找英语灵感,摄取生活中的英语相关元素来帮助学生学习英语知识。

英语作为一门语言学科,它应该拥有语言的特质——自然、真实。我追求的课堂是将学生家庭、学校、社会的生活经历与课堂教学活动联系起来,给学生生活与学习是一体的感觉。让生活贯穿于整个英语学习始终,让学生感受到学习的乐趣,也只有这样,才能让学生学有所用,突破自己。

二、我的教育主张:以生活为起点,为生活而教学

英语学科作为一种语言教育,它的知识主要来源于生活。所以,现实生活是学

习英语的起点，而我们在教学英语的时候总是在强调"在用中学"，所以英语教学是为人们日常交流而教，这是一种为生活服务的语言教学。

（一）创设生活场景，构建真实的语言情境

我们在进行英语语言教学的过程中，几乎每个环节都能以生活为基础创设语言情景。比如在呈现环节我们可以和学生从生活中的谈话开始。谈爱好、谈天气、谈学习生活、谈身边事，要紧扣一个主题，这个主题就是课文内容。例如，在学习七年级上 Unit 6 Do you like bananas? 时，可以从拥有体育用品或学习用品谈起：Do you have…? 然后再转到 food 这个主题上。初中学生喜欢 guess，可以让学生在猜的过程中学习生词和新知。在学习 food 时，可以和环保、健康结合起来；在学习 movies 时，可以和影星联系起来；在学习 sports 时，可以从最近的赛事导入等。又如在语言实践环节，我们甚至可以根据学生的实际情况，创设贴近生活的、具有实际意义的课堂活动。比如，我们可以在学生经验的范围内选择与学生生活贴近的大自然和社会生活来展开教学，使他们有更多的对生活的实际感受和与现实、大自然的直接接触，让他们在多样的、具体的生活经验中培养"用英语做事的能力"。这样可以有效地激发学生学习语言和运用语言的兴趣，从而提高学生学习的积极性。在学习了 Have a sports meeting 这一单元后，我尝试把学生带出课室，走到运动场上模拟课文内容举行了一场接力赛。比赛场地是事先布置过的：首先是一条横幅"relay race"，然后每个地方（包括接力棒）都被事先标上了英语，如 starting line, finishing line, stick 等，我向全班同学讲清了游戏规则：整个比赛中，只要你开口说话，就一定要说英语。我一声令下：Ready? Go! 各组的运动员飞跑出去，旁边的同学都忍不住大喊：Come on! Come on! 一到终点，获胜的小组的啦啦队员都纷纷上前祝贺：Congratulations! Well done! 在这样的实践环境下，学生能把所学知识都充分运用于实践中，即使是平时不敢开口的学生，在热烈的、无拘无束的气氛中也忍不住跟上几句英语。离开沉闷的教室，让学生的学习融入浓郁的生活气息，学生学得轻松，教学效果也较好。

（二）引导学生在生活中实践，体味语言学习的乐趣

著名的教育家陶行知先生说过："生活即教育""教学做一""为生活而教育"。《英语课程标准》以学生"能做某事"为目标要求，而新目标英语 Go for it! 的美方主编 David Nunan 则认为，教师不应该仅仅是使用教科书，而是应该结合真实生活，充分利用身边一切可以利用的资源，丰富教学内容，创造运用英语的机会，注重多渠道开发课程资源。"Don't use just the textbook. Anything in real life that connect and appropriate to the lesson can be used as teaching resources."（David Nunan）因此，我们的语言教学不但不能脱离实际生活，还应该走进生活，在生活中捕捉可用的英语元素，并巧妙地融入英语教学，以此提高学生学习英语的乐趣。我

们日常生活中的本土文化就是一种很好的元素。教学作为一种人为的、文化的社会实践活动，其出发点和落脚点就是促进学生的发展，而学生的发展则离不开他们成长的文化背景和生活经验。所以，我在教学中喜欢挖掘有用的、有趣的本土文化元素，巧妙地将它们与授课内容融合在一起，引导学生在生活中进行语言实践，其教学效果每每令人欣喜。在学习西方饮食文化的单元内容后，学生学会了用英语描述如何制作各种"洋食物"：hamburgers，sandwich，milk shake 等，为了巩固和运用所学的知识，我在课后又让学生收集本土的饮食文化素材。因为此任务把教学与生活巧妙地结合在一起，让学生在不知不觉中结合自己已有的生活经验来完成任务，使过程既熟悉又亲切，学习成果自然令人满意：任务之后，学生的成果被编成一本名为《魅力清远》（*Enchanting Qingyuan*）的校本课程，真正实现"做中学，学中用"。

（三）利用计算机辅助教学创设不同时空生活场景，增添学生学习的体验

英语作为一种语言，它最终是人与人之间的交流工具。因此，英语的教学应该是以生活为起点，为生活而教学。所以无论是哪一个版本的英语课本，其话题的设计都离不开各种生活的场景。但是，英语课堂往往有许多发生在不同时空的生活场景是学生无法体验的，比如人教版八年级下册 Unit 5 讲到的"9·11"事件、仁爱版九年级讲到的环法自行车比赛等，教师用语言来描绘有时也缺乏形象性。这时电脑多媒体技术就能大展身手了。计算机辅助教学能有效地将教学内容、教学经验和计算机技术紧密地结合在一起，成为创设真实语言环境的物质基础，这可以将学生带进所要涉及的语言氛围中，使学生身临其境地学习知识，运用语言。

比如在学习形容词比较等级的时候，课本里设定的口语交际活动是让学生看图比较城市与乡村环境。我观察到学生看着课本里漫画式的图片好像兴趣缺缺的样子，于是在课后我就马上去想办法改变教法。我从一位记者朋友处找来了一段20世纪80年代末清远旧街的黑白录影，然后又用手机沿着黑白录像所拍的路线拍了一圈。课堂上，我先让学生认真观看了手机拍的彩色影片（一看到熟悉的街景，课堂气氛就已经热烈起来了），然后告诉他们，接下来就是刚刚所看到的这几条街道在80年代末的旧貌，大家要看仔细了，看完之后要用刚刚学的比较等级描述它们的不同之处。事实证明，这两段影片的教学效果比课本里的图片好太多了，你看，学生们一边看一边露出或是惊讶或是兴奋的神色，那个专注度可想而知。"那时的房子比现在矮多了。(The houses were shorter.)""那时街道两旁有那么多树。(There were more trees on the sides of the streets.)""现在的街道好像比以前干净很多哦。(The streets are cleaner now.)"看，借助计算机系统，一方面可以成功引起学生对熟悉的现在生活与陌生的过去生活产生浓厚兴趣，激发学生探求知识的欲望；另一方面，也可以大大丰富学生的想象力，有利于学生展开形象思维，更增添

了学生学习的体验。

▶▶▶ 他人眼中的我 ▶

一、同行、领导眼中的我

我是一个少说多做的人，我不太善于在大众面前侃侃而谈，但我会用行动来论证自己的想法。在我的教师专业成长中，离不开教师团队共同营造的软环境对我的熏陶、同行教师对我的推动和启发，还有领导的信任和鼓励：

吕丽萍老师拥有不断追求卓越的教育情怀和梦想。她能潜心研究适合本地区的初中英语教学方法，让英语学习生活化、情境化、有趣化，她的课堂深受学生喜爱和同行的赞赏！能充分发挥名师、特级教师的辐射引领作用，为本地区的初中英语教学做出了重要的贡献。

——清远市清城区教学研究室教研员　江彩环

吕丽萍老师给我的印象是人美声甜。听她的课是一种欢乐的享受。她总是亲切自然、朴素无华，没有矫揉造作，也不刻意渲染，师生在一种平等、协作、和谐的气氛下进行双向交流，给人一种如沐春风、心旷神怡、恬静安宁的感受。

——清远市清城区松岗中学办公室主任 中学高级教师　陈成铸

吕丽萍老师治学严谨，要求严格，能深入了解学生的学习和生活状况。对同学的提问能耐心讲解，不厌其烦。她平易近人，能循循善诱，很注意启发和调动学生的积极性，能够鼓励学生踊跃发言，课堂气氛较为活跃。授课时生动形象，语言幽默风趣，非常能调动课堂气氛，寓教于乐，激发学生无限兴趣，能让学生在快乐中接受知识。

——清远市吕丽萍教师工作室核心成员　林燕

吕丽萍老师热爱教育教学工作，言传身教，能用自身的人格魅力和高尚的道德情操引领学生全面发展，是学生健康成长的心灵导师和引路人。"静下心来教书，潜下心来育人"是吕老师的真实写照。吕老师是一个深受学生爱戴、家长满意、同行钦佩和领导赞赏的德艺双馨的卓越教师。

——清远市吕丽萍教师工作室核心成员　胡记棉

二、学生眼中的我

能得到同事和领导们的肯定和鼓励，是我无比的荣幸和骄傲。但是我更在乎的却是这些——来自学生们淳朴而真情的话语。多年来，我都喜欢与学生建立起亦师亦友的关系，在学习和生活上真心对待每一个学生。我喜欢学生们直呼我的英文名字"Teresa"，我也喜欢与他们分享我生活和学习上的滴滴点点：

Teresa的课堂轻松愉快，很有吸引力和感染力，很能抓准我们的心理，课堂上每每开始疲倦了，她又有新的好玩的东西把我吸引回课堂上。她批评我们的时候从来不会伤到我们的自尊，大家都服她。

——七（12）班　袁园

其他老师都怕我，因为我是我们班最捣蛋的。但Teresa却不怕我，我在英语课上也一样爱捣乱，她却不生气，但我却不好意思捣乱了，因为她的反应很快，无论我每次怎样捣乱都总会让她即席变成同学们的口语材料。我也不生她的气，是真佩服她！

——八（1）班　黄文杰

Teresa，当年在我完全听不明白英语课，准备放弃时，是您的支持给了我无限动力，您的关爱温暖了我的心，您的淳淳教导使我对学习充满信心。感激当年有您这个优秀的老师在我身边。

——毕业学生　范晓敏

我的育人故事

巧用契机，回归生活，以爱润心

"以爱润心"是我们学校一直以来的教风，我非常认同，也一直以此作为我的育人原则。从教27年，我与学生的相处时一直遵循8个字："巧用契机，以爱润心。"

有很多老师说，当你面对捣乱课堂的学生时，那就忍无可忍了。但我却认为，学生中有时出现的岔子并不可怕，如果能用得好，何尝不是个教育的好契机？记得有一次，我在公开课的开头教学生唱一首英语儿歌，有这样一句"If you're happy and you know it, clap your hands (clap clap). If you're happy and you know it, clap your hands (clap clap).", 我让学生边唱边做对应的动作——拍手、跺脚。大家正高兴地唱着，突然有一位男学生把动作改了，他一边唱一边敲着桌子，还坏笑着看着我的反应，个别同学看了也忍不住大笑起来，有的还模仿他拍桌子。相信很多教师遇到这样的情境一定都不高兴吧，很明显这学生就是在捣乱课堂，他自己其实也是在故意挑衅我，看看我怎样生气。我当时也确实愣了一下，但很快，我就把情绪调整过来了。我偏不生气，我还立即故意表扬这位男同学："Good, we are going to learn the new words——desk, knock."（很好，这位同学预习得不错，我们这节课就是学习这2个单词），马上引入了新单词：desk, knock，把歌词改成"if you're happy and you know it, knock on desk (knock on desk)."。一下子，课堂上热闹起来，同学们边唱边有节奏地敲起桌子。脸上都挂着开心、幸福的笑容，连听课的老师们也被他们感染了，开心地笑了起来。这首歌的意境都在课堂上体现出来了。那位男生惊呆了，预想中的批评没有来，还赚来了老师的赞扬。或许是感到心里过意不去，下课后他主动找我道歉，他说："老师，其实我并不是真的有预习，我是捣乱的。"看，一个调皮捣蛋的小男生就这样被我收服了。

生活处处有灵感，只要我们能紧抓契机，用心捕捉生活中的有用元素，把它们变成教学中可用的素材，不但可以增加课堂的趣味，有时还可以在课堂外改变学生的学习态度。

事情还得从那一年说起，那时不知是什么原因，我所在的年级里有很多学生居然流行在校服上画漫画，隔三岔五地有班主任老师在办公室批评这些学生，但却屡教不改。我好奇地观察了一段时间后发现，这些学生大都是无师自通，还画得不错。当然，在校服上涂鸦是不可取的。我看着这些校服上的漫画，突然我有了一个奇思妙想，我在全级组织了一个名为"One Team One Story"的双语故事绘本创作比赛。由学生自己组织小组，但规定每组组员必须至少包含一个擅长编故事的学生、一个英语基础好的学生、一个画画出色的学生。然后让他们自行去收集清远本地的民间小故事、传说等，创作一本英汉双语故事绘本。很快，活动就开展得如火如荼。一个班里的大部分学生都被动员起来了。虽然只要求了至少三类学生参加，但结果是每组都会有六七个学生组成，除了要求中的三类学生，很多有特长的学生都加入了这次活动：有特别会讲故事的学生、有擅长中文书法或英文书法的学生、有擅长版面设计的学生，等等。一个月后，我们就收集到了一批精美的英汉双语绘本。绘本不但图文并茂，而且带有浓浓的清远乡土气息。

这次活动，我们不仅仅发挥了很多优秀学生们的语文和英语功底，还带动了一大批英语基础较差的同学回归到英语学习当中来。我班的思明同学在同学们口中就是一个"自由漫画家"，意思是他在学习上一直都是自由散漫的，但漫画却画得很棒。他的父母对此也一直很头疼，因为思明各科的学习成绩不佳，他们非常恼怒，还禁止他画画，他们家的亲子关系一直不好。在这次的活动中，同学们再三邀请把思明拉进了创作小组，负责插图。活动之后，每组同学都需要来给我汇报创作过程，其中思明说道："老师，我是负责给绘本画插图的，但我又不懂英语。我们的故事天天在修改，组长每天都在我耳边唠叨个不停地读这个故事，到最后定稿时，我发现我都能用英语讲这个故事了。"我一听，不禁眼睛一亮，我笑着问他："那你有没有总结出，为什么会那么容易就能用英语讲你们组的故事呢？你不是不懂英语吗？"他笑了笑摸摸头说："可能是天天听他们讲，有时有跟着开口说一说吧。"我马上肯定和鼓励他说："那就是多听多讲咯。思明，不错哦。你都能总结出学习英语的门道了。一定要坚持用在学习上啊！"他又憨厚地笑了笑说："老师，我早就开始这样做了，我现在天天都朗读英语，还坚持听英语课文的录音。您就等着我下次月考的成绩吧。"

"One Team One Story"活动结束之后，这样的故事在其他班也在不断地发生。清远话里有句俚语"十个手指有长短"，所以我们所教的学生在学习上总有高低，成绩低下的同学久而久之会对学习失去兴趣，甚至放弃学习。英语作为一门外语，大量的词汇和句型会让一些学生产生畏难情绪,放弃学习。我的做法是抓住生活的契机,让英语再现于生活,以同伴的引领、兴趣的吸引来慢慢润泽心灵,帮助学生渡过学习难关。

 教学现场与反思

一、我的课堂实录

九年级读写综合课 *Friends and I*

授课班级:珠海市南水中学九年级(3)班

1. 教学目标

(1)知识目标:

学会用书面表达人物的性格、爱好和日常活动等。

复习书面表达过程中的审题、抓要点、列提纲、连句成篇等。

(2)能力目标:根据要求完成一篇完整的作文。

(3)情感目标:学会如何与好朋友相处和相互学习、共同进步。

2. 学情分析

(1)本节课所教的班级是属于乡村学校,学生的英语水平一般,对于英语写作兴趣不大,而限制学生写作的因素有很多,其中最主要的几个因素是对写作话题不熟悉、词汇量不够、写作中会出现各种各样的语法错误,文章的结构问题、对各种体裁文章的写法不尽了解等。学生的这些情况说明他们在语言准备、写作思路、方法技巧上需要得到指导。

(2)学生在英语写作方面得到的系统指导甚少,其中比较突出的是欠缺课堂上的交流,以及写后的反馈。而这需求正是缘于教师在日常教学中的缺失。

3. 教材分析

本节课是我自己编写的九年级英语写作课。本节课的主题是 Family, Friends and People Around(个人情况、家庭、朋友与周围的人)。

因为是异地教学,师生之间还比较陌生,所以我选取了 Friendship(友谊)这个话题来设计本节写作课,利用生活中学生喜欢了解老师、与老师交朋友的心理特征,尽量把课堂知识生活化,让英语走进生活。同时,也希望在课后能与学生延续友谊,让生活再现英语。

(一)教学实录

Step 1 Warm-up

在开课之初便有意设置悬念,把老师的英文名字巧妙地隐藏在上面的表格中,让学生在完成任务 find out the missing letters 过程中,找出老师的名字,而名字又巧妙地引出藏在表格中的单词:outgoing, nice, friendly, quiet, shy and active。这些都是本节课的中心词。在一系列"故弄玄虚"中，我成功地吸引了学生的注意力，拉近了老师和学生的距离，也成功地引入了本节课的主题，引出了关键词。这种巧妙的设计使课堂情趣凸显，学生内心深处因之而产生了参与学习的强烈愿望，变"要我学"为"我要学"。

T：Good morning! Boys and girls, nice to meet you.

Ss：Good morning! Miss…（因为不知道如何称呼老师，大家笑了）

T：（微笑）Today, I am your English teacher, you can call me Miss Lv. Do you want to know my English name?

Ss：（期待的）Yes.

（播放幻灯片）

o	u			g	o	i	n	g	
a	x	n	i	c			b		n
f		i	e	n	d		l		y
k	q	u	i		t		o		l
r	t	h	j			h	y		r
e	r		c	t	i	v			e

T：Now, look at the table, my English name is in the table. Work with your friends, and find out the missing letters, then you can find my English name.

（学生热烈的讨论声响起）

Ss：Teresa! Your English name is Teresa!

T：Great! You are right. How do you find out my name?

S1：We find out six words in the table：outgoing, nice, friendly, quiet, shy and active.

T：Yes, so clever. Now, let's find out these words.

（幻灯片显示）outgoing

T：（问身边的学生）Are you an outgoing boy?

S2：Yes.

（幻灯片显示）shy

T：（问身边的学生）Are you a shy girl?

S3：No, I am outgoing.

（幻灯片显示）nice

……

Step 2　Presentation

这个环节，先给学生抛出了引导性的问题"想不想更多地了解老师呢?"我们知道，学生想了解老师的事情，就好像粉丝想知道偶像的八卦一样，有了这样的动力，学生肯定会不遗余力地在听说中动耳、动口、动脑，而且乐在其中。同时，在这个环节引用了老师的生活照为话题的背景材料，更大地满足了学生的好奇心，在老师说、学生听的过程中，巧妙地穿插了本节更多的关键词：hard-working, funny, lazy 等。

T：Ok, boys and girls. You have known my name, do you want to know more about me?

Ss：(兴致勃勃地) Of course!

T：What do you want to know?

S4：Where are you from?

S5：What's your hobby?

S6、7、8：…

T：Ok, I will let you know more about me. Now, look at the photos and listen to me carefully.

(播放幻灯片，老师的真实生活照)

T：I am from Qingyuan, I am a teacher, I am very busy in the daytime. So I often stay up late to study. Now, can you guess what is Teresa like?

S9：You are a hard-working teacher.

T：(微笑) Thank you, I will keep trying! Now, look at the next picture, and know more about me.

(播放下一张幻灯片)

…

Step 3　Group work

这一环节，再一次对教学内容进行了巧妙的设计。先利用本节的关键词的首字母拼写出"朋友"(friend)，然后再利用首字母引出关键词 friendly, reliable, independent, energetic, nice and different. 从字母到单词的引入过程，巧妙的设计再次吸引了学生的眼球。

T：Now, it's your turn. Let me and your friends in your group know more about you. Write the key words in the table and then introduce yourself.

Name	personality	activities/hobbies
Tom		

I am a/an _____ boy / girl. I often/ like _____.

（让学生介绍自己，为下一个环节做铺垫）

T：I think you are all excellent, I look forward to making friends with you. But do you know what kind of people will be my best friend? Do you want to be my best friend?

Ss：（兴奋地）：Sure.

T：Now let's spell "friend".（播放幻灯片）

F	Friendly
R	Reliable
I	Independent
E	Energetic
N	Nice
D	Different

T：Do you know what is a friend? In my opinion, a friend is friendly, reliable, independent, energetic, nice and different.（播放幻灯片）

T：Now let's learn more about the meaning of the words. Please take out your paper, and match Column A and Column B.

（1）friendly （2）reliable （3）independent （4）energetic （5）nice and different	A. I can share my secret with my friend and he always keeps it in his heart B. I will change myself for you C. I can learn something new from her, we always learn from each other. D. He is not afraid of difficulties, and he can always solve the problems by himself E. We do sports together every day F. We can stay together all the time G. We can get on well with each other

Step 4 Reading and Writing

面对学生对这些关键词地似懂非懂的样子，老师并没有对这些词进行过多的解释，而是给了学生一个"配对阅读"的任务。这个任务设计的巧妙之处在于：它没有机械地给学生灌输词义，而是通过配对练习，帮助学生养成用所学的语言进行思考的习惯，这个过程便是教授学生语言知识和社会常识。在"词"到"义"的过程，用了B部分的"句"来做桥梁，真正让学生思维"动"起来，有效地帮助学生巩固和掌握所学词汇、语法等语言知识，也帮助学生发展了语言和思维能力。

从课堂现场来看，学生们在这个环节真正体会到了成功的乐趣，在课堂上真正"乐"起来。

在这个环节，再一次通过阅读任务帮助学生增加输入量，通过信息的梳理理顺写作的思路、information card 的设计，再一次突出本节的关键词，并在词的后面设计了表达活动的"句"，再次强化学生用所学的语言进行思考的习惯，避免写的环节因受到母语影响而出现 Chinglish 现象。

T：What is your best friend like in your heart? Now, here are some people, if you choose one of them to be your friend, who is your best friend? Why?

Tast 1：Reading and fill in the information card.

Name	personality	activities/hobbies
Kimi	Funny and (1) _____	* He likes travelling * He likes making friends and he likes (2) _____ * He likes sports
Li Yan	(3) _____	* She is always ready to help others * She is good at Chinese, but she can't learn English well
Lily	(4) _____	* She can deal with the problems in her life by herself. * She is interested in (5) _____. And she is good at math.

Task 2：Writing.

(1)

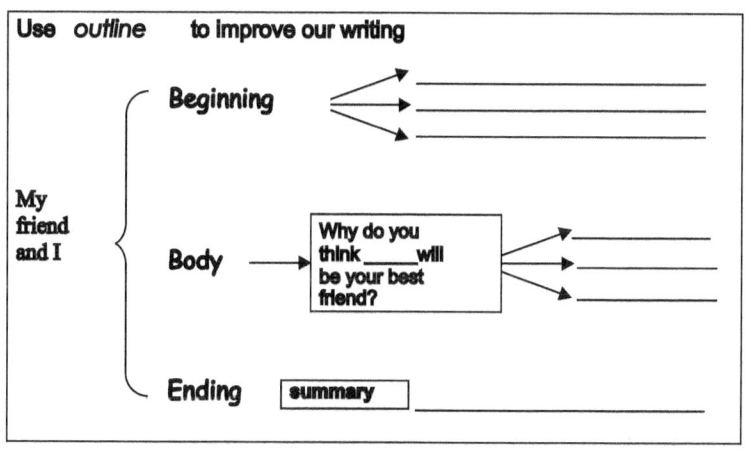

（2）Writing.（15分钟）

（3）Share our compositions.

在写作之前，先让学生进行讨论，完成写作提纲（outline），这样写作时的思路会更加清晰，因为之前的几个环节的铺垫，学生词句的输入量充足，所以讨论提纲时都能畅所欲言，达到了动脑、动口、动手的目标。在写作之后进行作品的分享，能有效引起学生的兴趣，乐此不疲地进行纠错，提高了学生自评的能力。

Step 5   Homework

朋友易失不易得，所以请珍惜你身边的好朋友。请以"The Friends I Need"为题，写一篇作文，不少于80字。

二、教学反思

2015年11月，我入选广东省新一轮"百千万人才培养工程"（第二批）名教师培养对象，到珠海市南水中学跟岗学习，接受了孙新导师分配的任务，上一节九年级英语写作课。在备课时，我是这样想的：这一节课是异地教学，学生和老师之间是陌生的，而且没有专门的写作教材，选材已经是困难重重。但我也知道，如果能选取一个恰当的写作话题，那这节课就是成功了第一步。我想，青少年的特点是喜欢结交新朋友，如果以朋友为主题，最容易打开话题引起学生的共鸣了。所以，我选取了Friendship这个主题作为写作话题。在这节课的设计中，我秉承了我一直以来的理念——让英语走进生活，让生活再现英语。在现实生活中，学生都是喜欢亲近平易近人的老师，对于老师的一切都是好奇的。我相信南水中学的学生一定对我这个陌生人感到好奇，更何况我是这节课的任课老师呢？于是，我用生活开启话题，让生活融入语言，成功创设了一个真实的、轻松的语言环境，拉近了师生的距离，我也成功地从开始的陌生人变成了他们的朋友。

英语知识来源于生活，而现实生活是学习英语的起点。在warm-up部分，我利用学生的好奇心，有意设置悬念，以现实生活中最常见的打招呼开始引入新课：把老师的英文名字巧妙地隐藏在表格中，让学生在完成任务find out the missing letters过程中，找出老师的名字，而名字又巧妙地引出藏在表格中的单词：outgoing, nice, friendly, quiet, shy and active. 这些都是本节课的中心词。在一系列"故弄玄虚"中，成功地吸引了学生的注意力，拉近了老师和学生的距离，也成功地引入了本节课的主题，引出了关键词。这种巧妙的设计使课堂情趣凸显，学生内心深处因之而产生了参与学习的强烈愿望，变"要我学"为"我要学"。

我追求的课堂是将学生家庭、学校、社会的生活经历与课堂教学活动联系起来，给学生生活与学习是一体的感觉。让生活贯穿于整个英语学习始终，让学生感受到学习的乐趣。所以，在本节课的各个教学环节中，我也多次引入生活中熟悉的人和物创设情境，引导学生全过程进行亲身体验。正所谓"生活即教育、社会即学校"。在Presentation部分，我没有直接呈现本节课的关键词，而是利用了自己的真实生活照为语言背景材料来创设语言情景，这样贴近生活的课堂情景，是英语学习生活化教学的基础。学生想了解老师的事情，就好像粉丝想知道偶像的八卦一样，有了这种与生活实际相通的教学情景，可以有效激发学生学习英语的兴趣，还可以建立起英语这种语言与生活之间的桥梁。通过大量的听说输入，学生在不知不觉在生活情景中就形成了英语思维，也很好地培养学生的英语学科素养。

当然，因为是异地授课。课前我对学生的了解较少，对南水当地的风俗也不甚了解，所以在本节课中运用的生活元素不是学生最熟悉的，引起的共鸣也是打了折扣。我想，如果能以南水风俗和学生的日常趣事入课，一定能大大提高本节课的教学效果。

结束语

学习与探索永无止境，理想也在不断地发展与延伸。随着英语学科核心素养的提出，我对于如何让英语教学生活化、有趣化的认识也在不断提高。英语课堂上语言知识和语言技能的掌握固然重要，但是根据英语学科核心素养的要求，我在英语课堂上对学生思维能力的培养重视还不够，对语境创设充分了，但对情感态度价值观的培养有时未能落到实处，还应该多多引导学生发展运用英语分析问题和解决问题的能力，等等。因此，我的认识也跟着不断拓宽，不断融入新的观念。或许，生活化的英语课今后会在我的认识中不断升华。

无声世界的筑梦者

● 河源市博爱学校　李敬梅（特殊教育语文）

▶ 导读语

我是河源市博爱学校副校长，东江之源的一名客家女子，喜欢聆听自己内心的声音，在教育之路上，喜欢做"最美的自己"。"培智学生以生活为核心，以支持为导向的个别化教育研究""以口语为主导的聋校沟通与交往教学课程开发""山区特殊教育职业高中办学模式研究""培智学校主题教学资源开发"，一项项课题让我在科研路上快乐前行。河源特殊教育，我

是拓荒者；山区特教改革，我是先行者；培育听障学生成才，我是引路人。从市、省到国家优质课，我的课堂以"清、简、温、润"的教学风格深受孩子们的喜爱。全国特教园丁、全国优秀乡村教师、广东省特殊教育名教师工作室主持人、广东省特殊教育特级教师、广东省"百千万人才培养工程"名教师培养对象、河源市特殊教育首席教师……一份份荣誉激励我在育人路上不忘初心，用生命一点一滴兑现着对特殊教育事业的庄重承诺，用无尽的爱呵护着折翼天使成长。

▶▶ 名师成长档案

执着所爱　矢志前行

一、一片丹心献特教

我来自有客家古邑东江之源美誉的粤北山区小城——河源市，是土生土长的客家人。勤劳淳朴、热情好客的客家民风，温润柔情、美丽如画的万绿之都，孕育了我乐善好施、诚实做人、实干做事的个性，滋养着我对家乡那份深深的热爱

与依恋之情。

我的爷爷是小学校长，老一辈语文教师。受爷爷的影响，小时候我最喜欢窝在爷爷的书房，津津有味地读《西游记》《红楼梦》的连环画，对连环画我总是爱不释手。上了初中，我深深爱上了席慕蓉、汪国真、泰戈尔、托尔斯泰，我还喜欢看爷爷订阅的教育杂志，甚至将一些教学方法摘抄在读书笔记里。我有一个愿望：做一名受学生喜爱的好老师。1995 年，中招填报志愿，面临人生的十字路口，我毫不犹豫地选择了"中师特殊教育专业"。老师问："你知道特教是做什么的吗？特教就是教残疾小孩的。你可要想清楚。"我说："残疾孩子很可怜，需要更多的人去关爱。我就选择这个专业了。"家人叫我慎重考虑，怕我难以适应今后的工作环境。亲戚们也劝说"老让这些残疾孩子围着你转，干一辈子也不可能桃李满天下，何苦呢？"我拒绝了亲朋好友的相劝。

当我怀着满腔热情，踏上工作岗位，面对一群有耳听不到声音、有口不会说话的听障孩子，面对孩子们那一双双有点胆怯又好奇的目光，面对家长噙满泪水饱含心酸和期盼的双眼时，我立足特殊教育的信念更加坚定了。工作那年，我只有 19 岁，而班上学生年龄最大的 15 岁，最小的才 6 岁。开班之初，学校没有特殊教育学校教材和任何教学资料，也没有行家指导，为了不负学校的重托和听障孩子的期望，我全身心投入工作中，经常利用双休日独自一人自费到惠州、广州、番禺等兄弟学校参观学习，和兄弟学校的领导、老师交流。每次外出都自己掏钱带回许多专业方面的书籍、音像资料，带回教材及配套的教具和学习资料。不断摸索听障孩子的教育教学方法，提高自己的教育教学水平。听障儿童的教育需要学校与家长的共同关注，因此，我主动订购《中国手语》《聋童早期康复教育》《聋儿家长必读》等书籍送给家长，让家长一起参与孩子的教育中来。

时光匆匆，许多事随着岁月的流逝渐渐淡忘，但有一个情景却让我铭记。那是初为人师新生报名时，一位家长握住我双手，流着泪说："李老师，我家哑古就拜托您了！为了他，我们四处求医花光了所有积蓄，还欠下一大笔债。孩子慢慢长大了，我们真不知怎样和他沟通，更不知如何去教他。希望他能跟老师学点知识，将来我们老了，不在了，他能独立生活我们就放心了。"这是大多数家长的心声，教育康复一个孩子，就拯救了一个家庭。因为责任和爱，我谢绝了几次工作调动的机会；因为责任和爱，我对特教永怀激情；因为负责和热爱，我得到了孩子们的信任与拥戴。做自己喜欢的工作，是一种享受，也是一种幸福！对特教，我有一份难以割舍的情怀。山区残疾儿童的家庭，大多经济困难，为了让孩子不至于因贫辍学，20 年来，我与社会热心企业搞化缘，拉赞助，共争取到 50 多万元的助学金，解决了 30 多位残疾孩子上学难的问题。

二、巧引源头活水来

"问渠那得清如许，为有源头活水来。"学习，就是河之源头活水，让我不断进步和富有活力。回首任教生涯的第一节语文公开课，我像许多年轻老师那样，扛着新课程改革的大旗，追赶着所谓的时髦。为了上好《荷花》那节公开课，我煞费心机，做了许多美丽的荷花头饰。课上，我让孩子们画荷花、赏荷花、演荷花，真是热闹非凡。当时我自认为自己发挥了听障学生视觉认知的优势，将是一节成功的课。可是一节课下来，孩子们对课文却读不通，更写不顺。我意识到这样课堂并不可取。2007年那一次全国听障语文教师培训，聋校语文教材主编季佩玉老师"以口语为主多种沟通方式并存"的理念让我找到了聋生语文教学的方向。聋生要融入社会，最重要的沟通手段不是手语，更不可能是清晰的口语，而是书面语。从此，我开始了"强化口语 说写并举"的教学实践研究。

4年后，我再次聆听季校长的讲学，当时他已80岁高龄。那天听完课，我便迫不及待地把自己的一份课题申报书呈给季校长修改。第二天早上，他老人家早早地来到教室，我也去得很早，希望在课前得到先生的指点。季校长亲切地把我叫到身边，戴上眼镜，拿出放大镜在文稿上细细地和我讲解，帮我理清了几个模糊的概念，细化了研究的路径，稿件上有他多处修改的亲笔字迹。从此，一个弯腰躬身、一手拿笔、一手持放大镜，向一个年轻老师讲解研究方向的可亲可敬的老一辈特教人形象印在了我的脑海里。他深深地感动了我、影响了我。我希望自己成为一名像季老先生一样，对特殊教育教学改革有真知灼见，能引领青年教师专业成长，有足够丰富的教育理论和精湛的教学水平培育孩子们成长成才的特教老师。

还有一次让我触动颇深的就是参加贵州遵义"全国语文教学研讨会"，我有幸观摩了黄厚江老师执教的《我的叔叔于勒》，聆听了吴桐祯老师的"三遍阅读法"。师者之风，引我前行。此次研讨会，我更加坚信：语文教学就是踏踏实实开展听、说、读、写实践，实实在在提高学生的语文素养，那些五花八门的教学形式，外表再漂亮、气氛再热闹，也是脱离了学科本身，悬在空气中、虚无缥缈的东西。语文教学就要删繁就简，返璞归真。简约是最终的成熟。

真正让我的教学思想成熟起来的是"百千万人才培养工程"初中名教师培养项目的学习。在学习期间，我不但聆听了许多名家讲座，观摩了许多名师优秀的课例，还参加了许多场论坛及沙龙，得到了导师的指点、同伴的帮助。见贤思齐，在名师荟萃的"百千万"队伍中，我认识到了自己的差距。我如饥似渴地认真研读王荣生的《阅读教学设计的要诀》、黄厚江的《语文教学原点》、余映潮的《这样教语文》等名家著作。学习，让我的大脑思维"打开了几扇窗户"，对自己有了新的认识和规划。我开始思考我的教学风格、我的教学追求，并很努力地把它们运用到课堂中去。我把每节课当作公开课来上，主动邀请科组老师、市教学名师来听课、议课、磨课。我积极参加各类教学比赛，以赛促教学水平的提升，为了上好一节比赛课，我修改教学设计20多次。功夫不负有心人，我执教的课例获得了"一师一优课、一课一名师"部级优课、广东省特殊教育课堂教学大赛一等奖、全国听障语文教学二等奖等。

三、潜心教研助发展

家乡的一方热土,培育了我执着坚韧的品性。20年的教学生涯,我始终致力于特殊教育教学改革,做河源特殊教育课程改革的领航人。工作之初,班上有听障、智障、视障、脑瘫、自闭几类儿童一起授课,用的是普校"丁氏版"语文教材。课堂教学根本无从下手,视障学生静坐在教室呆呆地望着你,听障学生一脸茫然,多动症的智障孩子像个化学分子,一会儿在地上打滚一会儿又冲出教室,自闭症孩子沉浸在自己的世界里拿着笔不停地在练习本来回划着。就这样过了一个星期,每天放学走在回家路上,我的眼在流泪,心在滴血。不行,特殊教育不能是普通教育的简单复制,按年龄编班集体授课的教学模式显然是行不通的,必须找到一条出路!作为科班出身的我,看到学校教学的问题所在,首次提出并实施了"分类施教,分层推进"的教学改革。我把学生按启智、启聪残疾类别进行编班,在班里根据学生的学习水平进行分层,以全国统编的人教版培智学校教材为蓝本进行授课,教学总算有了谱。经过多年的探索和学习,自己不断地在实践中修正和总结,在平时工作中多一份投入、多一点执着、多一些反思。遇到困惑,便向同行、专家请教,相互探讨。学校的教学质量有了很大的提升。

"分类施教,分层推进"的教学改革虽然取得了不错的成绩,但是随着特殊教育的发展,特殊教育学校的对象发生了重大变化,多重、重度残疾学生越来越多,现行的培智教材显得过于繁难与陈旧,不适合学生的学习。分科教学注重知识的传授,特殊孩子对知识的迁移能力较差,不能把知识运用于生活当中。教学必须以学科为中心转向以儿童为中心,关注学生个体的生活与成长。基于此,从2014年开始我在培智部进行了"以生活为核心的个别化主题教学"尝试,以培养学生解决生活问题为目标,打破单一学科教学界限,进行主题整合式教学,大力开发主题教学资源,探究个别化教学模式,为每个孩子量身定制个别化教育方案。我申报了"智障学生社会性发展的个性化教学研究"省级课题。"以生活为核心的个别化主题教学"针对性强,知识来源于生活,运用于生活,做到尊重个性发展,每个孩子都得到了不同程度的进步,学生解决问题能力得到快速提升。但是整合式主题教学知识不成系统,比较零散、碎片式,高功能的学生出现了"吃不饱"的现象。

2017年,我在钻研《义务教育培智学校课程标准》的基础上,结合学校实际,带着教研组进行国家课程校本化、生本化研究。依然以生活为核心,从"沟通交流""艺术与创造""科学与探索""身体发展""个人与社会"五大领域,"个人""家庭""学校""社区""家乡""祖国""世界"七大主题构建培智生本课程体系,开发生活语文、生活数学、生活适应、唱游与律动、运动与保健主题单元校本课程,建设绘本阅读、艺术休闲、特奥运动、学生工作坊、职业教育、研学旅行特色校本课程。生本课程体系适应学生的发展需求,学生的进步得到家长、社会的认可,省内外兄弟学校慕名前来学习。

此外,我还先后进行了"聋生'医教结合 强化口语 说写并举'语文教学模式研究""山区特殊教育学校职业教育生态课程开发""聋校绘本阅读教学策略研究"等课题研究。2007年,我国"聋校义务教育课程设置实验方案"中增设了"沟通与交往"科目。可见,培养聋生的沟通与交往能力,已经成为聋校教学的重要任务。然而在实际教学中,"沟通与交往"科目却存在着无本可依的困境。于是我带领教研组开发《沟通与交往》校本课程,编写相应的校本教材1—12册,荣获广东省特殊教育课程建设成果一等奖。在校本教材研究编印期间,我放弃了无数个寒暑假、节假日的休息,通宵达旦地工作,甚至连续工作达32个小时。生活就像海洋,只有意志坚强的人才能到达彼岸。

研究让我的教育视野更加开阔,工作思路更加清晰,在成就了学生、发展了学校的同时,我自己也变得丰盈。我想写点东西的欲望也越来越强烈,暑假除了照顾孩子,主业就是写论文。2016年,我在《现代特殊教育》专业期刊发表《聋校"沟通与交往"校本教材的开发与设计思路》,该论文获河源市教师论文评审一等奖;2017年在《中学语文》发表《用客家方言,激发聋生学习古诗文的兴趣》,该论文获河源市教师论文评比一等奖;2018年在《新作文·中小学教学研究》发表《给听障儿童一堂"清简温润"的语文课》教学反思。

四、示范带学共成长

一枝独秀不是春,百花齐放春满园。2016年,我被河源市教育局受聘河源市特殊教育指导中心办公室主任、河源市特殊教育首席教师。2018年4月,我成立了广东省特殊教育名教师工作室。我除了做好自己的教学工作和学校繁重的行政事务外,还肩负着指导、引领、带动全市特校教师以及工作室成员、学员成长的重任。近3年,我每年到龙川、连平、和平、紫金、东源各县送课、听课、评课,每年最少组织2次全市特殊教育学校教师教学研究活动。2017年冬,我曾怀着6个月身孕在重感冒的情况下连续2个星期奔走于县区特校之间送课,一个高龄孕妇早上6:00出门,晚上9:00多才拖着疲惫的身体回到家。同事们都说我是"拼命三郎",说我身上总有用之不竭的能量,说我总是能竭尽全力地满足他人的需求。在我看来,这是一种责任,做自己能做的事,做自己该做的事,做别人认为可以不做而有益于他人的事,做就要做到最好。特殊孩子个体差异大,外校上课有许多不可预测的因素,同一个教学内容,不同的学生教学设计也许完全不同。外校讲课激发了我教学艺术的灵感,磨炼了教学基本功,挑战了身体的极限。我曾到杭州聋人学校、惠州特殊学校、韶关特殊教育学校上示范课。在成就他人的同时,我的教学风格也日渐成型,教学主张得到了推广。

同事们这样评价道:李老师是一个孜孜不倦、刻苦钻研、敬业爱岗、精通业务、有极高专业素养的老师。她慕求真理,总在探索更适合学生学习的教学模式;

她谦虚谨慎、精益求精、追求完美，是老师们学习的楷模。

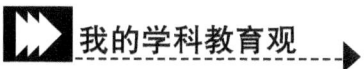我的学科教育观

有爱无碍　有教无类　教育康复　融合发展
——我的教育观

"有爱无碍，有教无类，教育康复，融合发展"是我一直秉承的教育观。

有爱无碍：著名的教育家马卡连柯说过，"爱是教育的基础，没有爱就没有教育"。爱是特殊教育永恒的主题，因为对特教有爱，对残疾孩子有爱，才有坚守，才有激情，才能走进特殊孩子的心灵，才能迸射思想的火花，才能开发智慧的源泉，才能在面对特殊儿童学习的不确定性、反复性时不至于放弃。

有教无类：特殊孩子的残疾程度不同，认知、适应等各方面的能力都存在较大的个体差异。这就决定了特教课堂必须尊重学生的个性发展，走个别化教育模式，对每个孩子进行专业的课程评估，设计并实施适合每个学生的个别化教育方案，只有这样才能让每个孩子得到最大化的发展。

教育康复：对特殊孩子实施教育，除了"传道、授业、解惑"外，还有重要的任务，就是进行身体康复、缺陷补偿、潜能的开发。教育康复是每一位特教工作者共同的职责和使命。

融合发展：近年来，我国大力提倡融合教育。特殊孩子要在尽可能少受限制的环境中学习，尽可能给孩子提供真实的生活情境去学习，为孩子融入主流社会打下坚实基础。融合发展即将特殊孩子安置在教育、环境、社会生活的主流内，针对孩子不同的特质设定每个孩子不同的学习目标，以合作学习、合作小组及同辈间的学习、合作达到完全包含的策略和目的。所以不管普通孩子还是特殊孩子，都因其不同特质有不同的学习目标，分数不是唯一的指针，而是适才适能的快乐学习。

清·简·温·润
——我的粤派教学风格

清，即清朗，课堂上每一个教学环节就如一颗颗珍珠，总有一根线把它串起来。清朗的课堂犹如缓缓流淌的东江之水，给人明丽之感。

简，即简约，教学目标不贪多求全，讲究一课一得，得得相连。教学手段灵活而不花哨。正是客家人憨实的品性，从不喜欢华而不实的东西。简约的课堂给人扎实成熟之感。

温，即温情，课堂上老师始终饱含激情，尊重孩子的阅读体验，追求师生间、

学生间和谐共生。这是客家人待人之道，一视同仁，充满热情。温情的课堂能培养孩子的自信，激活孩子的思维。

润，即润泽，尊重学生的个性发展，不追求同步，不强调唯一，以文育人，润物无声。正如万绿湖那一潭充满生机的绿，润泽的课堂给人鲜活之感。

一、"清·简·温·润"的课堂关注教学语言的呈现

（一）温暖亲切的体态语

听障儿童由于靠双眼去学习、去认识世界。教师的一举手一投足、一颦一笑皆为教学语言。因此，在课堂上我会给孩子们展现一个亲切和蔼的我、一个热情积极的我、一个简单快乐的我。微笑、竖大拇指、与学生击掌、拍手称赞、拥抱鼓励这些都是我惯用的课堂语言；低下身来，侧过耳去，走到学生中间，与前后左右的孩子一起说、一起看，是我常有的表现。唯有这样，孩子们才能从老师的脸上读出爱与欣赏；学生的学习积极性才能被调动起来，思维才能被激活；师生间才能感受教与学的快乐。一个孩子曾这样写道：我的语文老师和别的老师不同，不把职位看重，她热情大方，愿意和学生们互动，和学生非常亲近。她工作非常忙，但始终上好每一节课，给我们传授知识，显而易见，我们在她心目中是很重要的。

（二）语句完整的书面语

"依文学语，以语导文"是听障学生学习语言的特点。"依文学语"就是依靠书面语学习口语。"以语导文"就是以口语为主导，形成听障学生有声语言思维，让听障学生更好地掌握书面语言。因此，我特别注重强化听障学生的口语表达习惯，不遗余力地提高他们的书面语表达能力。课堂上，给孩子学习的内容，尽可能用大字课文出现，这样才可以依文提问、依文思考、依文讨论，才能指导学生圈点勾画，批注阅读。不少聋校老师的语文课仅用PPT展现课文片段，这是不可取的。聋生不具备看、听、写协调的能力，老师在讲授过程中不断地进行幻灯片切换，学生的视觉无法顾及，也无法接受同一时间的多方位信息，这种教学只是在"捉迷藏"，无法达到理想的教学效果。老师的板书是聋生学习书面语的其中一个渠道，不少老师的板书只是用关键词提示课文的结构、内容提要，如此一来展现给孩子的便是碎片式的语言，不利于指导孩子阅读，也不利于孩子书面语能力的提高。因此，聋校老师的板书必须语句完整。

（三）简明清晰的口语

聋校的老师肩负着培养学生看话能力的重任，教师的课堂口语应该简单而清晰。有些聋校教师上课口若悬河，妙语如珠，殊不知他的语言超越了聋生能够学得的语言能力，学生看得云里雾里，根本无法正确地接收教学语言传递的信息，严重影响教学效果。

（四）口语、手语、书面语的正确对译

聋校的课堂存在师生间的沟通障碍，严重影响了知识的传授和接收。究其原因，其中一点就是口语、手语和书面语的不统一。比如，聋校第六册语文《一只小羊羔》有一个词语"打听"，有的老师呈现给孩子的手势语是"打"和"听"，一个字一个字地打手势，学生便会理解成打架、听声音，意思完全错误。"打听"是询问的意思，手语应该翻译成询问。这样才能实现口语、手语、书面语的完全对译。像这样的例子有很多，比如"上车""打滚"等，使用手势语读课文应重在表意，手语、口语和书面语构成综合语言。

聋校语文教师的课堂语言，必须以激发学生的学习热情，帮助他们读懂课文内容为出发点和归宿，要紧扣教材。如果教学语言脱离了教材，对聋生读懂课文徒劳无益，就不是教学语言。

二、"清·简·温·润"的课堂尊重学生的个体差异

（一）制订个别化教育计划

听障学生由于听力损失程度不同，认知、思维也存在很大的个体差异。每接到一个新班级，我首先要做的一件事就是对学生进行课程评量。维果斯基的最近发展区理论认为，学生的发展有两种水平：一种是学生现有水平，一种是学生可能的发展水平，两者之间的差异就是最近发展区。教学就应该着眼于学生的最近发展区。通过课程评量，我可以了解每个孩子的认知、沟通、言语水平如何，找准每一个孩子的最近发展区，量身定制个别化教学方案。从教学目标、教学内容、课堂实施、课后作业、考评几个环节去实施个别化教育。

（二）变"教教材"为"用教材"

在聋校，任何一本教材，都无法满足每一个孩子的需求。在教学内容的处理上，我针对孩子的实际情况，变"教教材"为"用教材"，对语文课程进行加深、加广、重整、简化、减量、分解、替代。如全日制聋校语文教材第二册《教室》，课文内容严重落后于社会现实的发展，为此，我增加了"电脑""多媒体教学平台""电子白板"这些词汇让学生学习。在句子教学上，不仅仅是教授"哪里有什么"这个句式，还增加了"谁用什么做什么"句式的教授。对认知能力较差、长句难于理解的孩子，我会删去句子的修饰语，抓住句子的核心成分，把内容简化。如：在学习《小燕子》一课时，"一身乌黑的羽毛，一对俊俏轻快的翅膀，加上剪刀似的尾巴，凑成了活泼机灵的小燕子"，简化为"燕子有乌黑的羽毛，它的尾巴像剪刀"，便于学生理解掌握。

（三）尊重学生的阅读体验

对于学习能力较强的中学生，我会根据课文设计一些开放性的问题，让孩子们在语文的百花园里展开想象的翅膀。如：《卖油翁》中，陈康肃公为什么笑？《秋

天的怀念》中,"黄色的花淡雅,白色的花高洁,紫色的花热烈而深沉,泼泼洒洒,秋风中正开得烂漫"这句话只写花吗?结合作者及自己的人生际遇,谈谈你的理解?一石击起千层浪,学生的思维往往被激活,随着问题的探究,课堂上总能产生知识的生成点,我从不回避,而是注重生生之间、师生之间和谐共生。孩子们的阅读理解能力、语言组织能力都不相同,我从不追求唯一的标准答案。孩子们曾这样表白:我们非常喜欢上李老师的语文课,因为她上课非常生动,我们的思维始终能处于活跃状态。

"清简温润"的课堂绝不落下任何一个孩子,每一个孩子都学有所获,每一个孩子都被尊重、被赏识。

三、"清·简·温·润"的课堂注重语文生活化

生活处处是语文。"清·简·温·润"的语文课不局限于教室里的学习,还应在生活中学习语文,要让语文从生活中来,再运用到生活中去。

(一) 笔谈——特殊的作业

我的学生都有一本特殊的作业本,叫作"笔谈本"。平日里,师生间的聊天,孩子们会随手拿起笔谈本把想说的话表达出来,而我也会把我们聊天的内容记在笔谈本上。这样做的目的是提升学生的书面语沟通能力,让学生更好地融入社会,提高生活质量。

(二) 在综合实践活动中学习语言

每次活动课,也是我们的语文课。活动前,我会制作并带上很多词语、句子卡片,让孩子们在真实的场景中学习语言、积累语言。这种学习方法比教师在课堂上讲解更容易让学生理解,能达到事半功倍的效果。

(三) 编写《沟通与交往》生活化校本教材

为更好地发展聋生语言能力,我主持研究编写了《沟通与交往》生活化校本教材,为聋生提供系统的学习沟通知识、技能的文本。教材内容编排以学生人际交往发展的沟通应用为本位,分家庭、学校、社区(社会)、家乡、祖国五大领域,把人际交往环境、人际交往活动、人际关系、交往礼仪等归类于这五大领域中。每个领域有若干个主题,比如:家庭领域,有"我的家人""做家务""家庭活动""到亲戚家做客""招待长辈"等主题单元。按交流和传递信息的方式,将沟通表达分为手语沟通、口语沟通、书面语沟通、现代信息沟通 4 类。教材编入微信、QQ、电子邮件、短信交流、电子购票等现代生活沟通元素。

在教材编写素材的选取和情景对话练习内容的编排上,尽最大努力选取学生日常生活中能见到、交际中常遇到的场景。这样,孩子们对教材有亲切感、爱学、乐学。

语文指向孩子生命的远方。我希望自己的语文课能给孩子们带来语言的发展、

智慧的启迪，让无声世界的孩子感受爱与尊重，让他们的自由精神尽情地舒展与绽放！不少孩子这样说道："我们的李老师非常喜欢语文，也喜欢给学生们上语文课，也能让许多学生喜欢上语文，并带领我们去感受语文的独特魅力。她希望我们爱上文学。她是我们最敬爱的语文老师，我们爱我们的语文老师。"

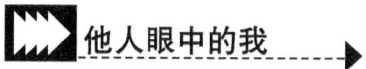他人眼中的我

热情　敬业　和蔼　公正

一、同事眼中的我

李老师总是以饱满的热情、诚恳的态度投入教育教学工作中。她尽职尽责，积极奉献，带病坚持工作。经常深入学生当中，除了做好学科辅导外，还细致地了解学生，循循善诱、诲人不倦，与学生建立了民主平等和谐的师生关系。工作中谦虚谨慎、精益求精、追求完美。她精心备课，教学内容充实、丰富，做到因材施教，讲授清晰、表达准确，重点突出，难点、疑点处理恰当，课堂设计合理，节奏适度。培养了学生学习的兴趣，提高了学生学习的积极性和主动性，促进了学生的全面发展。

——王敏

李老师对特殊教育有深厚感情，精通业务，敬业爱岗；她为人很正派，给人满满的正能量，是老师们的楷模；她善于团结同僚和下属，没有领导的架子，老师们喜欢和她谈心事。

——叶丽才

李老师是一个孜孜敬业、刻苦钻研并有很高专业素养的老师。从教十几年来，她爱生如子，注重对学生的身心缺陷和障碍的补偿性教育；她身先士卒，在任务繁重的教学第一线总能看到她的身影；她诲人不倦，总是竭尽全力地满足学生的求知欲望；她慕求真理，总在探索更适合学生学习的教学模式。

——梁怡笑

二、学生眼中的我

李老师是我们启聪（9）班的语文老师，也是学校副校长。她非常喜欢语文，也喜欢给学生们上语文课，也能让许多学生喜欢上语文，并带领我们去感受语文的独特魅力。李老师工作务实、教学有方，是最会过日子的人，许多老师将她当作自己学习的榜样。她值得我们信任，如果我们遭到不公平待遇，她会帮我们讨回公道。她很守信用，哪怕再忙都不会"爽约"，自然获得我们的好感，赢得我们的尊敬。我们已经把她当作知心朋友了。

——何婷

李老师是我最敬爱的语文老师。为什么说尊敬呢？因为她和别的老师不同，不

把职位看重，和学生非常亲近。她工作非常忙，但始终上好每一节课，给我们传授知识，显而易见，我们在她心目中是很重要的。我们非常喜欢上她的课，因为她上课非常生动，课堂气氛很活跃，我们爱我们的语文老师。

——钟楷程

李老师讲课有趣，热情大方，愿意和学生们互动。我喜欢李老师，李老师教学很厉害，让老师们崇拜。

——蔡玉茹

我们班的语文老师是一位和蔼可亲的老师，我们都尊重她。她讲课很有趣，我们很喜欢上语文课，她的课同学们都会聚精会神地聆听。

——郑燕玲

李老师最喜欢跟学生一起上课，她讲课很精彩，有很多好词好句。她希望我们爱上文学，我们都喜欢上语文课。

——温星宇

我的育人故事

坚守山区特校 谱写爱的箴言

选择了特殊教育，就选择了无尽的付出。在与孩子们朝夕相处的 20 个春秋，这群折翼天使的快乐成长已成为我生命中重要的一部分。我总是把学生当作自己的孩子，关心、呵护着。天冷了，叮嘱学生多穿衣服，换季时，叮嘱学生多喝水。学生病了，及时送他们到医院就诊，垫付医药费，亲自在医院照顾他们，护理他们。从学习、思想、身体、生活上全面关心每一位学生，时时处处做学生的贴心人。

我班的小兰同学，自卑心理特强，性格内向。一个星期六傍晚 6 时左右，我接到小兰妈妈的电话说孩子不见了，我立刻放下刚端在手上的饭碗，打电话联系所有的同学，但都没有下落。此时，我心急如焚，不顾外面下着倾盆大雨，撑着伞和小兰的父母一起四处寻找。找了将近 4 个小时，最后在公园的一个角落找到了她。当时，顾不得全身湿透的她一把抱起了她，她竟呜呜地哭起来，她用手语说："反正我是个哑巴，是一个没用的人，你们别理我好了。"看到孩子执意不肯回家，我站在雨中哽咽着用手语跟她讲张海迪顽强拼搏的精神，讲海伦凯勒的故事。经过我的苦苦劝说，小兰最后终于同意回家了。为了培养小兰的自信心，我选她做班长，提供机会让她上台演出，使她看到自己的闪光点，慢慢地帮她树立起生活的信心，在我的细心关爱下，小兰慢慢变成了一个活泼开朗、积极进取的女孩子。后来经过努力考上了重点高中，毕业后在国企上班。

20 世纪 90 年代，山区特校办学条件简陋，那时给听障孩子上语训课，只能凭一张嘴，从口型、舌操、呼吸、基本发音、看话、听音开始训练，采用各种特殊手段引导聋生用视觉感观察老师说话的口型，运用触觉，从声带振动的差异比较找到发音部位，模仿声音。每教会学生一个音、一个词都要经过无数次强化训练。虽然每天都是在一种含混与清晰、嘶哑与喊叫的情境中教学，我却忘我地沉醉在这个奇特的世界里。经过训练，原本不会说话的罗剑峰同学较为清楚地说出了"我爱妈妈！"同时还喷了我一脸的口水，可是我顾不上擦，连忙伸出大拇指表扬道："好，真好！"这可是世界上最美妙的声音啊！我激动得把孩子抱起来，像个小孩那样欢叫着。为了让学生的语言能有更好的发展，周末我会义务到学生家里，帮孩子进行口语康复训练。

在那个艰苦的岁月里，我是一名全科教师，包揽了语文、语训、律动、品德学科教学。学校没有舞蹈室，排练节目只能在粗糙的操场上爬、滚、翻、跳。鞋子磨烂了，衣服磨破了，膝盖青一块紫一块却乐在其中。2004年全国助残日期间，学校要在会展中心举办专场演出，当时怀着身孕的我负责排练舞蹈，指挥演出。在排练中由于太劳累导致先兆流产。医生告诉我必须请假休息，可我念着将要上演的一台戏，在家躺了一天就去了学校。大幅度的运动让我出现第二次先兆流产，这时家人坚决反对我继续工作，可我还是坚持留了下来。然而不幸的事情又发生了，因过度劳累我出现了第四次先兆流产，医生命令我必须卧床，否则会大出血，不但孩子保不住，而且有生命危险。我流着泪告诉医生说："我不能休息呀，明天学校要演出，听障孩子在舞台上不能没有指挥呀。"医生严厉地说："有什么比生命更重要的！"走出医院，我瞒着家人，又来到了学校。第二天一大早，我在医院打了一支保胎针就赶往演出现场指挥。看到这群聋孩子们在舞台精彩的表演，看到自己创作的话剧《我要说话》深深地感动了观众，赢得了热烈的掌声，我一边流泪一边露出了幸福的微笑。

每一个梦想都值得灌溉，每一个孩子都应该被宠爱！在特殊教育岗位上，我找到了自己人生的价值！

 教学现场与反思

一、《草原》课堂教学实录

以人民教育出版社聋校《语文》实验教材九年级上册《草原》为例。

（一）检查预习情况

师：同学们，昨天布置了预习作业。叫同学们查找关于内蒙古草原的资料，现在老师想考考你们：在内蒙古有许多著名的大草原，谁能说说有哪些著名的草原吗？

生1（手口并用）：呼伦贝尔草原、鄂尔多斯草原、科尔沁草原、锡林郭勒草原。

师：你是怎么知道的？

生1（手口并用）：上网查找的。

师：嗯，利用网络学习是一个好途径。

师：谁知道哪个草原最大？

生2（口语）：呼伦贝尔草原最大。

师：内蒙古草原的人们有哪些民族习俗？

生3（手口并用）：我知道草原的人们有骑马、摔跤、喝奶茶、吃奶豆腐、唱歌、跳舞这些习俗。

师：你了解的真不少。你是怎么知道的？

生3：从电视上看的。

师：不错，从电视上获取知识，也是学习的途径。还有谁想说说你了解的草原人们的习俗？

生4（手口并用）：住蒙古包、吃手抓羊肉。

师：你是怎么了解的？

生4：书上看到的。

师：很好，书是知识的海洋。喜爱看书的你一定很有智慧。谁还记得我们曾经学习过的关于草原的诗歌？

生：《敕勒歌》。

师：哦，《敕勒歌》同学们还记得吗？

生：记得。

师：我们一起背诵这首诗。请一位同学到黑板上默写出来。

生（口语）：敕勒川，阴山下，天似穹庐，笼盖四野。天苍苍，野茫茫，风吹草低见牛羊。

师：同学们记得真牢。下面我们跟着老舍先生，走进著名的呼伦贝尔大草原。

设计意图：检查学生的学习情况，引导学生从不同渠道获取知识。课堂上注重强化口语，对口语发展较好的孩子可不做手语要求。

（二）整体把握课文结构

师：读了3遍课文的同学请举手。

（有4人举手）

师：读了2遍的请举手。

（有2人举手）

师：只读了1遍的请举手。

（有1人举手）

师：读了课文，你有什么感受、想法？

生1：大草原很美丽，我很向往。

生2：在大草原玩得开心，我想吃草原上的手抓羊肉。
生3：草原很美丽，牛羊成群，景色优美，令人陶醉。
生4：大草原风光优美，汉族人民和蒙古人民心连心，团结在一起。
设计意图：尊重学生的阅读体验，不追求唯一的答案。
师：（出示大字课文）同学们都分享了自己的感受。这篇课文的脉络非常清晰。谁知道课文有多少自然段？怎样划分课文结构？
生：课文有5个自然段。分成3部分。
师：为什么这样划分？
生：第一部分为第一自然段，讲草原的风光美。第二部分为第二、三自然段，讲蒙古人们喜迎远客。第三部分为第四、五自然段，讲主客联欢。
师：还有不同意见的吗？
生：（略）

（三）品读课文的优美语句，感受草原的风光美

师：在老舍先生的笔下，大草原就是一幅活的画。请同学们自由朗读第一自然段，感受草原的风光美，边读边画出你认为优美的语句，圈点勾画做批注。

PPT出示学习小锦囊：

赏析精妙词语： 解释词义（基本义+语境义）+ 作用（手法）+ 情感

批注模式：（　　）词用得好，这个词原来的意思是（　　），在这里是（　　）意思，生动细致地描写出某事物的（　　）特征（或样子）体现了（　　）思想感情。

赏析精妙句子： 运用的方法 + 句子作用 + 语境义 + 言外意义

品味美句，通常是从措辞表达、修辞手法、思想情感或蕴含哲理等角度入手，说出句子具体美在哪里。

修辞句：

1. 比喻句　批注模式：这是个比喻句，比喻：把（　　）比作（　　），生动形象地表现了（　　）。
2. 拟人句　批注模式：这是个拟人句，把（　　）拟人化，生动形象地把物写活了，使（　　）富有人情味。
3. 排比句　批注模式：这是个排比句，运用排比，增强语言的气势，加强表达效果。

设计意图：教给学生批注式阅读的方法，培养学生的阅读能力。
（生自由朗读，教师巡视）
师：读完第一段，你能用一个词来形容草原的风光或者你的心情吗？
生1：一碧千里。

生2：翠色欲流。

生3：如诗如画。

生4：令人陶醉。

生5：心旷神怡。

生6：美不胜收。

师：（指定一名学生到黑板前做小助手，把同学概括的词语板书出来）说得真好！我们把这些词语积累起来。写在词语积累本子上。

生：写词语。

设计意图：注重聋生书面语的积累。

师：你最喜欢哪个句子？为什么？

生1：在天底下，一碧千里，而并不茫茫。"一碧千里"是说整个草原都是绿的，很辽阔，很美丽。（教师在大字课文上画出相应的句子）

生2：那些丘的线条是那么柔美，就像只用绿色渲染，不用墨线勾勒的中国画那样，到处翠色欲流，轻轻流入云际。这句话运用比喻修辞方法，把草原比喻成一幅中国画。"翠色欲流"指青草很鲜嫩，好像在流动。让人感觉整个草原充满了生机，充满了希望。（教师在大字课文上画出相应的句子）

生3：我喜欢这句话——四面都有小丘，平地是绿的，小丘也是绿的。羊群一会儿上了小丘，一会儿又下来，走到哪里都像给无边的绿毯绣上了白色的大花。这句话比喻用得好，把草原比作绿毯，把羊群比作大花，很形象，很生动。（教师在大字课文上画出相应的句子）

师：同学们赏析句子的能力越来越强了。请你把这几个优美的句子美美地读一读。

师：老师也很喜欢这句话。请同学们看着课件，也像老舍先生一样，想象一下，羊群在草原上还可以比作什么？

师：（出示课件）羊群像什么？

生1：羊群像白色的大珍珠。

生2：羊群像白色的莲花。

师：哦，真好！那莲花开在哪里？

生3：开在碧绿的湖面上。

生4：羊群像点点白色的帆船。草原像碧绿的大海。

师：请同学们按照"羊群一会儿上了小丘，一会儿又下来，就像_____。"这个句型写句子。

（生到黑板上写句子，然后集体点评）

师：同学们的想象力真丰富！还有同学要分享你喜欢的句子吗？

生4：我喜欢这句"在这境界里，连骏马和大牛都有时候静立不动，好像回味

着草原的无限乐趣"。这句话讲骏马和大牛都陶醉了，可见草原的美很有感染力。（教师在大字课文上画出相应的句子）

师：对啊，说得真好！你们想想，骏马和大牛在回味什么呢？

生5：回味草原的青草真甜美啊！

生6：在草原生活真自由啊！生活无忧无虑！

生7：草原的空气真清鲜啊！

师：优美生动的句子总能唤起人的联想！同学们，课文里有的句子直接表达作者的心情，你能找出来吗？

生7：那里的天比别处的更可爱，空气是那么清鲜，天空是那么明朗，使我总想高歌一曲，表达我满心的愉快。在这境界里，既使人惊叹，又叫人舒服，既愿久立四望，又想坐下低吟一首奇丽的小诗。

师：其他同学的意见一样吗？

师：同学们，这么美的句子，我们再一起读一读吧。

设计意图：课堂上说写结合，培养学生的想象力、写句能力和句子赏析能力。

（四）学习景物描写的方法

师：同学们，这些优美的句子是凌乱的吗？作者有怎样的描写顺序？

生1：从上到下，从远到近。

师：哦，你是怎么知道的？

生1：先写天空，再写草地。先写远处的小丘，再写近处的牛羊。

师：你把课文读透了！通过这节课，你对如何写好一处景物有什么收获吗？我们来回顾一下。

生2：要按顺序描写。

生3：可以运用比喻、拟人修辞手法更加生动。

生4：可以直接表达心情，也可以通过描写其他事物来烘托自己的心情。

师：今后，同学们可以运用这些方法来写文章，把文章写好、写生动。

PPT出示学习小锦囊

景物描写的方法：

(1) 移步换景，从远到近，从整体到局部，抓住特点，准确描画

(2) 寓情于景，情景交融

(3) 运用形象比喻、拟人、排比等修辞手法

(4) 运用动静结合的手法

(5) 大胆展开想象

设计意图：通过学习，总结归纳景物描写的方法，举一反三，进行写法的运

用。课堂上既注重授之以鱼，更关注授之以渔。

（五）小结

师：这节课的学习，你有什么收获或感受？

生1：我了解了美丽的呼伦贝尔大草原，掌握了景物描写的方法。

生2：祖国地大物博，风景秀美，我喜欢辽阔的大草原，我希望能到内蒙古游玩。

生3：我在阅读的时候学会如何赏析句子，积累了一些优美的成语。

生4：我最大的收获就是知道了写景的方法，我的家乡也很美丽，我要运用这样的景物描写方法写万绿湖。

师：很好，我们班将要诞生一位小作家，期待分享你的作品。看来，同学们收获真不少。下面，请你带着对大草原的喜爱和赞美之情，把课文读一读。

（六）布置作业

(1) 背诵第一段。

(2) 小练笔：选一处景物，运用写作方法，写200字的短文。

二、教学反思

《草原》是聋校九年级义务教育实验教材第十七册中的一篇课文，记叙了老舍先生第一次访问内蒙古草原的亲身经历。作者用生动、清新的语句描绘了大草原的美丽风光，表现了蒙古族同胞的热情好客，讴歌了蒙汉同胞的民族情谊。本节课体现了我清、简、温、润的教学风格。

教学目标清简明了。本节课的目标是品读优美语句，让学生在品味语言的基础上揣摩写法，迁移模仿，学以致用。课堂上，我紧扣文本，让学生理解文本，积累语言，感受语言的魅力，从中感受草原风光的美。让学生学习景物描写方法，学会运用语言。教学目标设计清简明了，目标的达成率高。

教学方法清简明了。授之鱼不如授之渔。本节课我设计了2个学习锦囊，清晰明了，给学生带来"干货"，让学生从中掌握批注阅读和景物描写的方法，学会归纳，做到学以致用。

尊重个性，和谐温润。课堂上，我以生为本，善于鼓励学生，做到面向全体，每个学生都有展示的机会，不落下任何一个孩子。我尊重学生的阅读体验，从不追求唯一的标准答案，做到师生互动、生生互动，学生的精神始终是自由的，大胆想象，积极发言，思维比较活跃，师生间和谐共生，在愉悦的氛围中感受语文的魅力。

依文学语，强化口语，说写并举。课堂上，我出示大字课文，让学生做到有文可依、依文学语。始终强化口语，对口语表达能力好的学生不做手语要求，朗读课文不打手语，口语的清晰度要求因人而异，目的让学生发展有声语言思维。聋生与人交流的重要手段是书面语，课堂上我注重说写结合，有词语积累，也有句子的仿写和文段的仿写，以此提高学生书面语表达能力。

成就学生　成就教师　成就自我

● 深圳市宝安区教育科学研究院　倪岗（初中语文）

▶ 导读语

倪岗，深圳市宝安区初中语文教研员，广东省中小学正高级教师。2017年被评为广东省名教师工作室主持人；以"共建·共享：初中整本书阅读课程区域推进的实践研究"获2018年基础教育国家级教学成果奖一等奖；2017年以"初中整本书阅读课程区域推进的实践研究"获得广东省教育教学成果奖（基础教育）一等奖；2015年被评为"深圳市教育科研专家工作室主持人"，2011年被评为"深圳名教师"。宝安区首批高层次人才；宝安区名师工作室主持人。国培计划北京大学初中语文专家工作组核心成员。选拔进入宝安区未来教育家培养项目。入选了中国教育报2013年度推动读书十大人物候选人名单（20人）。发表学术论文70多篇，

CSSCI论文1篇，15篇被人大复印期刊全文转载。10年教改成果《初中语文课程内容建构与实施——基于广东省深圳市宝安区实践研究》发表在教育综合性核心期刊《课程教材教法》2016年第10期。出版专著《初中语文课程内容重构》（商务印书馆2017年版）《中学整本书阅读实施策略》（商务印书馆2018年版）、《〈骆驼祥子〉阅读全程指导》（广西师范大学出版社2018年版）。语文教学通讯封面人物（2013.10B）。主持并结题省2项、市课题1项，主持2018年度中小学教师教育科研能力提升计划（强师工程）教育科研重点项目1项。在省市县级教研活动中做过40多场专题报告。被聘为广东省中语会理事、华南师范大学教师教育学部特聘教授、西南大学语文教研所特聘教授、广东省第二师范学院聘为客座副教授。

▶▶ 名师成长档案

2002年10月，时年32岁的我开始担任深圳市宝安区初中语文教研员，转眼

间已年过不惑。驻足回眸，10来年的成长历程大致可分为如下3个阶段。

一、跟着讲

恰处新课改初期，初履教研员之职的我，当时基本上是跟着语文潮流讲。专家说要语言品味，我们也就强调语言品味；专家说要强调合作学习，我们就开展合作学习；专家说要重视综合性学习，我们也不例外进行综合性学习……

在"跟着讲"的同时，我也在慢慢思考着教研员的角色定位，教研员不应该仅仅是区域内专业出色者、教育教学理论的普及者，还应该是教师专业发展的引领者和促进者、课程与教学理论的研究者。因此，"跟着讲"只是起步的初始状态，作为一个引领者和促进者，不可能总是亦步亦趋，我清醒地知道，要想使目光望向更远的远方，心首先要沉静下来，将脚步深深地踩入教育教学厚实的理论土壤里，汲取丰厚的营养。

我开始潜心学习语文教育教学各流派理论，如顾黄初教授的《语文课程与语文教材》，使我对教材不再是盲目地崇拜，而能理性地面对和分析；王荣生教授的《语文科课程论基础》，对我开展阅读学案教学起到很好的指导作用；何更生教授的《写作教学心理学》，使我能够借助心理学理论科学地剖析写作能力的形成过程并借此完善写作教学……同时，我为了更好地研究母语教材，不仅对十卷本的《母语教材研究》反复地研读，我思维的触角还延伸到台湾语文教材、香港语文教材……纵向横向的教育思维与教育理念的交织碰撞，让我对语文教育的发展有了较为透彻的了解，对学术界所关注的热点也有了比较清醒的认识。

有所积累后，我开始深入思考并积极撰写论文。有次做评委，连听6节《未选择的路》，发现选手对文章主旨把握差异很大。我事后收集该文的8种译文及原文，细致比照，发现教材所用的版本存在严重误译，我分析误译背后的文化心理，撰写了《误读与误译——〈未选择的路〉的理解及翻译试析》，后来发表在《中学语文教学》。2005—2008年发表多篇文本解读类的论文。

作为教研员，我不仅努力提升自身的研究能力，我还注重教研团队的组建，借助团队之力来共振、共长、共荣。我将平时深入阅读的著名学者王荣生、韩雪屏、李海林、郑桂华、余映潮等人的大量重要论文分类整理，又整理了专题论文集《中学语文课堂实录精选》《语文教材研究》《语文课堂评价资料汇编》等，形成了较为完整的资料库供区里的老师共享。利用论坛、Q群发布重要的最新学术论文、宣传优秀的语文教育书籍，已经成为我日常工作的一部分。和老师们通过论坛、博客发布对最新教研动态的看法，交流自己的读书心得，交流发表的论文，教师的教研能力得到很大的提高。

团队的进步也有力地推动着我的进步，大家互相激励、互相警醒、互相促进，教研员与教师共读书同研讨在我区蔚然成风。"跟着讲"的声音里已开始有了思考、探讨、争论，"跟着讲"的内容里有了更多经过比较思考后的筛选与提炼，

"跟着讲"的方式渐渐发生了变化。

二、顺着讲

在广泛学习前人先进的语文教育教学理论的基础上，我开始尝试"顺着讲"，即寻找并逐渐尝试着去践行最前沿的语文教学研究成果。

在阅读教学方面，我们逐渐认识到语文教学最大的问题就在于误以为选文内容就是教学内容，以对选文内容的理解为教学的旨归，而忽略或者没有能力挖掘选文背后的课程内容，导致对课文的机械肢解和重复建设。而王荣生教授把教材的选文分为 4 种类型，即"定篇""例文""样本"和"用件"，并对每类选文的功能做出了较为明确而详尽的界定，这不仅对教材编撰具有指导作用，对于一线教师怎样处理好教材，怎样把课上成真正意义上的语文课也具有极其重要的指导意义。

在写作教学方面，经过课改后语文教学的去知识化历程，加上语文教材缺乏专门的作文指导，只能通过综合性活动拓展写作内容，完全抛弃了作文技能的指导，从而使整体的作文教学陷入茫然。众里寻他千百度，我在广泛的阅读中翻到何更生教授的论文并顺藤找到他的博士论文及论著《写作教学心理学》。他从写作心理学的角度出发，认为学生写作能力是由写作内容知识、写作技能（程序性知识）和写作策略性知识 3 类知识构成，而写作能力的形成和发展就是这 3 类知识的习得、转化与迁移的结果。只有明确了写作能力的构成，才能采取针对性的教学。作文教学就应该围绕这 3 类知识的习得、巩固、迁移或转化而展开。

这些教学研究成果闪烁着智慧的光芒，在我们的眼前铺展出更加阳光灿烂的教学前景。但这些教学研究成果在教学实践方面还基本处于空白。一个大胆的想法在心中形成，"顺着讲"，顺着专家的思路在教学实践的层面讲下去！

如何"讲"下去？值得一提的是在 2007 年，我接触到学案教学，感受到学案教学对以往教学的冲击。对于学案我不是简单的"拿来"，经过认真思索，我认识到可以用学案承载教学内容的变革，我们走上了以学案为载体转化学术成果的艰难历程。我们决定进行以王荣生先生的选文类型理论为指导、以教学内容确定为抓手、以学案为载体的阅读教学。学案解决了怎样教的问题，选文类型解决了教什么的问题，教学内容与教学方法一拍即合。我们还决定通过写作心理学确定写作知识；通过学案强化学生参与写作全程训练的主体意识，明确完成写作训练的基本过程及每个训练步骤，沿着"目标"拾级而上，使学生训练有序化。

当一切变得清晰明了的时候，经过多年苦心寻觅所选择的优秀语文教研成果，如何践行在一线老师教学实际中并真正产生正能量呢？我主要通过理论学习—课例呈现—学案编写—共建共享—总结提升几个步骤让一线教师易于接受并能积极在实践中运用。

例行的科组长、备课组长会议上我坚持组织理论学习，学习对象也逐渐扩大到全体语文教师。从 2008 年 9 月到 2012 年 3 月，我分别做了"语文学案本质及语文学案类型研究""'定篇''例文'类选文的教学""宏观着眼 微观着手——关于写作教学的认识和做法"等专题讲座。通过业务学习,让老师们全面了解和认识了这些最新的教学研究成果,并把这些理论与教学实践的结合点与可行性讲给老师们听,对教师坚定改革信心、提升认识水平起到了关键作用,做好了理论层面的铺垫。

当然,光有理论学习是远远不够的,教师还需要具体的操作范式来指导教学实践。于是,我们开展了大量的课例实践,直观呈现教学过程,使教师体会新的教学所带来的强烈冲击。

在阅读教学方面,我们研制的议论文单元学案完全打破过去的单篇教学的模式,不再"以篇论篇",而是根据议论文的能力点重新编排学习方案。"概括段意——摘句法"课例以阅读技能和策略作为教学主要内容,打破常规的单篇课文教学,对阅读教学进行了深入的探讨;"把握文章思路"课例使我区教师感受到阅读知识的力量;"限知视角的魅力"课例以对《羚羊木雕》改写版的分析,使学生明确限知视角对文本的重要意义,打开了小说教学的新视野;"跟着周杰伦学比拟"课例,进行了修辞集中教学的尝试……

在写作教学方面,我们推出了写作修改专题课,自此宝安区教师普遍重视作文修改,每次作文基本都要修改两三次。随后推出的"思维导图在写作构思中的运用"课例,让前来交流的东莞市初中语文骨干班的教师们赞不绝口,他们没有想到能把思维导图与写作教学相结合。而"一材多用巧变通"的课例则探索总结了"一材多用,变通作文"的方法和技巧……

新型的课例不断地涌现,有了这些具有迁移性而不再只是教师个人风采展现的课例示范,老师们感到充满时代气息的理论与我们的教学实践不再遥远。于是我们组织优秀教师共同编制高质量的阅读教学及写作教学的学案,在全区共建共享。这样既便于设计出符合阅读、作文教学规律的学案,又能减轻教师负担,共同实现阅读教学和作文教学的科学化。

在"顺着讲"的践行中,各种教学新思维的尝试与碰撞,也必然促进了课题研究的开展。2008年,我的"新课程背景下初中语文学案教学模式的研究与实践"课题获得深圳市"十一五"规划研究项目的批准立项;同年,我的"基于选文类型与任务分析的语文学案实验研究"课题也获得广东省"十一五"规划研究项目的批准立项。在结题鉴定中,广东省教研员冯善亮老师评价道:"该课题以选文类型理论为指导,针对当前学校语文教学中存在的问题,立足于课堂教学,着眼于区域教师专业发展,以学案为载体,以研究促教学,构建了语文学案教学的体系。理论基础扎实,实践效果显著,有效地提高语文学习效率,改善中学语文教学。"

随着研究的不断深化、教学实践的顺利开展,及时的总结提升工作势在必行。这段时期是我论文写作的高潮期,论文质量也得到大幅度提升,关注重点也从之前的文本解读转向为教材比较研究、阅读教学、写作教学等更广泛领域，30多篇论文分别发表于《语文学习》《中学语文教学》《语文教学通讯》等知名的语文刊物，而且有5篇被人大复印资料转载。

"顺着讲"，让我们在不知不觉中挣脱了教学原有的一些桎梏，打开了思路，在语文教学实践的路上有了更多自己的思考、自己的声音。

三、自己讲

很喜欢俄国作家契诃夫的一句话："世界上有大狗，也有小狗，小狗不该因为大狗的存在而心慌意乱。所有的狗都应该叫，就让他们各自用上帝给他们的声音叫好了。"我在反复研读传统语文教育理论著述的基础上，大胆吸收当代语文教育名家的新锐思想。在古今对照和互通中，促进了多种理论元素的有机交融，并孕育出新的可能，我开始试图发出自己的声音，特别是在读书会方面进行了创新性的研究和实践，并在多方面改革的基础上不断反思与提炼，大胆地对语文教学改革的成果进行了系统的整合。

在课外阅读方面，我刚做教研员时，就凭着对语文教学的基本认识积极要求学校开设每周一节的自主阅读课，还组织编写并下发了多达几十万字的《时文美文》《星光闪耀——中国古代十大诗人解读》等资料。随着对课外阅读认识的深入，现在我们基于"课外阅读课程化"的理念，以读书会为抓手，扎实、全面、系统地推进着课外阅读。

如何切实解决整本书阅读的难题，实现整本书阅读的大范围推进，是我们研究的核心问题。经过在实践中不断摸索、反思，我们提出"整本书阅读课程化"的理念，并以"读书分享会"为抓手，不断完善其实施策略。

2003年起，深圳宝安区开始尝试推进课外阅读，包括设置每周一节阅读课，开展专题阅读；2004年起将名著考察纳入期末考试评价体系；2008年进行广东省教育科学"十一五"规划项目"基于选文类型与任务分析的语文学案实践研究"，使我们能够给予教材合理定位并正确处理教材与课外阅读的关系。

从2011年举办首场区级读书分享会开始，宝安区尝试以分享会为抓手促进课外阅读，十多场区级读书会的成功证明这一方法的可行。受其鼓舞，不少教师纷纷加入以读书分享促进课外阅读的实践中。

2012年3月，我们面向全区对课外阅读情况进行问卷调查，共收到9937位在校学生、8786位家长和165位老师的反馈。结果显示，虽前期取得一些成果，但从全区数据看，多数教师仍未给予课外阅读应有的重视，学生普遍存在课外阅读量小、阅读视野狭窄、课外阅读时间严重不足的问题。

为将前期的实践成果转化为大范围的认同和实践，我们总结并提出"课外阅读课程化"的理念。2013年，核心期刊《语文教学通讯》刊登了具体阐释这一理念的《课外阅读的课程化尝试》一文，并辅以两篇操作案例，以专题形式推介宝安经验；同时期，我们成功申报广东省教育科研"十二五"规划课题"区域性初中语文课外阅读课程化的实践研究"。值得一提的是，"课外阅读课程化"这一理念的提出，比"部编版"初中语文教材（2016年）将课外阅读明确纳入语文课程体系早了3年。

由于我们所做的课外阅读均为"整本书"的阅读，为了更加贴切、精准地与"主题阅读""群文阅读"等以文章为主的阅读相区别，我们在理论推广中将理念修正为"整本书阅读课程化"。

立足于"整本书阅读课程化"的理念，我们以专家讲座、课例呈现、经验分享等形式大力推介读书会，扎实、全面、系统地推进整本书阅读。读书会活动迅速在整个区域推广实施，全区掀起开展读书会的热潮。区域内及各校教研内容也逐渐向纵深处发展：由必读书目转向选读书目；由文学类转向非文学类；由关注读书会内容转向关注读书会方法。这个阶段，教师们积极探索、深入实践，以读书分享会为主题发表论文20多篇。

大量的读书活动实践表明，制约教师开展整本书阅读积极性的最重要因素是策略的缺失。为此，我们组织开展深圳市教育科研规划科研专家工作室课题"大范围推广课外阅读的策略研究"，将理念转化为策略，并将策略进一步下移到阅读的各个方面中。通过在实践中提炼整合，开发30多项整本书阅读实施策略，为教师开展读书会提供有力帮助。

2017年2月，宝安区教育科学研究院设计以整本书阅读为主题的调查问卷，使用"问卷星"在线问卷调查平台以匿名方式对本区各类学校开展广泛的问卷调查，最终共计收到七、八、九年级学生问卷29570份，语文教师问卷551份。对比2012年数据显示，宝安区已初步形成区域性的大范围积极推进整本书阅读的良好局面。

自2011年始，经过6年的探索和实践，深圳市宝安区前瞻性地提出"整本书阅读课程化"的理念，以培养学生的言语经验和言语品质、提升思维能力、养成基于正确价值观的审美情趣和文化感受能力等语文素养为核心，以"课文阅读教学、课外阅读教学、写作教学三位一体"的"三三三制"为理论基点，以"初中生整本书阅读分级推荐书目"为课程内容，以满足整本书阅读全流程、各文体的30多项策略为课程实施方法，以过程性评价和终结性评价为激励与诊断机制，以丰富的整本书阅读实施案例为推广样本，大范围积极推进初中整本书阅读实践。这一实践研究，已经形成较为清晰的整体架构（图1）。

我梳理了开展整本书阅读的理论与经验，以"共建・共享：初中整本书阅读课程区域推进的实践探索"荣获2018年基础教育国家级教学成果奖一等奖，实现广东省基础教育国家级一等奖零的突破（该奖项是国家在教学研究和实践领域中颁授的最高奖项）。以"初中整本书阅读课程区域推进的实践探索"荣获2017年

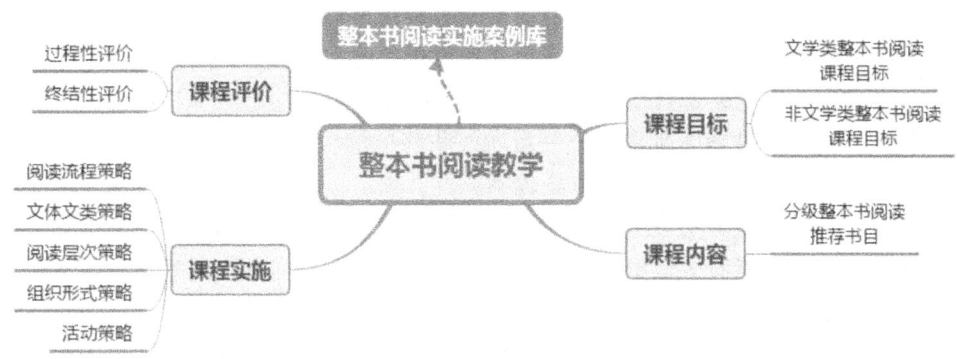

图 1

广东省教育教学成果奖（基础教育）一等奖。

我的学科教育观

回顾我教学、教研的整个过程，注重教学的科学性是首要的。当然，影响我形成此观点的很重要的一个因素是我的工作——区县级的教研员。我认为教学的科学性对教师专业成长是极其重要的。

教学的科学性体现在它必须要符合自身内在的客观规律，不能违背规律进行；教学的艺术性是指教学要体现教师的主体能动性的发挥，体现教师学生的复杂的思维情感的变化创生过程。从这两者之间的关系上看，毫无疑问，教学首先是科学，然后才是艺术。

从语文教学而论，首先要认清语文教育的根本目的是提升学生的语文素养而不是教教材。教材只是手段，如果手段不完备，就要改进手段。

其次要认清教材。认清教材就要研究教材的编制。我把教材分成4个系统：选文系统、导学系统、练习系统、知识系统。只有认清教材才能更好地使用教材。同时还研究中国香港、中国台湾、新加坡、美国的教材，对它们进行科学的比较研究。

最后是教学设计的科学性。在阅读教学上建立"教学内容→教学目标→教学方法"的现代阅读教学设计流程。教学设计是运用系统方法分析教学问题和确定教学目标，建立解决教学问题的策略方案、试行解决方案、评价试行结果和对方案进行修改的过程。教学设计是连接教学理论与教学实践的桥梁，在教学过程中起着重要的指导作用。教师承担着教学设计的任务，新一轮的课程改革提出教育改革的新任务，在教师的教学方式、学生的学习方式、师生的互动方式教学内容的呈现方式上有新的要求，从而对教学设计也提出了新的规范。教学设计即备课、教案、学案、教学方案，等等，不是什么新鲜的提法，而是随教育岁月的延伸而逐渐发展成熟的一种教育文本。不同的教育理论、不同的教育背景、不同的教育内容、不同的师承、不同的教学风格，可以有不同色彩的教学设计。以往的语文教学设计，教师基本停留在怎么教上，即教学方法的选用上。语文教学方法是教师指导学生、实现教学目的，在教学过程中所采用的一系列办法和措施。其实，任何一种教学方法，既有优点，也有缺点，语文教学方法也不例外，根本不存在绝对好的方法或绝对坏的方法。即每种教学方法就其本质来说，都是相对辩证的，它们既有优点又有缺点。每种方法都可能有效地解决某些问题，而解决另一些问题则无效；每种方法都可能会有助于达到某种目的，但都可能妨碍达到另一些目的。

教学方法是为教学内容的达成而服务的，同时教学内容在一定程度上决定着教学方法。在内容和方法的思考顺序上理应为：先内容，后方法；为内容，定方法。

随着选文类型的研究和实践的深入，在阅读教学上实现"教学内容→教学目标→教学方法"的现代阅读教学设计流程成为可能。具体路径如下：

首先，根据选文类型确定教学内容。教学的核心是教学内容的定位。明确教学内容的类型，不仅决定了"实际上需要教什么"，同时也蕴含着"实际上最好用什么去教"去达成这目标，并指示达成目标的过程和步骤，因而通过分析达到目标的条件即可明确"实际上最好用什么去教"。思考顺序大致是，先考虑是否能作为"定篇"，然后再考虑能否作为某个语文知识的范例即作为"例文"类选文，最后当作"经历"类选文进行教学。

其次，根据教学内容确定教学目标。不同类型选文的教学目标是不一样的。这也为教学目标的确定建立了科学依据，不再是以往的更多凭借经验或者依仗教材的要求。

最后，根据教学目标选择教学方法。教学方法，比如启发式教学法、发现式教学法、对话式教学法、无指导式教学法，本身无所谓好坏。只要是与教学内容的完美达成就是好的。因此，教学方法应自觉地服务于教学内容的有效实现。教师在进行教学时，要针对不同对象和特点、不同的目的要求，采取不同的态度，选择不同的教学方法。一般说来，教师往往对教学方法掌握得越多，就越能找出适合特定情况的教学方法，就越能使用那些掌握得比较好的教学方法。同时教学媒体的多样化、现代化也为教学方法的选择提供了可能。

只有在科学性的保障之下，教师的个人魅力（即艺术性）才能得以发挥。

关于教学是科学还是艺术的讨论中，有人认为教学既是科学又是艺术，有人认为教学既是科学更是艺术，而我认为教学首先是科学，然后才是艺术。

总而言之，在多年的教学实验中，我认为教学首先是科学，才可能是艺术的。根据舒尔曼关于教师学科教学知识（PCK，见图2）的论述，教学是多种知识的综合，包含教师对学习者的知识、课程知识、教学情境知识和教法知识等。过于强调

图2

教学是艺术的主张，弊端是众多的，在实际中，强调艺术往往重视的是所谓的教师自身素养，而这往往是天生的，如朗诵好、有亲和力、年轻美貌等，过于强调艺术会导致一大批普通教师丧失上进心。而知识才是可以提升并迁移的。准确认识并把握教学规律，教学是有章可循、有法可依的。重视教学首先是科学有利于大范围提高教学质量。

我的育人故事

要想成就学生，必须靠我们的一线教师。作为教研员，有责任也有义务去帮助、培养一线教师，促使他们积极地开展教学研究，不断地提升专业素养，这也成了我坚守十几年的职业信念。

第一次听王从从老师的课，是她与别的学校进行同课异构的时候。这位年轻老师毕业不到一年，却能够独辟蹊径，把一篇《皇帝的新装》教出新意。我看到了她身上具有成为一名优秀语文教师的巨大潜力，我对她的专业发展提出了明确的建议和要求。后来，她从这样一堂校级公开课开始，到陆续夺得区、市、省级教学大赛最高奖项，最终登上了全国教学基本功大赛一等奖的领奖台。这一路上，我都尽己所能地给予指导和帮助。我还记得，王老师参加省赛，我二话不说，带着宝安区6位语文名师，在王老师所在的学校扎根，全程辅导。那真是艰苦卓绝的日子：上午听课，中午评课，下午再磨课，全天车轮战；但也真是干劲十足的日子：教室、办公室、校园小径乃至食堂，都见证了我们唇枪舌剑的思维碰撞。甚至，到了省赛那两天，宝安初中语文教研群里还在不断地对课堂建言献策——每每想起这些，我内心都是充满自豪的。不仅仅因为我们宝安的老师夺得了大赛的最高奖项，更因为所有宝安语文人上下一心，不分彼此的团结精神！

王从从还仅仅是宝安教师成长的一个例子。

仅仅以"整本书阅读"为主题，宝安教师便开展省、市、区级课题研究11项，出版论著4部，发表论文50多篇，其中CSSCI论文1篇，人大复印期刊全文转载5篇，《语文教学通讯》目前已连载15期连载我们的研究成果。而我们的成果"初中整本书阅读课程区域推进的实践探索"，也获得2018年基础教育国家级教学成果奖一等奖、2017年广东省教育教学成果奖（基础教育）一等奖。

我们的成果团队在近50场全国、省、市级会议或培训上进行专题交流，其中包括教育部组织的统编教材国家级培训、人教社组织的名著阅读成果展示等。广东省教研院在宝安区举行专题研讨活动，向全省推广宝安区开展名著阅读的经验。先后还有50多个外地教师团队走进宝安观摩交流。

现在在市里参加教研活动，说我们是宝安的老师，总会引来一句句感叹：你们的教研搞得真好。老师们当然倍感自豪，我更是与有荣焉。我跟老师们说，尊严是靠自己争取来的。

其实，我对老师们做的，远不及老师们给予我的万分之一。有一次，一个外地骨干教师班要到宝安交流，我正琢磨着思维导图怎么和写作教学结合，就给一位老师打电话。她一听，满口应承。我很惊讶，问她知道思维导图吗，她说不知道。我说"不知道，你怎么就答应"。她说，你说行就行。后来这节让人耳目一新的思维导图课大受好评，同时还撰写成论文发表在《语文学习》上。

宝安初中语文教师群体是一个富有创造力的团队。很多时候，我不过是一个念头，他们就会还给我一串串奇迹。有校长这么评价我们，说宝安初中语文团队就像一个大备课组。我很喜欢这句话。

▶▶ **教学现场与反思** ▶

小说教学内容确定的尝试
——以《窗》为例

一、设计基点

第一，顺应小说知识的更新。首先我们认识到"小说阅读教学"不等于"小说阅读"，小说阅读教学应该以"小说阅读的知识、技能、策略"为重点。再次就是小说教学内的确定。而这面临的困惑并不比其他文学体裁少。如果我们把传统的小说文体特点作为参照系，我们只要关注环境、主题、情节、人物等内容要素即可。但是，小说阅读教学因循这样一套旧的解读图式，教师教得无趣，学生学得无趣，文本的价值也遭到遗漏与遮蔽。王荣生教授提出的一堂好语文课的标准，其中重要的一条就是教学内容与学术界认识一致，我们应顺应小说知识的更新。笔者选用了"猜读法"这一阅读小说的技能，即"看前面的文字，猜后面的内容，然后将自己的猜测结果与原文进行比较"，在这个宛如"剥洋葱"的过程中，学生将体会到小说悬念生成的奥妙。

第二，基于文本的语文核心价值。《窗》这篇小说虽然篇幅短小，但内涵丰富，包含着内容与形式方面上的多个价值点。对于《窗》这篇小说，人们常常关注的是思想内容，因而常上成思想教育课。这样的处理实际上忽视了文本的语文核心价值。从课堂教学的角度来看，提高语文学习效率的基本途径就是将文本的语文核心价值凸显出来。这篇小说采用了"欧·亨利"式笔法，在结尾处亮出意外的结果。同时，这篇小说的结构犹如多幕剧一般，通过一个个情节的"拐点"，使情节发展具有较强的阶段性，非常适宜采用猜读法进行教学。这篇小说所带有"悬念性"与"阶段性"的特点，正是教学需要发掘的文本的语文核心价值。

第三，符合学生的实际情况。王荣生教授将"教学内容切合学生的实际需要"视为一堂好语文课的最高标准，可见学情是我们进行教学设计的重要基础。初中学生的思维特点表现为感性强、理性弱。如果给学生讲授干巴巴的小说理论知识，恐怕学生难以消化。小说教学不应该只是教给学生现成的结论，而更应该关注学生阅读小说的过程。同时，接受美学认为，文本的意义是由读者决定的。文本意义的生成离不开读者主观的参与、评价与创造。本课正基于这种理念，重在探讨学生"应该以什么姿态读小说"的问题，引导学生能动地参与文本意义的创造。在这一感性的创造过程中潜移默化地掌握小说阅读技能，形成"能动的读者"这一阅读姿态。

二、教学现场

时间：2010年12月22日

地点：深圳市海滨中学八（2）班

师：非常感谢大家能够给我一次机会和大家一起分享快乐，好，上课！

生：起立。

师：同学们好！

生：老师好！

师：看你们很开心啊。开心点好，我们生活就是要开心地过日子。其实我也有很开心的时候，我就是很喜欢看小说。不知道大家喜不喜欢小说？

生：喜欢！

师：好，喜欢的举手。哪些人喜欢啊？你为什么喜欢？

生：有趣！

生：文笔会更好！

师：这真是好孩子。文笔会更好，这比开心啊、好看啊，思想境界更高了。其实啊没关系，看小说本来就是一件开心的事，今天我们就来开心一回，跟大家分享一篇很优秀的小说。(展示课件1：窗)，这是什么字啊？

生：窗！

师：看到标题，请大家猜一猜这个小说会写一个怎样的故事？随便讲，第一个讲的奖励十分。

生：一群男孩在操场踢球，一个男孩力气用大了，不小心踢坏了人家的玻璃，那个男孩犹豫要不要去承认窗是自己打破的，围绕这个主题讲一个关于诚实的故事。

师：你是不是经常打烂人家的窗户？一般来讲什么样的故事记得最牢啊？就是自己的故事。(众人笑)

生：眼睛是心灵的窗口，这个故事应该是跟眼睛有关系的。

生：一个卖窗的人的辛酸故事。

师：卖窗的辛酸故事？

生：卖铝合金窗的。他家里很穷，整天很辛苦地靠卖铝合金窗养家。

师：你太有才了啊。光看开头，故事是具有开放性的，套用一个广告语那就是？

生：(齐说) 一切皆有可能！

师：好，我们下面看看这个故事到底会讲些什么。请同学们快速阅读这个片段，回答我第一个问题：文章写了什么？快速读！

展示课件2：

在一家医院的病房里，曾住过两位病人，他们的病情都很严重。这间病房十分窄小，仅能容下两张病床。其中一位病人经允许，可以分别在每天上午和下午扶起身来坐上一个小时。这位病人的病床靠近窗口。

而另一位病人则不得不日夜躺在病床上。使他们感到尤为痛苦的是，两人的病情不允许他们做任何事情借以消遣，既不能读书阅报，也不能听收音机、看电视……只有静静地躺着。而且只有他们两个人。噢，两人经常谈天，一谈就是几个小时。他们谈起各自的家庭妻小、各自的工作、曾在哪些地方度假，等等。

每天上午和下午，时间一到，靠近窗的病人就被扶起身来，开始一小时的仰坐。每当这时，他就开始为同伴描述起他所见到的窗外的一切。渐渐地，每天的这两个小时，几乎就成了他和同伴生活中的全部内容了。

师：读完的请举手。

生：两个病人在一间病房里共度乏味的生活。

师：不错，他用了一个"乏味"的词，很不错了，但他缺少了一个关键的东西，他没有讲到。谁来说说？

生：窗。在一个重病房里的两个病人，有一个靠窗的病人可以看到窗外的景象，他给那个看不到窗外景象的病友讲窗外的美景。

师：概括得很好，好，我们来看第二个问题：文章还会写什么？

生：靠窗的病人能看到窗外的景象心情越来越好，慢慢地病就好了，不靠窗的病人看不到窗外的景象，病就越来越严重，最后就去世了。

师：你以后可以做心理医生了。以后我们的医院都要建到哪里去啊？

生：公园。

师：公园里好啊，全开放，心理疗法。还有其他想法吗？

生：我觉得靠窗的病人会给不靠窗的病人讲述窗外的景象。

师：你为什么这样想的？

生：一般人获得快乐的时候都会愿意跟同伴分享，这样就是两份快乐。

师：哦，你是这样想的。其实文章当中有一句关键性的语句告诉我们后面会发生什么，哪一句话？

生：渐渐地，每天的这两个小时，几乎就成了他和同伴生活中的全部内容了。

师：好，所以啊，我们的推断都是有依据的，文章总有一些蛛丝马迹会露出来，我们抓住它，推断不能天马行空。小说既有开放性也有限制性，我们要从这里抓住线索推断接下来会发生什么。看课件，回答我的问题：文章写了什么？

展示课件3：

很显然，这个窗户俯瞰着一座公园，公园里面有一泓湖水，湖面上照例漫游着一群群野鸭、天鹅。公园里的孩子们有的在扔面包喂这些水禽，有的在摆弄游艇模型。一对对年轻的情侣手挽着手在树荫下散步。公园里鲜花盛开，主要有玫瑰花，但四周还有五彩斑斓、争相斗艳的牡丹花和金盏草。公园的尽头是一排商店，在这些商店的后边闹市区隐约可见。

躺着的病人津津有味地听这一切。这个时刻的每一分钟对他来说都是一种享受。描述仍在继续：一个孩童怎样差一点跌入湖中，身着夏装的姑娘是多么美丽动人。他听着这栩栩如生的描述，仿佛亲眼看到了窗外所发生的一切。

一天下午，不靠窗的病人，突然产生了一个想法……

师：看完的举手。写了什么？看到了什么景象？请用一个词语来描绘。

生：美丽的花园。

师：很好。看到文章中"不靠窗的病人，突然产生了一个想法"这一句，这个病人突然产生了一个什么想法？也就是说文章还会写什么，这个问题有点难，请大家独立思考。

生1：想要偷偷离开医院，看看窗外的世界。

生2：赶紧把病养好，尽早出去看美丽的世界。

师：这是一个循规蹈矩的同学，下一个同学。

生：他可能想和医院商量一下和靠窗的病人调换一下病床。

师：这个就有点意思了，为什么我不能靠窗呢？好，下一个同学来说说。

生：我觉得应该是调换病床的位置，让两个人都能看到窗外的世界。

师：这是一个和平主义者。

（生齐笑）

师：和平共享嘛，美好世界不能一个人霸占。

生：我想这个不靠窗的病人和医院商量让所有重病的人都到这个窗前来看看美景。

师：奇思妙想。我们往下看课件，看完的同学举手。

展示课件4：

为什么偏是挨着窗户的那个人，能有幸观赏到窗外的一切？为什么不是自己得到这种机会？他为自己会有这种想法而感到惭愧，竭力不再这么想。可是，他愈加克制，这种想法却变得愈加强烈，直至几天以后，这个想法已经进一步变为紧挨着窗口的为什么不该是我呢。

他白昼无时不为这一想法困扰，晚上，又彻夜难眠。结果，病情一天天加重了，医生们对其病因不得而知。

一天晚上，他照例睁着双眼盯着天花板。这时，他的同伴突然醒来，开始大声咳嗽，呼吸急促，时断时续，液体已经充塞了他的肺腔，他两手摸索着，在找电铃的按钮，只要电铃一响，值班的护士就立即赶来。

师：下面老师提一个20分的问题，听清楚。大家猜一猜我会问什么问题？

生：写了什么，还会写什么？

师：你为什么会这样说？你为什么会这样想？

生：您之前都是这样问的。

师：大家觉得他说的有没有道理啊？

生：有！

师：很好，这就是推理的一个很有趣的方法，类比推理，老师前面不断地问类似的问题，问了一次又一次，那么很有可能我还会问同样的问题，这个同学真聪明。好。这一段写了什么？哪个同学来说，把它概括得完整一点。来，后面的那个女生。

生：不靠窗的病人越来越邪恶，把靠窗的病人杀死了。

（生齐笑）

师：你概括文本内容，不是叫你想象。"邪恶"这个词语用得很好。还有吗？

生：他希望自己是那个挨着窗户的人。

师：对，然后呢？

生：他一直在困扰，病情加重。

师：然后呢？

生：靠窗的病人那天晚上出现了问题。

师：好，请坐。这个同学告诉我们一个很好的概括原则，一定要基于文本，不能天马行空。我们怎样概括呢？可以分为3个段落，第一段关键词是"想法"，第二段关键词"病情加重"，第三段"他的同伴有了危机，病情加重需要帮忙"。那好，第二个问题提出来了，大家不要急着回答，我需要小组内每个同学都参与，大家讨论：后面会发生什么？

（生讨论，师参与讨论）

师：好，讨论结束，我们请偏远山区角落里的同学来回答。好，角落里的那个同学来回答。

生：他在想要不要按电铃，可是在他迟疑之后想要按电铃的那一刻，他的同伴就……

师：就怎么样了？

生（齐答）：挂了……

师：好现代的词汇！

生：然后他又换到靠窗的位置，可以看到外面美景了。

师：他就说他正要按电铃的时候，那个病友就没了，那就是说我想帮他，但又没有帮上，我又得到了好处，哈哈哈，这世界太美好了。

（生齐笑）

师：那你来说。

生：他就一直在想，我救他的话我就看不到那么美好的景色，如果我不救他又会受到内心的谴责，经过一番内心的斗争，最后他没有救他，那个靠窗的病人就挂了。

师：经过一番矛盾之后你的结论是什么？是靠窗的病人"挂"了。

生（争先恐后）：老师还有还有，我也要回答。

师：你来说。

生：他想救的时候靠窗的病人死了。

师：我觉得这位同学和第一位同学的想法很接近，都是想救的时候就死了。

生：那个人按下电铃，医生和护士都来抢救，但靠窗的病人还是"驾崩"了。（生齐笑）不靠窗的那个人就把床位换到靠窗边，但窗外的景色却没有之前形容得那么好。

师：我们大概总结了2种假想……

生（争先恐后）：老师我们还有设想。

师：一切皆有可能，我们来基本归纳一下，基本2种意见："救"与"不救"，这是一个很纠结的问题。真的很纠结，救的话我就不能靠窗；不救，我就还有机会靠窗，怎么办？好，我们往下看，到底"救"还是"不救"。

展示课件5：

但是，另一位病人却纹丝不动地看着。心想：他凭什么要占据窗口那张床位呢？

痛苦的咳嗽声打破了黑夜的沉静。一声又一声……卡住了……停止了……直至最后呼吸声也停止了。

另一位病人仍然盯着天花板。

第二天早晨，医护人员送来了漱洗水，发现那个病人早已咽气了，他们静悄悄地将尸体抬了出去，丝毫没有大惊小怪。

稍过几天，似乎这时开口已经正当得体。剩下的这位病人就立刻提出能否让他挪到窗口的那张床上去。医护人员把他抬了过去，将他舒舒服服地安顿在那张病床上。

接着他们离开了病房，剩下他一个静静地躺在那儿。

医生刚一离开，这位病人就十分痛苦地挣扎着，用一只胳膊支起了身子，口中气喘吁吁。他探头朝窗口望去。

师：看完没有？好的，第一个问题是？

生：写了什么？

师：这一段，刚才同学已经归纳得很好，不靠窗病人终于如愿以偿，这里有一大段描写性的文字，实际上临死前的极端痛苦的文字，我想请一个同学来朗诵一句，要读出痛苦。

生：痛苦的咳嗽声打破了黑夜的沉静。一声又一声……卡住了……停止了……直至最后呼吸声也停止了。

师：我提示一下，第一个卡读作qiǎ，第二个要注意一下标点，省略号。

生：痛苦的咳嗽声打破了黑夜的沉静。一声又一声……卡住了……停止了……直至最后呼吸声也停止了。

师：我觉得，"一声声的咳嗽声"像重锤一样敲打着我们的心，但是唤不醒那个不靠窗的病人，因为那个不靠窗的病人，病了，他不仅躯体有病而且心灵也有病。好，下一个问题，"探头朝窗口望去"下面会写什么？我想这个问题是整篇小说很有意思的一个结局。建议大家小组合作，然后把你们的结果写在小黑板上。提几个要求：第一，结果越多越好，它是开放的；第二，圈出你们认为最有意思的结果。

（生讨论，并写在准备好的小黑板上，7分钟）

师：请同学们回到座位，请组长把各组的黑板放好进行展示。大家抓紧时间看一下哪个组最有创意。大家快速地归纳一下同学的答案中可以分为哪几种类型。

生：第一种是美好的，看见窗外美丽的风景，病好了。第二种是与之前的病友描述的相反，窗外是一片荒凉空地，去世的病人编了一个善意的谎言。

师：基本上可以分为两大类，美好与不美好的景色。就我们从读者的角度看，你希望他看到是一个美好的风景呢还是什么？希望它是美好的景色的同学举手，（生举手），好，2个，说明你们真的很善良。保持这种纯真。

生：老师我觉得，这美好也有2种，如果是美丽的景色的话说明他的同伴没有欺骗他。但如果看到的是凄凉的景色的话，说明他的同伴编造了一个善意的谎言，这也就说明他的同伴是善良的。

师：你觉得哪一种好？

生：我觉得窗外的景色美好的话，他会觉得很惬意，同时也会有一点点惭愧。

师：我们要注意，善良其实是要有一定范围的，不靠窗的病人实际上是丧尽天良，如果让他得到好报的话，那读者的心里会不好受。总体上大家认为，外面的景色应该是不好的，大家认为窗外有什么对他的打击最大，恶有恶报。

（生讨论）

师：分组展示。

师：第一组你们认为最有打击力的结局是什么？

生：因为同伴的逝去而失去了最珍贵的友谊，一切东西都没有意义。

师：好，第二组。

生：当他向窗外望去时，他愣住了，窗外却只有一面光秃秃的白墙，为什么他同伴描述的美好世界他没有看到呢？绞尽脑汁后，他恍然大悟：原来他的同伴是想让他听了外面的美丽世界后，病好起来。而他却在同伴面临危险时见死不救，心中惭愧与身体病痛，最终还是死亡了。

师：讲得很好。第三组。

生：第三个是看到镜子，还原人性，他通过镜子看到自己，看到自己的邪恶，最终惭愧而死。

师：镜子非常的有创意。第四组。

生：窗外是一片美景，他每天给同房的病友讲窗外的景色。

师：第五组，快一点。

生：病人看到窗外只是一片荒野。

师：第六组。

生：他看到窗外是一堵墙。

师：第七组。

生：窗外是一个公共厕所。

师：第八组。

生：窗是画上去的。

师：第九组。

生：外面是一个冷清的公园。

师：我们总结一下，大家基本上有两种思路，一种思路是美好的景色，一种思路是不好的景色，比如冷清的公园，还有坟墓。我们想想，他费尽心思、丧尽天良地做这样的坏事，他付出的成本是非常高的，我们要让他得到的是非常非常小的。我们来考虑一下，他躺在病床上，抬起头来看到天花板，左边是墙，右边也是墙，他什么都看不到就只能看到房间里的墙，我们来想想什么最会让他失望。

生：墙。

展示课件6：他看到的只是光秃秃的一堵墙。

师：作者是以窗开头，以墙结尾，窗是开放的，墙是封闭的，余味无穷，构思巧妙，思想深远。这节课我们欣赏了一篇小说，老师想跟大家分享一下我们阅读小说的方法，小说阅读实际上是与作者的一次心灵探险，我们要有一颗好奇心，还要学会推理的能力与习惯，这样我们阅读小说就会其乐无穷。好，下课。

生：谢谢老师，老师再见！

三、教后反思

本课由我设计，之后由多位教师在不同的地方，针对不同学生进行教学，都取得很好的效果，可谓具有良好的"复制性"。这次自己来上，感想颇丰：

作为教材层面的语文学习材料——选文，一直保持着其原始形态，既包含作者的思想倾向、审美情趣，又反映着一定时代的社会生活与文化风尚，还具有语言表达的示范意义等多种信息。因此，我们应当抓住文本的核心语文价值，而适当弱化文本中可能隐含的其他教育价值。小说教学内容亦应做出同样的选择。我们还发现，长期以来语文课上传授的小说知识主要围绕着"情节""人物""环境"之类的三要素展开，形成了以"故事"和"人物"为基本解读图式来阅读小说的惯性，束缚了师生阅读小说的思维。有鉴于此，本堂课于外顺应了相关学科知识的除垢纳新，于内则紧扣文本的核心语文价值，并考虑学生的接受能力，将教学的重心定位于通过猜读法形成"能动的读者"的阅读姿态。故而，本课没有给学生任何带有理论色彩的"条条框框"，而是让学生体会了作为充满"期待"的"能动的读者"的滋味。本课就是通过让学生亲身体验这一过程，成为一名能动的读者，这比交给学生任何权威的结论都有意义。当然作为能力的形成光靠一篇文章、一节课是不现实的，还需要通过一组最能体现该能力点的文章的阅读来促进能力形成。

同时，本课以"写了什么，还会写什么"的核心问题组织全课堂，激发学生的阅读欲望，引导学生对文本空白进行填补。在猜读的过程中引导学生细读文本，并把握小说阅读的技法。从整个课堂教学来看，学生不仅从现有文本中寻找空白，而且扩展了自己的想象。而这想象并非"野马无缰"式的空想，而是如在碧空中翱翔的"风筝"一般，这牵引"风筝"的线正是"文本"。例如，在猜测小说最后结局的时候，有的学生给出了"镜子"这一答案，认为那位病人可以"通过镜子看到自己,看到自己的邪恶"。虽然不是标准的答案,但这一答案亦让人感到精彩。在某种程度上说,阅读小说的最终目的并非将自己的期待与小说的结局画等号,而是在于不断产生"期待"这一参与文本意义创造的过程。"能动的读者"的目标也得以落实。

以此抛砖,希望更深入地探讨小说教学内容选择与确定的话题。

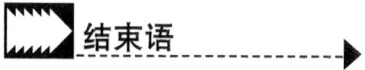
结束语

我戏称教研员是二道贩子,就是把专家的理论落实到实践中,把一线的实践提升到理论层面。不过,面对纷繁复杂的理论而能准确抉择,需要见识和眼力;转化到实践,需要领导力和影响力;总结提升,需要提炼力和创新力。这些都是我努力的方向。

与其说是我成就了学生,成就了教师,还不如说,是学生和老师成就了我。我期待着和我的语文教学团队,能在语文教学教研这条路上走得更稳、更远,能让千千万万的中学生真正受益,让语文成为滋养其一生的力量。

山水相依，语文相伴

● 潮州市潮安区归湖怀慈中学　李卓彬（初中语文）

▶ **导读语**

我是广东省潮州市潮安区归湖怀慈中学语文高级教师、潮安区名教师、潮州市首批名教师工作室主持人、潮州市拔尖人才、潮汕星河辉勇师表获奖者、广东省新一轮"百千万人才培养工程"第二批名教师培养对象、广东省特级教师。

截至目前，我获得省、市、县（区）奖项数十个，在《语文教学通讯》《教学月刊》等全国中文核心期刊发表了多篇教学论文，论文获人大复印报刊资料《初中语文教与学》全文转载，主持多个省、市级科研课题并获市、区教育教学成果奖。我的先进事迹在广东卫视《广东新闻联播》《羊城晚报》《南方日报》以及全国网络平台"今日头条"等多家媒体上报道。

山水相依，语文相伴，是我从教 20 年来的工作写照。正如清代张潮所言，"文章是案头之山水，山水是地上之文章"，读懂终日厮守的山水与语文，是一种令我兴致盎然的语文生活模式。依托韩山、韩江等纪念韩愈的"韩"姓山水，聚焦语文的"案头山水"，我充分发掘、利用教材中的山水元素，以游山玩水般的自主探究活动为主要方式，促进学生的个性化体验，从而培养学生形成良好语文素养。我在山水中研究，在山水中反思，在山水中成长，在山水中成熟，逐渐形成"山水语文，润物无声"的粤派教学风格。

▶▶ **名师成长档案**

在山水间追求语文的精彩

唐元和十四年（819），韩愈任潮州刺史 8 个月，兴教办学，把潮州从蛮烟瘴地改造成享有"海滨邹鲁"美誉的沿海文化昌盛之地。此后，潮州山水皆随之姓韩，潮州最大的河流被称为韩江，潮州城区最高的山被称为韩山，潮州最高的学府称为韩山师范学院，城区还有以韩愈之字命名的昌黎路、昌黎路小学。就连中国四大古桥之一的广济桥，在潮州民间也一直被百姓称为"湘子桥"，流传着韩愈之侄孙韩湘子"仙佛造桥"的故事。韩愈"师者，所以传道受业解惑也"的精神内涵，已深深融入潮州的山山水水中，积淀为丰盈厚实的文化底蕴，滋养着一代代潮州人，激勉着一个个教育工作者。我，忝列其中。

我是一名布衣教师，生于穷乡僻壤的山水间，长于良田美竹的山水间，这注定了我与山水之间所结下的不解之缘。从当初的毛头小伙到如今的不惑之年，我的二十载青春年华似宣纸晕墨般悄无声息渗化于山水间。

在我身上，没有光彩炫目的耀人光环，亦没有感天泣地的轰轰烈烈；唯有一步又一步的丈量脚印，还有一日复一日的时光折痕。我如同一只飞蛾，循光疾进，义无反顾地扑向山水间的那一团烈火。我又如一只鸣蝉，鼓足气力，倾其所有，在山水间追求语文的精彩。

一、把青春撒在贫瘠的山水间

1998年，我初次上岗，来到潮安北部的一个深山小镇——归湖镇。在这个不为人注目的小镇，小村庄三三两两分布在延绵的山脚下，如同农夫播种时不小心撒出畦外的零星余粒。人们居多过着面朝黄土背朝天的垦耕生活，不少孩子的读书反而成了副业。目睹彼时彼景，出身农民世家的我，熟视却难若无睹。尤其是当看到石陂村北山坳里几户人家的孩子，每天翻山越岭，跋山涉水，徒步一个多小时来上学，我的心头更是涌起一番难以言状的滋味。我在心底对山水许下了诺言：生于斯，长于斯，奋斗于斯，充盈于斯！

从此，青春正当时，在山水间奏起一曲"传道受业解惑"的咏叹调。蓝天下回旋着我与学生谈古论今、吟诗诵词的抑扬顿挫；草地畔响彻着我为学生加油喝彩、高呼低叹的澎湃激情；山路上留下我们时而磕磕碰碰，时而大步流星的家访脚印；小溪里映照着我们或缅怀先烈，或野炊春郊的活动身影……即使山路难如蜀道，初心不改欲上青天。我只知道，这些学生，一个都不能落下。

梦想是如此的美好，现实却需要不断地打磨。深山里的学生，思维水平极为参差不齐，同一知识点，有的早就"轻舟已过万重山"，更多的却依然"白水绕东城"。针对此症，我打破了教学"齐步走"的模式，针对不同层次的学生设定不同层次的目标，课堂上尽量分层教学，立足整体，照顾个体。如此一来，既能把知识催生剂撒到每个学生身上，又能顾及不同学生的不同需求。这种做法效果显著，无论是测试成绩，还是各种竞赛，学生们屡获佳绩。我在任教翌年将此做法撰写成教学论文《面向全体，尊重差异》，参加潮安县（现潮安区）中小学论文评比，竟然捧走了一等奖的奖杯，随后又在潮州市教育系统教研、科研论文评比中荣获一等奖，并收编入《潮州市教育教学论文集》。我不禁欣喜若狂，乘胜追击，又在潮州唯一的教育期刊《潮州教育》上发表2篇论文。这些动作弄出来的声响，无异于在僻静的湖面投下一块石头，打破了乡村习惯性的沉寂，引起山峦间的一阵阵涟漪。24岁的我被评为潮安县优秀教师、优秀基层团干部，被聘为潮安县中小学心理健康教育指导中心成员。

二、和山水有个精彩的约定

就在我崭露头角之际，当地教师也正掀起农村包围城市的出逃狂潮。有人劝我也加入行列中，让青春在广阔的天地绽放得更加璀璨绚丽。出人意料的是，我并没有顺应潮流，而是选择留下来脚踏实地，贴地而行。在我看来，方寸之间有乾坤，乡村的山水亦是一个广阔的天地，只要胸中梦想之灯不熄灭，青春自可在山水间"凌绝顶"，也可在山水间"纳百川"，何乐而不为？

坚守着这份信念，我不理会外面的世界有多精彩，不受制于外面的风云如何变幻，只结缘此山中，仰止高山，安居陋室，取一瓢弱水，经营着语文那一亩三分地。家校两地近30公里路程的奔波，十年如一日，披星戴月，周而复始。2011年8月，我被评为潮州市教书育人优秀教师，此后又成为潮州市骨干教师、广东省骨干教师。

仁者乐山，智者乐水。峰峦隐能不示、含而不露，让我有了教学的顿悟，撰写出论文《语文课堂，呼唤低调的教师》，倡导把"显摆"的机会让给学生，让学生品尝到在课堂上当家作主的美妙滋味。这篇论文获得广东省教育学会年度学术论文一等奖。水的精彩纷呈，又为我的教学带来灵感，设计作文教学《一水一世界》获得县区一等奖、市二等奖。与山水相伴，与语文相依，我干脆集结一些志同道合的同仁，以"'山水语文'的实践与研究"为题做起课题研究来，并获得广东省教研院立项。课题研究成果获得潮安区教育教学成果一等奖、潮州市第四届普通教育教学成果二等奖。我先后应邀到广东乳源瑶族自治县民族实验中学执教示范课"游山玩水赏《醉翁亭记》"，赴浙江杭州市开办"初中教材山水元素的专题研究"专题讲座，在河源市东源县开课讲学"初中语文教材水元素的写作价值"，在潮州海外华裔青少年"中国寻根之旅"夏令营执教语言课"潮州'水'，中华情"。以山水为主题的文章《山水与青春的合奏曲》《借山水元素培养学生的语文核心素养》《在山水间追求生命的精彩》分别发表在教育专刊《潮安教育》和《广东教学》。在山水这片广袤的天地里，我经受了一次次教育理念的洗礼，攀登上一座又一座的高峰。

三、从山水走向名师的浴火路

2013年年底，潮安县撤县设区，山还是那山，水还是那水，行政区名称的改变并没有给我带来困扰。直至有一天，潮州市教育局组织名师送教下乡，当学生仰视名师所流露出的那种喜出望外而略微受宠若惊的神色，以及那掩饰不了的满脸崇敬之情，却又敬而远之有意无意保持的距离感，给我带来了极大的震撼，也使我处于惶恐不安之中，深忧自身的浅薄不堪承载学生梦想之厚重。我蓦然发现：问渠哪得清如许，为有源头活水来。我萌发了一个强烈的念头：山外的山究竟有成什么样子？世界那么大，我想去看一看！此时，"名师"两个字成为一道亮丽的风景线，在山的那边散发着诱人的光彩，归聚为一颗种子开始在我心底深处生根发芽；哪怕所扎根的土壤再贫瘠，哪怕踩着粗石陋土，我也要稳稳地、慢慢地、好好地成长！成长为山水间一道独特的风景线，引领着学生在课堂上游山玩水。

2015年4月，广东省中小学新一轮"百千万人才培养工程"开始遴选第二批名教师培养对象。这是一项不分配指标，面向全省范围公平竞争的人才遴选项目。我提交了申报材料，随后过关斩将，经区、市、省逐级选拔出线后，再赴广州进行面试答辩，最终在强手如林的竞争中脱颖而出，成为全省8名初中语文名教师培养对象中的一员。在培训期间，我先后扎营广州、东莞、杭州、北京、香港等地，师从冯善亮、桑志军、黄淑琴、黄宏伟、吴丹青等教育大家，窥睹了李希贵、闫德明、黄甫全、楚云、倪岗、周华章等教育名家之烨然神采，贪婪地汲取、内化、酝酿、提升、新生……韩江、珠江、西子湖、未名湖、维多利亚港，走一步，再走一步，为"名师"那一道风景线，更为那还未能分享到风景线的孩子们！

青春是一团火，热情、激昂、不羁、猛烈、鲜活；山水是一首诗，含蓄、简单、质朴、内敛、淡然。曾有人为此困惑："水火难相容，你是如何说服脱缰的青春甘愿栖息于孤寂的山水间？"我坦然一笑："心中有梦，即可让激情与淡然齐飞，缔造青春共山水一色。"

迄今为止，我获得省、市、县区级奖项40多个，大多数是教学类一等奖，在《语文教学通讯》《教学月刊》《教学与管理》《中学语文》《广东教育》《中学作文教学研究》《江西教育》等全国中文核心期刊和ISSN教育期刊上发表了多篇教学论文，论文获人大复印报刊资料《初中语文教与学》全文转载。近3年主讲了20多场省、市、县区级公开课或专题讲座，主持了4个省、市级科研课题，2016年获得潮州、汕头、揭阳三市联合颁发的粤东地区教育界最高荣誉——潮汕星河辉勇师表奖。2017年获评为第三届潮安区教育系统名教师，被市教育局遴选为潮州市首批名教师工作室主持人，后又经过潮州市组织部层层筛选，评选为潮州市第七届拔尖人才，承担起以"师带徒"的形式培养潮州市学科带头人的重任。2018年8月，我获评为广东省特级教师。

任教以来，我的先进事迹先后在广东教育厅公众号、南方报业集团"南方+"客户端、全国网络平台"今日头条"、广东教育传媒公众号、潮州教育局公众号、《潮州日报》公众号、中国潮州网、潮州文明网、潮安发布等多家网站或公众号报道，先进事迹还刊登在《羊城晚报》《南方日报》、广东省教育厅主管的教学报刊《广东教学》、潮安区教育期刊《潮安教育》上，先后获得潮安电视台《潮安新闻》、潮州电视台《民生直播室》和广东卫视《广东新闻联播》先进人物专访报道。2018 年 9 月 3 日参加广东省庆祝 2018 年教师节暨优秀教师表彰大会，作为获奖代表上台领奖，并作为中小学教师唯一代表上台发言，向省委书记、省长等四套班子领导以及与全省各市领导、优秀教师汇报个人事迹。

我的学科教育观

山水语文，润物无声

如今，我依旧行走于韩江东岸潮安北麓的山水之间。我深谙，青春易逝，但有山水相伴，则无悔青春，且永葆青春。身处自然山水中的我，从语文学科的角度来审视山水的本质，并逐渐形成我的学科教育观：山水语文，润物无声。

这实际上是以"山水语文"浸润学生，通过游山玩水般的自主探究活动，促进学生的个性化体验，从而培养学生形成良好语文素养。

一、我的教学主张：陪学生在语文课堂上游"山"玩"水"

清代康熙时期的张潮说："文章是案头之山水，山水是地上之文章。"这话点出山水与语文的密不可分的关系。从时间维度上来看，有山有水有人，方能孕育出中华民族上下五千年的文化，语文学科体系就是这文化长河中的一个支流。从空间维度上来看，语文世界广袤无垠、包罗万象，山水文化又成为其中一个重要板块。故此，山水和语文，也就成为你中有我、我中有你的相融相承关系。从这个角度来说，山水即语文，语文即山水。我的教学追求，就是在山水和语文的互融共生中，培养学生的语文核心素养。

（一）构建教师、学生、文本的和谐关系

语文教学的最高境界就是引领学生游山玩水。不讳忌言，在语文课堂上还是存在着为数不少的尴尬局面：热情的教师、优美的文章，却总是消除不了学生的冷淡，唤不起学生的学习欲望。学生一旦停滞不前，教师就急了，在前面拉，在后面推，费尽九牛二虎之力，可惜大多学生如同兵马俑般纹丝不动。与之形成鲜明反差的是：每逢郊游时，学生们无不欢呼雀跃，穿山越岭，涉水过河，怡然自得，何曾需要教师"赶上架"！究其原因，教师的推、拉，总不如适时的引、领。倘若教师在课堂上能够把精美的文本，创设成一处处奇"山"异"水"，那么语文学习活动，不就成了学生一次次游"山"玩"水"的自主探究之旅吗？

教师是"导游"，服务于学生，急学生之急，想学生所想，在学生与文本之间穿针引线，促进学生与文本的对话；学生是"游客"，是课堂推进过程中的主体，自由自在遨游于文本之中，走进文本深处，体味文本内涵；文本是"山水"，是语文神韵的散发源泉，静默着，矜持着，准备着，期待着，以高雅的姿态拥抱慕名者。三者地位平等，民主自由，互相尊重，携手共进，融洽相处。

（二）构建教之有情，学之有味的课堂模式

山水情怀多姿多彩，推此及彼，语文课堂上，我尽力开展学生课堂生成、个性化情感体验的实践活动，呵护学生阅读的独特感受。

语文课堂的模式化和标准化，把课堂变成一条冰冷的生产流水线，塑印出一批批缺乏个性差异的学生。这样的语文，只有共性，没有个性；只有规律，没有特色；只有僵化，没有创新。殊不知，横看成岭侧成峰，"岭"也好，"峰"也罢，都是人的主观投影。这与"一千个读者就有一千个哈姆雷特"如出一辙。语文感悟，如同山水多情。"山水语文"重视学生的个性化体验，呵护学生的课堂生成、自由发散思维。以山水为源点，唤醒师生的生命情感，打破语文课堂四壁萧然、条框井然的限制，抛弃语文教学单调生硬、枯燥乏味的模式，创设出一种天人合一，纵横驰骋，上山下海，出神入化的语文大课堂。跟学生共享知识、共享智慧、共享人生，让学生乘兴而来，主动走进课堂，乐意探究文本，在语言文字和人文感悟之间潇洒走一回，满载而归。

二、我的教学风格：山水无声细润物

我的教学风格跟山水关联密切，主要体现在两个层面，一个层面是在自然山水中成长的我，受自然山水精神内涵的启示，在课堂上如山水般低调，尽量为学生腾出成长的时间和空间。另一个层面是充分关注文本山水，发掘、利用教材中山水元素的价值，促进学生语文素养的发展。

（一）在课堂上做个低调的教师

山水无声，只为润物。

曾几何时，我特别羡慕有些老师天生就是为讲台而生。三尺讲坛上，旁征博引者、风趣幽默者、慷慨激昂者、高吟低唱者、起舞弄影者……一个个才华横溢，个性张扬，风骚无限，引无数师生竞折腰。他们一旦走进教室，星辉熠熠，光芒四射，璀璨耀眼，成为课堂上最为靓丽的风景线。

于是，我也加入追随的大军中。直到有一天，我到一处名胜景观旅游，带团的导游极为优秀，活跃于山水之间，不停地解说山如何青、水如何绿、文化底蕴如何丰富。回来之后，我试图回味山水韵味时，脑子一片空白，唯存导游解说词的片言只语。仔细一推敲，始解其故：隔着一个鲜活的人，与山水没有直接的对话，没有内在的神交，何来诗情画意的体验，何来情感的共鸣！

于是，我开始重视审视课堂上教师的位置。我发现，课堂上极力强调自我、张扬个性的教师，固然能施展超强表演力吸引学生随歌起舞，可如此一来，教师就成了太阳，其光芒远盖学生；学生成了向日葵，全都绕着教师转。课堂反而成为教师展现才华、一枝独秀的天堂。而在新教育理念的指引下，语文教师的角色已发生了巨大的转变，由一名知识的传授者转为教育的促进者。语文课堂教学的首要目标是学生个性发展，而非教师个性发展。评价一节课的教学效果，关键点并非教师显山露水展现了多少才情，而是想方设法促进了多少学生的个性得以充分张扬。这就要求教师在课堂上降低"自我"，放下强势地位，交出话语权，甘愿当一片不起眼的绿叶，去呵护学生个性的美丽绽放。换而言之，语文教师在课堂上要尽量低调。

低调，是一种教学风格，也是一种教学策略。我在课堂上会把自己的生命激情，一点一点地渗透学生的生命世界中，让学生敞开思想灵魂，打开美丽的翅膀，自由自在地翱翔。而在这个神圣的殿堂里面，却没有教师过多自我的痕迹，有的是学生与文本的严丝合缝，水乳交融。我在课堂上不张扬自身，先学生后自己，一举一动、一言一语都以学生为考虑源点，隐能不示，含而不露，晓而不发，把"显摆"的机会让给学生，让学生品尝到在课堂上当家作主的美妙滋味。我尽量给学生腾出课堂上的时间和空间，还学生一片独立阅读和思考的时空，让学生在语文这片广阔而充满魅力的园地中茁壮成长起来。在此之中，我在课堂上特别注意"管"好自己的嘴，用我的低调，呵护学生的高调。

1. 把"读"的时间让给学生

我在课堂上尽量给学生提供朗读的机会。依我看，朗读既是一种感受活动，也是一种体验活动，还是一种反馈活动。在朗读活动中，学生往往会把自身对文章的理解不知不觉地揉化进去，再透过声音、表情，甚至动作表现出来。如此一来，既能从中看到学生的理解进度，又能让学生得到锻炼，展示才能，一举多得，何乐而不为？

2. 把"说"的时间让给学生

以前，我也认为教师只要讲得深入透彻，学生自然就会了。于是，课堂上讲个滔滔不绝，把宝贵的时间和空间几乎全占用了。实践证明，学生被动接受，效果不尽人意。课堂上，教师虽不至于要惜话如金，但少讲话，多聆听的做法，才可以把说话的机会让给学生。让学生"说"起来，是语文课堂一个不可忽视的环节。说，是学生内在知识的外在表现；是表达情感的重要形式；是训练学生思维，培养学生创新能力的主要途径；是张扬学生个性，完成师生交流的基本方法。一篇文章，作者的生平事迹，创作风格，写作背景，表现手法，文学常识，拓展内容……凡是课堂上教师原本要介绍的部分，只能学生能讲，我都让学生讲。心理学研究证实，一个人体验一次成功的喜悦和欣慰，便会激发起无数次追求成功的愿望和信心。我给不同层次的学生提供了体验成功的舞台，点燃他们的激情，学生也就一个个显得热情高涨。

3. 把"问"的空间让给学生

提问，是通往作者思想深处的隧道。我把提问的机会交给学生，让学生有疑而问，更能切中学生的兴趣点，激发学生的求知欲望，契合学生的认知规律和思维层次。其实，学生发现问题的过程，也是理解文意的过程，有助于培养其理解能力和思考能力。教学张养浩的《山坡羊·潼关怀古》时，我先让学生结合课文注释阅读这首散曲，初步了解大意，把自己的疑问罗列出来。在收集学生提出的问题后，我也从中了解到学生学习的难点、症结所在，再挑选出诸如"为什么要在写'潼关'之前，先写山、河？""潼关地势险要，为何作者会经过此地？而在漫长的行程中，为什么偏会在潼关而非别地怀古？""作者'伤心'的是什么？""为何说'兴'、'亡'百姓皆苦？"此类比较有代表性的问题。依托这些问题，我陪伴学生踏上了通往文本深处的美妙之旅。

4. 把"答"的空间让给学生

在语文教学中，有时会出现一种"伪对话"现象：有些教师过分强调教师的主动地位，在课堂上充当积极的带路者，给学生设置了一个又一个诸如"右拐30米是××亭"的路向标志牌，不停地左右学生的前进。学生的豁然开朗，仅仅是一种无意识的、简单的思维结果。教师一旦越俎代庖，代替学生生成意义和意向，势必导致学生理解分析能力、创造性思维得不到发展。课堂上，我在呈现问题后，或引而不发，或深藏不露，让学生享受解决问题的乐趣。我不随便讲出自己的意见，细心倾听学生的独特发现，也就保护了教学中有价值的生成。放手，学生才有试飞的机会。

在这个过程中，我特别注意把握好低调的分寸，以防止课堂生成跑调。在关键时刻该出手就出手，点拨、激发、评导、主持、管理、协调，这是不可或缺的，决定着课堂的成功与否。当课堂生成顺风顺水，学生自力更生即可摘到胜利果实时，此时无声胜有声，我将低调进行到底。当学生见解独特，但陈述不清晰的认知时，我就加以概括，强调重点，突出其优势供全班同学感受；当学生生成单一的认知时，我就顺水推舟，追问补充，以形成多维度系列；当学生出现离题、错误的课堂生成，我就主持辩论纠错，把学生引领回正轨。

（二）借文本山水培养学生的语文核心素养

山水元素是指初中语文教材选文中以山、水为表现主体抑或次主体的句、段、篇。其中，山泛指地面上由土、石构成的高大耸立的部分，含括峰、丘、峦、岗、岭、崖等形态；水既指自然生态中的物质水，也指含水的液体，含括海、江、河、湖、池、井、泉、涧、波、潮、浪、川、沟、洼、沼泽、瀑布、雨、冰、雾、云、雪、霜、水蒸气、露、汤、汁、汗、泪等形态。

在此之中，应该辨析明晰的一点，就是文本中的山水元素，必须与现实生活中的山水加以区分。生活中的山水只是自然的一个组成部分，从哲学的角度来说，是一种客观存在。而文本中的山水是生活物象在人的头脑里面形成的映像，再借助文字表现出来的一种意象，是客观事物和主观思想相结合的产物。从这个角度来说，山水元素实际上是文本中某些特定对象的表述符号。

在初中语文教材的几番更换迭变中，山水元素始终牢牢占有一席之地。足见其无可取代的教学价值。作为语文教学工作者，我的关注点在于文本中这些山水元素在教学中的解读及效能。

初中语文教材中的这些山水元素，有的千古传诵、经久不衰，如欧阳修《醉翁亭记》的山水之乐、陶弘景《答谢中书书》的山川之美、朱自清《春》的春雨、鲁迅《雪》的江南雪与朔方雪等；有的可以作为语用知识的解释例子，如："淡黑的起伏的连山，仿佛是踊跃的铁的兽脊似的，都远远地向船尾跑去了，但我却还以为船慢。"既可作为比喻修辞的例子，也可作为侧面描写的例子，还可作为对比手法的例子；有的用以补充常识、丰富积累，如郦道元《三峡》夏水的地理常识、《看云识天气》的气象常识、周密《观潮》的钱塘江大潮的风俗人情。因此，我尝试着对山水元素进行解读重构，依据山水元素课程价值的侧重点，将教材山水元素分为经典类山水元素、语知类山水元素、常识类山水元素。经典类山水元素，由于自身具有重要的文学和文化价值，故其教学目标往往跟课程目标重叠，或是课程目标的具体化。我处理教学的关键点在于突显山水元素的经典之处，通过经典来提高学生的文学、文化素养。语知类山水元素隐含着句法、段法、章法等语法知识。我在教学中，以这些山水元素作为传授语文知识的例子，用语知类山水元素训练学生语言能力，找到"这一个"山水元素究竟可以解释听说读写的哪一知识点，让学生一"山水"一得，并举一反三，由山水元素应用到其他文本。常识类山水元素重在所表述的内容，其内容本身就是一种常识。阅读这类山水元素，可对学科知识起到补充效果，用常识类山水元素来丰富学生阅读积累。这实际上也是对学生生活经验的一种充实。

▶▶ 我的育人故事 ▶

流向心底的"紫藤萝瀑布"

我越来越担忧了。

临近下课时，我再次将视线转向林小凤。她依然还是保持着那副姿势——坐得端端正正，两手自然均摊在课桌上，一手握着笔，一手执着语文课本，垂着眼睑，似乎正专注地看着书。在一个坐着几十名学生的教室里，她的这些表现，显得大众化，并不引人注目，更没有出现什么突兀出格的动作。然而，我却知道，这种貌似正常的行为，仅仅是表面的假象，在极力掩饰着底子里的不正常，并且还不是普通的不正常。林小凤保持这姿势，已经整整20分钟了。至少20分钟，林小凤的眼皮儿都没有抬一下，视线仿佛被凝固定成一根冰柱，从课本撑起来一直竖到眼皮底下。

我早已察觉不妥，但却不敢去惊扰。

与其说我怕惊扰到林小凤，还不如说我怕看到林小凤眼底的那片灰茫茫的空洞和无助。我教过的学生不计其数，好歹也算在教育界摸爬滚打多年，对教育学生时应该到什么山头唱什么歌，向来是胸有成竹的。但对林小凤的低迷状态，我却只能眼睁睁地看着，徒焦急，如同站在沼泽地旁看人身陷泥潭，空有一身绝世武功却无法施以援手，心底滋生出来一种深深的挫败感，与挫败感结伴而至还有一股无力感，夹杂着一丝丝愧疚感。这种纷乱复杂的感觉，不是三言两语就能讲得清道得尽的。

　　林小凤出现这种低迷状态已经超过一个月了。从一开始我就已经知道根源所在，也料到她必然会跌入谷底。这一切，源于不久前她的家庭变故——就在一个月前，她的父亲突然生病离世了。家中的顶梁柱轰然一声，骤然倒下来，让这个家庭猝不及防，整天笼罩在一片悲伤之中。

　　我决定跟林小凤的班主任一起再去林小凤家走访一下。

　　翻过一座小山头，穿过一片田野之后，我们来到山脚下。小村庄就坐落山脚下，村民的房子基本都是背靠着一个山坡而散落漫延着。林小凤家仅有的一间老房子，孤零零驻在坡顶，屋前用黄土砖搭建了一个简陋的小棚子来放杂物，兼做厨房。这是一个竭尽全力与贫困抗衡的农村家庭，原来有着父亲担当这家子强而有力的主将，跟母亲携手一起为林小凤三姐弟撑起一片不算温饱但尚算安宁的天空。如今，整个屋子里弥漫着一种令人窒息的沉静。

　　林小凤的母亲佝偻着腰坐在一把方凳上，没一会又把方凳往后挪了挪，以便后背能倚靠着墙。墙体已残旧老破，灰白色的墙面已逐渐转向米黄色，时不时冒现出一些深浅不一的暗黄或褐色的斑驳，那些不规则的图案围拢在这个瘦弱身影周围，正合力搀扶着这名中年农村妇女。一张憔悴苍白的脸，跟灰白色的旧墙融在一片阴暗的白色之中。这个从来不需要拿主意，一直习惯于跟随在丈夫身后的乡下人，整天以泪洗面，在彷徨中迷失方向。

　　林小凤坐在母亲旁边，默默地陪着母亲流泪。林小凤原本是一个要强而开朗的人，不管是身体病痛或成绩偶尔滑坡，都不曾见过她哭鼻子。也正由于她的这种性格，我们原本以为她会比较快从丧亲的剧痛中走出来，但事实证明我们都把事情想得太简单了。后续的日子，无论大家意图通过什么方式来关心和帮助她，结果总是令人倍感沮丧。很明显，林小凤把心门关闭起来了，在面对每位老师的关心时，她总是低着头沉默着，偶尔敷衍地应答一两句话。很多老师都觉得像是面对着一片深邃不见底的静止幽潭一般，不知道该从何下手。

　　我们的家访收效甚微。离开的时候，林小凤送我们出来到村口。"老师"，她并不看我，回避着我的眼光，抬头注视前方不知什么地方，声音如同坠落的风筝一般轻飘而低缓。"我知道您关心我，但您不明白我现在的感受，还是让我静一下好吗？"我愣了下，竟然不知道该如何回应她。

接下来的几天，林小凤还是一直保持着"静一下"的状态，并且还看不出有好转的迹象。再这样下去，后果不堪设想。我看在眼里，急在心里，不断地寻思着良策。

　　这天，天好像要下雨了。我在办公室等着上课，翻着语文课本时，不经意间看到后面的课文《紫藤萝瀑布》时，突然间灵光一闪，有了个想法。心病还须从心医，看来明着劝导林小凤已是行不通了，只能暗着来啦。林小凤是一名文学爱好者，具备较高的美文欣赏能力。《紫藤萝瀑布》是当代作家宗璞的一篇散文，写于1982年5月，当时弟弟身患绝症，作者非常悲痛，徘徊于庭院中，见一树盛开的紫藤萝花，睹物释怀，由花儿自衰到盛，转悲为喜，感悟到人生的美好和生命的永恒。我打算从课堂教学入手，调整教学计划，将《紫藤萝瀑布》提前安排在今天来上，借这篇课文中的人文情怀来启迪林小凤。

　　上课铃一响，我立刻走进教室，告诉学生这节课要先学习《紫藤萝瀑布》。林小凤听后似乎稍感意外，眼神扫了一下黑板上的题目，就跟大家一起打开课本翻到这一篇课文。根据我对林小凤的了解，《紫藤萝瀑布》这文章，从题目到内容，正是她所喜欢的类型。果不其然，一开始林小凤还一如往昔地心不在焉，随意瞄了几眼书本，眼光在书上飘忽不定。随着课堂的推进，阅读不断深入，宗璞丧失亲人的遭遇，引起了林小凤的关注，她显然产生了"同是天涯沦落人"的感慨，于是渐渐集中注意力，深入文本，跟着宗璞一起移步共情。尤其当阅读到那句"花和人都会遇到各种各样的不幸，但是生命的长河是无止境的"，她身子微微一颤，随即好像中了定身法一样长久地定格着，脸上现出一副前所未见的凝重神情。窗外，天色变得更加令人捉摸不定，乌云与太阳正在展开一番激烈的厮杀，晦暗了又明晰，明晰了又晦暗，直到最终，一阵清风把乌云大力推开，天空的格局最终明晰起来。这股清风，穿过窗口，捋起垂挂在林小凤眼前的几缕发丝。她抬起头来，我看到一双明亮的眼睛，散发着经历了大彻大悟之后明晰起来的神采。她加入全班的朗读行列："……过了这么多年，藤萝又开花了，而且开得这样盛，这样密，紫色的瀑布遮住了粗壮的盘虬卧龙般的枝干，不断地流着，流着，流向人的心底……"

　　铃响了，林小凤一脸平静地下课了，我也在心里舒了一口气。

▶ **教学现场与反思**

游山玩水赏《醉翁亭记》

一、教学现场

　　师：如果让你在文中找一个句子为《醉翁亭记》"代言"，你会选哪个句子？

生：醉翁之意不在酒，在乎山水之间也。

师：为什么要选这句？

生：这个句子对很多人来说，比较熟悉吧。

师：一个广为流传、知名度很高的经典名句。是这意思吧？

生：是的。

生：我也选这个句子。

师：哦？

生：我觉得这个句子中的"醉翁"紧扣题目，而"山水"则在文中占了比较多的篇幅。

师：是一个统领全文内容、点题寓意的句子。

生：是的。

师：好！我也是选这个句子。这是《醉翁亭记》所特有的句子，在文学作品中独一无二，辨识度特别高，一听到这个句子，人们就会自然而然地联想到《醉翁亭记》。看来，"代言"《醉翁亭记》非它莫属了。

师：刚才这位同学提到文中很多地方在写山水，那我们就进入书中跟着醉翁游山玩水。第一个景区是"意在山水"。请大家仔细阅读课文，找出写山或写水的语句，用"醉翁之意不在酒，在乎_____"这一句式表述出来。可摘抄文中词句表述，也用自己的语言表达。如：醉翁之意不在酒，在乎<u>环滁皆山也</u>。或：醉翁之意不在酒，在乎<u>环绕着滁州城的群山</u>。

生：醉翁之意不在酒，在乎西南诸峰。

生：醉翁之意不在酒，在乎林壑尤美的琅琊山。

生：醉翁之意不在酒，在乎蔚然而深秀的琅琊山。

生：醉翁之意不在酒，在乎琅琊山早晚明暗变幻的天色。

生：醉翁之意不在酒，在乎太阳出来了，树林里云雾渐渐消散，山谷间拨开迷雾见天日的那一刻。

生：醉翁之意不在酒，在乎山间云归而岩穴暝。

生：醉翁之意不在酒，在乎山里一年四季的景色各有怡人之情。

生：醉翁之意不在酒，在乎野芳发而幽香。

生：醉翁之意不在酒，在乎夏天一到，山上的树木枝繁叶茂、葱葱郁郁，荫蔽凉快。

生：醉翁之意不在酒，在乎寒冬的水落而石出。

生：醉翁之意不在酒，在乎水声潺潺而泻出于两峰之间的酿泉。

生：醉翁之意不在酒，在乎临溪而渔，溪深而鱼肥。

生：醉翁之意不在酒，在乎酿泉为酒，泉香而酒洌。

生：醉翁之意不在酒，在乎山肴野蔌。

…………

师：游山玩水有不同的层次，第一层次看山是山，看水是水。就如同我们刚才所看到的环滁之山、琅琊山、朝暮之山、四时之山，泻于两峰之泉、酿酒之泉、捕鱼之溪。接下来我们深入一层：看山不是山，看水不是水。看到的是什么？看到的是隐藏在山水背后的感情。大家认为文中表达情感的关键字眼是——

生（齐答）：乐。

师：是一种什么样的乐？

生：山水之乐。

师：嗯。"山水之乐"就是第二个景区，大家找出文中写"乐"的句子，品读感受。

生：朝而往，暮而归，四时之景不同，而乐亦无穷也。早晚有变化，四季各不同，这里美好的山水总是给人带来新鲜感，总是有着无穷无尽的乐趣。

师：自然景观之乐。

生："宴酣之乐"是一个热闹的派对，参与者众多，有老人、有小孩，有背着东西的人，有休息的人，有渔者，有射者，有弈者……他们或歌唱，或休息，或呼应，或酿酒，或行酒令，各得其乐。

师：人文景观之乐。

生：游人去而禽鸟乐也。然而禽鸟知山林之乐，而不知人之乐；人知从太守游而乐，而不知太守之乐其乐也。我发现这里写了三种乐：禽鸟之乐、游人之乐、太守之乐。

师：你读得很细致。有没有发现三种乐各是建立在什么基础之上？

生：禽鸟因得以自由自在生活于山林而乐，游人因能跟随着太守游玩而乐，太守因众人乐而乐。

生：我来补充，游人即滁人，滁人"从太守"可能还有另一层含意，太守是滁州百姓的父母官，滁州百姓觉得被太守领导是一件令人快乐的事情。

师：滁州百姓过得怎么样？

生：生活安康，其乐融融。

师：这要归功于谁？

生：归功于太守的政绩好，让百姓过上好日子。

师：滁州这个地名曾在我们学过的古诗中出现过，记得吗？

生：《滁州西涧》——独怜幽草涧边生，上有黄鹂深树鸣。春潮带雨晚来急，野渡无人舟自横。

师：在唐朝山水诗人韦应物的眼中，滁州是一个偏僻、荒凉的地方。欧阳修到滁州后勤政为民，励精图治，把滁州变得生机勃勃、民众富乐。

生："乐其乐"可以看出太守心有百姓，以百姓的欢乐作为自己的快乐，也可以看出他对自己的成就颇感自豪。

师：是的，层次不同，对乐的观感也就不同了。禽鸟山林乐是动物对生活状态的感受，是一种本能追求的满足；游人乐是人对娱乐生活的感受，是一种精神追求的满足；太守乐是对个人成就的感受，是一种价值追求的满足。只是，太守对乐的感受是在什么状态下产生的？

生：醉——醉能同其乐。

师：没错。这下子我们来到了第三个景点"醉入山水"。太守醉了，与禽鸟、滁人一同感受山水之乐。你是怎么理解这种"醉"？

生：《醉翁亭记》是欧阳修参与了范仲淹领导的新政失败后被贬到滁州的第二年写的，"醉"表示他经受贬谪打击，借酒消愁，暗示他内心隐藏着深深的苦闷。

师：是的，这已经是欧阳修第二次被贬了。他在赴滁州上任途中写了一首《自河北贬滁州初入汴河闻雁》："阳城淀里新来雁，趁伴南飞逐越船。野岸柳黄霜正白，五更惊破客愁眠。"其中的一个"愁"字已直表欧阳修的心态。

生：我觉得这刚好与屈原的"众人皆醉我独醒"相反，欧阳修是"众人皆醒我独醉"……

生（插话）：我不同意。屈原说的醉是昏庸污秽、醉生梦死，欧阳修并不是这样的人。

师：他还没讲完，我们先听听他的意思。

生：屈原和欧阳修都是因奸佞当道而被朝廷冷落、遗弃的贬官，越是清醒就越发感到痛苦。面对痛苦，有的人会深陷其中不能自拔，如屈原整天长吁短叹，愁苦难展。有的人则会接受它，消化它，驾驭它，最终走出痛苦的折磨。欧阳修的醉就是对痛苦的一种处理方式。

师：欧阳修在《题滁州醉翁亭》诗中写道："醉中遗万物，岂复记吾年。"表达了在醉中忘却一切的意思。如果说醒是杜甫的现实主义情怀，那么醉就是李白的浪漫主义色彩；如果说醒让屈原入乎忧郁其内，那么醉就让欧阳修出乎忧郁其外。只有醉入山水，才可以让欧阳修暂时忘却现实的苦恼，忽略理想与现实的差距，进入精神世界里悦享个人的自由自在。可以说，山水使人乐，山水亦使人醉，使人摆脱苦闷，获得心灵的解放。在愁苦中保持乐观，在逆境中主动寻求向上，这就是欧阳修的过人之处。

生：醉能同其乐，醒能述以文者，太守也。两个"能"字，可以看出太守对自己能自如出入于醉、醒之间的自得语气。

师：是的，人生难免有起落。当我们处于人生低潮时，可以学习欧阳修山水怡情，管理好自己情绪，不做情绪的奴隶，要做情绪的主人。

二、教学反思

教学之前，必须先解决教什么的问题。解决这个问题的关键在于《醉翁亭记》

教材选文类型的定位。王荣生教授《语文科课程论基础》主张："定篇"是一篇完整的、没有经过任何删改的经典作品。倪岗老师曾在《关于"定篇"类选文的教学》中指出：我们认为目前影响较大、使用范围较广的初中语文教材人教版、苏教版、语文版的交叉篇目就应该是"定篇"。《醉翁亭记》曾经是3套教材文言文部分交叉篇目，是中华民族文化的经典。王荣生还提出："熟知经典""了解和欣赏"作品，本身就是目的。因此，《醉翁亭记》的教学任务就是陪伴学生了解、欣赏、熟知《醉翁亭记》。我把课时安排为3个板块，第一重在疏通文义，读懂文章语句，了解作者寓乐山水的情感；第二从文学的角度来欣赏诸如"……者……也"句式等写作特色；第三从文化的角度来解读欧阳修醉情山水的情怀，进而了解贬官文化与山水游记的关系。

这是一个引导学生读懂并体验欧阳修情感的教学片段。我围绕着中心句"醉翁之意不在酒，在乎山水之间也"设计了"意在山水""山水之乐""醉入山水"3个环节。"意在山水"旨在引领学生读懂古文的大概内容，用"醉翁之意不在酒，在乎_____"这一句式表述出来，从而巧妙地让学生会翻译写山水景物的语句。"山水之乐"则让学生关注文中透露了情感倾向的词句，初步从浅层面感知欧阳修"乐"的情感。"醉入山水"借助"醉"与"醒"、《自河北贬滁州初入汴河闻雁》中的"愁"与本文的"乐"、范仲淹与欧阳修、《题滁州醉翁亭》中的"遗"与"记"4组对比，引领学生走进欧阳修的内心世界，深入体验欧阳修的"醉"意。学生经历了这3个环节的深入对话，由滁州山水走向欧阳修心中的山水，由外而内，由浅到深，与经典进行了一场深度对话。

▶ 结束语

苔花如米小，也学牡丹开。于是，走一步，再走一步，从"潮州市名教师工作室主持人"到"潮州市拔尖人才"，从"广东省'百千万人才培养工程'名教师培养对象"到"广东省特级教师"，从潮州电视台的《民生直播室》到广东卫视的《广东新闻联播》，从广东省优秀期刊《广东教育》到人大复印报刊资料《初中语文教与学》……我的每一步，都深深烙印着"'百千万'出品"的字样。

三尺讲台育人志，一片丹心向艳阳

● 韶关市曲江初级中学　丘石梅（初中语文）

▶ 导读语 ▶

我叫丘石梅，现任教于韶关市曲江初级中学，中学语文高级教师。从教二十载，始终不忘初心，诲人不倦，从偏僻的乡镇中学，到区重点中学，我不言苦、不言累，一直奋战在教学第一线；从初出茅庐到年逾中年，送走了一批批学生，自己也伴随学生不断成长，辛勤耕耘终有收获，在教育教学上取得了一些成绩，受到了大家的肯定和好评，先后被评为曲江区德育先进个人、优秀共产党员、优秀教师、首批基础教育名教师、优秀教育工作者、优秀青年班主任、韶关市优秀青年班主任、广东省首批骨干教师培养对象和广东省"百千万人才培养工程"第二批培养对象。主持并已结题的省市课题有3个，3篇论文发表在国家级、省级刊物，17篇论文、8篇教学设计分别在国家级、省级、市级、区级评比中获奖。在长期的教育教学生涯中，我形成了民主平等、鲜活风趣的教学风格，工作中，致力于通过语文教学将千百年来形成的曲江风度风采传承给学生，教育学生做爱国为公、清正廉洁、刚正不阿的曲江人。

▶ 名师成长档案 ▶

曲江，13万年前人类祖先"马坝人"繁衍生息之地，是"石峡文化"的发祥地，华夏民族古老文化的摇篮之一，灵山秀水孕育了"风度不凡"的唐代著名政治家、文学家、诗人、名相张九龄，"风采第一"的宋代名臣余靖等历史名人，1500多年前，六祖慧能驻锡曹溪弘扬"南宗禅法"，中兴南华禅寺，曲江历史文化可谓源远流长。

1978年9月，我出生于曲江县（现曲江区）马坝镇转溪村，这个紧挨南华禅寺，与曹溪一水相连的小村子，浸染着千百年来的深厚的文化沉淀。虽然家里世代都是农民，但勤劳、朴实的父母还是希望我具有坚韧不拔的品质和君子般的高洁风度，为我取名"石梅"。童年农耕生活的艰苦使我体会到生活的不易，但在父母的言传身教之下，我坚信，苦难可以磨炼一个人的意志，只要自强不息，努力奋斗，就有成功的可能，这种奋斗向前执着追求的精神深深烙入了我的生命。小学、初中我刻苦学习，成绩一直名列前茅，最终以优异的成绩考上了广东韶州师范。

1995年，17岁的我走出山村，走进了被誉为"粤北革命的熔炉，岭南教师的摇篮"的广东韶州师范学校就读，在学校里，我如饥似渴地学习各门学科，努力锻炼自己的能力，积极参加团委、文学社等团体活动，以期成为一名合格的人民教师。特别是在逐步了解了张九龄、余靖等韶关历史名人的事迹后，仿佛为我打开了一扇久违的窗，让我可以在历史的天空翱翔，去和千百年来的高尚灵魂对话，我彻底被他们的高风亮节折服了，只觉得历史是相通的，自己身体里流淌的既然是曲江人的血液，自己就有责任将曲江人的风度风采传承下去，有责任将曲江人精神发扬光大，那就是爱国为公、清正廉洁、刚正不阿。这是和我一直以来坚持的理想是契合的，那时候，我就树立了这样的信念：无论我在何时何地，也要尽我的力量将曲江人的高风亮节传承下去。往后，无论身处何种境遇，每每念及于此，胸中无不热血澎湃，意志愈加坚决。3年后，我以优异的成绩毕业了，怀着对教育事业的憧憬和热爱只身来到曲江区的一所乡镇中学——大坑口中学任教。在日复一日年复一年的教学生涯中，我从未忘记、也始终身体力行践行着我的信念，我要教我的学生做一个爱国为公、高风亮节的曲江人，我要使他们身上具有曲江风度风采。弹指间，20年过去了，结合这些年自己在教育路上的一路摸索、前进及所收获的一些心得，我把自己的成长经历归纳为3个阶段：启程——自发追求阶段，跋涉——自觉尝试阶段，探索——自悟提升阶段。

第一阶段（1998—2003年）：启程——自发追求

1998年8月，刚师范毕业的我就被分配到大坑口中学任教2个班的语文兼做一个班班主任，一开始，我有些惶恐，除担心满脸孩子气的自己无法"hold住"学生外，更多的是怕自己现有的学识无法胜任。但更多的是欣喜，我想我可以大展拳脚了，但无情的现实丝毫不给我留一些颜面，尽管我每天都以满满的激情去面对紧张繁忙的工作，但由于教学任务确实太繁重了，我每天被班级事务、各类工作计划总结缠得焦头烂额，身心疲惫的我在备课时对教材教法的研究只停留在熟悉教材和教参的层面上，每节课只想着按时按量完成教学任务就可，而对如何整合教学资源进行因材施教，对如何提高教学效率等问题根本无暇顾及，更遑论传承曲江精神了。直到开学不久参加完学校举行的青年教师说课比赛，惨遭"滑铁卢"被领导约谈后，我才如梦初醒，开始反思自己的问题所在：每每预设中应该生动活泼的课堂，实际操作起来却沉闷得令人窒息！明明我比别的老师都勤奋，但为何学生的考试成绩却总是比别人差?！到底是学生基础太弱？还是我的方法不对头？……

经过深刻反思，我才醒悟到课堂教学最基本的东西不能丢，否则长此以往不仅实现不了当初的夙愿，还会误人子弟！从此再忙再累，我都会抽时间来查阅各种资料潜心钻研教材，虚心向同科组老师请教备课、上课过程中所遇到的困惑和难题，积极参加每一次学校或区里开展的教研活动，拼命汲取别人优秀的教学经验，努力做到让学生喜欢我的语文课堂；为了提高学生的竞争意识，有效激发他们的学习兴趣，我采用了竞争机制，指导学生成立学习小组，让他们学会自我管理，增强学习的自觉性。针对作文课堂沉闷低效的现象，我大胆把学生带出教室，或到操场组织他们进行一场赛跑，让学生通过参与或观看比赛，掌握"场面描写"等各种写作方法；或干脆让他们到田野里撒欢，近距离探索大自然的奥秘……学生抱怨古诗词太难背诵，我便指导他们选一首自己喜欢又会唱的歌曲，套用该歌曲的旋律，把要背的古诗"唱"出来，把痛苦枯燥的背诵课堂变成欢声笑语的"填词唱诵"音乐会！学生抱怨书本尾部的语法知识中划分复句的方法不好把握，我便与他们一起总结划分复句的规律，编写划分的方法口诀……现在回过头来看，当我自己从最初的小心谨慎"钻入教材"渐渐到大胆洒脱地勇于"跳出教材"，从原本"一站到底、满堂灌"的课堂中抽身出来，不再牵着学生的鼻子往前走，而是站在旁边指引他们前进的方向时，我发现成长的不仅仅是他们，还有我！随着课堂教学的熟练，我尝试着将曲江风度风采融入课堂，循序渐进带领学生走进曲江人精神世界……

在我驾驭课堂越来越得心应手后，特别是当2000年我带的初三毕业班语文成绩在升中考名列全县第五名时，学校开始把一些担子压给我了：2001年派我参加镇里的师德演讲比赛，2003年派我参加区里的青年教师教学比赛……每一次的备战无疑都是一个非常痛苦的过程，但我深知"宝剑锋从磨砺出，梅花香自苦寒来"，只有经历过磨炼，才能体会到成长蜕变后的快乐，因为在这个过程中我可以借助这些平台更好地发挥自己的优势，认清自己的不足，使自己能在看清昨天、今天的基础上更好地遇见美好的明天。

第二阶段（2004—2012年）：跋涉——自觉尝试

2004年8月是我教学生涯中的一个重要转折期，我被调到县城的重点中学——曲江初级中学任教，该校成立于2004年10月，其前身是曲江中学，创办于1927年。2004年10月，曲江中学初中部与高中部分离，高中部搬迁至新校址，初中部与马坝镇一中合并，更名为曲江初级中学。曲初从一诞生，就承载着当地人的热切期盼。新的学校对我们这些初来乍到的新人提出了非常严厉的考核要求，我丝毫不敢怠慢！在这里，有先进的教学设备和良好的教研氛围：师徒结对、集体备课、同课异构等教研活动搞得风生水起……为了尽快让自己能跟上大部队的步伐，我从最基本的课件制作学起，不放过身边的每一次学习机会，除了听本校老师的公开课外，我还走出校门听外校名师专家的教育教学讲座……

那几年，我感觉自己就像一只跳出枯井的青蛙，在教研的广阔天地间拼命吸取那些先进的教育教学理念，渐渐摸索出三招自认为有点效果的"语文教学内功修炼"方法：第一招叫"实录还原法"，就是收集名师的有代表性的课堂实录，然后把实录还原成教学设计，再把教学设计还原成教学理念，以修炼自己在课堂教学中的"硬功夫"；第二招叫"情境填空法"，就是观看经典课堂实录时，抓住一些教学细节，把自己的教学设想补充进去，并与大师们的教学处理进行对比思考，以修炼自己教学的机智、通变与智慧，因为课像是教学具象和教学抽象的统一体，是教学经验和教学思想的统一体，是教学细节和教学范式的统一体；第三招叫"微格解剖法"，就是从研究大师们的导入、提问、范读、导读、训练、结课、拓展等细节入手来提高艺术水平……功夫不负有心人，渐渐地，我的教育教学水平有了一定的提高，多篇论文在区级以上评比获奖；工作中也收获了一定的成绩，先后被评为区优秀教育工作者、优秀共产党员……

"梅花香自苦寒来"，2012 年，我有幸成为广东省初中语文骨干教师培养对象，被安排到广东省中小学名教师孔维波语文工作室进行 21 天的跟岗学习，从此开启了我在语文教研路上的新征程。在 21 天的跟岗研修中，我近距离地领略了史少典、冯善亮、黄淑琴、桑志军等 8 位专家教授的风范，他们精彩丰富的讲座，从不同方面给予了我启迪，大大开阔了我的视野，增长了我的见识，更新了我的教育教学观念。使我学会了反思，反思已有的教学行为与新理念新经验之间的差距；反思看似理性的教学设计与学生在实际课堂上获得的差距……更使我深刻地认识到教育科研对青年教师专业成长的重要意义。

第三阶段（2013 年至今）：探索——课研提升

2013 年春，我区掀起了科研的春风，课题研究如同一股新鲜的血液流进了我们学校，我们立足课改，喊响了"立足课改，教研相长"的口号。我和同事们在探讨中又一次激荡起智慧的涟漪，全身心地投入课程改革的活动中：我们深入学习课改教材，扎实开展主题研讨，落实教学问题研究，自觉将日常教学工作中出现的有教育意义的"小问题"转化为"小课题"，把"教"与"研"有机整合，做到"研究内容来源于教学，研究过程植根于教学，研究成果服务于教学"。近 5 年来，我主持的省市课题共有 3 个，其中 2012 年 11 月主持的韶关市教育科研课题"'三级五段'训练体系在初中作文的应用与研究"2014 年 8 月结题；2013 年 11 月 4 日主持的韶关市德育课题"依托'石峡文化'，营造感恩校园行动研究"2016 年 1 月结题。2013 年 11 月主持的省德育小课题"中学生感恩教育有效策略研究"2014 年 7 月结题，以上课题成果正在我校推广，效果良好。参与研究的课题有 2 个，3 篇论文发表在省、国家级刊物，17 篇论文、8 篇教学设计分别在国家级、省级、市级、区级评比中获奖。先后被评为曲江区优秀共产党员、优秀教师、首批基础教育名教师、优秀教育工作者、优秀青年班主任、韶关市优秀青年班主任、广东省首批骨干教师培养对象及广东省"百千万人才"第二批培养对象。

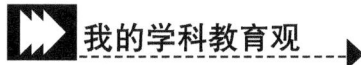我的学科教育观

一、我的教学风格解读

（一）民主平等

教学过程是一个教与学的双边活动，教学过程中，教师的热情唤起了学生的学习兴趣，学生的兴趣又作用于教师的热情，只有当教师的"乐教"和学生的"乐学"有机地结合在一起时，才能够成为"教与学"的最佳点。民主教育是心灵的艺术，应该体现出民主与平等的现代意识。高尚纯洁的爱，是师生沟通心灵的桥梁，是启发学生心扉的钥匙！教师除了要有一颗火热的心和人格魅力外，在教学中，还要懂得并舍得放下自己的权威和思想——必要时还必须学会俯身弯腰勇于承认自己的短处，蹲下身来了解他们的内心需求，尊重他们的兴趣习惯，让他们在宽松自由的环境中自主学习。只有这样，才能使课堂成为师生共同生活的家园，共同成长的乐园，才能有效地将教师的教学目的要求转化为学生学习的内在需要，变"要我学"为"我要学"，提高课堂教学效率。

（二）鲜活风趣

俗话说，生活是知识的海洋，生活处处皆学问。语文学习的外延与生活的外延是相等的，如果能够把课堂教学和学生生活两者之间的通道打通，语文教学活动将会焕发出别样的生机与活力！课堂上，为了激发学生参与课堂的兴趣和强烈愿望，我通常会积极创设贴近学生生活的情境，营造一种和谐活泼的课堂气氛，唤醒他们已有或类似的生活体验，调动他们探究和表达的欲望，以活动或者问题引导教学，让学生在思考问题，解决问题中有效落实听、说、读、写训练，为提高学生的语文核心素养打下扎实的基础。

当然，鲜活风趣不仅指教学内容，还包括教学活动的组织形式，如课本剧表演、辩论赛、演讲等。总之，一切都是为了让学生真正体会到知识来源于生活，同时又服务于我们的生活。

二、我的教学主张：构建生活化的语文课堂

早在2000多年前我国古代教育家、思想家孔子就说过："不观于高崖，何以知颠坠之患；不临于深渊，何以知没溺之患；不观于海上，何以知风波之患。"孔子的话形象生动地阐明了知识与生活实践之间的联系，而语文课程的一大特点就是"源于生活"，因此从某种意义上说语文教学的根本目的是要培养学生实际运用语文的能力，增强学生对社会生活的适应能力。语文教学的生活化，就是要求将课文学习、语文训练同社会生活紧密联系起来，将传授知识、培养能力同教会做人、教会生存有机统一起来。这也是重塑语文教学人文精神的重要途径之一。

（一）生活化教学的定义

生活化教学就是以课堂教学为基础，教师在传授语文知识和训练语文能力的过程中，自然而然地注入生活内容与"时代的活水"，巧妙地把学生已有的生活经验引进阅读中来，让学生在学习语文的同时，学习生活并磨砺人生。

教学中我们应加强课堂教学与生活的沟通，在语文教学中渗透学生的生活，唤醒他们已有或类似的生活体验，这样，才能使他们在理解课文内容的基础上，思想上受到启迪；才能进一步赋予课文以生命和活力，更好地揭示其全新的潜在意义；从而使学生更好地懂得生活、学会生活，做生活的强者，做生活的主人。

（二）构建语文生活化课堂策略

1. 访一访，认知生活

课文中的一些人和事，由于学生和时空距离的差距，导致他们无法进行深刻地认识和理解，对此，我们可以组织学生通过查阅相关资料，调查访问，或者参观相关的历史博物馆，以加深对课文的理解。如在学习了八年级下册的《铁骑兵》这篇课文之后，我就组织学生参观了"韶关市的北伐纪念遗址"，让学生通过走进历史，去追寻烈士的战斗足迹，感受他们的战斗豪情，使学生在加深对课文主题理解的基础上，激发民族自尊心和爱国意识，从而进一步树立自己的理想信念之根，为发扬中华民族之魂打下扎实的基础！

祖籍曲江的唐代著名宰相张九龄，为人刚正不阿，两袖清风，富有远见和革新精神，被誉为"岭南第一人"。宋代时，韶州人为纪念张九龄建风度楼，但此楼20世纪70年代因扩建马路而被拆除，而他流传于世的文章也仅有十二卷《曲江集》。在学完张九龄的《望月怀远》时，我带领学生开展"张九龄诗歌"诵读比赛，让学生在诗品、诗情、诗韵汇成的大海中肆意畅游；带领学生来到毗邻我校，仅一公里之遥的"张九龄纪念馆"参观，让学生穿越时空，和一代名相对话，感受其伟大的心灵和深邃的思想，学习他爱国为公、清正廉洁的高尚品德，努力做一个刚正不阿的曲江人！

2. 演一演，再现生活

每一篇课文都是以语言文字载体记录着一定的生活信息，学生学习语文就是在头脑中把语言文字还原成客观事物，从而获得主观感受。有的课文内容距学生的生活较远，给学生的学习带来一定的困难，教学时若借助于情境的创设，让学生通过表演再现课文所描绘的生活画面，把语言文字直接变成活生生的生活展现在面前，就能使学生如临其境，在激起他们学习兴趣的基础上加深对课文的感悟。鉴于《钦差大臣》《茶馆》《愚公移山》等课文有生动的情节和富有个性的对话，在教学时，我们就可以把课文编排成课本剧，让学生演一演，学生通过生动鲜明的表演，既加深了对文章内容的理解，又有效锻炼了语言表达及想象思维等能力，使课堂教学收到事半功倍的效果。

3. 学一学，体验生活

著名教育家乌申斯基说过："儿童是用形象、声音、色彩和感觉思维的。"因此，我们要引导学生积极投入教学活动各个环节的学习实践中，对他们经过自己独立探索实践的每一点成功和进步，都应给予满腔热情的支持、帮助和肯定，使他们在体验实践中学会学习、学会做人。例如在教学完说明文单元后让学生试写一篇说明文，通常大部分学生都会把说明文写成记叙文，为了让学生尽快区别出说明文与记叙文的写法，我别开生面地在班上组织了一场包粽子比赛活动，使学生在欢声笑语中学会包粽子的基础上，经过我的启发，明白了说明文和记叙文写法上的区别：如果只需要把包粽子的方法步骤和技巧简洁、准确、有条理写清楚，就是一篇说明文；如果把整个活动过程和自己的感受体会详细地叙述下来，就是一篇记叙文。我们平时所说的写作素材"一材多用"就是这个道理。

（三）挖掘生活化的活动资源

生活是知识的海洋，生活中时时处处皆学问。因此，我们应当具备一双慧眼，寻找生活与语文教学的最佳结合点，以课外实践为凭借，让生活成为学生学习的教材，引导学生走向社会、走向生活。

1. 日常生活"语文化"

所谓日常生活"语文化"，就是让学生在日常生活中，情不自禁地学习或运用语文。例如，从打电话到接待客人，从写请假条到写申请书，从看电视广告到看电器说明书，无一不是语文听说读写能力的运用。所以，在教学时，我们应该积极引导学生把生活当作学习的源泉，多看多思多写，努力把语文学习向生活的各个领域开拓延伸出去。

2. 校园生活"语文化"

学校是学生生活的重要舞台，这座舞台上发生的许多故事都可以引入学生的学习中来。自从我校上个学期为打造"上美课堂"开设了"神笔书法社""雅韵阁朗诵社""天涯剑客棋艺社""武术社"及"客家人戏剧社"等20多个学生社团后，学生们的思想、文笔便开始活跃了起来！的确，这一个个社团就是一个个微型的社会，学生们在这里不仅仅是以"学生"的身份简单参与，他们同时还是一个个充满个性和灵气的探索者和研究者！在这里，他们学到的不仅仅是知识与技能，更多的还是探究合作精神及传统文化对他们心灵的滋养……

3. 教育资源"语文化"

《义务教育语文课程标准》指出："沟通课堂内外，充分利用学校、家庭和社区等教育资源，开展综合性学习活动，拓宽学生的学习空间，增加学生语文实践的机会。"的确，学会观察积累、注重体验感悟是语文学习的核心，而综合实践活动无疑是学生学好语文、增加积累、培养审美情趣的有效途径。曲江历史悠久，拥有丰富的自然人文资源、革命传统以及文物古迹。如，享有"非物质文化遗产"美誉的樟市民间古典乐曲"十点梅花"；位于曲江马坝曹溪之畔，有着1500多年历史，被誉为"禅宗祖庭"的南华禅寺；"石峡文化"发祥地马坝人遗址狮子岩；唐代名相张九龄纪念馆及北宋著名政治家余靖之墓……这些丰富的自然和历史文化资源，无疑为我们进行语文教学提供了非常充足的乡土资源。实践证明，巧妙结合人文资源带领学生开展综合实践活动，有利于拓宽学生的文化视野与思维空间，提高他们对生活的深刻理解和深入感悟，有利于激发、增强他们的民族自豪感和热爱祖国、热爱家乡的情感。因此，在课堂教学中，语文教师充分开发并加以利用好当地的乡土资源，对提高学生的文学素养具有非常重大的意义。

总之，语文知识的学习与生活实践丝丝相连，交相辉映又相得益彰。只有让生活的灵魂深入课堂，不断完善语文教学与生活实践的外在内化与内在外化的过程，才能真正贯通阻碍语文学与用之间的壁垒，让学生在生活化的情境中走进文本，走进生活，融入社会，并在真实的实践中去感悟，去发现，去创造，这样不仅可以克服传统语文教学中只重语言智能的弊端，而且优化了教学过程，使以创新精神与实践能力为核心的素质教育真正落到实处。

▶▶ 他人眼中的我 ▶

一、学生眼中的我

丘老师是一位经验丰富、很有教学智慧的语文老师，她的语文课通常比较活跃，很通俗易懂，因为她很善于结合我们已有或类似的生活经验去营造轻松愉快的课堂气氛，引导我们用生活的底蕴和情感体验去实现对所讲内容的理解、体会与升华。记得有一次在写作课上，为了让我们更好地掌握"环境描写""侧面烘托"的方法和作用，她竟然叫我们大谈特谈看恐怖片的体会，当我们淹没在"惊叫与兴奋"交织的欢笑海洋中意犹未尽时，她才正式切入主题。没想到，在她三言两语的点拨下，我们很轻松就掌握了这两种写作方法。还有一次，我们抱怨《白雪歌送武判官归京》这首诗太长太难背诵时，丘老师竟然套用当时最流行的《青花瓷》的旋律把这首诗唱了出来，记得当时听着她羞涩地唱出"青花瓷"版的怪味"白雪歌"时，班上同学顿时笑成一片，惊讶赞叹之余，我们也懂得了原来枯燥的古诗文背诵也可以这样有趣、欢乐！顿时，原本愁苦的背诵课堂，一下变成了欢乐搞笑的歌声海洋……

——学生　陈钰侨

丘老师在没有教我们之前，我们就早已从师姐口中得知她是一位非常严格的班主任，做事雷厉风行，平时不苟言笑时看起来还是蛮凶的，但熟悉后会发现，她其实是一位"刀子嘴豆腐心"的老师，富有爱心和耐心，特别是对于那些基础比较弱、品行比较差的学困生她从来都不放弃，总是善于挖掘他们的闪光点，抓住身边的教育契机对他们进行循循善诱，我们都亲切地称她为"梅姐"。

——学生　陈君

二、同事眼中的我

我和丘老师搭档了3年，她是一位热爱教育事业，敬业上进的老师，为人正直善良，有很丰富的班级管理经验，善于针对学生的不同心理症状，灵活采用不同的方法进行教育，对学生的终身发展有着非常积极的影响。

——级长　廖建勋

丘石梅老师为人热情善良，具有较坚实的专业知识和较高的教育教学水平，教学经验丰富，很有自己的教学特色和个性魅力，学生都很喜欢她的课。她是一位博学勤奋，爱好广泛的老师，工作之余，除了积极进行课题研究撰写论文外，她还学笛子、学钢琴……精力很充沛，整天都忙碌不停！

——同事　廖红梅

三、专家眼中的我

丘老师是一位热情开朗、勤奋好学、虚心进取的优秀青年教师，在教学中，她潜心钻研、用心实践，有较高的理论水平和实践能力，有较强的求实、求活、求新精神，教学风格独具一格。

——韶关学院文学系主任　赖华强教授

丘老师善于将枯燥的课堂教学渗透学生的实际生活中去，课堂活跃，民主，真正让学生成为学习的主人。

——广东省名班主任，韶关市名班主任工作室主持人　谢玉平

我的育人故事

巧摘恋师"无果花"

夜，静悄悄的，已经很深，正准备休息的我，手机铃声突然响了——是短信通知，我随手拿起打开一看，顿时困惑了："丘老师，很抱歉这么晚了还打扰你，请你无论如何一定要帮帮我呀，这些日子，我实在太难受了……详情请见你的邮箱！"

发短信的是我班学生小芳，她是个文静内向的学生，平时在学校的表现十分优秀，成绩也很突出，但是不知道为什么，最近她上课老是精神恍惚，一副心事重重的样子——这么晚了她到底想和我说什么呢？凭多年班主任的直觉，这件事肯定已经折磨她一段时间了。我真想拨打她的电话马上问个究竟，但由于夜深只好作罢，看来要想了解发生的事情，最好的办法就是马上去看邮件！想到此，我顿时睡意全

无，急忙打开了电脑，一行触目惊心的字首先跳入我的眼帘：

"丘老师，我这段时间过得实在太辛苦了！我是一个坏女孩！坏得让人不可思议……"我的心一下提到了嗓门，小芳为什么会这样说自己呢？我继续往下看"多年来，我在学校一直严格要求自己做个好学生，年年都被评为三好学生，我也因此成了父母的骄傲。可是，我自己也不知道怎么了，心里居然会产生那种可怕的念头——我……我，竟然喜欢上了我们班的英语老师！我知道自己的这种想法很不正常，就像着魔般无法自拔，有时常深深地责备自己，可是没有用，所以理智和情感的矛盾冲突常常使我痛苦万分，我真的不知道该怎么办才好……因为毕竟老师已经成家了，但……

"丘老师，这件事情我一直不敢告诉任何人，希望您能替我保守这个秘密，帮帮我！我实在不想再这样胡思乱想下去了！"

看着小芳的信息，我陷入了深深的沉思。小芳这种心理现象显然就是我们通常说的"恋师情结"，其产生的原因在于：进入青春期的中学生开始对异性产生兴趣和关注，这种心理的成熟和接近异性的渴望，是"恋师情结"发生的内在诱因。再则，由于升上九年级后，班集体的活动大大减少了，学生整天处于紧张的学习当中，而他们正处于渴望离开双亲保护以求自立的"心理断乳期"，非常渴望别人的理解与关怀。八年级才接手我班英语教学的 A 老师由于长相帅气、知识渊博和讲课风趣很快就赢得了我班学生的喜爱，A 老师也常在办公室赞扬我班的良好班风，尤其对小芳和另外几位成绩优异的学生经常表扬。由于小芳性格文静内向，经受家庭的严格管束，平时在校几乎不和男生交往，就这样，人际交往的迫切需要与人际交往的不成熟交织在一起，使她对经常表扬她的 A 老师产生了一种朦胧的、混杂着信任和崇拜、依恋和爱慕的微妙情感，这就是所谓的"恋师情结"。

这种情感的产生本来是无可厚非的，就像花儿到了春天就要开放一样正常。但是，过度的情感压抑和持续的内心冲突，很容易导致学生自我心理失调，从而对他们的身心健康产生不利的影响。如果不及时疏导的话，个别学生甚至会有走向极端的可能……

事不宜迟，第二天一大早来到学校后，我就把小芳约到了风景优美的校友亭谈心，小芳显然很紧张，头一直低垂着，两只手不停地搓着衣角，我一边拉过她的手，一边微笑着委婉地告诉她："处于青春期的少男少女对老师产生这样的心理是很正常的，不要因此就觉得自己是个坏女孩呀，"我单刀直入，先解除她的顾虑，"只不过一定要正确认清这种事情的实质，走出心灵的误区！能说说你是什么时候有这种想法的吗？"我小心试探着问。

小芳点点头，不好意思地说："自从 A 老师任教我们班的英语后，班里的很多同学都喜欢他，我也不例外，我特别佩服和崇拜他的博学多识和幽默风趣。不过在最初的一段时间里，那只是我学习的动力，因为我觉得有这么好的老师，如果自己不认真学的话，那就太对不起老师了。因为我在英语上投入不少，成绩也不断进步，所以经常受到老师的表扬。但是一直以来，我都只是远距离地欣赏崇拜着 A 老师，没别的非分之想。可是自从最近那次我单独在办公室向他请教问题，第一次坐在老师对面，近距离地偷看他那英俊的脸时，那一刻，我突然有种恍惚的感觉，之后就经常想入非非了——总觉得自己就是那童话里的小公主，而 A 老师就是我苦苦追寻的白马王子……"小芳说着说着脸就红了，顿了顿，她疑惑地抬头望着我，无助地问："老师，难道我这样还不是一个坏女孩吗？"

我摇摇头，和蔼地反问道："傻孩子，人们所说的'坏'，是对别人造成了伤害。在这整个过程中，你并没有伤害到任何人，受伤害的只有你自己呀，这怎么能叫作'坏'呢？"小芳听了若有所悟地笑了笑，神情轻松了许多："唉！因为这种感情，我整天魂不守舍：见不到他时盼着见他，见了他又不知所措；没到他上课时盼他上课，等他上课时又什么也听不进去，甚至他无意中看我一眼，我都会面红耳赤。今天课上他提问到我，我大脑里竟然一片空白……我知道我们之间不可能，可我就是控制不住自己的感情，前两天我从杂志上读到一篇写'第三者'的文章，那个可怜的姑娘虽然也付出了真爱，却不仅没有结果，反而被众人唾骂，连亲人都不理她。那种下场，不就是我的将来吗？我真的不敢去想……"看着小芳泣不成声，痛苦万分的样子，我不由得搂紧她的肩膀，轻声安慰道："想哭就哭吧，哭出来心里会好受些，别担心，有我在，我会和你一起想办法处理好这个问题的。"

心理学告诉我们，对青春期学生进行心理疏导的第一步是"情感宣泄"，第二步是"说服教育与自我教育相结合"，小芳哭完后，心情明显轻松了很多，接下来最好的办法就是和她一起思考分析，引导她进行自我教育。

于是我便启发小芳，使她明白：处于青春期的他们正是崇拜偶像的年龄，她所说的那种对老师的感情就像很多同学狂热崇拜影视明星的那样，只是一种"粉丝"对"偶像"的崇拜之情，还称不上爱情。所不同的是春心萌动的少男少女们崇拜老师崇拜得过头，而且在对异性老师的崇拜中，加入了一点性别意识而已，心理学家们把这种恋师状态叫作"无果花"恋。没想到小芳一听到"无果花"这个词，马上忍不住笑了起来："呵呵，这个比喻还是很形象的嘛！""是啊，这个比喻非常适合描绘你们这些情窦初开的少女！"我也笑着附和起来，心里暗暗松了口气，看来，这个小姑娘今后会逐步走出自责的泥潭，正确面对老师了！

望着小芳阴霾一扫而光的笑脸，我觉得可以趁热打铁，继续对她实施第三步"兴趣转移"法了，于是拉着她的手说："走，陪老师到地理园去散散心吧，听说那里的风景不错！""啊？可我还要上课呀！"小芳迟疑地说。"哎，你和我在一起难道不是在上课吗？！"我边笑边拉着她向地理园走去。

到了地理园，我们坐在草坪上，远处是郁郁葱葱的小山，山下是一个水平如镜的小湖，我让她看山，看湖，要求她描绘一下眼前的美景。小芳眼望着前方，慢慢地描述道:"远山如黛,青翠欲滴,几只小鸟盘旋其中,嘤嘤成韵;水,澄澈明净,宁静得就如一块翡翠……"我也不禁沉醉于她富有诗意的描述之中。突然,她轻轻地说:"我似乎是第一次发现大自然如此美好。"我会心一笑:"大自然的美好是令人陶醉的,生活中也处处充满着美呀!而我们,特别是你这样年龄的人,不是更美吗?你文章写得好,各科的成绩也不错,我相信你,只要你把心思都集中到学习上,学业肯定会更辉煌!"小芳听后,坚定地说:"放心吧,老师,我一定会努力的!"

此后我经常利用活动课在班上开展各项文体活动,缓解学生的学习压力。结合小芳的写作和绘画水平比较高的特点,我分别推荐她加入了我校的上美报社和小画匠社团,由于小芳做事一向积极,认真,因此经常获得老师和同学的好评!工作之余,我也经常找她谈心,在前段时间的一次谈话中,小芳表示她能够正确对待师生关系,已经开始集中精力学习功课了。正如她在日记中写的那样:"老师说得很对,爱情之花是圣洁的,只有到了合适的年龄与合适的人,才能栽培成功并使之永远盛开。对于青少年来说,在爱情生长的土壤还不具备的时候,对于'恋师'这朵'无果花',如果不小心已经让它萌芽的话,我们就应该更加理智地让它尽快自然凋谢!……我这朵'无果花'的凋谢,对我来说无疑是一次精神的洗礼,因为它使我完成了对自我灵魂的一次超越,使我的心理变得更加理智和成熟……!"

教学现场与反思

课题:《陋室铭》

一、教学现场

(一) 导入

师:我国古代的名士文人常常喜欢借物来抒情言志,例如有的借梅花来表现自己纯洁坚定的品格和高雅的情趣,有的借竹来写出自己坚贞节操,借莲来表现自己的出淤泥而不染,今天我们将共同学习一篇古代散文中的名篇《陋室铭》,它同样运用了托物言志的写法。

师:有谁知道文章的题目是什么意思?

生:老师,注解有。

师:好,我们大家一起齐读一遍。

(学生齐读一遍)

师:有谁知道"铭"是什么意思?

生:古代刻在器物上用来警诫自己或者称述功德的文字,后来成为一种文体。这种文体一般都是用韵的,常用排比、对偶句。

（二）初读：走近陋室

师：这是一篇铭文。铭文很重视音韵，这篇文章通篇押韵，节奏明快，读起来朗朗上口，充满了音乐美，接下来请同学们听老师范读一遍课文，听的时候要注意文章的节奏和韵脚。（音乐响起，老师范读）

师：听了老师的范读后，谁来划分一下文章的朗读节奏？

生：我认为朗读节奏可以这样划分：山/不在高，有仙/则名。水/不在深，有龙/则灵。斯是/陋室，惟吾/德馨……

师：大家赞同他的看法吗？

生：赞同。

师：大家一定要明白，骈文朗读的节奏通常是这样的：四字句二二，五字句二一二，上下句节奏一致，韵脚要读出延长音，相邻两句有较长停顿。

师：谁来说说课文中哪些字是押韵的？这些字的韵母都是什么？

生：我认为押韵的字有名、灵、馨、青、丁、经、形、亭。韵母是ing。

师：非常好！

师：现在请同学们自由朗读课文，一定要尽量读准字音和节奏，等一下请同学来展示一下。

师：谁来试读前五句？

生：山/不在高，有仙/则名……

师：大家觉得他读得怎样？

生：我认为字音都读准了，但"德馨"这个词的语气还不够强烈，应该要重读，读出作者的自信乐观和自豪的韵味。

师：非常不错，接下来你示范朗读一下后四句吧。

生：可以/调素琴，阅金经……

师：大家应该懂得怎么读了吧？接下来请在小组内互相读给组员听，互相指出不足，等一下进行组间赛读。

（组间赛读，师生点评后，进行全班齐读，要求是在读准节奏的基础上读顺畅，读出感情，再次感受它的音韵美）

（三）参读：初释陋室

师：同学们，接下来我们以小组为单位，结合书下注释和工具书，用参读的形式去疏通文义，进一步走进刘禹锡的"陋室"。

（学生分组进行，老师巡视，收集各小组学生的疑难问题，让其他组的同学来解答，无法解决的疑难老师再适当点拨）

师：你们觉得文中有哪些词语和句子比较重要，需要提醒同学注意的？原因是什么？

生1：我认为"名"这个词很重要，因为在这里它活用为动词，是"出名"的意思。

生2：我认为"劳"这个词很重要，因为在这里它是使动用法，是"使……劳累"的意思。

生3：我认为"斯是陋室，惟吾德馨"这句话很重要，大家要注意把握它的意思，因为我觉得它揭示了本文的主旨。

……

（四）品读：描绘陋室

师：通过疏通文义，我们初步感受到了陋室的韵味，接下来请同学们将文中描写陋室的句子画起来，齐读一遍。

生：斯是陋室，惟吾德馨……无案牍之劳形。

师：前段时间，在我们学校举行的"上美曲初校运会摄影大赛"中，我们班有三位同学上交了作品，其中张娆同学的作品《冲刺》获得了一等奖，其他两位同学获得三等奖，大家认为她们能获奖的原因是什么？

生1：选材选得好。

生2：抓拍抓得巧妙。

……

师：非常对！要想拍出精美的相片，就得有一双善于发现美、捕捉美的慧眼。今天，就让我们带着这双慧眼，透过文字，一起穿越时空，走进刘禹锡的陋室，边读边想象：你眼前出现了怎样的画面？你想拍下哪个画面？说出你的理由（可以仿用下面的句式，也可以自由发挥）：

我想拍下"……"这个画面，因为我觉得陋室的……很……，你看……

我想拍下"……"这个画面，因为我觉得陋室主人的……很……，因为……

生1：我想拍下"苔痕上阶绿，草色入帘青"这个画面，因为我觉得这间陋室和我们村附近的烂尾楼很像（学生忍不住笑出声来，其他同学也哄堂大笑起来）……

师：仅仅是因为很像吗？（我也忍不住笑了起来）难道就没有别的原因吗？

生1：（学生止住笑）还有，觉得它周围的环境很清幽宁静。

师：可以连起来完整说一遍吗？

生1：可以，我想拍下"苔痕上阶绿，草色入帘青"这个画面，因为我非常喜欢它的清幽宁静，你看，草丛里还夹杂着一些不知名的野花，微风吹来，仿佛在眨着眼睛呢！

师：非常不错，想象力很丰富。哪位同学还可以说说？

生2：我想拍下"可以调素琴，阅金经"这个画面，因为我非常羡慕他悠闲自在的生活，可以干自己喜欢的事情，你看，在宁静的黄昏中，他正在陶醉地弹着古琴，认真地读着佛经呢。

生3：我也想拍下"可以调素琴，阅金经"这个画面，因为我觉得这个画面让我的心感受到了一种熟悉的宁静，我平时在家做完作业时也喜欢通过弹琴和看书来放松自己。

师：看来你的兴趣爱好和作者的一样高雅啊，非常不错。

生4：我想拍下"谈笑有鸿儒，往来无白丁"这个画面，因为我仿佛看到主人正在和他那些博学儒雅的朋友在畅谈人生。

生5：我想拍下"无丝竹之乱耳，无案牍之劳形"这个画面，因为它让我感受到主人的心情是宁静而快乐的，毕竟他不用因为做官追名逐利而丧失了本心……

…………

师：同学们的想象力都非常丰富，看来我们这趟时空穿越的收获还是蛮大的。谁能告诉我，刚才同学们的照片分别是从哪几个角度"拍"的？

生：从陋室环境、来往人物和日常生活三个角度拍的。（老师板书）

师：对，通过"欣赏"同学们刚才"拍"的相片，对比起我们现在自己的家，刘禹锡的陋室的确太简陋了，连我们现代社会的毛坯房都不如。有谁知道刘禹锡当时到底遭遇了什么？为什么会住在这么简陋的屋子里，写出这篇文章呢？

（五）悟读：探究陋室

生：老师，我知道，刘禹锡，唐代诗人，哲学家。他生活在安史之乱以后的中唐时期，关心社会现实，忧国忧民。因他参加政治革新运动得罪当朝权贵，被一贬再贬，半年时间连搬三次家，住房一次比一次小，最后成了一间陋室。在此背景下，他愤然提笔写了《陋室铭》，把欺负他的人气得半死。

师：原来这是一篇不畏权势的战斗檄文啊！透过这篇檄文，我们仿佛看到了一个面对权贵百般刁难仍微笑，面对贫困生活仍乐观，面对多次贬官，身居陋室仍高雅脱俗，有着铮铮傲骨的刘禹锡！那么，在这位"诗豪"的心中，这样的"陋室"到底"陋不陋"啊？

生：我认为不陋！

师：为什么？

生：因为作者所住的陋室周围环境非常优美，和他来往的都是有学问的人，他平时的生活也是非常高雅的，所以他应该不会觉得简陋。

师：文中作者有告诉我们陋室不陋的原因吗？

生：有，我认为是这句"斯是陋室，惟吾德馨"。

师：非常好！作者身居陋室，却不以为陋，那是因为他有着高尚的品德，那么，作者想借陋室表达他的什么情操呢？

生：作者要抒发的是一种高洁傲岸的节操和安贫乐道的情趣。

（板书：高洁傲岸、安贫乐道）

师：非常好。让我们再次齐读一遍课文，这次应该读出什么感情啊？

生：应该读出对作者节操的赞美之情！

（播放音乐，让学生在音乐声中再次感受鲜明的节奏感和韵律美，读出对作者的赞美之情）

师：文章用了什么手法来写？

引导学生明白：托物言志。

（六）思维拓展

明确"托物言志"的概念：

托物言志：借助某种事物来抒发感情。如，"蜡烛"常用于颂扬无私奉献的精神。

（七）布置作业：（课后完成）

运用托物言志的写作方法，写一篇习作，大约100字。（提示：从下列的物中选一样：蜜蜂、莲花、松树）

二、教学反思

根据《义务教育语文课程标准》要求学生"能借助工具书阅读浅易文言文"，"具有独立阅读的能力……形成良好的语感。学会运用多种阅读方法。能初步理解、鉴赏文学作品，受到高尚情操与趣味的熏陶"。俗话说，语文课上应有琅琅读书声，尤其是文言文。的确，朗读是文言文教学中的重要手段，鉴于本文是一篇文质兼美、篇幅短小、脍炙人口的名篇，所以在教学中，我对文章进行了如下设计：

（一）多形式的朗读教学贯穿文章的始终

为了让学生在琅琅读书声中感知语言，体味本文的韵律美，更好地揣摩作者的感情，充分"发挥文章的巨大感染力"，我设计了几个朗读环节：①先让学生听老师的配乐范读，在优美的意境中，让学生结合"铭文"的特点，找出文中的韵脚，试划朗读节奏，使学生初步感受的本文的语言特点，整体感知课文。②学生自由读，进一步体会骈体文的句式上的特点，学会运用朗读技巧，领略本文的韵律美。③组内互读展示后进行小组赛读，有效激发学生的兴致后进行全班齐读，使学生在感受文章音韵美的基础上，促进对课文内容的初步理解。④品读探究完课文后，让学生在音乐声中感受韵律美，深刻品味作者的儒雅高傲之感，读出赞美之情。

（二）注重培养学生的质疑和探究能力

在疏通字词这个环节，我改变了以往以老师串讲为主的方法，而以小组为单位，指导学生结合书下的注释和工具书，用参读的形式去疏通文义，进一步感受"陋室"的魅力。学生在分组进行参读时，本人通过巡视，收集各小组学生的疑难问题，让组间同学互相解答（对于难点我则做适当的点拨）。在参读完课文后，启发学生将自己认为重要的字词句推荐给大家，在锻炼学生表达能力的同时，也有效提高了他们提炼关键词的能力，使学生真正成为课堂的主人。

（三）注重营造生活化的语文课堂

俗话说，生活就是一本很好的教科书，因此，我们在教学中，应不断完善语文教学与学生生活实践的外在内化与内在外化的过程，打通语文学与用之间的壁垒，向学生的家庭生活、社会生活等领域延伸、拓展。同时鼓励学生挥动联想和想象的"翅膀"，让他们在生活化的情境中走进文本，去感悟，去发现，去创造。为此，在"品读·描绘陋室"环节中，我带领学生穿越时空，化身为摄影师，鼓励他们在清幽的古筝曲中展开想象的翅膀，用一双善于发现美的慧眼，去寻找"陋室"里自己最喜欢的画面，"拍"回来与同学们分享，并说明理由，使陋室之雅可见可感，有效促进学生对作者情怀的理解、对文章思想美的感悟，为突出陋室的"何陋之有"有效张本。实践证明，这种方式不仅能活跃课堂气氛，激发学生的学习热情，而且可以让问题与问题之间环环相扣，有效引导学生逐步深入文本，使教学收到事半功倍的效果。

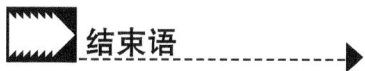
结束语

"起始于辛劳，收结于平淡"，21年的教学生涯，"一支粉笔，两袖清风，播撒爱心点点，收获桃李满园！"每天沐浴着太阳的光芒，呼吸着雨露的清香，用自己的智慧装点着学生的青春，助力他们梦想的绽放，虽感忙碌与辛劳，但回看今天，我无怨无悔！只要我们心中依然装着爱，追求着美，我们就是美丽的，让我们一起在"太阳底下最光辉的事业"里美丽同行吧！

坚守语文教且研　重情立德育聋儿

● 惠州市特殊学校　沈秀荣（初中语文）

▶ **导读语**

　　我是一名中级语文教师，大学毕业以来，在惠州市特殊学校小学部、初中部、高中部一线语文教学阵地上摸爬滚打了19年，有过2年的教务干事、14年的教导处主任的教学管理经历。成长路上曾遭遇过迷茫和尴尬，但是惠州"崇文厚德、包容四海"的文明风气鼓舞着我不断前行，"永远相信远方、永远相信梦想""你的能量，超乎你想象"是我最爱的歌词和口头禅。在聋语文教育实践中，我主张"生活是语文学习的土壤和根基"，教师要把抽象的语言文字与聋生生活的丰富性和具体性相联系，培养聋生发现问题和解决问题的能力，培育他们爱生活、爱家庭、自信感恩的积极情感和品质，对聋生的词语运用、作文互动、阅读理解、书面语训练、自然手语的特征、日记作用、沟通礼仪、积极情绪情感的培养和传统节日习俗的感知做了全面深入的探索和研究，共有15篇论文获奖和发表，先后参加或主持了5个省市级课题的研究。我的教学风格鲜活灵活、亲切自然。

　　学生眼里的我温和亲切，同事眼里的我博学公正。先后被评为"惠州市教育拔尖人才"、"十百千工程"培养对象、"惠州市优秀教师""广东省特殊教育优秀教师""南粤优秀教师"，2015年被遴选为广东省中小学新一轮"百千万人才培养工程"名师培养对象。

▶▶ **名师成长档案**

一、我和特教结情缘

　　我出生在河南省信阳市光山县一个山清水秀的小村庄，童年时农耕文明盛行，民风淳朴，过年杀年猪时，邻居之间互相分享一大碗猪晃子汤：猪红、猪肝、猪肉和红薯粉条。母亲让我送给邻居的猪晃子汤，瘦肉和猪肝这些好吃的都比较多，母亲勤劳、能干、善良的特点深深影响了我。

父亲读书时成绩很好，当过学生干部，但因家境贫困，读到初二便辍学了。他走南闯北跑"副业"，眼界开阔，思想也比较开明，没有重男轻女的思想。记得有一次开学初，姐姐、哥哥和我三人向父亲要钱交学杂费，哥哥是独子，身体又一般，平时是父母的掌中宝，但这次父亲说因为我平时学习认真，成绩优秀，便先给了我1.57元的学杂费，哥哥姐姐也心服口服……这一幕至今难忘，甚至那1.57元的数字，至今都还记得！父亲的这一举动让我明白：机遇与公平会特别垂青勤奋与优秀的人！

事实也确实如此，因为成绩好，我被选为"三好儿童"，在六一儿童节那天，被老师带去镇上电影院看电影——那个年代，电影对农村孩子来说是奢侈品！

接到高考录取通知书才知道，我的志愿被调配成了教育系特教专业！那么高的分数不报当时热门的金融财会院校，却报了冷门的师范教育，而且录取的还是什么教育系特殊教育专业！有的人不解，有的人惋惜，有的人鄙夷："毕业了，和哑巴、傻子打交道，有什么出息！"曾几何时，重庆滔滔东流的嘉陵江、巍巍耸立的缙云山，凝视过我失落的眼神、伫立过我迷茫的身影……不禁写信回家倾诉。送我来学校，看过大学校园的父亲来信说："这种阴差阳错可能就是最好的安排。相信你的专业，三百六十行，行行出状元！……"看了这席话，如拨云见日，我心头的雾霾开始慢慢消散；同时浩如烟海的中外名著《四世同堂》《乱世佳人》《约翰·克利斯朵夫》等，让喜爱阅读文学的我大快朵颐，心灵日益变得宁静和充实；而实习时，看到有耳不能听、有口不能言的聋孩子，面目清秀却连1和2这样简单的数字都难以辨识的智力低下的孩子，有眼不能看、对五彩缤纷的世界毫无感知的盲孩子，让身处宁静美丽象牙塔里的我，感受到了特殊教育的复杂性、艰巨性，意识到自己专业的重要性。

1999年7月，很多交通、行政管理专业的同学毕业后难找工作，不得不回到原籍或南下改行，以致学非所用，我却因学历和特教专业的关系，顺利地成为广东省惠州市特殊学校的一名教师。

二、自豪的特教老师

很多名师都有过换学校或换单位的工作经历：有的由镇中学到县、市中学，有的由学校到教育局教研室，经历丰富多彩。而特殊学校的教师，流动性很小，19年来我一直在惠州市特殊学校工作，见证了她的变迁和成长，在小学部、初中部、高中部都任教过，我在这里也有喜有泪，有起有伏，一路感悟和成长。

惠州确实是个"崇文厚德、包容四海"的城市，多次被评为全国文明城市是当之无愧的！惠州市特殊学校建于1997年秋，当时是市里唯一的一所特殊学校。我任教一年级（2）班的语文，并担任班主任工作。聋孩子们很多来自下边乡镇的偏远地区，和家长沟通时，我不会说也听不懂他们的本地话，担心我被嘲笑和歧视，那些淳朴热心的家长便善解人意地尽量用普通话和我沟通，还帮助把客家话方言翻译成普通话讲给我听，教我学本地话……我决定好好地爱他们的孩子、教育好他们的孩子，才对得起这些乐观善良的家长。和孩子们在一起的时光是单纯和快乐的，我是外省人，虽然远离家乡，但并不寂寞，我课余时间做了大量的纸质卡片，利用游戏法，训练学生看话、说话、写字，本班学生可以看很多老师的口型而不看手语，就明白老师的指令，所以连体育老师都赞叹："这个班的学生纪律好，看话好厉害！"在1999年秋季广播操比赛中，我班学生的动作整齐美观，学校的教职工都惊叹不已，夸奖道："这个班入学才三个月，表现就这么好！"

在2000年六一节那天，校长亲自带着我们一（2）班的聋孩子去东莞参加主题为《爱在人间》的文艺汇演活动。多年后，我的一名学生还在QQ里感谢我带他们参加这次难忘的活动，其实最该感谢的是校长，他把参加活动的唯一名额给了我带的班！

当时的惠州市市长，每逢六一节和助残日，都亲自来特殊学校慰问，看孩子们演出，和教师们亲切座谈；2001年，我任教班级的一位燕女生给调到外市工作的市长伯伯送了一个中国结，我指导她写了一封感谢信，市长亲自回了勉励和夸奖的信，教育局局长、校长去燕女生家送信和慰问……

家长的宽厚、领导对特殊教育的重视和关怀，让我感觉到在岭南的惠州，做一名特教教师，是多么自豪！

在领导的信任下，2001年9月、2004年9月、2012年9月，我被安排做首届小学毕业班、首届初中毕业班、首届高中班的语文老师，在挑战和困难面前，我的专业素养也得到了极大的锻炼和提升。我教过的学生分别考入广州聋人高中深造；2015年我校首届高中班的12名聋生通过聋人单考单招，顺利考上了郑州、湖南、广州多所大学，其他人也全部在惠州本土圆了他们的大学梦，让身为特教老师的我无比欣慰！

三、遭遇尴尬寻优势

2002年9月，新一任校长来到特校。在教导处担任过2年干事的我，2002年12月通过竞争上岗，开始担任教导处主任，领导任命我为行政的理由除了我是特教本科学历之外，主要是我"三实"：老实、踏实、务实。这一做，就是14个春秋！

在校长的高度重视下，2003年5月，我校开始申报市级课题，我参加了课题"构建特殊教育互动式教学模式探讨与实践的研究"。作为教导处主任的我，还兼任学校中心教研组副组长，同时分管语文学科的教育教研工作。在参与课题的过程中，我的科研素养得到极大的提升：2003年12月，我撰写的第一篇论文《补偿聋生思维缺陷的几种练习形式》获市级二等奖；2004年12月，我撰写的第二篇论文

《积蓄，作文互动式教学的源泉》获市级一等奖。

然而，2005年6月，广东省特教专委会举行了首届听障语文四年级阅读教学技能大赛，我的教学设计《不该粗心大意》虽然获得了二等奖，课堂实录却只获得了优秀奖！而其他中师毕业的同事课堂实录效果比较好，代表学校去佛山现场决赛，获得了三等奖。这种结果给我带来了巨大的心理压力，在老师和领导面前觉得自己作为教学行政，没有带好头；而且随着行政事务的日趋增多，我逐渐感觉做语文教师和教学行政间的冲突越来越大，甚至有些招架不住了。课文没有深入细读，手语来不及仔细查阅翻看，作业或试卷有时没有及时批改和评讲……我苦恼、彷徨、焦躁，思想开始动摇，想过放弃语文教学，像特校的一些行政一样，教《沟通与交往》、教阅读写作，或是教思想政治，不用再教吃力不讨好的语文学科了！

冷静下来，我开始理性地反思：我的优势在哪里？语文教学吸引聋生的除了课堂教学上外在丰富的表情和生动有趣的手语讲解之外，还应有内在的思维和情感启迪，这不正是我的优势吗？

（一）继续学历进修，加强语文教学研究素养

为了拓宽语文知识面，我开始自考中山大学汉语言文学专业本科，先后自学了《语言学概论》《民间文学》《中国古代文学史》等14门课程。尤其是《语言学概论》，让我明白了聋人手语与汉语交流碰撞、相互影响的"洋泾浜"现象，对聋生语言和思维的关系有了更深入的了解。面对一些展现在我面前越来越"特殊"的聋生的书面语言作业："今天早上，先起床，接着牙膏，再毛巾，最后操场。"（物品"牙膏"和物品用途"刷牙"不分）"星期天早晨，妈鸡走去家，发现爸鸡，（"母鸡"和"公鸡"被写成"妈鸡"和"爸鸡"，生造词语）说：'我先走。'"……我不再叹息这些句子让人啼笑皆非，改起来无从下手，而是用摘抄本把典型的病句记下来，并且用研究的视角来分析原因，寻找对策。

（二）多次开展公开课活动，在实践中创新和反思

10多年来，我每年都开展一节公开课，如《奶奶　您吃》《苦柚》《木兰诗》《江畔独步寻花》《阿长与〈山海经〉》……在公开课的观课议课活动中，有生活化理念的尝试而受到的好评和质疑，有讲练结合带来的惊喜，有导学案的运用带来的震撼，也有"生成教学"产生的尴尬和困惑……每一次的公开课，都带来了反思和努力调整的方向，在语文教学中留下了不可磨灭的烙印。

（三）鼓励学生要善于思考和发问，加强课堂互动

我不只是自己提出问题让聋生解答，还鼓励聋生多发问，培养他们发现问题的能力：学完了《我的老师》里的句子"最使我难忘的，是我小学时候的女教师蔡芸芝先生"，翠学生问"蔡芸芝老师是女的，怎么能叫'先生'呢？"学完了《北京的春节》，珊学生很神秘地问我"除夕为什么要放鞭炮、灯火通宵和贴对联？"

学完了《最后一课》，文同学问我："阿尔萨斯和洛林什么时候还给了法国？"……聋生的思考、发问精神比任何 100 分都重要！聋生的这些表现，让我看到了语文教学艺术的魅力，看到了他们身上蕴藏的巨大学习热情、聪明才智和语言潜能！

（四）积极参与和主持课题，注重教研成果的梳理

我 2007 年参与了"特殊学校聋生心理健康与德育整合研究"的市级课题；2011 年参加了"聋校词语教学的实践研究"的校本课题；2013 年主持了"增强聋教育手语沟通有效性的实践与研究"的市级课题。

一分耕耘、一分收获：随笔《"奶糖"里的"奶"手语怎么打》《聋校教材何去何从》、论文《聋校词语教学的思考和建议》《新课改下聋校阅读教学课的透视与反思》分别获国家、省、市级奖项；调查报告《聋生日记教学调查报告》《聋人通用手语使用特征的调查与分析》分别获省特教论文一、二等奖，2012 年、2014 年分别发表在《南京特教学院学报》上。

因为教学教研成绩突出，2008—2011 年我被评为惠州市"教育拔尖人才十百千工程"培养对象、"惠州市名教师和学科带头人""惠州市教育家"候选人，2014 年被评为"惠州市优秀教师"。

四、入省百再接再厉

2015 年 3 月，作为特殊教育的一名语文老师，通过层层遴选，我荣幸地成为广东省新一轮"百千万人才培养工程"初中语文名教师培养对象。

在省"百千万"这个高端平台上，通过聆听国内外的专家讲座、到各名校的跟岗学习等活动，我的视野更加开阔了。2017 年 9 月，我申请做班主任，在日常生活中，和听障孩子以及他们的家长有了更多更深入的情感沟通，这些交流对开展语文教育教学大有裨益。课堂上，我采用了新课改提倡的任务驱动、小组合作学习方式，不断探索课程开发和整合的新路子，尝试了"主题教学""汉语统整教学"模式。经过一系列的创新实践，我更加笃定要从聋生视觉思维占优势的直观性出发，大胆实践和凝练自己的教学风格：鲜活、灵活、生活。

实践印证了这种"鲜活、灵活、生活"的可行性。以精美的主题图片为载体，图文结合，帮助听障学生感悟文本，学生很感兴趣。反映自然之美主题的《山中访友》《春》《答谢中书书》等课文，参加了"书香校园·经典诵读"比赛，参赛形式让同行耳目一新，分别获得一、二、三等奖。我联系生活实际上的《北京的春节》《猜谜语》《贴对联》等民俗文化主题的课例或微课，在省级、国家级比赛中获一、二、三奖。节日习俗体现的吉祥文化，也深受学生的喜爱。

我的教研成果论文《听障学生情感类词语的调查报告》获得全国特殊教育论文二等奖；《传统节日习俗在聋语文教育中的实践研究》被评为校级优秀论文。论文《利用生活契机　培养聋生沟通与交往能力》发表在《教研周刊》上；《从具体

入手，培养听障学生说写沟通技能》发表在《语言文字学》上。2017年11月参与了和省兄弟学校佛山启聪学校的"同课异构"活动，上了《喜怒哀乐见真情》的示范课。主持的课题"增强聋教育手语沟通有效性的实践与研究"2016年9月获得市级科研成果评比二等奖；主持的小课题"情感类词语在聋语文教学中的作用"2016年12月获得省级研究成果三等奖。2016年8月申报了省"百千万专项科研项目"课题"传统节日习俗在语文教学中的研究"，课题研究成果校本教材《走进传统节日习俗》顺利通过了审核鉴定，2019年1月顺利结题。

2017年，我获得了"广东省特殊教育优秀教师"荣誉称号；2018年，我获得了"南粤优秀教师"荣誉称号。2015—2018年，我指导的4位青年老师分别获得了省级教学技能竞赛二等奖、"惠州市优秀教师"等荣誉称号；所带班级的学生也全面发展：2017年，2名听障学生在市级作文比赛里分别获得二、三等奖；2018年，2名学生获得"惠州市优秀学生""惠州市美德少年"荣誉称号；2名学生在"广东省陶艺（面点）职业技能大赛"中获得二、三等奖；1名学生在市级"法治"征文比赛中获得一等奖。

我的学科教育观

一、我的语文教学主张："生活语文"

经过多年的教学沉淀，我心目中理想的聋语文教学主张是"生活语文"。"生活语文"是指：生活是聋生学习语文的土壤和根基，在日常教学过程中，聋语文教师要树立"大语文观"的意识，多采用汉语统整教学活动，引导聋生从书本走向生活，从课堂走向社会，在生活实践中学习汉语。教师要把抽象的语文知识与聋生生活的丰富性和具体性相联系，培养聋生发现问题和解决问题的能力，并通过对汉语的学习和感受，培育他们爱生活、爱家庭、爱自然、自信感恩的积极情感和品质。

（一）生活语文要回归丰富的生活

由于聋孩子受听觉障碍的影响，他们不能充分地利用周围丰富的有声语言的刺激帮助自己形成口语，但是他们对生活的体验是敏感的。语文知识来自生活，生活中有语文知识，回归生活才能让聋生真正体验到语文知识的根本和灵魂。学完《北京的春节》，里面有贴对联、穿新衣等习俗知识，为了实现"生活"和"语文"在聋生心中的对接，除了课堂上的文本学习、归纳节日习俗以外，我课外还开展了一系列综合性的节日习俗探究学习活动，丰富了学生语文学习的方式：①猜谜语。为了加强聋生的文字思维，寒假期间，我在班级微信群里，结合春节最普遍性的习俗，选了聋生喜欢的篇幅短小、语言生动、便于理解的文字"姐妹一般长，爱穿红衣裳；站在门框旁，年年报吉祥"（猜一节日用品）搞猜谜语活动。②拍照片。聋生理解了文字，猜对了谜底"对联"，还要用手机把自己家里的对联拍下来发到群里，便于直观理解，我再发个小红包奖励，聋生非常兴奋和积极参与。③写日记。聋生生活里表象、零碎的视觉形象的自然思维，需要通过转换成有序、规范的书面语言，提升他们的文字思维能力，发展积极的情感。我鼓励他们把自己家的春节习俗写下来，评选优秀日记，进行张贴。聋生写《快乐的春节》，有写除夕那天，奶奶要大家用橘子水洗澡，表示来年"吉利"的；有写大年初一要早起读书，这时记忆力最好；有写自己年初四穿白色的衣服被外婆骂，被教育要穿红色的；有写被教育年初六前不要洗头，否则来年容易生病的……充满了独特的家庭文化生活气息和浓浓的习俗文化味。这种和生活互动的方式，既让学生学到了知识，也融洽了师生关系，密切了家校联系，尤其是微信群里猜谜语活动，趣味性、互动性强，一些家长也情不自禁地参与其中。

（二）生活语文的教学评估重视生活中的情感体验

聋教育语文教学质量的评估试题，如平时的作业设计、单元测试评估，语文教师有设计命题的自主权。在学习系统的情绪词语时，我引导聋生用简单的思维导图分类来掌握喜、怒、哀、乐、惧等情绪情感，聋生创造性地用红色、蓝色、绿色等不同颜色标注出喜出望外、悲痛、憎恨、愤怒、遗憾等情感色彩；理解运用词义时，我设计了聋生喜欢的选择填空题（"脚手架"式），句子内容充满了生活气息：

"害怕""喜出望外""失望""①舅妈生了个白胖男孩，亲人们（　　）。""②我们班经典诵读获得了第三名，同学们很（　　）。""③小女孩没有卖出一根火柴，她很（　　）回家，最后又冷又饿，在外面被冻死了。（《卖火柴的小女孩》）"充分理解了生活情感，聋生写作文"一件____（失望、后悔）的事"，便容易了很多。

（三）生活语文重视聋生日常沟通书面语言能力的评价

口语、手语和书面语的语言教学是聋校的一项重要任务，但对聋生来说，形成和发展他们的书面语言，是聋语文教学的根本任务。因为就沟通方式而言，书面语比口语、手语更稳定、规范和统一，更易理解，因此掌握了书面语言表达的技能，就使聋生掌握了与健听人沟通的基本工具，进而更好地融入主流社会。

聋教育经历过"手语派""口语派"之争；经历过聋人手语、汉语的第一语言、第二语言地位之争；经历过自然手语与文法手语之争；经历过聋校教材与普校教材之争……十多年来，随着聋教育高等教育的普及，聋生书面语言的应试技巧和作文表达能力，成为评价聋语文教育效果的有力证据。但是，聋生日常沟通的书面语言意识、能力和技巧同样非常重要。在微信、日记和作文中，可以了解聋生运用语言的能力和内心丰富的情感。一次，我班的娜同学和闺蜜去书店买书，购物小票中了三等奖，他们来到中奖处，但服务员讲的话他们听不懂，那位闺蜜尴尬得不知所措，这时，娜同学勇敢地在纸上笔谈说自己是聋人，听不懂叔叔的话，对方恍然大悟，便高兴地和她们笔谈，她们兴奋地领了奖品雨伞。娜同学在日记里自豪地和我分享了这件事，我非常高兴她有笔谈意识和能力，让自己解决了日常生活中的难题，更好地融入了社会，尽管期末她的语文分数是"良"等级，但是我给了她"优秀"等级。

二、我的教学风格解读

我的教学风格是鲜活、灵活、生活。

（一）鲜活

鲜活指教师尽可能提供合适的教学载体（实物或生活事例），符合聋生的视觉学习特点和思维审美兴趣，像桥梁一样，让学习的文本具有可视性、趣味性和操作性，实现教师、学生、文本和作者情感的契合。如《端午的鸭蛋》，我避免一味地语言感知，只提供 PPT 和课本、练习题的单一模式，而是自己外出，挑选了颜色上淡青色的、洁白如玉的鸭蛋，形状上样子秀气和愚蠢的鸭蛋。在挑选的过程中，教师自己也加深了对文本的理解，体验了作者童年的乐趣，对怀念和喜爱鸭蛋的情感体验得更深刻了。课堂上让学生也来体验挑鸭蛋、挂鸭蛋络子的习俗乐趣。一些教师过分地强调对课本语言文字的感悟，较少提供直观的图片教学或实物，担心过多读图或活动式花哨体验影响对文字的理解，结果语言文字的理解教得干巴巴的，课堂气氛沉闷。教师自己对文本和作者的情感没有深刻的体验，是很难拨动学生情感的琴弦的。

（二）灵活

灵活指的是教学策略要针对聋生的学习兴趣，促进学生去悟。全国著名聋教育专家、曾任武汉第二聋校校长的余敦清先生这样说："聋生的教育艺术，体现在诸多方面，其核心就是一个'悟'字。'悟'可以寓教于乐，可以悟出道理，悟出结果，悟出规律，让聋生学得轻松。"

在教学《江畔独步寻花》，聋生喜欢视觉渠道的学习，我便打印了两幅图片，让学生分 A 组、B 组，观察、比较、辩论哪幅图更契合"留连戏蝶时时舞"的意境，聋生兴奋异常，结合自己生活经验里看到的花、蝴蝶和对文字的理解，辩论激烈，独到的见解令我惊讶。

关联词语需要推理等抽象逻辑思维的参与，聋生理解运用时感到很吃力。平时日记、作文里的关联词语也很少，偶尔有也用得不符合要求。像用"由于……都……"这类词造句时，我结合班级、学校生活实例写句子帮助他们理解："由于李婷品德好、学习好、劳动认真，每次期末她都被评为'三好学生'"，"由于九年级的同学表现出色，每个月都被评为'文明班级'"。由于这些生活实例反映了聋生的生活现实，能激起他们的共鸣，聋生立即心领神会。在练习造句时，有一名聋生这样写道："由于家里有很多家务事要做,妈妈每次下班回家都很忙。""由于郭凤同学聪明、懂事,老师们都很喜欢她。"用抽象词语"情不自禁"造句,聋生在生活实例法的启发下,造出了"吴兰在教室里看动画片《猫和老鼠》时,常常会情不自禁地笑起来""篮球赛上,叶林投中很多球,围观的同学情不自禁地鼓起掌来""李文数学考试取得第一名,他高兴得情不自禁地跳起来"之类的句子。用得非常贴切,这样变理解文字为感悟生活,能快乐、积极有效的学习。

（三）生活

是指写作训练,要抓住文本的情感点,鼓励学生把所学的语文知识,迁移到生活中,去感受、去体验生活的真、善、美。作文训练,我不拘一格,早在2005年就写了论文《积蓄,作文互动式教学的源泉》,提出作文的命题要贴近聋生的生活积蓄,让他们能自由地抒发真情实感。

学了《爸爸的花儿落了》的课文里"下雨天,小英子赖床想逃学,被爸爸用鸡毛掸子狠揍"严格管教的事例后,我提炼出"挨打"的作文题目,让学生写自己挨打的经历,有写和弟弟争饼干吃吵架打架,被爸爸打屁股的;有写偷妈妈的钱去买零食和朋友吃,被发觉,妈妈或爸爸拿晾衣架或竹棍打自己的;有写自己和同学闹矛盾不想去上学,被爸爸拿树枝把手打紫的;有写自己不午睡吵到父母休息挨打的……如今他们长大了,回忆起挨打的经历,体会到的情感不再是怨恨,而是严格管教下温馨的爱和教导,进而更加热爱亲人、感恩父母!

▶ 他人眼中的我 ▶

一、学生眼中的我

沈老师看起来慈眉善目,亲切、耐心,但是教学工作认真细致,对我们的学习非常严格;她的生活化的教学让我们很难忘,我好想念她的课堂!

——毕业学生　李丽婷、严慧珊

二、同事眼中的我

沈老师是一位好学、沉静、学者型的老师和教学管理者,博学,温和,低调、公正。

——同事　曾家苑

沈老师有很好的教研素养,很会挖掘、捕捉生活和语文课文中的连接点,在课堂中和学生互动,让学生学以致用;并热心、严谨、无私地带我们做课题,促进我们青年教师的成长。

——同事　兰冲、廖志坚

三、专家眼中的我

沈老师是位有思想的老师,听沈老师的课,她没有让你模仿的格式化的套路,她的教学充满创意、文化味和思想性，设计活动很新颖，课后给你很多方向性的启迪和思考。

——杭州聋人学校语文高级教师　章建芬

 我的育人故事

我当"导演"，学生"入戏"学"善良"
——我的一堂微信德育课

良好的沟通与交往礼仪，可以使聋生与周围的人愉快和谐地相处，建立良好的人际关系，更好地适应校园、家庭和社会生活，逐渐社会化，有助于他们今后更好地回归与融入主流社会。由于聋生自身听力损失、家庭教育和沟通的缺失，他们的沟通与交往礼仪绝大程度上依赖于学校的教育和训练，语文老师是其中重要的指导者之一。

但目前大多数聋生的沟通与交往礼仪却不容乐观，特殊学校的一些聋生，接受了九年的义务教育，但和周围的师长、同学、亲人、朋友交流时，无论是语言（口头语言和书面语言）、行为举止还是精神情感，总显得与其年龄、身份很不相称。其实，只要训练得法，聋生也可以具备良好的沟通礼仪。

如今，手机微信这种网络沟通平台逐渐普及，因为它突破了时间、空间和语音的限制，一定程度上满足了聋生日常生活沟通与交往的需要，成为聋生喜爱和依赖的重要沟通形式之一。我便充分地利用这个平台，来帮助聋生提升聋生的认知水平、礼仪素养，养成良好的品行。

2018年5月，豪同学和峰同学分别在广州、佛山参加广东省特殊教育职业技能大赛中获得二、三等奖，峰同学周五上午在班级微信群里，将他们的获奖证书照片发了上去。

很快，峰的妈妈发来了祝贺的句子与表情包"强""强""强"，我也发了祝贺的句子"恭喜军军获得二等奖！"和祝贺的"鞭炮"表情包。中午，学生开始离校回家，我把保管的手机还给了他们；然而，到了下午3点多，班群里一片寂静！

看到这种情况，我又焦急又纳闷：这是首次省级特殊学生技能比赛，在时间紧的情况下，两位同学坚持从下午4点训练到8点，取得二、三等奖，为学校争光，真的很不容易！学生为什么对同学的获奖和成功无动于衷？

仔细想想，我似乎明白了：豪同学因为家庭特殊：他由养父的爸妈带大，老人很疼爱孩子，由于他是聋人，沟通和教育存在障碍，豪小学低年级时就调皮贪玩，到了高年级，他开始沉迷网络游戏，厌学，各科成绩不合格；初一、二又更加叛逆，多次违反学校的纪律，班级因为他扣了很多分，多次无缘"文明班"！他算是个"小名人"了。可是，豪同学擅长动作技能的学习，平时羽毛球是"高手"；而

峰同学是劳动很负责，学习态度认真，但学习成绩不理想。而在这次陶艺技能训练中，他们主动报名，不怕苦不怕累，表现很棒！

我得抓住这次难得的德育机会！

我便开始发微信，私聊给三位班干部和其他同学，提醒他们要在群里祝贺获奖的同学，不能那么冷漠！班干部果然聪明，发了文字诸如"恭喜""祝贺"和表情包配合的祝福给两位同学，其他几位学生看到有同学祝贺，也纷纷祝贺；但是有个男同学只祝贺自己的好朋友豪同学，有两位女生说自己在峰同学的微信朋友圈里已经祝福过了。我说现在他是在班群发了奖状，班群里有全班同学、老师及家长，人数多，和朋友圈不同，还是要在班群里也赞一下的。两位女生中一人明白了朋友圈和班群的区别，马上又在班群里祝福。但另一名女生却认为自己已经在峰的朋友圈里点赞过了，不肯在群里再次祝福。

于是，班群里逐渐热闹起来了：全班十一位学生，有八位同学参与了称赞和祝福；有部分家长也开始祝福和鼓励，数学和英语老师也表示了祝贺！

但是，获奖的两位同学却一直没有吭声！我又开始行动了，赶紧给班长私聊：要提醒峰和豪同学对别人的祝福表示感谢！同时又私聊给这两位同学，于是，峰同学说谢谢同学们，我提醒也要谢谢老师和阿姨。古怪精灵的豪同学，估计是复制了我的信息，在群里发"谢谢同学们、老师和阿姨的祝福"。

一场看似很礼貌、周全的微信交往，在我的幕后"导演"下，经过一个多小时的周旋，终于落下了帷幕！那一瞬间，我忽然觉得好疲惫和惆怅：一场看似简单、自然的微信交往礼仪，在这些特殊孩子身上，我却费了近2个小时！

周一来校，我先上了两节语文课，然后留下10分钟上班会。我先让他们回忆，周末班群里有什么新鲜事，开始大家茫然迷惑地看着我。我有些失望：我费了那么久的事，才两天，你们就想不起来了！一位平时比较灵活的女同学想了想，说是获奖事件，我高兴地表扬了她；其他同学则恍然大悟似的，向那位女生投去羡慕的眼神，纷纷讲周末微信上的获奖祝福事件，他们的眼神一下子有了新的光彩！

我受了感染，让他们复述我微信里的沟通礼仪，大家都露出会心的微笑；班干部为自己没有想到主动给获奖同学祝贺而显出遗憾的笑容，那位只给自己要好的朋友祝福的男同学显出羞涩的笑容，那两位获奖的同学也再次对面前祝福过自己的同学露出感激的笑容，大家纷纷畅所欲言，连下课铃声都似乎响得太快了！我小结并做了板书：祝福获奖的同学，这也是善良；感谢别人的赞美，这也是文明！

对孩子们今天课堂上的反应，我很意外和欣喜！曾几何时，我们语文教师教学完了《穷人》《阿长与山海经》《唯一的听众》等课文，进而让学生体会桑娜、阿长这些人物的"善良"和音乐教授的"善良""文明"，到了学生那里，却遭遇"大脚穿小鞋——进不去"的尴尬和无奈，因为这些事例远离他们的生活，品德教育总有一种隔靴搔痒的感觉。他们欣赏敬佩"善良"的美德，在生活中却不知自己做什么才是善良。而今天，善良、文明的另一种表达，他们深深地领会了：原来善良和文明并不遥远，自己赞美同学的成功，就是善良；感谢别人的赞美，就是文明。

今年暑假期间，婷同学在班群里说自己在省级篮球赛上获得第三名，这次，同学们纷纷主动说出了祝福，获奖同学也表示了感谢。我欣慰地笑了：善良文明的网络礼仪种子，终于在孩子们的心中开出了花朵。

最难得的是，豪同学在这次技能比赛中，获得了来自学校领导、老师和同学们的极大的鼓励和赞赏，有了成就感与自信心。在9月份，在我的鼓励和指导下，他认真准备手语和演讲词，参加了学校学生干部的竞选，获得了较高的得票率，光荣地成为一名值日学生干部！

 教学现场与反思

一、课堂教学实录：《北京的春节》（第三课时）

（一）选课背景

传统节日习俗寄托着人们对美好生活的向往和祝愿，展现了中华民族优秀的文化内涵和价值取向，近年来我国对中华民族传统节日文化习俗的传承越来越重视。传统节日习俗教育在语文教育领域里是一个不可或缺的文化教育问题，语文教学应该担任起传承中国传统节日文化的重任。在聋生中开展传统节日习俗的文化研究，可以更好地调动聋生的学习兴趣，激发教师和聋生关注生活中传统节日习俗的美，培养审美情趣，热爱生活。

为此，我选了老舍先生写的极具生活气息的课文《北京的春节》（人教版小学语文六年级下册），适合聋教育七年级的学生学习。本课时的教学任务是引导聋生感受春节的第一个高潮：除夕习俗活动（课文第七自然段），中心句是"除夕真热闹"。教学的三维目标是，聋生能用喜爱的情感朗读文本，用句式"做什么"归纳除夕七大习俗，并理解习俗蕴含的文化寓意；能联系生活实际，进行知识的迁移，会用"除夕真热闹"这一中心句，个人或小组自豪地表达出（说或打手语）自己家庭过除夕的具体习俗活动，特别是亲人或自己说的新年祝福语；在合作探究的过程中，培养聋生互助合作的品质和感恩亲人、热爱家庭、热爱生活的思想情感以及和人沟通的文明礼仪修养。

（二）教学过程

1. 谈自己经历过的除夕习俗，导入新课，了解课文里老北京的习俗

师：同学们，除夕那天，你们家有什么习俗活动呢？

生1：穿新衣、吃肉、喝饮料。

生2：看电视。

生3：拜年、抢红包。
生4：玩游戏、打牌。
　　……

师：习俗活动很丰富，看得出大家过得很开心！那么老舍笔下老北京的除夕有哪些习俗活动呢？我们一起来朗读课文第七自然段。（屏幕出示大字课文，带着学生口语、手语朗读）

除夕真热闹。家家赶做年菜，到处是酒肉的香味。男女老少都穿起新衣，门外贴上了红红的对联，屋里贴好了各色的年画。除夕夜家家灯火通宵，不许间断，鞭炮声日夜不绝。在外边做事的人，除非万不得已，必定赶回家来吃团圆饭。这一夜，除了很小的孩子，没有什么人睡觉，都要守岁。

师：大家看一看，找一找，老北京的除夕习俗有哪些？
生：（手语、口语集体说）做年菜、穿新衣、贴对联、放鞭炮、灯火通宵、吃团圆饭、守岁。
师板书以上习俗。

2. **朗读板书，学习除夕七大习俗的口语、手语表达方式**
师生齐读黑板板书。

3. **练习测试，用图片、视频直观手段，多方位地巩固对习俗文化寓意的立体理解**

师：（出示做年菜PPT图片）那现在我来考考大家，看看图片，说出相应的习俗。这是什么习俗？
生：做年菜。
师：（出示穿新衣PPT图片）这是什么习俗？
生：穿新衣。
师：（出示贴对联PPT图片）这是什么习俗？
生：贴对联。
师：（出示放鞭炮PPT图片）这是什么习俗？
生：放鞭炮。
师：（出示灯火通宵PPT图片）这是什么习俗？
生：灯火通宵。
师：这些习俗寄托了人们美好的愿望，希望新的一年，喜庆、幸福、吉祥、平安、健康。那你们知道为什么有贴对联、放鞭炮和灯火通宵的习俗吗？
生：（沉思，显出疑惑的神情。）
师：这些习俗有美好的传说，大家先来看一段视频，等会用自己的语言来说说视频表达的意思。

（播放视频漫画，约3分钟后，观察有意向发言的同学）许同学，请你上台，面向大家,用自己的语言说说过年的传说。

生:除夕,年怪兽从海里出来,人们很害怕,纷纷逃到深山里去躲避。一位神仙老爷爷来帮人们,他贴红纸,点灯,放爆竹,"砰!砰!砰!"年怪兽吓得后退,逃跑了!人们安全了,高高兴兴地回家做好吃的,叫过年。

师:你很勇敢地上来发言!说出了主要意思,而且手语生动有趣!大家鼓掌表扬他!

师:(出示吃团圆饭和守岁的PPT图片)这是什么习俗?

生:吃团圆饭和守岁。

师生齐读"除非万不得已,在外边做事的人,必定赶回来吃团圆饭"的句子,教师讲解关键词"除非……必定……",强调老北京人对亲情的重视。

4. 师生齐声朗读课文第七自然段,进一步感知除夕的热闹,为说习俗做铺垫

师:我们表演记者来采访,看看谁能说出自己家的除夕风俗。……好,雪,请你说说。

生:除夕真热闹!我们家做了年菜,红红的放了鞭炮(师纠正:放了红红的鞭炮),贴了红红的对联,大家很开心,一边吃团圆饭,一边开心地聊天,喝酒干杯,晚上都不睡觉,守岁,看电视,发红包(压岁钱),说"新年快乐"!"恭喜发财"!全家人很快乐幸福。

师:说得很全面,并使用了中心句"除夕真热闹",真棒!(师生鼓掌)

5. 小组合作探讨,交流汇报除夕风俗及蕴含的美好愿望(重点,约5分钟)

师:(出示年菜PPT图片)这里有10道菜,寓意"十全十美",好像大家考试希望得100分一样,表达了人们对生活的美好愿望。现在请大家拿出课前的练习题,分小组讨论,写在彩纸上,等会分组上台汇报,比一比哪组汇报得具体、丰富有趣。(教师分发彩色卡纸,用填空这样半开放、支架式的题型,让聋生读、思、议、写)

(1)除夕这一天,"吃团圆饭"极其重要,亲人的团聚让人幸福欢乐。除夕,你家吃"团圆饭"有____道年菜,年菜分别是:_____;喝的是:_____;亲人有:_____,你们说的祝福语有:_____

(2)每逢春节,无论城市还是农村,家家户户都要精选一幅大红春联贴在大门上,为节日增加喜庆气氛,也表达了新的一年美好的愿望,除夕这一天,你家贴的对联上联是:_____,下联是:_____,横批是:_____。表达了你家对_____(平安、幸福、富贵、健康、美满、吉祥……)的向往。

(3)除夕守岁时,你的活动是:看春节晚会、_____,亲人给了我压岁钱,爸爸给了我_____元,妈妈给了我_____元,还有亲人给了我_____元。我说"_____"。

生分组练习，师巡视指导。

6. 小组代表汇报

生：（年菜和团圆饭组，张贴成果到旁边的黑板上）我们家的年菜有鸡、鱼、青菜等，有10道菜，寓意十全十美。雯雯家的有9道年菜，寓意幸福"长长久久"。我们家一起吃团圆饭的亲人有爷爷、爸爸、妈妈、伯伯、婶婶。我们干杯。我祝福爷爷"长命百岁"，爷爷"祝我学习进步"。

师：沈老师也祝福年菜组的同学们全家平安，"十全十美"，幸福"长长久久"，大家吉祥如意，你学习进步！

师：（出示贴对联的PPT图片和实物投影学生的对联）请对联组同学展示汇报自己家的对联。（预设学生读横批可能会习惯从左到右读，和传统的从右到左的读法不同，教师引导学生不要生搬硬套地按照习惯读，而要根据意思灵活、正确地读横批）

生：（读自己家的对联 先读横批）吉大春新。

师：（疑惑的表情）吉大春新？通顺吗？

生：（恍然大悟）新春大吉。

师：请你读一读。

生："春夏秋冬行好运""一年四季遇贵人"。

师：这副对联表达了你们家的什么愿望？

生：（羞涩和自豪的神情）希望我们家一年四季都吉祥，遇到困难时有善良的人帮助，生活幸福。

师：说得很有感情！周末回家，考考爸爸妈妈，问你家的对联表达了新年的什么愿望？再把自己理解到的对联的美好寓意告诉爸爸妈妈，好不好？

（生高兴地连连点头）

师（拿出一副丹红的实物对联）：你们家除夕谁贴对联？

生1：爷爷。

生2：爸爸。

生3：哥哥。

生4：爸爸和叔叔。

……

师（笑）：都是男的贴对联。那我们请一位高个子男同学贴这副对联，以后你们长大结婚了，要做爸爸妈妈，要会贴上、下联，不要贴错闹笑话。

（生兴致勃勃地看同学贴对联）

师引导大家区分上下联，并朗读对联内容，体会对联里的寓意和美好愿望。

师：（出示守岁的PPT图片和红包）守岁习俗的含义是老年人守岁，是珍惜光阴。年轻人爸爸妈妈哥哥姐姐等守岁，是祝福老人身体健康，长命百岁，是孝顺的美德。红包（压岁钱）习俗，压岁钱是长辈给晚辈的，希望晚辈吉祥、好运。轩同学，请你汇报守岁组的习俗活动。

生：除夕，爸爸、妈妈、叔叔、婶婶打麻将，我和弟弟、妹妹打纸牌，后来我们先看春节晚会，我喜欢看小品，爆笑！12：00 新年到了，我给亲人拜年，说"新年快乐""心想事成"……爸爸给了我 100 元的压岁钱，姑姑发信息给了我 200 元的红包。我收了红包，我对长辈说"谢谢"！"恭喜发财！"

师：大家汇报的除夕活动真是丰富多彩，我们的年文化充满热闹、喜庆、团圆！那 2017 年的除夕是几月几日？请同学们下课后自己查查，到了除夕那天时，运用今天所学的知识，再次体验除夕习俗的喜庆和美好寓意。再见！

7. 作业布置（电子板书）

以"除夕真热闹"为中心句，写出除夕的习俗活动（不少于 4 种）和自己的感受。300 字以上。

附板书设计：

```
              ①做年菜
              ②穿新衣        热闹
    除夕      ③贴对联
    习俗      ④放鞭炮        喜庆        中国年文化
              ⑤灯火通宵
              ⑥吃团圆饭      团圆
              ⑦守岁
```

二、教学反思

本着"让语文走进生活"的"生活语文"教学主张和"鲜活、灵活、生活"的教学风格，本节课，我从以下方面进行设计和构思：（1）在课堂气氛的营造上，为了突出春节的喜庆，作为教师的我穿戴了中国人喜欢的红色：大红衣服，朱红围巾；（2）在沟通模式上，采用了师生互动的问答法、记者采访法，生生互动的小组合作讨论法、汇报法，让学生成为课堂的主体。（3）课程资源开发和体验式学习方面，课前布置任务驱动练习题，让同学们回家调查，读读抄抄自己家对联的内容，关注生活中的语文学习资源；为了更好地理解贴对联的文化寓意，教师准备了红红的实物对联，让聋生贴一贴，在体验中学习和感受节日习俗的美好吉祥。（4）教学风格上：①鲜活。教学载体上，本节课充分利用信息媒体的优势，实现信息技术和语文学科的深度融合，习俗的载体有色彩丰富鲜艳、充满习俗喜庆气氛的 PPT 图片，有关于过年传说的动漫视频，实物丹红对联和利是包，较好地调动了聋生学习的主体性，体现了"鲜活"的特色。②灵活。教学策略上，采用了小组合作学习法、访谈法、任务调查法和汇报法，课前大部分聋生能根据教师的指导和要求，围绕各自的主题，进行各种途径的探究学习，热情高，态度认真，有口头资料、书面资料，角度和内容丰富多彩，课堂上汇报积极，活动有一定的质量和效果，达到了预期的教学目标；教学板书方面，有黑板板书、电子板书，体现了"灵活"的教学策略。③生活。说写运用方面，让聋生紧扣自身生活经验，描述自己家的除夕活动、收集自己家的对联内容、说团圆饭上的祝福语等，生活气息浓厚且各具特色。体现了我教学风格"鲜活、灵活、生活"的三大特色。

不足：课堂知识和活动容量有些大；聋生上台口头（手语）汇报说的时间和次数较多，写的训练体现得不够；教师的教学语言需要再精练些。

结束语

在"寻找自然之美""感受节日习俗之美"的综合性语文学习活动中，让学生到大自然、到家庭里去发现生活语文的美，看到聋孩子用手机拍下火红的三角梅、亲人贴对联和吃团圆饭等节日习俗，并写出了真情实感的作文，在生活中学习和运用祖国语言文字，感受了自然之美、亲情之美，作为一名聋教育语文教师，我真的很幸福！

最后，以泰戈尔的诗做总结："向前走吧，沿着你的道路，鲜花将不断绽放！"

持守教书道，唯用一好心

● 茂名市茂南区袂花学校　郑晓霞（初中语文）

▶ **导读语**

郑晓霞，茂名市茂南区袂花学校语文高级教师，广东省普通话测试员，广东省中小学新一轮"百千万人才培养工程"第二批初中文科名教师培养对象，茂名市名教师，茂名市首批名教师工作室主持人，茂南区中学语文兼职教研员。主持或参与多项省市级教育科研课题的实验研究，发表、获奖论文18篇，课例获奖累计14个。先后荣获南粤优秀教师、茂名市基础教育系统优秀教师、茂名市中学语文课改标兵、茂名市语言文字先进工作者等27项荣誉称号。

语以述情，文以载道。郑晓霞从事语文教学已有18年，虽然还算不上是教坛的"老黄牛"，但也不再是当初懵懵懂懂的"新丁"；虽执教于偏远小镇，却能安之若素。十几年的执鞭生涯，她由小山村走向了区，再由区走向市，现在又由市走向了全省。她始终坚信：人生最重要的，不是所站的位置，而是所朝的方向。把简单的事情做彻底，把平凡的事情做成经典。这三尺讲台，需要一颗专注于教育的恒心，一颗锐意创新的慧心，更需要一颗精益求精的匠心！

▶▶ **名师成长档案**

我来自广东茂名，执教于一所仅有900余名学生的农村学校——茂南区袂花学校。在外地参加培训或进行讲学讲座时，经常有老师问我："'袂花'的'袂'字怎么读？你们那儿是不是有很多花？"每次，我都会很仔细地介绍：我们袂花是一个镇，这个字读"mei"，联袂的"袂"，我们那儿不卖花，但是却有一条美丽的袂花江，也有历史悠久的冼太文化。

每次介绍完，我都有一种非常强烈的归属感。是的，茂名是海内外闻名的

"冼夫人故乡"、冼太文化的发祥地,冼夫人用"我事三代主,唯用一好心"的名言来言传身教,世称"岭南圣母",宋代大文豪苏轼称颂其为"三世更险易,一心无磷缁",同时她也被周恩来总理誉为"中国巾帼英雄第一人",而茂名近年来更被誉为"好心之城",所谓"好心",既象征着茂名人的勤劳善良、有容乃大,也意味着我们勇于担当、敢为人先!

做人如此,工作更应如此。

老师不易当,农村的老师更难坚守,但这十几年的时光,我仍然把光与热挥洒在农村土地上而不言后悔,我们教师这一行是需要归属感和责任感的,过去的前辈教育我们,做事尽力就好,但我现在觉得,教师是份良心活儿,既要尽力,更要尽心!我用属于茂名人的那份热情、执着与担当,默默耕耘,用心细细丈量着这三尺讲坛的每一个角落。

一、初生牛犊不怕虎

其实,当老师一直不是我的职业首选,但父亲是一名退伍军人,在家基本上是"一言堂",所以我还是放弃了最初想当同声翻译的梦想,当起了"孩子王"。犹记得当年去学校报到的第一天,看到那破旧不堪的教学楼时,自己那灰暗的心情。当时接待我的是时任袂花镇教办主任陈金朝,他看出了我的失落,于是笑呵呵地对我说:"别失望,困难是暂时的,过不了多久,你就会爱上这里的。"

或许我天生就是当老师的料,我果然很快适应了农村的教学生活,也爱上这个虽然破旧但却充满人情味的学校,更加喜欢上那些成绩虽一般,却深深信任依恋着我的质朴的学生们!时间如白驹过隙,在从教第二年的开学初,陈金朝主任突然打了个电话给我:"有一个教学任务,需要你上一节示范课,就上诗歌吧,准备时间很短,敢不敢接?"刚毕业一年的我,小心脏紧张得扑通扑通地猛跳,却二话不说,拍拍胸脯答应了。上课那天,只见金朝主任带了一位看起来很严肃的女老师走进教室后方,安安静静地听我上了一节课,说实在的,当日那节课的设计相当一般,但我依然发挥了自己的特长,用朗读带领学生走进文本、范读、配乐读、指导学生读,一节课结束后,只看到那位严肃的女老师满意地点点头,亲切地对我说:"语言功底很扎实,就你了!"当我还在云里雾里时,金朝主任哈哈大笑起来:"就知道你这小姑娘能选上!恭喜你,你能代表茂南区参加全省的普通话测试员资格培训考核了!"我听了这句话,虽然尚未知道这普通话测试员资格的分量,但看到主任脸上那欣慰的笑容,心,暖暖地,这位将近退休的老人,对我有知遇之恩!

那年,我21岁,在经历了一系列严格的培训考核之后,成了全省最年轻的普通话测试员,成绩是当年茂名市最高分———一级乙等94.5分。而当年组建团队时,茂名市教育局有意从各县市区里挑选素质较高的,语言功底较强的一批文科老师,在那个团队里,我认识了一批非常优秀,而且对我影响至深的语文老师,在长达一年的测试周期里,杨伟娥老师(现已是市八小的教导主任),就是当时面试我的严肃的女老师，只要一有空，她就抓着我来练习朗读，同时纠正我吐气、停连等问题；龚美娟老师（现已是高州中学初中部副校长），我们的老大姐，经常找一些教学案例，趁着空隙，跟我们这些小年轻细细分析，就连普通话测试里的朗读语段，都能成为我们磨课的素材。在这些前辈毫无保留的教授下，我的课堂教学水平得到了一个质的飞跃，在那一年里，在接受测试任务的间隙，我仍多次参加了镇级、区级的课堂教学大赛，都获得了一等奖！而这一切，都有赖于一群不吝赐教的语文前辈，一群拥有着极高素养的语文人，因为他们，我这个初生的牛犊才能不怕虎；也因为他们，让我这个教坛新丁站在了一个很高的起点，专注于教育的同时，强烈地感受到：语言，很美；我很骄傲，我是一名语文老师！

二、再掀波澜勇挑战

2003 年，我 22 岁，恰逢广东省青年教师古诗文教学大赛在茂名市举行，那个赛事，相当于是全省的一次教学大赛的大阅兵。茂名市教育局非常重视，发文要求各县市区层层挑选青年教师参赛，我也不例外，早早地为这次比赛摩拳擦掌，精心准备着。我先是参加了区里的选拔赛，上的是《论语六则》，然后以第一名进入了全市的决赛。

在市的比赛准备过程中，我抽中的是郦道元的《三峡》，犹记得那节课在 2 天时间内，我前后磨了 5 次课，修改了 7 次教案，最后选定了最冒险的方案，之所以称之为"冒险"，是因为课堂最后一个环节，我设计了一个拓展活动——根据课文内容，自选角度，用小导游的方式介绍三峡，并模仿文章句式结构，用简单的文言文介绍本地的名胜古迹。这个环节对学生的要求较高，而比赛是借班上课，担心到时候对课堂把控不到位，那就非常影响效果了。让我下定决心的是我们区的语文教研员柯立永老师的一句话："不要想太多输赢的问题，你应该想的是，怎样的设计对学生才是最适合的，怎样的调度才能使课堂愈发精彩。"我听完后，看着电脑中为学生精心准备的关于茂名名胜古迹冼太夫人庙的文字资料，心就沉静了下来，如果一味地求稳，可能比赛结果会更理想，但课堂需要创新与思维的碰撞，语文课堂留给学生的，不仅仅是文字，更是思想的洗涤与文化的熏陶！

结果，我以这个相对冒险的方案参赛，最终获得全市的第一名，课后，当学生围着我说"老师，我们从未上过如此快乐而充实的语文课"时，我突然明白了：课堂，应该是学生的课堂，而不是教师的练武场。代表茂名市参加全省决赛时，我始终秉承着这个信念去设计课堂，虽然最后只拿到了二等奖，但对于初出茅庐的我来说，已是弥足珍贵的鼓励了！而到了如今，我在教师这条道路上越走越踏实的时候，我的感触就越来越深。由当年上课时的患得患失，到如今的精益求精；由模仿着前辈上课，到如今的自己思索磨课，甚至带徒授课，无一不是成长的见证！愈教感触愈深，教师是份技术活儿，更是份良心活儿，只有小步走，不停步，才能到达自己想去的高度！由于坚守着这份信念，接下来的好几年里，我迎来了事业的第一个高峰，先后被评为茂名市中学语文课改标兵、茂名市语言文字先进工作者、茂南区兼职教研员、茂南区优秀教师、茂南区劳动竞赛创新能手、茂南区课程改革试验标兵等荣誉称号。但在这些荣誉接踵而来时，我的心却前所未有地茫然了起来，我，似乎陷入了瓶颈。

三、复回首，低眉重执翰墨卷

2008年，对于国人来说，是特别的一年，而对于我来说，愈发不一般，在这一年，我第一年执教初三毕业班，而且是教所谓的"重点班"，回首来时路，这些年，我能上几节反响不错的公开课，也获过一些成绩和肯定，但真的要扛起毕业班时，却觉得底气不足。而这种心虚与茫然，来自对自己专业理论知识匮乏的认知。

这些年来，我其实一直都在原地踏步，所获得的一些成绩，其实仅仅是建立在自己原有的基本功上而已，而自身并没有获得长足的进步，我需要专业书籍的指引，需要专业理论的充实。但由于当时大环境使然，整个学校乃至区，教研的风气都不算浓厚，我竟然不知道向谁请教，该看哪些书籍，该往哪个方向改进。既然无人问询，我就采用了上网搜索的方法，看哪些专业书籍评价最高就看哪本，就用了这个笨方法，我找到了《广东教育》，找到了《广东教学报》，再到后来，找到了魏书生、黄厚江、于漪、胡明道等一大批专家学者的著作，我如饥似渴地阅读着、学习着，再将专家们的理论，与自己的教学实践融合，所以课堂由外放而转为内敛，按同行的说法，我的课变得有质感，因此，从2008年开始，我连续担任了6年毕业班教学，学生成绩相当不错，语文中考连续几年都在区前两名，状元、榜眼、探花都曾收入囊中，最厉害的2014年，全区单科前十名，我的学生占了半壁江山！而我也连续6年被评为"中考先进工作者"！同时通过层层考核，被评为了"茂名市优秀教师"，也成了茂名市最年轻的名教师。

四、昔日俱往，还看今朝

时间来到2015年，那一年对我意义非凡，我获得"南粤优秀教师"称号，被评为"茂名市首批名师工作室主持人"，但更值得让人兴奋的是，我进入了省"百千万"名教师培养对象的队伍。在"省百"培训的几年时间里，我得到了全方位的锤炼和提升！主持参与各级课题，在各种刊物发表论文，在全国各地学习先进的教育理念，观摩全国各地的先进课堂，我们的足迹去到了美丽的西子湖畔，也去到了庄严的首都，去到了开放活泛的东方之珠香港，也去到了南半球的澳大利亚。在学习的同时，我们还承担着送教任务，韶关、阳江、电白等地，都留下了我们激情授课的身影！以前，人们总说，教师是蜡烛，但现在我想说，我们更像是巨大的火焰，愈燃愈亮！

这些年来，由最初的彷徨困惑，到如今的步履坚定，中间所经历的东西可谓不少，有人曾给老师列出了这样的不等式：有名气≠有水平，有点子≠有能力，资格老≠经验多。我现在虽然年纪不大,但刚好就处在有点名气、平时有些点子、资格还算老的行列,如果按正常人的思维,可以退居二线,慢慢养老了。但教师这一行业,它并不是青春饭,一旦选择了它,就代表着你的目标是永远向前的,你得持续地、义无反顾地往前走,也正是因为有了这份坚定,所以我对别人日进斗金并不羡慕,我现在虽不至于腰缠万贯,但精神上的富足无人可及,我很知足,而这份快乐,就源于4个字:我是老师。教无止境,且行且思,且行且惜!

也正是由于自己的坚持,迄今为止,我从镇的优秀教师,一路到南粤优秀教师;从区的劳动竞赛能手到市的课改标兵;从市名师到省名师培养对象,获得的各级各类的荣誉称号多达27个,个人教学竞赛及辅导学生竞赛奖项多达18个,发表及获奖的教育教学论文有18篇,而参与及主持的省、市课题也有4个。如今,我同时还担任着市的名师工作室主持人和区的初中语文兼职教研员这2项工作,既是带头人,更是参与者,都起到重要的枢纽作用。担子虽重,我却甘之如饴。我相信,只要目标明确,脚步坚定,我的教学之路会越来越宽广!

▶ 我的学科教育观 ▶

一、"好心"的内涵解读

坚守教书道,唯用一好心。所谓"一好心",可以是一颗专注于教育的恒心,也可以是一颗锐意创新的慧心,更是一颗精益求精的匠心。

(一)恒心——专注

宋代大学者宋濂曾在《送东阳马生序中》写道:"其业有不精,德有不成者,非天质之卑,则心不若余之专也。"《劝学》中亦有云:"蚓无爪牙之利,筋骨之强,上食埃土,下饮黄泉,用心一也。"而回到现实,我们茂名还有另外的一个称呼,叫"南方油城",油页岩的炼制、万吨乙烯工程的铺展,处处彰显着我们南方油城的坚持,而这种"用石头榨出油"的精神,包括上文宋濂所说的"专"以及小小的蚯蚓的"一",无不告诉我们,成功的先决条件是"恒",也就是专一、专注。

当老师其实是很纯粹的一件事情。从教那么多年以来,我已然沉浸在这种"专注"之中,为了上好《观刈麦》这课,我特意回到农村,现场观摩农民割稻子的场景;为了上好《背影》,我亲自拍摄了几百张孩子父母的背影照片,用来让孩子辨认自己的父母;而如今,为了做好口语交际课题,我与团队设计了将近20个不同的口语交际活动专题,将口语交际这一版块,巧妙地与语文的其余版块相结合,与生活中各种实际场景相结合,并将相关策略进行整合,而这个课题,从开始着手准备到现在开展研究,我一做就是4年。而更多的时候,会为了上好一节课而翻查大量的资料;会为了某个课堂教学语言而冥思苦想;会为了提高学生的学习兴趣而绞尽脑汁。教好书，育好人，言易行难，坚持一段时间易，但要一辈子坚持，则很难。选择了教师这一行，注定了平凡，但我们现在要做的，就是专于斯，恒于斯，把简单的事情做彻底，把平凡的事情做成经典。

（二）慧心——创新

缺乏创新火花的课堂，从我个人的角度而言，就如一潭死水，让人觉得索然无味。所谓"创新"，不是课堂展现形式的肆意泛滥，而是教师个人对课堂、对文本的一种水到渠成的再创造及延伸，课堂的创新，是有力度的，代表着教师课堂不墨守成规，是能极大程度引导学生求变的。各类文体的教学，都旨在培养学生的语文核心素养，从文体知识、技巧运用、情感态度价值观的培养等多个角度来进行新的教学设计。

在古文教学中运用情境教学，如《三峡》中引入"小导游导说语"，将文章内容与实际景物相融合，同时采用简易古文版的解说词，将文言知识巧妙地运用起来；在散文教学中，以"读—赏—悟—读"的形式，引导学生理解文章，而这个"读"，不仅仅是拘泥于文章的内容，而是从课内延伸至课外，以求达到学一篇而知一类的效果；同时订阅大量的专业书籍，以求在观念、培养学生思维发展等方面能给予课堂，给予学生新的源头活水，讲台对我来说，也是一个舞台，在这三尺之地，如若只靠前人有限的累积去应对现今知识不断更迭的信息时代，是远远不够的，故步自封，不与时俱进，只会导致自己教育观念滞后，唯有不断创新，唯有舍课堂千律一音，才能得课堂万紫千红。

（三）匠心——精益求精

我一直认为，一个老师成功的标志，不在于你教了多少，而在于学生学了多少。从教多年，我向来秉承的宗旨是"好书不厌百回读，好课不厌百回磨"，可能在很多人眼里，已经成为名师的我，备课应该是一件很容易的事情，但在我看来，同样的课文，面对不同的学生个体，就有各种截然不同的教学方式。稳中求变，精益求精，是我一贯的风格。

其中，写教学反思是我认为比较恰当的方法，只有不停地总结反思，才能及时地发现课堂及学生的细微变化；长期坚持，能使自己对课堂的把控更加科学，更加精准。2017年，我三次上彭荆风的《驿路梨花》，由刚开始的粗浅备课，到后面的精准把控，由过度侧重方法技巧的灌输，到后来对学生素养提升的全盘考量，这过程，就像匠人磨刀，愈磨愈亮，愈磨愈锋利，对教学精益求精，精雕细琢，学生获益，自己亦然。

二、我的教学主张——语文课堂需要声情相融，智趣共生

教学不能没有思想，我们教师更不能没有自己的教学主张。所谓"教学主张"，既包括了我们老师教学方面的理想和信念，也蕴含着自己对如何开展课堂教

学方面的见解和认识，更体现出老师对教学实践的理性升华和概括性升华。

我们语文学科作为各学科的基础，语文老师的教学主张就显得尤为重要了。我向来认为，语文课堂及语文教学必须要结合四个因素：富有张力的声音、丰沛的情感、思想的智慧性与创新性、过程的趣味性。

（一）所谓"声情相融"

一位语文老师的嗓音可以不是天籁，但必须富有张力，我们所有的文字的陈述讲解，如果由一把淡而无味、毫无起伏的嗓音来演绎，估计再出色的老师也上不出效果。当然，如果语文老师拥有一副好嗓音，那便是上天赐给你的利器，或激昂，或低沉，或抒情，或缅怀，富有张力的声音与丰沛的情感相融合，效果会事半功倍，在我的课堂中，学生之所以爱听，估计与我的语音功底有一定的关系。上《小巷深处》，能通过动情的朗诵，让学生潸然泪下，那对课文的情感感知就轻而易举了；上秋瑾的《满江红》，慷慨激昂的陈与述，瞬间将学生带回当时的诗人所处的无奈的年代，体会女中豪杰的"此身不在男儿列，此心却比男儿烈"的豪壮！诸如此类的例子有很多，就如上文我所说的，没有情感的语文课堂，不能带动学生情绪的语文老师，都不能算是成功的，因此，将自己的声音注入情感，使两者有机相融，是语文老师上语文课的基本武装。

（二）所谓"智趣共生"

如果说刚才的"声情相融"是语文教师的基本武装，那么"智趣共生"则是语文教学富有内涵和延展性的"内馅儿"了。一堂语文课如果仅仅在那煽情，却没有思想性，那是空洞无物的，语文课堂的教学智慧，更多的是引导学生由跟着老师学，跟着老师体会，然后转化到自己学、自己体会，而其中各种思想的碰撞，各种知识的融合，则需要语文老师的经验带领，而这个过程，是极富挑战性和趣味性的。试想一下，如果那位语文老师捧着一本教科书或教参在那照本宣科，学生提出的任何质疑与疑问都支吾应对或以"教参是这么写的"来回答，那么学生还能对这位语文老师信任几许？一位成功的语文老师，一堂成功的语文课，灌输给学生的，并不仅仅是书上枯燥的文字，更多的是隐含在文字里的各种信息，用通俗易懂风趣幽默阐释与学生，让他们感受到自己所能感受到的，让他们体会到连自己也无法体会到的，语文课堂的智慧性思想性与趣味性的结合，就如咖啡与牛奶的搭配，相得益彰，让人回味！

▶ 他人眼中的我

读师范时，班主任梁冰老师曾说，我的个性对于女孩子来说，太倔强了，太刚强了，过刚则易折，但却很适合教师这份职业，永不言弃，不撞南墙不回头。

陈玲老师（现任育才学校副校长）说，我太孩子气了，永远像长不大的小妹妹，所以我的课堂永远都是笑声满满，活力十足。

曾秀文校长说，我能力很强，上课水平挺高，但还是太随性了，怎么能随便和学生称兄道弟呢？

但，以上这些，都不是我最在乎的，我在乎的，始终只有他们。

学生说："你是最不像老师的老师，因为完全颠覆了我们心目中老师的'神圣形象'，但你又是最像老师的老师，我们希望所有的老师都是像你这样的。"

学生说："姐，听你的课真过瘾，不如后面几节课都拿来上语文得了。"

学生说："霞姐，还有啥好看的书？推介一些过来，上回的书单我都看完了。"

一个已经毕业的学生写信来说："老师，您那一口流利的普通话，加上对文章的动人演绎，让以往沉闷的语文课堂变成了一种享受，所以我会在听《背影》这一课时，三次掉泪；所以我们在听你讲文言文时，有《百家讲坛》的即视感，初三的时候，您承担着我们每一个人的喜怒哀乐，与我们一起哭一起笑，您不仅是我们的良师，也是我们的益友，更是我们的大姐姐。"

一个已上大学的学生说："老师，您是我见过的最好的老师，没有之一，当初如果没有您的不放弃，我现在不可能有如此的成就，很幸运，当初遇见了您。"

....

▶▶▶ 我的育人故事 ▶

老师，让我唤您一声"姐姐"

故事其实很平常，8年前的夏天，同样的教室，又迎来了一届新生。

孩子们仍带着小学的稚嫩，用好奇的眼光注视着我这个即将陪伴他们3年的老师，我镇定自若地在讲台上，声情并茂地范读着冰心的《忆读书》，然后突然发现，有个学生竟然在睡觉！

但当时我是不动声色的，只是轻敲他的桌面，见他睁开了惺忪的睡眼之后，我便悄然走开，连范读的声音都没有变化，我在等待。下课后，那个孩子到我办公室报到了。

见到他自觉来找我，我不觉松了一口气。

他叫杨家声，一问之下才知道，他有三个姐姐，都是我的学生，重点是都品学兼优，我再次正视眼前这瘦弱的男生，很俊秀的五官，却顶着一头凌乱的头发，然后衣服上的油渍东一块西一块，最让人难忘的是他的眼神，明亮的后面仿若带着一丝同龄孩子没有的沉稳与世故。"这是一个有故事的孩子！"我当时在心里暗暗道。

我并没有批评他，只是笑着问了一句："老师的课是不是听得没意思？"他当即摇头："不，不，不是的，老师，我今天睡觉，完全是因为这几个晚上我都睡不着，然后白天实在累得慌，才闭了闭眼。"说完怯怯地看了我一眼，然后眼眶已红，嘴里嘟囔着说："老师，我爸妈在闹离婚，妈妈要带走大姐和二姐，然后把我和三姐留给爸爸，老师，妈妈是不要我了吗？"说完，眼泪哗哗地往下掉。

我一听，心一酸，又一个因为家庭父母感情破裂而遭到影响的孩子。

这孩子的父母其实我也接触过，还是很不错的人，但没想到会走到今天这一步。我让孩子先回教室，然后打通了他父母的电话，才了解到一个让人更心酸的故事。其实家声的父母早已离婚，但为了4个孩子，他们一直离婚不离家，也一直没让孩子们知道真正的实情，农村的父母要经常在外打工，全家人聚会的时间也仅仅在大节日而已，所以这么多年以来，也就顺利瞒了下来，但后来有次半夜吵架，让家声听到了，这孩子心事重，也没跟姐姐说，就先跟我坦白了，家声的爸爸在电话里的声音很无奈，"老师，家声就拜托您了！"放下电话，我心情很沉重。

接下来的日子，我在忙碌之余，对他多了一份关注。

发现他是非常聪明的一个学生，没花多少心思在学习上，考试却从来都是全班第一；发现他爱书法、爱听歌；但这样的一个孩子，身边却没有一个朋友。他太孤僻了。作为老师，深知成绩不能代表孩子的一切，他们未来的发展，与他们自身的性格有莫大的关联。我决定采取行动！

课堂上，当我让学生们以小组为单位进行合作探究时，我会让他做最后的综合陈述，因为这样既发挥了他的思维缜密的优势，又锻炼他的口才，也增加了他与全班同学的互动；在书法课上，我让他做同学们的小老师，并将提高同学书写能力的担子分担一部分给他；私底下，我把自己心爱的歌列出清单，与他一块分享，有好吃的也留一份给他，慢慢地，这孩子眼睛亮了，笑容也越来越多，整个人像换了壳似的。

就这样过了半年，因为工作需要，我被临时抽调到教育局担任语言文字迎检工作，与学生们暂时分开了。

有一晚，我正加着班，突然手机响了，我一看，学校电话，忙接通，"老师——老师——"，是一堆孩子的声音，"您什么时候回来？"我一听乐了，就逗他们："还说不准，可能一两年后呢！"没想到电话那边喧哗声一片，当晚，我就收到了家声的短信："老师，您什么时候回来？没有您的语文课，一点味道都没有！您是不是不要我们了？"说完，一个哇哇大哭的表情发了过来，我笑了，还没来得及回信，那边又发了一条信息："老师，我以后能不能叫你'姐姐'？"

我看了这条信息，眼睛湿润了，从此，我多了一个不是弟弟却胜似弟弟的学生。

教育是纯粹的，而孩子更是纯粹的。

故事就这样结束了吗？并没有！这孩子离校已经8年，现在正在华南理工大学读硕士研究生，每年放假回来，都必定请我出来小聚，有一次，他很诚恳地对我说："姐，如果没有当年您对我的谆谆教诲，就没有今天的我，您这辈子都是我的好姐姐！"如今，我与他的家人也成了非常好的朋友。有时候发现，教师这份职业，教书仅仅是其中一个很小的组成部分，如何通过教书达到育人的目的，才是关键所在。

▶▶▶ 教学现场与反思 ◀

一、《驿路梨花》教学实录

师：同学们，刚才大家都浏览了不少梨花的图片，发现梨花大多数是什么颜色？

生：白色。

师：没错，是白色！所以自古以来，梨花是纯洁、纯真的象征，古代诗人岑参有诗云"忽如一夜春风来，千树万树梨花开"。虽然这句诗并不是单纯地写梨花，而是将冬雪比作梨花，但也足以让人体会到梨花的纯洁之美，今天，咱们就一起来学习课文——《驿路梨花》。

师：刚才老师与同学们聊天也了解了一下，很多同学用了5分钟左右就看完了这篇课文，"速读法"还是掌握得不错的，那老师想问一下同学们，你们觉得这篇文章的故事情节有什么特点？

生1：曲折生动。

生2：波澜起伏。

生3：一波三折，能吸引人。

师：刚才同学们概括得都挺到位，那么接下来老师想考验一下同学们，请同学们用简洁的语言完成下列表格，如"谁干了什么"或"谁怎么样"的句式，来介绍一下这篇文章的基本情节。

（学生完成下表）

人物	事件
①"我"和老余	发现小茅屋，修葺小茅屋
②瑶族老人	借住后专门为小茅屋送粮食
③哈尼小姑娘（妹妹）	照料小茅屋
④解放军叔叔	建造小茅屋
⑤梨花（姐姐）	照料小茅屋

师：通过第一个表格，同学们发现了吗？作者的情节安排非常巧妙，如果文章是从"我"和"老余"的见闻的角度来看的话，文章所展现的时间线仅仅是一个早上和一个晚上而已，但是，咱们这篇文章所呈现给读者的内容的时间跨度仅仅是

一个晚上和一个早上的事情吗？

生：不是，还有十几年前发生的事情。

师：同学们观察得很仔细，那么如果现在老师将文章的情节按时间推移的顺序来排列，那又应该变成如何呢？

（学生完成下表）

人物	事件
①解放军叔叔	建造小茅屋
②梨花（姐姐）	照料小茅屋
③哈尼族小姑娘（妹妹）	照料小茅屋
④瑶族老人	借住后专门为小茅屋送粮食
⑤"我"和老余	发现小茅屋，修葺小茅屋

师：通过对比，我们会发现，按时间推移的顺序来安排情节，会显得怎样？

生1：不好看。

生2：过于平铺直叙。

生3：没悬念。

师：同学们回答得很对，这就像咱们看悬疑片，如果电影先把结果告诉你了，你觉得有意思吗？

生（笑）：没意思。

师：对，"为人贵直，作文贵曲"，作者将情节设计得波澜起伏，在叙述过程中将多年前发生的事情穿插进去的方法叫什么？

生（思考讨论）：插叙。

师：在上个学期哪篇课文接触过？

生：《爸爸的花儿落了》里面有很多插叙。

师：没错，所谓"插叙"，其实就是在叙述过程中，为了帮助开展情节，暂时中断叙述线索，插入一段与主要情节相关联的回忆或故事，过后再继续原来的叙述。这篇文章在文章插入了解放军建造小茅屋和梨花照料小茅屋的情节，其实就是运用了插叙，让我们在层层谜团中，有了豁然开朗的感觉。那作者除了运用插叙，还用了哪些招儿让文章变得波澜起伏、曲折生动呢？

生（略做思索）：设置了悬念。

师（笑）：那你认为什么叫"悬念"？

生1：就是吊住读者的胃口。

生2：其实就是卖关子，先不告诉读者。待会给惊喜给读者。

师：同学们概括得很到位，那作者在文章中到底卖了哪些关子？

（生细声讨论）

生：第8段"这是什么人的房子？"这句话就制造了一个悬念，让读者有了一个疑问。

师：同学们仔细观察一下第8自然段，它就一句话吗？除了这句话能制造悬念，还有什么东西也引起了读者的注意？

生：还有"漆黑""没有灯也没有人声"这些字眼，也让读者留了个心眼。

师：非常棒，这其实属于什么描写？

生：环境描写。

师：对，原来环境也可以制造悬念。还有吗？

生（踊跃举手）：我找到了第14段，"我不是主人，也是过路人呢！"

师：这是谁的话？

生：老人。

师：这句话会产生怎样的悬念？

生：连老人都不是主人，那到底谁才是小茅屋的主人呢？

师：那老人是不是很干脆地告诉大家谁是主人了？

生：没呢！他还说了一句："主人家是谁？不晓得。"

师：那难道老人一点都不晓得？

生（笑）：他应该是晓得的，但作者安排嘛，不能一下子告诉你，否则这样就没意思了。

师：老人确定小茅屋的主人是小姑娘吗？

生：他以为真的是，但作者倒是卖了个关子，老人说的话里有个词"大概"。也就是说未必是真的。

师：对，观察得很仔细，那真正的主人出现了吗？

生：没呢！第二天早上见到那哈尼族小姑娘时，以为就是梨花，但没想到是梨花的妹妹，然后以为梨花是主人，原来梨花也不是，解放军叔叔才是，这作者绕了七八绕才把最终的答案揭晓！

师：那大家有没有发现，咱们那么多的悬念里其实还藏着许多误会？

生："我"和老余误会瑶族老人是茅屋主人。

师：当时"我"和老余啥反应？

生："同时抓住""抢着""赶紧"这些词，都能看出我俩迫不及待想表达谢意！

师：还有其他误会吗？

生：我们误会梨花的妹妹是梨花本人。

师：我们又有啥反应？

生：这次是老人的，"深深弯腰""行了大礼"这些词也看出老人的感激之情。

师：大家找得很仔细，谜底终于揭晓，但过程相当曲折，文章在开始阶段，通过环境的描写来铺设悬念，然后通过文章的叙述，不断地深化悬念，最后在结束处解开了悬念，同时中间还穿插了误会，加上细腻的人物描写，从而形成了波澜起伏的故事情节、回环递进的结构形式，让读者印象深刻。再一次印证了老师在开头所说的那句话"为人贵直，作文贵曲"。

师：其实大家发现了吗？如果用一个问题来概括全文，你们觉得是什么？

生："小茅屋的主人到底是谁？"

师：非常棒！这其实也是全文的核心悬念！作者直到文章的最后，也没有揭晓茅屋的主人到底谁，那你们认为呢？

生1：我觉得是梨花。

生2：我觉得是解放军叔叔。

生3：我觉得不管是解放军叔叔，还是梨花姐妹，都是小茅屋的主人。

师：其实，不管是解放军叔叔，还是梨花姐妹，抑或是投宿到小茅屋进而照料小茅屋的过路人，他们都是小茅屋的主人，他们身上有什么共同点？

生1：都是热心帮助别人的人。

生2：都是助人为乐的人。

生3：都是学习雷锋精神的人。

师：说得好！其实作者到最后都没有把最大的悬念解开，反而更能吸引读者眼球，因为他要赞美的不是一个人，而是一类人。作者写这篇文章是1977年，当时中国正处在动荡结束的时期，当时人们还没有从沉痛中恢复过来，伤痕文学太多，而正能量的文章太少了，作者彭荆风就是基于这个原因，写下了这篇文章，也是希望人们要学习雷锋同志那种为人民服务、热心帮助别人的精神，其实同学们觉得这种人在作者眼里多不多？

生：多。

师：从文章哪句话能看出来？

生：文章的最后那句话"驿路梨花处处开"。

师：这句话其实出自陆游的《闻武均州报已复西京》，原句是"悬知寒食朝陵使，驿路梨花处处开"，意思是朝廷当年收复了洛阳，陆游激情澎湃，联想到来年寒食节，即清明节，祭扫宋先帝陵墓的使者，将通过梨花盛开的驿道到达洛阳。但在咱们这篇文章里，这句话的意思还是有所区别的，你们觉得重点词有哪些？

生1：梨花。

生2：处处。

师：那同学们觉得这梨花是指什么？

生1：既指文中出现的真实的梨花，也指那个助人为乐的哈尼族姑娘。

生2：也是指那种有着为人民服务、助人为乐精神的人的象征。

师：那哪些地方体现了"处处"这个词？

生：这种人很多。

师：包括什么人？

生：有老人，有孩子。

师：从年龄上说，这是有老有？

生：少。

师：对！那除了年龄，还能从哪个角度来突出"处处"这个词？

生1：还有民族，有汉族，也有哈尼族。

生2：还有时间角度，十多年前有，现在也有。

生3（笑）：还有性别，有男有女。

师（笑）：同学们分析得很全面，也就是说，从时间、年龄、民族、性别等方面，都可以看出有这种精神的人处处有，学习雷锋的人到处涌现。

师：作者彭荆风下了好大一盘棋，运用了插叙、悬念、误会等多种方法，把故事情节写得曲折生动、引人入胜，老师倒是好奇，如果你是小茅屋的下一个投宿者，你可能会遇到什么？你将会怎么做？要求：运用咱们这节课所学的技法，将情节述说得更加波澜起伏。

（生小组讨论）

生1：我如果是下一个投宿者，我会在那考查一下周边环境，然后把原来的小茅屋给拆了！为什么呢？因为我想开一个梨花客栈。别担心，我不为赚钱，我只想让更多的人记得这些曾经无私付出过的可爱的人们。

生2（神秘地笑）：我们是驴友团，迷路了，在一个同样漆黑，没有灯也没有人声的夜晚，我们也来到了那间小茅屋，只见那已破旧不堪的白木门板上写的是"请向前走一百米"，按指示走后，竟然看到了一家类似旅馆类的建筑，上面写着"自助民宿"，进门后，有一堵墙，上面详细介绍了前面那小茅屋的来历，以及这家民宿的使用方式，传统不变，我们用完之后，及时又帮民宿补上了水，打扫好了卫生，回去后，我还根据他们留下的账号，把自己的爱心资金寄了过去，雷锋精神一代传一代嘛，我们这一代也不会输的！

师：刚才同学们说得真好，不但故事说得悬念迭起，而且还点出了这篇文章告诉咱们最重要的道理：不管时代如何变迁，雷锋精神永不褪色，让雷锋精神的旗帜永远飘扬，驿路梨花处处开，雷锋精神怎样呢？

生：雷锋精神代代传！

师：非常棒！这节课就上到这儿，谢谢同学们的配合！下课！

二、《驿路梨花》教学反思

这是我在2017年4月份以来，第三回上《驿路梨花》这一课，始于学校的学科教学活动，接着在省教育厅阳江送课时又上了这篇课文，然后在工作室组织的全市骨干教师培训中，我再一次对这一课进行雕琢加工，而现场的反响，是一次比一次热烈！之所以对这篇文章如此执着，既是源于自己对于要精益求精上好课的信念，也是由于这篇文章背后的故事。《驿路梨花》一文写于1977年秋，在那个"伤痕文学"盛行的时代，作者彭荆风却从人性最温暖的一面下笔，写出了边疆许许多多的人和事。文章笔法清丽，构思精巧，为了更透彻地了解彭荆风及他所在的年代，备课过程中，我上网翻看了许多那个年份的背景资料，涉及的范围很广，紧紧抓住了彭荆风的经历与那个时代所产生的时代共鸣，然后去分析文章的情感倾向，定位会更加准确。

"学起于思，思源于疑"，问题是思维的火花。课堂上有效地设计问题，可以迅速抓住学生的思维，集中学生的注意力，激发他们的思维，调动他们的积极性，进一步使他们产生渴求掌握新知识的欲望，整节课围绕着"小茅屋的主人是谁"这一核心问题展开。为了解决这一核心问题，我采用了阶梯式的问题结构，由时间线、人物线铺展开来，步步设问，由老人到哈尼族小姑娘，再到梨花，最后是解放军同志，层层铺垫，层层推进，最后找到答案，而这个答案，既在意料之外，也属情理之中，让学生觉得颇具吸引力。

在语文学科素养要求中，语言文字的运用排在了首位，因此在授课过程中，我紧扣文中的环境描写及人物描写中的细腻的词语，让学生从不同的角度来分析，同时让学生将这些词语分类收集积累，作为词库备用。同时，我紧紧抓住了"技法"与"情感"两大学生必备素养来进行准备。首先，本文的构思巧，通过中心悬念"小茅屋的主人是谁"来铺开情节，在叙述的过程中，如何让学生了解悬念这一技法是一大难点，因此，在此处花费的时间较多，但通过对文章的深入了解，设置悬念—深化悬念—解开悬念这一明晰线索浮现在学生面前，同时，将运用悬念的技巧，包括环境铺垫、穿插误会、运用插叙融入其中，学生掌握起来更加精准。除了技巧，这一课的情感体悟也是重点，因此，在上课过程中，引导学生对"驿路梨花处处开"进行了分析，从而得出文章的核心主旨：雷锋精神、助人为乐的精神代代相传！

锐意创新，精益求精。纵观整节课，既能围绕如何提高学生的语文学科素养来组织教学，也能让学生通过文章对那个年代进行情感共鸣，总体来说，还是比较满意的。

热忱勤恳迎难上 精深扎实志领航

● 江门市蓬江区教学研究室 周华章（初中语文）

▶ **导读语** ▶

在近30年的语文教育生涯中，我先后扮演了3种角色：以勤补拙的乡镇中学的青涩学徒、扎实上进的城区初中的学科骨干、身先士卒的区域教研领航员。最初10余年，外部条件的简陋迫使我不得不付出超乎寻常的努力，初出茅庐就名闻乡里；一旦置身于文化底蕴深厚的岭南侨乡，我就如饥似渴地汲取各类文化营养，迅速成长为江门市首批学科带头人；被选拔为中心城区教研员后，我以"想得明白，说得清楚，做得到位"的标准严于律己，在多年如一日地阅读、观摩、实践、反思和写作中不断超越自我，形成了"热忱、扎实、精深"的学科教育风格，一马当先地带领全区中学语文教师显著提升了中学语文教研的品质。

自2015年参与广东省新一轮"百千万人才培养工程"以来，我驶入了专业发展的快车道：先后60余次在省内外执教示范课或举办讲座；出版学术专著1部，发表论文60余篇，多篇被人大复印期刊转载；教研成果获市级以上奖励5次，其中获广东省教学成果奖2项。我的事迹先后被《语文教学通讯》《广东教学报》等专业报刊和江门市电视台等媒体报道。由于业绩突出，我曾获评广东省特级教师、江门市首批名师名家、江门市首批专家工作室主持人、江门市首批教育专家和蓬江区首届拔尖人才。

▶▶ **名师成长档案** ▶

一、从"学徒工"到"教练员"

蓦然回首，我跻身语文教师行列已近30年了。在专业发展这条路上，我由最初懵懂迷惘的"学徒工",逐步成长为小有成绩的"运动员",进而修炼成领跑中心城区的"教练员",其间的辛酸和欢笑常常令人感慨良多……

二、黄冈启航：青涩的"学徒工"

1990年秋，我于鄂东南一所农村镇中开始了初中语文教师的生涯。

由于缺乏名师引领，我感觉自己长期徘徊在语文教学艺术殿堂外，不得其门而入。我们的语文课简直就是照搬教参的"课文解剖"，从字词句篇、段落结构到艺术特色一一讲来。

我的学生时代就是这么学习语文的，我难道要学生们也重新经受这种"少慢差费"的磨难吗？深知读书对农家子弟重要性的我不甘心！

故乡毗邻佛教圣地黄梅，乡民们世代受禅宗思想浸染。五祖大弟子神秀的名偈"身如菩提树，心似明镜台。时时勤拂拭，勿使惹尘埃"家喻户晓，勤劳踏实蔚然成风。黄冈市英才辈出，尤其是革命年代逐渐凝成的"朴诚勇毅，不胜不休"的黄冈人精神，对我的影响深入骨髓。

于是，决定迎难而上的我开始了整整一个学期的"学徒"生涯，自觉地奏响了备课三部曲：先是反复研读课文，记录自己阅读的疑惑和障碍；接着反复阅读教学参考书，在此基础上备出初步教案；然后调课去听其他教师如何上课，在取长补短基础上及时调整自己的教学设计。虽然工作量因此成倍地增加，但我乐此不疲。

渐渐地，我们的课堂上常常笑声、掌声和辩论声不断。但忧虑接踵而至——原来我只顾着把课上生动，忽视了考试能力的培养，导致班级的成绩"乌龙摆尾"。

我赶紧找来前几年的各种试题，仔细分析题型和考点，不敢有丝毫懈怠地反复训练。无数个日日夜夜，我专注于钻研教材准备上课，潜心于批改作业研究学情，埋头于刻钢板编印试题……

天道酬勤。很快，我的教学成绩一跃成为全镇的标杆。我因此年度考核连续5年"优秀"，还于1994年获评"县级先进教师"，并在全县教研会上介绍自己的语文教学经验。

虽然不久就先后被提拔为学校的语文科组长和教导处主任，我却时常惴惴不安——因为还有很多困惑令我寝食难安。比如：语文的课文与理科的例题有什么异同之处？为什么有些请假一个多月的学生反而比从不缺课的学生考得更好……

相对闭塞的乡村初中并不能给我更多的答案。但生命中关键人物的次第登场，使我如同在迷途中遇到了指路明灯。

1994年，特级教师胡明道老师在一次市级教研活动中走入了我的视野。她以理论与实践相结合的方式展示"看我走""扶你走""帮你飞"三部曲，让我第一次懂得了"单元教学法"的丰富内涵。

于是，我也开始"依葫芦画瓢"地尝试以单元为整体，根据编者所提示的课文类型确定其教学重点，挖掘每篇课文独特的教学价值。随着实践的深入，我逐渐明白了"教材无非是个例子"这句话的深意——应当通过课文这个"例子"让学生在听说读写方面厚积薄发。若干年后，看到上海陆继椿老师"一课一得，得得相连"的观点，深以为然。

1996年，我有幸聆听了魏书生老师的精彩讲座。他以哲学家的视角和教育家的智慧，启发我以更精深的思维审视我所从事的工作。我突然领悟到课堂并非教师展示个人风采的场所，学生才是学习活动的主人！从此，我从课堂主讲的位置上悄然隐退。课堂成了学生听说读写能力的训练场：上新课前，务必在充分预习的基础上质疑问难；课堂讨论主要围绕学生的疑难展开，大家务求以理服人，教师只能以"平等中的首席"身份阐发一己之见。

于是，我的学生们思维格外活跃，不仅教学成绩在全镇名列前茅，而且校内作文竞赛常常囊括70%以上的名次。1997年三科联赛单科有18人进入全县前30名。

正是夜以继日的勤奋扎实和对教学工作的热情付出，我站稳了讲台，赢得了孩子们的悦纳、同事们的好评和家长们的赞誉。

三、奋进侨乡：上进的"运动员"

1998年2月，我调入了素有"中国第一侨乡"美誉的江门市。

这是一片文化气息浓郁的热土。享有"岭南一人"盛誉的明代大儒陈白沙在这里创立了"江门学派"，留下了"学贵知疑""独立思考""自由开放"等独具个性的思想。近代思想家、教育家梁启超遵循"尊孔保教，中体西用，西学中源"的原则，留下了"敬业乐业""趣味教育，教育趣味"等发人深省的教育精髓……

与故乡大相径庭的文化氛围使我对外界产生了浓厚的兴趣，我开始了如饥似渴地阅读。

不久，我结识了江门市中学语文教研员曹殿成老师。他以渊博的学识和深厚的学科素养使我懂得了厚积与薄发的关系，警示我从第八轮课改初期纷繁迷乱的"假语文""泛语文"现象中思索语文的真谛。我按他的推荐系统阅读了文、史、哲类的系列图书。传统文化精髓逐渐成为我自强不息的强劲动力。

2005年，我开始得到广东省教研员冯善亮老师的当面指点。针对当时语文课改中的种种流弊，他告诫我们要"回归文本，尊重常识"，应当致力于探寻教学实践背后的学理依据，不仅要知道"教什么"和"怎么教"，更要懂得"为什么这么教"。

两位优秀"教练"扎实、稳重的作风深深地影响着我。我毅然洗去了多年来自己教学中的种种"铅华"，抛弃了盲目跟风行为，努力反思自己应该坚持的属于语文、展现个性的东西。本着这种观念，我以扎实、精深的公开课连获校、区、市一等奖，并代表江门市参与了2006年广东省文学作品阅读现场教学大赛，以一等奖第二名的成绩刷新了江门市中学语文教师参与此类竞赛的记录。自此，受人教社和省教研室邀请，我先后30余次赴省内外执教研讨课或送课下乡，这种扎实朴素的作风一直深受好评。

正如魏书生老师所言："有为才有位，有位更有为。"一项项成绩的取得让我这位不断前进的"运动员"越来越紧迫地感觉到"修炼内功"的必要。我一方面认真钻研了叶圣陶、于漪、钱梦龙、李镇西、程翔、宁鸿彬、洪镇涛、郑桂华、王尚文等名家的著作，从越来越多的专业杂志、优秀教师课例录像、课堂实录中汲取精神营养；另一方面仔细反思自己和他人的教学实践，从中发现缺憾，针对性地予以优化，力求教学行为的最优化。于是，一系列"问题解决式"论文在反思中先后诞生。事实证明，这类论文源自教学一线的实践，最接"地气"，帮助我先后敲开了《中学语文教学参考》《语文教学通讯》等中文核心期刊的大门。

随着阅读、实践、反思、观摩和写作活动的深入进行，我逐渐明白了当年困扰我的关于阅读教学的问题：语文教师的课文教学在某种程度上类似于理科教师的例题教学，弄清楚课文"写了什么"和"为什么写"是必要的，但更重要的是致力于弄清楚"怎么写""为什么这样写"等问题，真正实现"教一篇知一类"。

作文教学一直是困扰广大语文教师的"老大难"问题。在多年尝试基础上，我摸索出"基于多向交流的重写反省式作文教学的实践"经验，感悟到初稿完成了，真正有价值的作文教学才刚刚开始，好作文是教师指导下学生亲自改出来的。虽然一次作文训练往往颇费时日，但效果明显。该项作文教学成果获得广东省教育教学成果二等奖，我也因此先后40余次受邀请在省内外就这项教学成果执教示范课或举行专题讲座。

我觉得自己俨然成了一名不断经受历练的运动员，在语文教学的赛场上崭露头角。

四、领航蓬江：勤勉的"教练员"

2009年9月，我被选拔成为江门市蓬江区中学语文教研员，开始扮演起指导全区240余名中学语文教师的"教练员"角色。

我清醒地意识到，教研员要想胜任"研究、指导、服务"的职责要求，首先得在中学语文教育的方方面面都取得更大的突破，一直走在一线教师的前面，才能赢得他们的信任和追随。其次得给他们切实有用的帮助，引导他们攻克长期困扰的难题，才能激发他们参与教研活动的热情和兴趣。

为此，我"两维并举"地开展了勤勉不息的"教练"工作。

一方面，努力提高个人业务素养，力争以"热忱、扎实、精深"的教学风格在方方面面都给一线教师良好的示范。

古语云："正人先正己。"以前的研究成果带有很明显的个人色彩，且立足点偏重于单个方面的改善。现在成为全区的"教练员"，务必方方面面都"想得明白，说得清楚，做得实在"，争做有明显辐射引领作用的学科带头人！

为了保持一线教师特有的课感，尝试或印证关于一线教学的各种新的设想，我坚持到区内各中学借班上课。8年来，我积累了近30万字的教案、课堂实录和教后反思。为了激励自己不停地探索与思考，我坚持带头参与各类业务竞赛。连续8年获得江门市年度论文评比一等奖，平均每年发表教学论文6篇。

另一方面，深入教学一线，在摸清教情实际基础上想方设法地开展教研活动，切实提升全区中学语文教师队伍的专业素养。针对语文教师们普遍致力于应试训练而忽视素质培养、偏重于教学实践而忽略理论学习的现实，我开展了三方面的教研引领活动：

一是狠抓备考研究，引导科学备考。近几年来，全区中考成绩一步一个新台阶，各项指标一直位于全市各区前列。二是改革教研模式，落实全员培训。针对常规的随机听课活动辐射面小的不足，我们通过专题讲座、主题教研、同课异构、观课评课、读书报告、送课下乡等灵活的方式，有计划地对全区中学语文教师进修分批培训。三是举办业务竞赛，树立正确导向。针对全区青年教师偏多的实际，我组织开展了各种类型的业务竞赛活动，如复习课研讨、青年教师汇报课竞赛、优质课大赛、录像课例竞赛、模拟试题评比、骨干教师论坛……

为了帮扶弱势教师们，我常常悄悄地提早到校。先独自一人听课，然后与讲课者面对面地共同备课提升，接着让全科组的教师都来听课，最后让大家群策群力地发现亮点，提出建议。几次这样的跟踪辅导，那些原来一直不自信的弱势教师们也渐渐有了信心。

为了锻炼年轻教师，我经常组织城乡交流活动，让他们根据交流主题拿出备课或讲座的初稿，再手把手地教他们完善和改进。看着他们在同行面前自信地展示，坐在台下的我每每倍感欣慰——能帮助大家想得更深、说得更好、做得更到位，这大概印证了"赠人玫瑰，手留余香"这句名言吧。

为了培养学科骨干，我将自己主持的广东省"十三五"课题细分为20个子课题，并争取领导支持将其确认为区级独立课题。通过主题讲座、阅读交流、调查问卷、课例诊断、作品分析、前后对照、同课异构等方式，帮助实验教师们摸清教学中的种种真实问题，在行动研究中不断调整和优化，争取总结经验教训，有效地改进教学实践，最终提高参与者的科研素养。我们奋斗了几年的作文课题成果终于荣获广东省2017年普通教育教学成果一等奖了！那种成就感胜过了任何物质享受。

在我的引领下，每一年评上高级职称的初中语文教师人数为全区各学科之最；在市级以上业务竞赛中勇创佳绩的教师如雨后春笋般不断涌现；越来越多的教师在区内外交流展示活动中崭露头角……

在开展全区教研工作中，我秉承"热忱、扎实、精深"的教学风格，殚精竭虑地引领区域教师们一路高歌猛进，每一天都享受着专业成长的快乐。

"独行速，众行远。"近30年的专业成长之路反复警示着我："学徒工"艰难摸索，"运动员"快速进步，"教练员"洞若观火。只有带领更多志同道合的同行

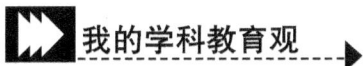
我的学科教育观

以过程化训练提升学生的语文素养

从教近 30 年来，与时俱进地阅读、观摩、实践、反思和写作，让我逐渐形成了自己的教学主张：学生的语文素养的形成是一个厚积薄发的漫长过程，应当通过综合性、生活化和趣味性的语文学习实践活动持续训练学生的听、说、读、写、思的能力，持之以恒地帮助学生逐步养成良好的语文学习习惯，不断增强运用语文理解和表达的能力，从而稳步提高语文品质。

学生离开教师也可以通过自学、网上学习成才，但其他方式都不如在教师指导下的学习更为高效、省力。纵观义务教育学段，语文教学是一个循序渐进的过程，教师每天的工作就是这个宏大过程中扎实的一环。因此，我们应当明确本学段课程标准中关于学生学习的基本指标要求，综合考虑教材序列、学情实际和校情特点等因素，统筹规划好长期、中期和短期教学目标，帮助学生拾级而上，在原有基础上实现质的飞跃。

如耗时最多的阅读教学应当树立"过程化训练"的理念。根据课标的要求，教材编者精心挑选了古今中外文质兼美的近 200 余篇佳作组成了"教读＋自读＋课外阅读"三位一体的初中教材序列。语文教师应当综合考虑单元提示、课前预习、课后练习和教学用书，弄清楚每个单元和每篇课文的核心教学价值。而每堂课的教学应当基于学生的学习起点，设计三四个拾级而上的教学环节，帮助学生逐步达到既定的"一课一得，得得相连"的教学目标，并将课内阅读教学所得应用于课外阅读活动之中，真正实现"课内悟法得法，课外活用得益"。

再如写作水平的提高也不能奢望"毕其功于一役"，必须树立过程化训练的思想。从宏观上设计初中学段六个学期作文训练的序列，从中观角度构建一次作文训练从写前指导、初稿升格到定稿的分享、发表和归档的规范过程，从微观层面摸索基于不同写作教学任务的具体课型。让学生在过程化训练过程中逐渐掌握写作知识，形成写作技能。

正是由于长期坚持以上述教学主张指导教学实践，我逐渐形成了"热忱、扎实、精深"的教学风格："热忱"是对教育工作和服务对象的深沉真挚的热情，"扎实"是稳打稳扎、一步一个脚印的工作态度，"精深"是对学科教学精益求精、开拓创新的不懈追求。就是这三要素共同构建了我的语文事业，使我从懵懂走向成熟。

一、热忱：事业的内驱

我一直认为："爱岗敬业"最基本的内涵应该是精益求精地提升自己的业务能力，更好地服务于学生。学生如待点燃的火把，教师先得热情似火。于是，每节课前，我都先想方设法地摸清学情，以学生在自主预习中遇到的真实问题为教学活动的起点；接着以教学目标为终点，设计出贴近学情的教学环节；再对症下药地搭建教学支架，选用恰当的教学手段和教学策略，能放手让学生完成的任务决不代替；在教学中，我时而如慈父循循善诱，时而像教练耐心指点，时而学演员全情投入，时而仿演说家热情澎湃……学生的每一点进步都能让我心花怒放。

随着第九轮课改如火如荼地展开，"助学"的理念日渐深入人心。因为学生才是语文学习活动的主人，只有他们展示了真实的学习起点，我们才能准确地诊断学情，清楚地判定其形成原因，再对症下药。如果不问青红皂白就开始指导，不仅因针对性差而教学效果低下，还往往因为"我不懂的老师没教，老师教的我不感兴趣"而导致学生厌学。要尽量让学生参与听说读写思等各种语文实践活动，让他们在阅读中学会阅读，在写作中学会写作。

成为教研员之后，我一如既往地热忱工作。为了帮扶弱势教师，我常常提前到校，第一节课独自听其上课，第二节课赶紧帮其改进教学设计，第三节课才让其面对其他同事。而且，针对他们进行一年的跟踪帮扶。看着这些最初郁郁寡欢的教师们渐渐找到了自信，绽放了笑脸，我心里格外欣慰。因为我帮助的不仅仅是一位语文教师，还有他（她）讲台下的一届届的学生。

教育教学工作是极其烦琐而平凡的，唯有心怀热忱，才能始终保持旺盛的斗志，在教书育人的道路上越战越勇。广东省名师工作室主持人黄宏伟老师如此评价我："用真诚、热情和责任感指导着教师团队的成长，有着丰厚的积累、特有的激情、过人的才华、锐敏的智慧、平和的个性，也正因为如此，才成就了周老师独特的魅力。"

二、扎实：事业的基石

语文教育在很大程度上类似于农业，讲究厚积薄发，来不得虚张声势和哗众取宠，务必踏踏实实，一步一个脚印地实干。

语文教学应当尽量用语文的方式解决语文的问题。随着现代信息技术手段的不断发展，一些教师热衷于在教学中引进声、光、电等各种技术。我认为语文教学应当始终以语言文字为抓手，以促进学生的语文素养为宗旨，想方设法地开展各种语文学习活动。各种技术手段如同传统的挂图、实物、教具，只能是可供选用的教辅手段。除非必要，应尽量少使用直观的视频、图片，以免影响学生抽象思维能力的培养。2016年参加全省教学竞赛，我就是凭着扎实的语文教学，在众多选手追求技术渗透的赛场上脱颖而出。

教师之于学生，恰似教练之于运动员。因此，教师不能替代，必须让学生参与听说读写思等语文活动。阅读课文时，应当先让学生在自主阅读基础上谈谈对课文的理解和困惑，不应当在学生还没充分阅读课文时，就过早地讲述教师自己或教参上的解读分析。在训练之初，教练们也往往针对运动员的特征和运动项目的要求，设计循序渐进的过程，同理，教师也务必时时摸清学情，再根据教学内容设置合理的训练程序，让学生在不断地参与中暴露不足，然后在教师不断地指点和帮助中在练习中不断进步。教师不能只像裁判员那样评定优劣就撒手不管，而应像教练那样帮助学生分析得失成败的原因，找到优化提升的方法，进而指点学生扬长避短。

　　上一堂课正如写一篇文章。每堂课都要有中心思想一样鲜明、突出的教学目标，为此要像作文选材一样确定好必需的教学内容，并安排好教学环节及其先后次序，每项教学内容拟采用的教学方法和手段，像安排材料详略一样设计好每个教学环节该花费的时间，前面的教学环节应当为后面的内容做好充分的铺垫……

　　语文教学应当"近为考试，远谋发展"。在各类考试依旧存在的今天，我们不仅必须先设法训练学生取得理想的考试成绩，还应当着眼于学生在今后的学习、工作和生活中学用语文的实际需要。因此，务必重视学生理解和运用语言文字的兴趣和能力的培养，让学生真正热爱母语，喜欢阅读和写作，逐渐成为"腹有诗书气自华"的文化人。

三、精深：事业的品牌

　　只有在"知其然"的基础上不断反思"所以然"，以更高的立足点弄清楚语文教学的本质，以精益求精的态度追寻语文教学的规律，才能走上高效轻负之路。

　　如阅读教学不应仅仅着眼于一节课的精雕细刻，而应着眼全局，注重过程。"得法于课内，得益于课外"的说法早已深入人心。但不能指望一堂课就能掌握阅读方法和规律，应当本着"一课一得，得得相连"的理念，从宏观上设计初中学段每种文体阅读应当掌握的技能要点，再将其落实到每个单元、每篇课文和每堂阅读课。大处着眼，小处着手，才能避免"东一榔头西一棒子"的不良局面。

　　再如作文教学务必在想方设法地保护学生的写作兴趣基础上，注重过程化训练。写作的兴趣来源于学生对写作活动重要意义的理解，更源自参与写作活动的成就感，因此，务必精心呵护学生参与写作活动的热情。

　　语文学科核心素养的确立，更坚定了我注重培养学生的学科思维。阅读教学中，与弄懂课文"写了什么"相比，用一篇篇例文教语文学习的规律更重要。作文教学中，指导学生"写好"一篇作文是重要的，更重要的是让学生"会写"一类的作文。比如，写作《教训》一题，既可以按常规视角，写家庭生活、学校生活或社会生活；也可以按非常规视角，以其他人、其他生物（动物、植物、微生物）、无生物的视角写它们心目中的教训，应当讲究"一法多用""一题多写""一料多构"，直至真正掌握写作的方法。

对语文教育的"热忱、扎实、精深"风格一以贯之地坚持，为我赢得了良好的声誉。广东省特级教师潘蔚老师评价我"善于学习，与时俱进，是教学研究的先行者，是教育教学理论的普及者，是校本教研的引领者，是一线教师的专业引领者"。江门市名师阮春明认为我的"授课与讲座都能尽显幽默与亲和魅力，并擅长于结合生活中的实例，深入浅出地阐发，让聆听者会然于心"。这些热情洋溢的赞誉和期待，激励着我坚持"热忱、扎实、精深"的语文教学风格，在语文教育的道路上继续奋进！

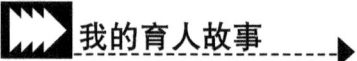
我的育人故事

真不是他干的

"周老师，不好了！出事了！"

刚上完两节课回来，还没来得及放下课本，就只见班长小健慌慌张张地冲进办公室，全然没有了平时的稳重矜持。我心中一沉，学生打架、意外伤害、破坏公物、翻墙出走……许多念头一下子涌上心头。

"我的午托费被人偷了，350块呀！还有几个女生也丢了200多呢！"他一脸的急切，"我们都怀疑是小张！"

"你怎么知道？"

"早上升国旗时，有人看见他最后一个离开教室；上第一节课时，老师还批评他玩钱呢！"他蛮有把握地说。

"对呀，我刚才上数学课时，发现小张好像在搞什么小动作。我悄悄地走过去一看，他竟然在桌子底下数钱！大概有四五百块呢！"正听着我们谈话的数学老师马上证实了，"肯定是他拿了，不然哪儿来的这么多钱？"

我的脑海中马上闪现出小张的许多信息：刚刚从另一个班调入我们班，一周以来已经有二十四次被科任老师投诉的记录，各科课代表几乎每天都会报告他拖欠作业，我和他谈心过一次仍旧不见起色；但是同时，他曾以全校第七名的成绩考入我校，并被原班主任指定为学习委员，上星期领新书他最积极，我只要求每人搬两趟，他竟然搬了五趟……

"要不要找他来审一审？"班长似乎很有经验。

这种事十分棘手：不查吧，受害人又不肯答应；查实了，当事人往往没脸待下去或破罐子破摔，弄不好还会造成冤假错案。

（反思：班主任经常会遇到各种各样意料难及的事件。有些事件往往很棘手，因为如果处理不好，很有可能给孩子们留下终生难以弥合的伤害。教育者务须本着对孩子们的热忱关爱，耐心弄清楚真相，并给予精心地呵护和适切地引导。）

一定得慎重，先充分了解情况。于是我让他叫来了另外几位受害人和几个班干部。

看来大家意见都相似，矛头都集中在小张身上。我还是不肯这么快下结论，还想从他家长那里了解更多情况。

他爸爸一听挺着急，让老师该怎么处理就怎么处理，千万不要放过他，因为他小学五年级时就拿过家长500元钱买游戏机，对老师的教育他们绝对支持；他妈妈也很生气，就势抖出他经常以不上学为要挟向她要钱的种种表现，但也说他爷爷奶奶会经常偷偷地给他钱。

我还不能也不愿做出任何决定，于是决定从他身上探一探虚实。

然而教室里空无一人——他们上体育去了。教室门没有锁，我在小张的座位上坐下，发现里面的书本、文具收集得整整齐齐，一个牛仔小钱包就放在最里面，里面整齐地叠着一沓钱。莫非这就是丢失的那些钱？

学生们陆陆续续地回来了，看到我坐在小张的座位上，都露出不出所料的神情。这让我觉得应当更加慎重，否则小张今后的日子就难受了。

小张终于回来了，几乎是踏着上课的铃声进来的。

"来一下办公室吧！我有事找你。"我盯着他的眼睛，希望从中发现点儿什么蛛丝马迹，但什么也没有，他默默地跟我走进了办公室，就像上次。

"知道我为什么找你吗？"我习惯用这句话开始对犯了错误的学生谈话——说不定有意外的收获。

"我又没交作业，上课玩钱，没听讲。"他神色坦然地回答，并无半点不安。是避重就轻，还是果真如此？

"数学老师发现你上课数钱，有多少？"既然他先提到钱，我就顺势直奔主题。

"418块。"他毫不犹豫地答道，"刚才上体育我还用10块钱买了饮料喝。"

"钱是怎么来的？"我一直盯着他的眼睛，希望找出一点破绽。

"有些是家里给的，有些是我的利是钱，还有的是别人还给我的。"他还是对答如流，眼神没有一丝慌乱。

"你敢打电话让家长证明吗？"我想试试他，没想到他拿起办公室的电话就准备拨。

"我相信你家长给过你钱，谁借过你的钱？"或许还钱的人是一个线索。

当他原来班的那个还钱者来过之后，我本应不再怀疑他，但仍有疑虑。

"我们班有同学今天上午丢钱了，有500多呢。你怎么看？"我还是牢牢地盯着他看。

"我听说了，"他愣了一下，突然站了起来说，"你们怀疑我，是吗？"

"人家丢钱，不久就发现你数钱，而且数目也接近，如果你是老师，你会怎么想？你认为我很过分吗？"我还在仔细观察他的反应。

"我也会怀疑的，但这的确不是我干的。"他有些急了，一脸的无辜。我渐渐有些放心了："你觉得怎样才可以证明你的无辜呢？"

"当然是抓住真正的小偷了。肯定是有人趁我们下去升旗时偷偷进了教室，我们一向没有锁门的习惯，上星期就有同学丢了10块钱，不过他没讲。"他急于洗清自己，把自己知道的全说了出来。看来这次谈话能结束了。

"你知道别人为什么会怀疑你吗？"我觉得这是个不错的转化机会，想借机启发一下他。

"我知道，因为我平时给大家留下了不好的印象。"

"对，这在心理学中叫'晕轮效应'，正是你平时的所作所为使你成为被怀疑的对象呀！社会上许多冤假错案就是这样产生的，你今天算是幸运了，我相信你是清白的。其实，一开始每个人在周围人心里没有任何印象，就像一张白纸，但过了一段时间这张白纸上就有了形象了，有的优秀、有的卑劣，你知道原因是什么吗？"

"那都是自己造成的。"他似有所悟。

"对，这张白纸上的形象就是自己用每天的言行举止一笔一笔画成的。好在你刚到这个班，多数人对你印象还不深，千万要珍视你在周围人心中的良好形象啊！"我语重心长地说。

他没有作声，只是重重地点了一下头，与前一次谈话结束时判若两人。

（反思：如果没有确切的把握，尽量不要做出有可能伤害学生的处理决定。本案例中家长非常配合，但提供不了证据；直接与学生面谈，不仅没有得到有力的依据，还引起了他的敏感。再进展下去就非常危险了，因为家长和孩子之所以选择换班，很可能他以前有过不愉快的经历。还不如包容，把这次危机当作一次绝佳的教育机会。于是，我选择了开诚布公地袒露心声，效果肯定比不问青红皂白地定论好。）

第二天早上，学校政教处告诉我，偷钱的是另外一个班的学生，是趁着我们班没有锁门的升旗时间作的案。小张真的没偷！

当我把追回来的钱还给学生并告诫大家不要随便误解人时，分明地看到小张的眼睛里闪着泪花，原来他也承受着巨大的压力。

从此，我发现他渐渐地赶了上来：每天很早上学，极少拖欠作业，破天荒地肯问老师问题了，还主动参加了卫生委员的竞选……

第二年中考，他竟然令家长喜出望外地考上了江门一中！教师节、国庆节两次回校看望了我们，还感恩地提到了上面的故事使他决心痛改前非，否则太对不起那么维护他的周老师……

最近听说他已经是一个拥有200余名员工的公司经理了，工作业绩非常出色……

我真的很庆幸当年在学校工作时坚定地相信他，还有很多像他一样的学生，因为他们本来就值得我们信任和期待。

（反思：结果证明我的处理意见是理智的。如果当时一时急躁，很可能导致无法收拾的结果。教育孩子们，热忱的关爱是基础，有了这一点，才有可能悉心地呵护和理性地思考。"教无定法，但有优法。"即便没有迅速水落石出，只要保护了应该保护的孩子的敏感的心，也是值得的。小张后来的表现就很有说服力地证明了一切。）

教学现场与反思

现场片段一

针对《教训》的初稿"榜上有名"的26名学生，采访：你认为老师为什么会表扬你？

3位学生代表分别从选材与中心、卷面书写和写作手法的运用等浅层谈了体会。我展示了教师总评意见：①卷面整洁，字迹清晰；②结构匀称，详略得体；③语言通顺，表意清楚；④选材富有生活气息，真实可信。

接着重点介绍本次作文精彩的选材，并让作者举手示意：①换自行车胎，不了解行情被"宰"；②诚信还钱还是填饱肚子的纠结；③不问缘由就批评播音员的愧疚；④不听外婆忠告被花粉伤害的囧事；⑤无礼待人，被妈妈以其道还治其身；⑥捕鱼不听表姐指导，滑入池塘；⑦怜悯并帮助蝉蜕皮反而害了它；⑧借同学的伞没有及时还，害他生病；⑨许诺为美国住家做中餐却"砸了锅"；⑩偷偷爬上墙头因得意忘形而坠落。

我引导大家发现这些同学所选择的题材富有生活气息，有很强的个人特色，给人真实可信的感觉。然后引导同学们从题材内容角度将这些材料大致分为家庭生活、学校生活、社会生活三类，并明确这些材料都是以作者为叙述者，写的都是亲身经历。这可以说是我们初中生写作文的常规角度。

紧接着，以具体案例指出上次作文不尽如人意之处："教训"的立意缺乏高度。如：①玩鞭炮炸垃圾，弄得一身臭（不要去惹垃圾桶）；②嘴馋贪吃酿后果（不能贪吃）；③先写作文再做其他题失误了（以后不能这么做题）。

我引导学生重新审题后，得出共识：教训是从失败和错误中悟到的知识。既然是"知识"，就应该有一定的概括性，能反映一定的规律。进而启发学生讨论修改如下：

①玩鞭炮炸垃圾箱，弄得一身臭。　主题：乐极生悲，做事要有底线。

②嘴馋贪吃酿后果。　　　　　　　主题：要用理性控制贪欲，否则后果严重。

③先写作文再做其他题失误了。　　主题：做事要有规划，讲究策略。

反思：

教学中的热忱绝不仅仅是对学生无原则肯定和空洞赞扬。很多时候，学生对于无根据的褒贬都无动于衷。因此，在扎实研读学生初稿基础上，本教学片段肯定优点和指出不足都力求确有实据，深入典型例文，且努力调动学生的思维机器。尽量让学生先开口、多开口，避免将教师的意见强加给学生。比如让"榜上有名"的学生自己猜猜老师表扬其初稿的原因，启发学生通过比较"教训"与"经验"的差异而准确把握题意，评议有所欠缺的作文的问题所在。在学生充分思考、表述之后，教师才顺理成章地予以梳理、调整和补充，尽力在学生的原初体验和教师的意见之间找到契合点，使最后的结论更容易为学生所接纳。从现场反应看，学生对教师如此细致地掌握初稿情况感到诧异而愉悦，不论是作者还是其他人都能积极参与。

现场片段二

针对学生初稿中的构思都局限在常规思维之中，难以出类拔萃的现象，本节课以"换个视角，别有天地"为题，引导学生思维向纵深延伸。

先引导学生弄清楚什么叫作"视角"，明白除了以前习惯的作者视角外，还有其他人、其他生物和无生物等"异常"视角。一旦"视角"变换，就会产生"横看成岭侧成峰"的效果。接着以时文《一条小鱼儿的临终遗言》为范文，尝试异常的构思。于是，有了如下对话：

师：下面请几位同学谈谈自己的构思。

生1：我是一棵大树。在大风到来时，我不肯像以往那样低眉顺眼，一味顺从。结果我激怒了大风，被他连根拔起。教训是做事不能一味蛮干，能屈能伸大丈夫。

师：很特别的教训。谁来评价评价，或者提出建议？

生2：要突出大树"蛮干"的表现，比如过于自信，盲目地跟比他更强大的暴风对着干，所以结局悲惨。

师：构思好，建议更好！刚才我们讨论过了，画龙点睛的前提是要做好充分的伏笔和铺垫，故事中就应当包含着"教训"的内容，不能前后不一致，强行点题。你怎么构思呀？

生2：我是一颗豌豆。和几个兄弟姐妹一起被一位农夫种在一块田里。我嫌这地方潮湿，光线不好，土质不肥沃，总想换个地方再发芽。结果他们都破土而出了，我错过了发芽的时机，烂在了土里，变成了肥料。教训是要脚踏实地，积极向上，否则结局可悲。

师：很不错的构思！符合豌豆的角色特点，从一个很别致的角度谈了一个很深刻的教训。还有其他的想法吗？

生3：我是一个父亲。我迷上了赌博，很长一段时间不肯上班，老是在牌桌上打发时间。儿子去叫我,被我打;老婆去叫我,被我骂。后来老娘把我拉了回来,我还发脾气。回到家,看到一家人由原来的和和美美变得鸡犬不宁,我突然有些后悔。教训是既然是一家之主,就要意识到自己的责任,否则会导致整个家庭的悲剧。

师:怎么我觉得有些似曾相识。你的初稿是从自己的角度来写这些内容的吗?

生4:对,初稿是从儿子的角度,这次从父亲的角度写。

师:不错,同样的素材,不同的视角,不一样的阅读效果。下面,请同学谈谈这节课有什么收获。

生1:我懂得了写作文除了可以从自己的角度思考,还可以从其他角度来构思。

生2:我知道了很多题目从动物或其他人的角度来写,往往比从作者自身的角度更特别。

生3:我知道了要想与众不同,先得避开多数同学的思路,选一个别人想不到的角度写,这样才能出类拔萃。

师:好。大家的体会很不错,概括起来就比较完整了,看看老师的概括。(屏显)

①避开常规,发散思维;②优选角度,另辟蹊径;③立足角色,合乎逻辑。

反思:

基于"热忱、扎实、精深"的学科教育观,我倾力于训练学生"练一题,知一类"的构思能力。一直以来,学生们都习惯立足于常规的初中生视角,从家庭生活、学校生活和社会生活三个维度选取写作内容。在肯定这些常规思路的基础上,上述教学环节旨在给小作者们打开了另外一扇窗:超常视角——从其他人、其他生物和无生物的角度观察这个世界。

基于本班中等以上的学情和我对思维精深的教学追求,这堂课具有较高的思维挑战难度。为此,我采用了三级跳的方式帮助学生实现思维的突破和创新:

首先,启发学生跳出惯常思路,从超常视角看问题,比如其他人、其他生物、无生物。此时,仿佛在沸腾的油锅里撒入了几滴水,学生的脑洞大开、七嘴八舌,竞相发言。

其次,以成功例文激发学生阅读的兴趣,以读促写,为进一步深入地思考提供了便利条件。让学生尽情展示自己的初步构思,展示者和听者得到更充分的交流与互动,并从感性体验中归纳内在的思维规律。

最后,在多向交流基础上梳理出可以迁移拓展的"干货",让学生明白选准了某个视角后,务必遵循这种视角的角色特点,按照生活的逻辑合宜地思考和判断,落实以此类推的思维策略。从课堂的反馈情况看,学生们大多已经掌握了非常视角的思维方式,为后续的写作训练打好了坚实的基础。

现场片段三

初中学段虽有几个小说教学单元,但《杨修之死》是其中唯一一篇历史小说的选文。如果只把它当作一篇普通小说来读,必然罔顾其核心教学价值。因此,在弄清楚情节和人物之后,我和学生之间有如下对话:

师:《杨修之死》中有很多与历史史实不相符之处,大家比较看看,有哪些与史实不符之处?作者为什么要这么写?(屏显)

植既以才见异,而杨修等为之羽翼。太祖狐疑,几为太子者数矣……文帝(曹丕)御之以术,矫情自饰,宫人左右,并为之说,故遂定为嗣……太祖既虑终始之变,以杨修颇有才策,而又袁氏之甥也,于是以罪诛修。《三国志·魏书》

曹操初夏兵退斜谷,秋后杀杨修,百日后曹操病死。兵退斜谷时曹操并未受伤。曹操很倚重杨修,聘任其为行军主簿,经常询问并采纳其建议。曹操发自内心地赞赏和钦佩杨修的过人才智。

生1:曹操并不是因为忌才而杀死杨修,相反很欣赏杨修的才能。

生2:杨修的死因是因为他支持了曹植,曹操唯恐接班的曹丕会遇到来自曹植团队的阻力,何况杨修是政敌袁氏兄弟的外甥,所以找借口杀了杨修以绝后患。

师:看来,杨修之死是曹操出于政治大局考虑的结果。并非小说中所写的那样。可见历史小说有什么特点?

生3:既有历史真实,又有小说的虚构。

师:对,大家还记得上课时课件中"以史实为基础,融合大胆而合理的想象和虚构,创作了'七实三虚'的巨著"的介绍吧,那么罗贯中为什么要这么写呢?先考虑2分钟。

生4:我认为罗贯中是为了更好地突出"拥刘反曹"的主题,因为老师介绍写作背景时说了,罗贯中生活在政治腐败、民不聊生的时代,他渴望"仁政",反对暴政,所以把暴政的代表曹操写得很坏。

师:你听课很认真,考虑问题也很深入,能从"为什么这样写"的角度思考。很好!为了"拥刘反曹",作者不惜对在史实基础上合理想象和修改,原著中还有很多,比如鞭打督邮的原本是刘备,小说中改让张飞出手,不仅避免了损害刘备仁义慈善的个性,还能突显张飞的勇武仗义。对课文的改动还有其他意见吗?

生5:能更好地突出曹操的个性,放大他奸雄的特点。

师:好!小说中的曹操既"奸"且"雄",其特点就是在与杨修积怨直至凶相毕露过程中逐渐展现的。

反思:

纵观初中六册教材,每个教学单元都承担着独特的训练目标,每篇课文也就有了与众不同的核心教学价值。因此,务必结合单元教学重点,引导学生发现每篇课文最值得学习和借鉴之处。历史小说固然有一般小说注重三要素等共性,更有

"七实三虚"的个性。如果本文档教学不以此为核心教学内容，学生在初中阶段就无法领略历史小说的独特魅力。上述教学片段就着眼于引导学生以选文为例子，并适当补充《三国演义》中其他类似例子，"举一反三"地懂得历史小说的特点。此外，通过深挖作者"为什么这样写"，扎实领悟语言运用的意图和艺术，促使教学向纵深方向推进。

结束语

百舸争流千帆竞，敢立潮头唱大风。从教近30年，我已经实现了从"学徒工"到"教练员"的角色转变，逐渐凝练成"热忱、扎实、精深"的教学风格，赢得了省内外越来越多同行的认可。面对越来越多的荣誉，我深知，我所取得的微薄成绩与这些荣誉称呼所应当承担的责任相比，还有巨大的差距。我将一如既往地勇敢攀登，矢志超越……